DICTIONNAIRE AMOUREUX DE LA MER

DU MÊME AUTEUR

Le Bord des larmes, Grasset, 1955. rééd. Arléa, 2000.
Le Marché commun, Presses Universitaires de France, 1958.
La mer est ronde, Le Seuil, 1975, Gallimard, 1981, nouvelle édition 1996, Folio 1992. Prix de la Mer.
L'Europe interdite, Le Seuil, 1977, nouvelle édition augmentée : *La Découverte de l'Europe*, Le Seuil, 1994.
Deux heures après minuit, Grasset, 1985, Marabout, 1986.
La Désirade, Olivier Orban, 1989, Pocket, 1990.
Un héros très discret, Olivier Orban, 1989, Pocket, 1991. Prix du meilleur scénario au festival de Cannes, 1996.
L'Empire nocturne, Olivier Orban, 1990, Pocket, 1991. Grand prix Paul Morand de l'Académie française.
Ce que je crois, Grasset, 1992, Le Livre de Poche, 1994.
Le Secret du roi des serpents, Plon, 1993, Pocket, 1994.
Mémoires de 7 vies : I. *Les Temps aventureux*, Plon, 1994. Prix des Maisons de la Presse. II. *Croire et oser*, Plon, 1997, Pocket, 1999.
L'Atlantique est mon désert, Gallimard, 1996. Prix Saint-Simon.
Le Bureau des secrets perdus, Odile Jacob, 1998. Prix Agrippa d'Aubigné.
Tadjoura, Hachette Littératures, 1999.
Histoires de courage, Plon, 2000.
La Bande à Suzanne, Stock, 2000.
L'Ile Madame, Hachette Littératures, 2001.

JEAN FRANÇOIS DENIAU
de l'Académie française

DICTIONNAIRE AMOUREUX DE LA MER

Illustrations de l'auteur

Plon

ISBN : 2-259-19394-3

Avis aux amateurs

Un dictionnaire – même amoureux – doit toujours beaucoup aux autres dictionnaires ou encyclopédies, du Littré au Quid, comme aux récits qui l'ont précédé. Les sources principales sont citées en annexe. Puis-je mentionner particulièrement :

— L'amiral Bellec, de l'Académie de marine, dont les ouvrages (*Le Livre de l'aventure maritime, Tentation de la haute mer, Océans des hommes*) sont riches de citations, de faits, d'exemples ;

— Robert Gruss et son *Petit Dictionnaire de Marine* (Société d'éditions géographiques, maritimes et coloniales, 1952) ;

— Charles de La Roncière (1870-1941) pour sa monumentale *Histoire de la marine française* en six volumes ;

— Le SHOM pour les *Instructions nautiques* et les cartes ;

— Le capitaine de vaisseau Pierre Sizaire pour le *Guide des étoiles* ;

— Etienne Taillemite et ses travaux sur l'histoire de la marine et des explorations (*Marins français à la découverte du monde*, Paris, Fayard, 1999).

Avec mes remerciements à :

— L'amiral Prud'homme, directeur du musée national de la Marine, pour son soutien.

— Bertrand de Quénetain, éditeur à Saint-Malo (L'Ancre de marine), pour l'œuvre de Robert de la Croix, trésor maritime dans lequel j'ai abondamment puisé.

— Grégoire Gasser dont l'aide a été précieuse, pour rassembler la documentation.

a

A

Première lettre du code international des signaux. Vocal : Alfa. Ex-Anatole.

Pour exprimer les messages oraux, la France utilisait un code à base de prénoms. Rien à signaler : Raoul, Anatole, Suzanne. C'est le système américain, Alfa, Bravo, etc., qui l'emporte maintenant.

En morse : un point, un trait. Dans le langage des pavillons alphabétiques, signifie : « *J'ai un scaphandrier ou un plongeur à la mer. Tenez-vous à distance et avancez lentement.* »

Merveilles du vocabulaire maritime. Les hiéroglyphes égyptiens, les caractères chinois permettent par un dessin complexe de désigner un mot, un état, une action. Quelqu'un d'un peu cultivé en Chine doit connaître au minimum trois mille caractères. Deng Xiaoping, le maître de l'Empire communiste, m'avait révélé que, pour moderniser la Chine, il avait l'intention de supprimer les caractères chinois. Comme Atatürk qui avait interdit l'alphabet arabe pour moderniser la Turquie. Quelques années plus tard, quand je lui demandai où il en était de son projet de remplacement par des caractères latins (remplacement techniquement possible réalisé dès le XVIIIe siècle pour le vietnamien), il me répondit : « Impossible ». Cela ferait apparaître que les Chinois parlent deux ou trois langues tout à fait différentes. Alors qu'un dessin, même un peu compliqué, permet à tous de comprendre le message sans comprendre la langue ! Supériorité de la marine sur l'égyptien et le chinois : avec un seul pavillon, une seule lettre, un seul dessin, c'est un ensemble de messages qui peut être transmis : une situation constatée, des ordres à donner en conséquence ; des manœuvres à effectuer. Exemple de conversation entre le barreur et un équipier :

« C'est quoi cette sorte de gros chalutier, tribord devant, à 2 heures ? Quelle route fait-il ?

— Il ne fait pas route. Il est mouillé. Attends. Il a envoyé un pavillon en tête de mât. La lettre A.

— La lettre A ? Bon. Il a un plongeur à la mer. On va l'éviter large. On change de bord. Paré à virer. »

Chacun des vingt-six pavillons de l'alphabet, sans compter les flammes triangulaires indiquant les nombres, flottant au vent, est très gai. Des bandes, des ronds, des carrés, des croix. Blanc, bleu, jaune, rouge, noir. Les jours de fête, on les envoie tous ensemble, c'est encore plus joli. Cela s'appelle le « grand pavois ». Ecrire un dictionnaire marin de A à Z, c'est donc très exactement envoyer le grand pavois. Il ne peut s'agir que d'un dictionnaire amoureux.

Ababouiner (vieux)

Quand j'avais quinze ans, à dure école sur un bateau de pêche dans la Manche, dans la brume épaisse où l'air semble ne plus exister, j'ai appris à me mouiller un lobe d'oreille (endroit du corps où la peau est le plus fine et le plus sensible) pour sentir, au froid, de quel côté soufflerait la moindre brise.

On disait autrefois d'un voilier encalminé, totalement sans vent, sans force ni direction, impuissant, qu'il était ababouiné. Le calme absolu est parfois plus difficile à supporter en mer que le très gros temps. Le très gros temps est un spectacle de terreur et de haine qu'on ne peut pas oublier. Mais il occupe l'âme et les mains. Il faut agir pour survivre. Il faut vivre. Le calme absolu fait peser une sorte de mort interne, plus insidieuse, et parfois plus insupportable. Les voiles battent, le bateau roule, les agrès grincent. Il n'y a rien à faire. L'eau douce est rationnée, les vivres s'épuisent. Les Anglais appellent *Horse Latitudes* les latitudes du Pot au Noir, parce que, paraît-il, les aventuriers et conquistadors étaient obligés d'y manger leurs chevaux. Les équipages s'énervaient et se mutinaient. Des matelots exaspérés se suicidaient. L'horizon trop immobile sur 360°, c'est la mort à bord.

Il y a quelques siècles, « baiser le babouin », figure absurde et obscène dessinée grossièrement sur le mur du quartier, était la punition imposée par les militaires à un camarade qui n'avait pas respecté les règles du corps. Comme le baiser à Fanny à la pétanque pour celui qui a eu zéro pointé. Contribution des Moccos au vocabulaire des compétitions de voile : un bateau immobilisé par le calme est appelé : « tanqué ». Comme pétanque qui veut dire : « pieds fixés ». Des compétitions de voile se gagnent plus par le sang-froid et l'habileté dans la pétole, sans vent, que par le courage dans le gros temps. Par gros temps, c'est le bateau qui peut casser. « Ababouiné », c'est l'homme qui prend un nom de singe, et casse.

Abattre

Un peu de technique.

Un navire abat quand son axe s'écarte de celui du vent, rendant les voiles plus « portantes ». Il était au près, contre le vent, il va passer au largue, voire au vent arrière. On dit aussi *arriver*, ou *laisser porter*. Comme avec une simple lettre à vue, mieux qu'en chinois, le vocabulaire marin permet en un seul mot, à la voix, d'ordonner toute une série de gestes à accomplir dans une manœuvre coordonnée. Si le skipper crie « Abats », ou « Arrive », le barreur va mettre la barre au vent si elle est franche, sous le vent si c'est une roue, pendant que les équipiers accompagneront son mouvement en choquant les écoutes, tout en larguant éventuellement la balancine. C'est clair ? Il suffit de savoir que les écoutes sont les cordages qui permettent de manœuvrer les voiles, que choquer veut dire donner du mou, relâcher, et que la balancine soutient le bout de la bôme. Pour la barre et le gouvernail, j'ai fait un petit dessin (voir *gouvernail*). Mais la bôme ? Pas tout en même temps.

Abélard (ou Abailard) Pierre (1079-1142)

Pourquoi Abélard dans ce dictionnaire ? L'Abélard d'Héloïse ? Le théologien fameux qui enleva la nièce de son hôte chanoine qui en punition le fit émasculer ? Le professeur de l'université de Paris et illustre disciple de la glorieuse Ecole de Chartres qui enseignait au XIIe siècle la théologie, la logique et la philosophie, mais aussi librement l'arithmétique, l'astronomie, la géométrie, la musique ? Qui se nourrissait de Pythagore, correspondait avec les Juifs et les Arabes d'Espagne et lisait Platon dans le texte ? Ou l'amoureux célèbre ?

Pour une raison précise et irréfutable. Parce que Abélard et Héloïse, dans leur union clandestine (avant qu'elle ne soit tristement sanctionnée comme on sait), eurent un enfant, un fils, le plus souvent ignoré. Et que ce fils fut prénommé *Astrolabe*. On n'est pas impunément l'enfant d'un couple d'intellectuels.

Abers (les trois)

Les géographes appellent « rias » ces estuaires de rivières noyés par la mer. Ils ouvrent dans la côte nord du Finistère des abris délicats à pénétrer mais bien protégés où se cumulent les différents plaisirs maritimes du mouillage : entrer, rester, sortir. Longtemps j'ai pensé écrire un ouvrage illustré qui s'appellerait « Les plus beaux mouillages du monde ». Il y aurait Chausey et New York, la pointe nord-ouest de la Crète et Saint-Pétersbourg, le banc d'Arguin et

Bora-Bora. Une bonne carte marine, quelques photos aériennes permettant de mieux voir passes et amers, la liste des facilités et plaisirs de la terre, un peu d'histoire, les éléments de géographie touristique, et voilà un ouvrage à faire rêver.

Des trois abers, Wrac'h, Benoît, Ildut, Wrac'h est le plus couru et tous les Britanniques y jettent l'ancre. J'ai un faible pour l'aber Benoît. Citons les *Instructions nautiques*. Elles ont toujours su donner à celui qui les lit, où qu'il soit, le sentiment si émouvant d'être le premier à remonter l'Orénoque ou mouiller sur la côte nord-ouest du Groenland.

« Accès – On accède à l'aber Benoît uniquement de jour.

« Instructions – Venant du nord, à partir de l'extrémité extérieure du Grand Chenal de l'aber Wrac'h, laisser dans l'est la Petite Fourche (bouée cardinale ouest), la Grande Fourche et la Basse Brisante ; laisser ensuite dans l'ouest le dangereux plateau de Ruzwenn, marqué à l'est par une bouée latérale tribord. Les dangers aux abords du chenal sont ensuite marqués par des bouées ou par des balises. Entre la Basse de Ruzwenn et le récif de Men Renead on peut suivre l'alignement à 142° de la tourelle de danger isolé Le Chien par l'extrémité est du rocher La Jument, au sommet peint en rouge et marqué par une balise latérale babord, visible à l'ouest de l'île Garo. Quitter ensuite cet alignement pour passer dans l'est de Men Renead très apparent à basse mer et marqué par une bouée latérale tribord. »

Il y avait autrefois, par les haies et les prés, des petites fermes blanches un peu partout. Après une longue période d'abandon, des étrangers ont retapé les fermes sans dénaturer le paysage. Ils y ont même ajouté çà et là des chevaux ou poneys mais qui ne sont pas à prendre en compte dans les relèvements.

Abordage, Aborder

Ce verbe aborder, dans le vocabulaire maritime, a une subtilité. Aborder, transitif, aborder quelque chose ou quelqu'un, ne peut être que violent. Aborder à, intransitif, est pacifique. En douceur. Un bateau aborde à un quai. S'il aborde le quai, le capitaine est à débarquer d'urgence, il a raté sa manœuvre. On aborde aux plaisirs de l'île enchantée. On aborde un galion espagnol.

La vie des corsaires, flibustiers, pirates, peut se résumer à ce cri : *A l'abordage !* Ce mot, lui, ne peut jamais être pris pacifiquement. Il s'accompagne du cliquetis des haches et des coups de pistolet. A la corne, le « Jolly Roger », pavillon à tête de mort et tibias. Le pavillon, les hurlements, les pétarades, font partie de l'intimidation. C'est ce qu'on appellerait aujourd'hui la stratégie du faible au fort. Face à des navires de guerre chargés de dizaines de canons servis par des professionnels, les corsaires ou pirates n'avaient aucune chance dans un duel d'artillerie. La victoire ne pouvait venir que du combat corps à corps, de la surprise, de la terreur.

Les histoires d'abordage sont toujours exemplaires. Le corsaire français Pierre Legrand, au début du XVIIe siècle, n'a plus qu'une pauvre barque au ras de l'eau, vingt-quatre hommes à bord, un bout de voile. A l'horizon, un vaisseau espagnol de haut bord, vice-amiral de la *Flota de Oro* qui chaque année apporte de Nombre de Dios à Séville en passant par La Havane les trésors des Indes occidentales, Mexique, Venezuela, Pérou, et de leurs vice-rois. Trois-mâts – château arrière superbe, soixante canons –, centaines de soldats. La brise très faible et variable a isolé le navire amiral. Plein jour. Le soleil est haut. L'amiral fait la sieste. Legrand s'approche à l'aviron. Un jeune officier espagnol signale à son supérieur qu'une barque est en vue au sud-ouest quart-ouest. On ne va pas interrompre la sieste de l'amiral pour si peu. Legrand s'approche doucement. Il a fait coucher dans le fond de la barque la majorité de ses hommes avec leurs armes. Les vigies espagnoles signalent de nouveau qu'une barque inconnue s'approche d'eux, sans doute pour demander de l'aide tant elle paraît désemparée. Mer plate brillant sous le soleil éclatant. Un officier ose enfin déranger l'amiral qui répond, méprisant : « Quand elle se rangera à toucher notre flanc, vous la hisserez à bord avec son équipage... »

Au nord, le récif dit du Mouchoir d'argent sur lequel sombrera plus tard le galion *Nuestra Señora de la Concepcíon*, chargé de soixante-dix mille ducats d'or. Au sud la grande île d'Hispaniola et la très petite appelée la Tortue, repaire et symbole de fortunes fantastiques aussi vite disparues que volées, celles des flibustiers.

Pierre Legrand s'approche toujours. Dès qu'il touche le flanc du navire vice-amiral, ses hommes jettent des grappins, des échelles, des cordages. Et lui, Pierre, à coups de hache, *il coule sa barque*, pour qu'il n'y ait pas de recul possible, pas d'autre issue que l'abordage. Et la victoire.

A bord du vaisseau, la confusion est totale. Les

corsaires français tuent un ou deux marins, s'emparent de quelques officiers pendant que Legrand, mèche allumée, fonce à la Sainte-Barbe qui est l'arsenal et la réserve de poudre du bâtiment. Il fait savoir haut et clair que si l'amiral ne donne pas l'ordre immédiat de se rendre, il met le feu aux poudres et fait sauter le vaisseau. L'amiral donne l'ordre.

Legrand, qui est aussi sage que fou, reviendra dans sa ville natale de Dieppe avec l'un des plus grands butins jamais capturé. Il y finira paisiblement ses jours, notable respecté, dans la douce compagnie de son trésor enlevé à l'abordage.

1939-1945, Deuxième Guerre mondiale.

Les Allemands disposent d'un code ultrasecret que seule une machine ultrasecrète, nommée *Enigma*, permet d'utiliser. Les Alliés, grâce aux Polonais puis en France au général Gustave Bertrand, ont pu la reconstituer. Churchill aura sur son bureau, pratiquement en même temps que les généraux allemands, les ordres de Hitler et du grand quartier général. Mais la Kriegsmarine en a sa version particulière qu'il n'a pas été possible de décrypter. La guerre sous-marine fait rage. Il faut absolument reconstituer l'*Enigma* des sous-mariniers du IIIe Reich.

Churchill et l'Amirauté décident de prendre en chasse un sous-marin allemand et de *ne pas le couler* pour pouvoir s'emparer des codes. Ce sera le U-boot 110. Des chasseurs anglais, en demi-cercle, poussent devant eux, à coups de grenade, vers des eaux de moins en moins profondes, jusqu'à l'obliger à faire surface. Et dès qu'il a fait surface, des commandos se jettent sur le sous-marin, à l'abordage. Un bateau de guerre pris à l'abordage le 8 mai 1941 !

Vite, très vite, sans laisser le temps à l'équipage de détruire les documents secrets, les commandos font sauter le kiosque, perdent deux hommes, pénètrent dans le poste radio, raflent les éléments de la machine à coder et ont juste le temps de sortir avant que le sous-marin coule. La solution de l'énigme sera longue à reconstituer et il y faudra un génie mathématique. Mais dans la bataille des convois, la victoire changera de camp au profit des Alliés.

Les Anglais s'énerveront un peu quand, cinquante ans après la guerre, les Américains attribueront l'exploit à la marine des Etats-Unis. Entre cousins...

Abysses

Veut dire au sens propre « sans fond ».

Pour ceux qui sont marins, c'est toujours la terre qui est la plus dangereuse. Le large présente moins de périls que la côte. Mais les fonds immenses, de plus de 10 000 mètres (fosse de Porto Rico dans l'Atlantique, les Mariannes dans le Pacifique, en Méditerranée plus de 4 000 mètres au large du cap Matapan), gardent un mystère impressionnant quand on navigue dans leurs parages. Des passagers que j'emmenais en croisière à la voile ont refusé de se baigner en sachant que sous eux, dans le bleu profond de la mer, il y avait 3 000 ou 4 000 mètres. Quelle vie méconnue, quels monstres innommés s'y cachent ? Sans yeux ou qui ne sont qu'une bouche horrible ? Des cadavres d'énormes cachalots sont parfois retrouvés flottant à la dérive, portant encore les traces de leur combat à mort avec des calamars immenses. Qui habite les abysses ?

Les scientifiques ne s'accordent que sur un fait. Les abysses ont leur rumeur. Une sorte de bruit étrange et permanent qui provient des très grands fonds marins. Pour repérer un sous-marin nucléaire, on le suit à sa trace dans l'eau, à son bruit, mais aussi à son *ombre sonore*. Quand en se déplaçant il masque le bruit qui monte des grands fonds. La naissance du monde, appelée depuis quelque temps Big Bang, peut être datée par la vaste rumeur de la voûte céleste découverte par deux physiciens qui cherchaient à éliminer les parasites dans les émissions par satellites (double prix Nobel). Il est satisfaisant pour l'esprit que réponde à cette rumeur de l'univers venue d'en haut, du ciel, une autre venue d'en bas, de la mer.

Achernar

Etoile blanche.

Ascension droite : 01 h 36 mn. Déclinaison : 57°5 sud. Dans l'ordre protocolaire des étoiles, son éclat lui vaut seulement le neuvième rang.

Son nom est arabe comme pour la plupart des étoiles : Albaldah, Alderamin, Altaïr, Aljuvina, Berretnash, Girtab, Merak, Mizar et les autres. Les planètes ont des noms de dieux latins : Jupiter, Vénus ou Mars. Les constellations, des noms de princesses grecques, Andromède ou Bénénice ; d'animaux, le Chien, le Taureau, le Paon, la Mouche, l'Ours ou la Girafe ; d'êtres fabuleux, l'Hydre (mâle et femelle) ou la Licorne ; de signes du zodiaque, Verseau ou Scorpion ; d'instruments divers, le Sextant d'Uranie, le Microscope, le Burin du graveur. C'est le grand méli-mélo cosmique, mythes éternels et artisanat d'art. L'opéra des étoiles.

Pourquoi Achernar ? Parce qu'elle est la première par ordre alphabétique et nous sommes dans un dictionnaire. Mais aussi parce qu'elle occupe dans la carte du ciel une position de choix. A la base du grand Y des constellations australes, formé par Dighda de la Baleine, Fomalhaut du Poisson Austral, et l'alpha du Phénix. Elle est aussi au centre de l'alignement Fomalhaut, Achernar et Canopus, du Navire Argo, deuxième étoile du ciel par son éclat : un diamant bleuté.

A côté, navigue la Grue, l'aile basse, qui vous accompagne d'est en ouest juste au-dessus de l'horizon quand on traverse l'Atlantique vers les Antilles. Bonsoir la Grue. L'Hydre mâle n'est pas loin. On y reviendra à H. La constellation où s'inscrit Achernar porte l'un des plus beaux noms du ciel : *le Fleuve Eridan*. On aimerait tant y jeter l'ancre, s'y baigner, découvrir son estuaire. Il déroule ses méandres mystérieux d'un bout à l'autre du monde d'en haut, jusqu'à arroser de peu le grand losange qui va d'Aldebaran à Sirius par les Rois mages d'Orion. Arroser ou y prendre sa source ? A terre, les lieux où les navires pouvaient faire provision d'eau douce étaient portés sur les anciennes cartes marines sous le joli nom d'*aiguades*.

Açores

Archipel très fleuri, au milieu de l'Atlantique à 1 200 kilomètres de Lisbonne, relevé par les Portugais dès 1431 mais qui ne servira jamais de base pour la découverte de l'Amérique. En fait, compte tenu des vents dominants, n'est commode qu'au retour. Est surtout connu par l'anticyclone des Açores, zone de haute pression. Grâce au bulletin météo du journal de 20 heures à la télévision, le Français le plus moyen, en un mot le moins maritime et le plus hexagonal, le connaît de nom et s'en inquiète pour la qualité atmosphérique de son week-end : « Est-ce que je lave la voiture ou pas ? – Attends. Tu as vu où est l'anticyclone des Açores ? »

Pour tous les marins du ponant, il est un camarade d'enfance dont on prend des nouvelles périodiquement. Et il en est où cette année l'anticyclone des Açores ? Il serait plutôt sur l'Ecosse. L'Ecosse ! Pourquoi pas la Suède ? C'est vrai qu'il est assez inexact dans ses rendez-vous, surtout en début de saison. Pour traverser l'Atlantique, il faut parfois l'attendre aux Canaries, ou alors aller le chercher au 25° de longitude ouest, 25° de latitude nord. C'est son adresse.

A Dieu vat

Commandement donné sur les bateaux à voile pour changer de bord, c'est-à-dire de côté par rapport au lit du vent. En passant debout au vent (par le vent arrière, c'est un autre problème). Mais passer d'un bord à l'autre face au vent et à la mer, sur des grands trois-mâts portant *des milliers de mètres carrés de voile*, exigeait une maîtrise absolue à la barre, dans le commandement et dans les manœuvres de l'équipage. Le bateau ne peut y réussir que s'il a assez d'erre et que si le phare avant (les focs) est soigneusement choqué pour qu'il ne porte pas, puis bordé progressivement avec délicatesse pour qu'il serve, et fasse ainsi levier pour faciliter le mouvement d'un bord à l'autre (l'artimon à l'arrière, de même). De la technique et du doigté. On peut perdre une régate sur un changement de bord raté.

Il y avait sur les mers de grands navires qui portaient comme une malédiction un défaut invisible de construction, une sorte de péché originel. Ils manquaient à virer. Par très gros temps, au vent d'une côte hostile, c'était la perte du bateau et de son équipage. C'est pourquoi le commandement de changer de bord, après le « paré à virer », était : A Dieu vat. Raccourci souvent en A Dieu. En deux mots quand même.

Adonner

Voici l'un des mots les plus agréables du vocabulaire marin. Supposez que vous vous battiez depuis des heures à essayer de remonter dans le vent contre une houle, ou parfois pire un méchant clapot, qui fait dériver le bateau à chaque vague de façon tout à fait démoralisante. Le froid, en pleine figure, qui mord le nez, le sel sur les lèvres, la fatigue de barrer sans une minute de relâche, le souci du réglage des voiles au centimètre. Un moment d'inattention, et ce sont quelques nœuds de perdus en vitesse ; et encore quelques degrés de plus perdus par rapport au cap. Le choc du bateau qui tape dans chaque creux

(« planter des pieux », dit-on). Le grincement du mât, de la coque, des agrès qui gémissent. Et le marin qui se sent des courbatures dans tout le gréement et à l'âme la peur du vent qui *refuse*.

Et puis, sans avoir rien demandé, un très léger souffle se fait sentir à un lobe de l'oreille. Le vent vient de changer, change. Au lieu d'être contre vous, il glisse imperceptiblement à votre côté. Il est possible, discrètement, sans chanter victoire (les éléments sont si fantasques et même susceptibles) de choquer un peu la voilure, un doigt ici, deux doigts là. Comme à la barre, aussi doucement, de reprendre quelques degrés. On était au près serré, à tutoyer le vent debout, on se retrouve au bon plein. Ira-t-on jusqu'au petit largue ? Le bruit change. A la place des coups de boutoir à l'avant, un long murmure soyeux naît au flanc du bateau. La barre devient souple et réagit avec sympathie. La voilure, aimante, se gonfle sans peine. Bonheur. *La brise a adonné.*

Aérodynamique de la voile

Livre fondamental et culte pour tous les anciens. L'auteur, Manfred Curry, invente au début du XXe siècle la forme étroite et allongée des voiles. Après avoir longuement étudié le vol des oiseaux marins, mouettes, frégates, goélands, sternes, etc., et copié leurs ailes. Le gréement qui les portera sera appelé Marconi, sans doute par assimilation aux mâts de TSF qui apparaissaient un peu partout. Manfred Curry découvre aussi que ce n'est pas la poussée du vent sur la voile qui est le plus important facteur de vitesse, mais la dépression *devant* la voile. Le sous-titre du livre claque comme une oriflamme : « Ou l'art de gagner les régates ».

Affaler

Faire descendre. Encore un seul mot pour le commandement d'un ensemble de manœuvres. Affaler un chalut, des voiles, etc. « Amener », qui a le même sens, m'a toujours paru moins brutal. Un bémol. La mer est une question d'oreille.

Affourcher

Le mouillage devrait être le repos. Ce n'est pas toujours le cas, surtout dans un mouillage forain, en dehors des ports : est-ce que l'ancre tient, telle est l'inquiétude permanente du marin. Parfois il faut ordonner des « quarts d'ancre » pour surveiller qu'elle ne dérape pas sous l'effet de la marée, du courant, du vent. Parfois, dans les baies qui paraissent abritées, le vent s'accroît de la présence de la terre et se renforce encore suivant les crêtes et les cols. La meilleure ancre, prise par une rafale d'un côté, puis par une autre d'un autre côté, décroche. C'est le moment de manœuvrer vite et bien. La réponse aurait pu être d'affourcher : deux ancres à au moins 45°. A la voile, les placer est un exercice de haute école. Les relever, je ne vous dis pas. De toute façon, je préfère de loin « empenneler ». C'est plus sûr mais une autre manœuvre. On attendra donc pour tout mouillage forain la lettre E.

Agitée

Se dit d'une mer déjà formée, sans être grosse. Le vocabulaire maritime est toujours précis et modeste, une mer *peu agitée* selon l'échelle de Douglas, ce sont des creux d'un demi-mètre à 1,25 mètre. Une mer *agitée*, des creux de 1,25 mètre à 2,50 mètres. Il n'en faut pas plus pour que, à terre, sur les tabourets de bar, les marins d'occasion évoquent des lames gigantesques.

Ajut (nœud d')

C'est le nœud de vache. Avec pour avantage de se défaire très facilement, mais bien sûr avec l'inconvénient de ne rien tenir sérieusement. Il y a une logique des nœuds.

Alcor

Toute petite étoile quasiment sur le dos de Mizar dans le timon du chariot de la Grande Ourse. On l'appelle familièrement le Cavalier de Mizar. Sympathique.

Aldabra

Groupe d'îles de l'océan Indien, entre le 9°21' et le 9°29' sud, le 46°12' et le 46°32' est, appartenant à l'archipel des Amirantes. L'océan Indien ! Les Amirantes ! Aldabra ! Y a-t-il des noms dans le vocabulaire maritime qui fassent davantage rêver ? De carte postale plus tentatrice ? Un lagon bleu sombre de saphir, la mer sur les coraux virant de l'opale à l'émeraude, du sable très blanc, de diamant, frangé par l'écume de trois rangs de perles encore plus blanches, toutes les pierres précieuses réunies comme le plus fabuleux trésor des corsaires. Les cocotiers, penchés sur la plage. Pas un toit. Un piquet pour indiquer un hypothétique mouillage. Des tortues géantes uniques au monde. Tout l'imaginaire de l'aventure exotique, du mouillage lointain, du paradis maritime et terrestre.

Ne pas s'approcher. Un très large cercle de 30 milles nautiques de rayon autour du centre de ces îles est signalé sur les cartes et dans les instructions nautiques : *zone à éviter*. Il y a de quoi : le lagon est pratiquement inaccessible, semé d'écueils de corail, parcouru de courants très violents, jusqu'à sept nœuds. Les courants, aux abords extérieurs des îles, peuvent monter jusqu'à neuf nœuds. Des torrents.

Et des fonds particulièrement traîtres qui en quelques encablures descendent à 1 000, puis 2 000 mètres. Une végétation intérieure impénétrable. C'est aussi le parcours préféré des vents les plus violents et soudains, et des typhons. Aldabra est un rêve sur la carte pour tous les amoureux de la mer et des cartes. En rester au rêve.

Aldebaran

Bonjour, les étoiles. Le soir il faut leur dire bonjour, puisque, à l'heure où nous nous couchons, elles se lèvent.

Aldebaran est dans l'ordre d'éclat la quatorzième du ciel. Son nom en arabe, modeste, veut dire « la suivante ». Pour ceux qui voudraient connaître en quelque sorte son adresse, son ascension droite est de 04 h 32 mn, sa déclinaison de 16°4'. Elle appartient à la constellation du Taureau dont elle est l'alpha. Bon. Vous avez la rue et le numéro. Pour mieux vous guider, sachez encore qu'elle est rougeâtre. Je préfère dire : plutôt rouge. Elle fait partie du très grand axe du ciel nocturne qui commence aux Pléiades (six sur sept visibles à l'œil nu), pour conclure avec Sirius, alpha du Grand Chien, qui est la plus brillante de toutes les étoiles, très blanche. Sirius, moi, je la trouve un peu froide. On l'a compris : j'aime Aldebaran.

Alizé

Un des noms assez doux du vocabulaire maritime. Vent régulier de nord-est dans l'hémisphère Nord, de sud-est dans l'hémisphère Sud, soufflant des hautes pressions subtropicales vers les basses pressions équatoriales. Je vous passe le phénomène de convergence au niveau de la tropopause. Ne pas le confondre avec zéphyr. En 1974, après l'élection présidentielle, je m'étais retrouvé sans aucun emploi public. Il me restait à faire ce que je sais faire : conduire des bateaux à voile. C'est un métier, appelé « convoyeur ». Quand on veut livrer un bateau de l'autre côté de l'Atlantique, on peut mettre le bateau sur un ber, bâti spécial, gruter le tout, le fixer sur le pont d'un cargo, et dégruter à l'arrivée. Cher et dangereux. Le moyen le plus simple et le plus sûr est de payer un marin pour faire la traversée à la voile. De mon temps, le tarif pour l'Atlantique était de un dollar le mille nautique (le dollar valait malheureusement moins de quatre francs...). Cette fois je devais livrer un voilier de 11 mètres à la marina de l'hôtel Méridien à Saint-François, en Guadeloupe. La sympathique société qui m'avait engagé avait eu l'idée de recruter quatre passagers payants dont l'expérience n'était pas proprement océanique. Le texte de la petite annonce les avait attirés : « Traversez l'Atlantique à la voile – Croisière dans les alizés – Participation aux frais 3 000 F. » Il a fallu que je leur explique, doucement mais fermement, qu'une transat avait peu à voir avec une « croisière dans les alizés ». Il n'y aurait pas d'escale enchanteresse avec cocotiers et vahinés, colliers d'hibiscus et musique d'ukulélé, entre les Canaries et les Antilles : *pas d'escale du tout*. Mais l'innocence géographique est largement répandue chez les Français. A l'arrivée, le directeur du Méridien m'a demandé si pendant la traversée de l'Atlantique, *la nuit je jetais l'ancre*.

L'alizé est en fait un vent assez frais, de force 4 à 6. Quand il souffle, s'établit une houle plutôt haute et forte qui se couronne d'écume blanche. Il n'est pas facile à la voile de venir récupérer un passager qui serait allé se promener à l'avant entre les haubans et serait tombé à la mer : j'obligeais les miens à pisser accroupis dans le cockpit. Mais ce détail trivial n'enlève rien au charme du mot alizé : la joie du vent portant qui gonfle vos voiles et fait glisser la coque sur la crête des vagues dans un bruit de taffetas déchiré. Et qui vous porte naturellement des rives de la vieille Europe et des Canaries jusqu'à celles des Amériques. Si l'alizé qui a parfois des caprices de prima donna n'est pas présent au départ, j'ai dit où le retrouver. Ensuite, il n'y a plus qu'à laisser porter.

Pourquoi a-t-il fallu tant de siècles pour la prendre, cette route si sûre, si agréable, si évidente vers le Nouveau Monde ? Pourquoi, cinq siècles avant Christophe Colomb, les Vikings sur leurs drakkars au ras de l'eau sont-ils passés par la route du nord, la pire, de Norvège à l'Ecosse, de l'Ecosse à l'Islande, de l'Islande au Groenland et à Terre-Neuve, dans la brume glacée et face au gros temps jusqu'en Amérique ? Pourquoi les Portugais et les Espagnols, grands marins de l'aventure et découvreurs de mondes, ont-ils eu si peur de la douce route du Sud-Ouest ? Se reporter à *Atlantique (secret de l')*.

Allure

N'est pas la vitesse. Se dit de l'angle de route d'un bateau à voile par rapport à l'orientation du vent. Exactement face au vent ou vent arrière, s'appelle *la panne* (et « empanner » le fait de s'y mettre volontairement ou involontairement). Les allures de *près*, plus ou moins contre le vent, se disent « serré » ou « bon plein ». Ensuite le *largue*, petit ou grand, par vent de travers. Contrairement à ce que peut penser un terrien, ce n'est pas l'allure du vent arrière qui est la plus rapide. La première transatlantique française en solitaire – la Route du Rhum – a été perdue à moins de *deux minutes* d'écart (après la traversée entière d'un océan) parce que l'ami Malinovski, qui était en tête, au vent arrière, a été directement vers la ligne d'arrivée qu'il voyait devant lui, alors que son concurrent, Birch, a été chercher un vent de côté et l'a emporté de quatre-vingt-dix secondes... Seule la victoire est jolie.

Amateur

On l'a oublié, veut dire : *qui aime*. En tous domaines, désignait quelqu'un qui s'intéressait à une science ou un art « pour son plaisir ». De là on est passé à la distinction entre les sportifs régulièrement payés, les professionnels, et ceux qui ne recevaient pas de rémunération, les amateurs. Les jeux Olympiques sont aujourd'hui le triomphe de l'argent dans le sport. Quant à la notion d'« amateur », elle est devenue quasi péjorative : un travail d'amateur signifie pas sérieux, bousillé, cochonné.

Sauf en mer. Je n'ai jamais entendu traiter un marin, payé ou non, d'amateur. Parce que aller en mer – et y retourner – exige un sentiment qui va au-delà de la qualification professionnelle et d'une façon de gagner sa vie. Quel est celui, parmi les plus grands de nos champions de la course en solitaire ou en équipage, qui n'a pas juré et encore juré : jamais, mais jamais je ne reviendrai ? Et il est revenu. En mer, un pro qui n'aime pas, je ne connais pas. Et un amateur qui n'a pas les qualités d'un pro, c'est la mer qui ne le garde pas.

Amer

Terme marin qui n'est pas un adjectif, mais un nom commun, n'indique aucun regret ou envie et est au contraire tout à fait positif : c'est un point de la côte, à terre, remarquable, et qui par un relèvement approprié permet de connaître sa situation, d'éviter un danger, de prendre une passe ou un mouillage. Mon enfance a été bercée par l'évocation de la flèche de la cathédrale de Coutances, celle de l'église de Cancale ou le profil du cap Fréhel. Mais on peut aussi se servir de bâtiments notables, de falaises, de tours, voire de cheminées d'usines. Tout est permis. Le danger est que les hommes modifient les paysages.

Amérique

« Cet été-là, Erik retourna au pays qu'il avait découvert et qu'il appela Groenland (pays vert) car il dit que les gens auraient fort envie d'y aller si ce pays portait un beau nom » (saga d'Erik le Rouge).

On demandait au puissant secrétaire général de l'Elysée, du temps du président Mitterrand : « Qu'est-ce que c'est pour vous le pouvoir ? » et il répondait : « C'est nommer. » Amerigo Vespucci (1451-1512) n'a découvert que le Venezuela, mais le cartographe allemand Martin Waldseemüller a utilisé son nom en

1507 à Saint-Dié pour désigner le continent entier. Le commandant Cousteau restera dans nos mémoires non pas comme écologiste mais pour avoir nommé un monde, celui du silence.

Dans les grandes joies qui ne sont plus accordées aux marins, il y avait celle d'attribuer des noms. Cette baie abritée de l'ouest au bord du Pacifique, pourquoi ne l'appellerais-je pas Valparaiso ? Et cet estuaire commode où les Indiens viennent faire du troc, Nouvelle-Angoulême en l'honneur du roi François Ier qui est un Valois-Angoulême ; ou Nouvelle-Amsterdam si je suis hollandais ; et New York si je suis anglais ? Et ce cap, Horn. Et celui-là, des Tempêtes ; non, je change d'avis, je préfère de Bonne-Espérance. Et cet archipel où on m'a volé mon chapeau à plumes, îles des Voleurs ; et cette île, nous sommes dimanche, la Dominique ? Ce rivage enchanteur bordé de palmes et riche en perles, où les éléphants se baignent dans la rivière, Sinbad le marin l'a fréquenté. Sur la carte, je vais inscrire *Trapobane*. Si d'autres ensuite veulent l'appeler Ceylan ou Sri Lanka, c'est leur affaire.

Qui a encore le droit de donner des noms ? Les astronomes qui chaque jour découvrent des galaxies nouvelles ? Qu'ils ne se privent pas de ce plaisir.

« Alors le nautonnier dénombra les étoiles et les nomma » (Virgile, *Les Géorgiques*). Les mots, les mots, il n'y a que cela qui compte. Tout le reste est littérature.

Ancre

« Instrument de fer qui prend dans le fond de l'eau par une de ses pattes pour amarrer un vaisseau par le câble qui y est antalingué. » Les différentes parties d'une ancre s'appellent la verge, l'œillet où passe l'organeau, l'organeau, les tenons ou arêtes, le collet ou la croisée, les bras, les pattes, les oreilles, le bec, le jas.

Soit. Mais cela ne nous dit pas comment le moyen de s'arrêter en mer (d'abord simple pavé au bout d'une corde) est devenu le symbole de la navigation en mer et de la mer elle-même... L'important est le jas. Cette barre transversale qui oblige l'ancre à crocher dans la vase ou le sable, ce qui permet de tenir le navire. On ne s'en étonnera pas, les premières ancres à jas sont apparues en Chine sous le règne de l'empereur Yü, dynastie des Hia, 2200 avant Jésus-Christ. Il faudra attendre le IVe siècle avant notre ère pour les retrouver en Méditerranée. Au siège de Tyr par la flotte d'Alexandre le Grand, des plongeurs cou-

pèrent les câbles des ancres. On les remplaça par des chaînes en fer.

S'en souvenir quand on navigue dans les tropiques en fonds coralliens. Il y a longtemps, je prenais livraison d'un catamaran à Mayotte, dans les Comores, océan Indien. Le soir, dans l'unique hôtel, je fus conquis par une jeune femme brune aux yeux clairs, mannequin de profession, qui attendait son ami italien passionné de plongée. Elle était venue en avance pour préparer le canot pneumatique et le moteur hors-bord. Mon admiration ne faisait que croître. Elle avait recruté un légionnaire de la garnison locale spécialiste reconnu du très beau lagon de Mayotte qui pour l'occasion avait pris un congé de trois jours. En attendant elle m'expliquait les requins. Le lendemain, je levai l'ancre tôt sans l'avoir revue. C'est plusieurs jours plus tard, par le gouverneur des Comores à Moroni, que j'eus des nouvelles. Fallait-il prolonger les recherches aériennes ? Un drame de la mer qui commençait par un mystère.

Les trois plongeurs amateurs, l'Italien si compétent, la Française si belle, le légionnaire si connaisseur des lieux, étaient partis explorer le lagon. Récit de l'ami. En fin d'après-midi, il avait décidé de se baigner. Bien que très bon nageur, il est vite fatigué. Comme dans tous les lagons qui se remplissent et se vident suivant les marées, il y a un fort courant. Il fait signe à la jeune femme et au légionnaire de venir le chercher. Il voit le légionnaire, à l'arrière, tirer sur le démarreur du moteur hors-bord pendant que son amie à l'avant s'occupe de l'ancre. Mais le bateau s'éloigne peu à peu et disparaît à l'horizon. A la nage, il réussit à gagner un îlot où il s'endort, exténué. Des pêcheurs le trouveront le lendemain. Il déclenche les recherches. Le lagon était vide. Bien sûr, de mauvais esprits ricanèrent et supposèrent une aventure entre la femme et le légionnaire. Coup de foudre et fuite. Quatre jours de recherches aériennes sur tout le canal de Mozambique sans succès. Je les fis prolonger deux fois. Rien. Les recherches furent abandonnées. On retrouvera trois semaines plus tard, à l'intérieur du canot échoué sur la côte d'Afrique, les cadavres des deux naufragés, desséchés comme des herbes d'herbier.

En fait, une histoire de mouillage. Quand l'homme avait fait signe pour qu'on vienne le chercher, le légionnaire en essayant de faire démarrer le moteur, l'avait noyé. Et la femme avait voulu relever l'ancre *sans attendre que le moteur eût démarré*. Première erreur à éviter absolument. Elle avait tiré sur le bout, et s'était retrouvée le cordage à la main (il eût fallu une chaîne), sectionné par le frottement sur les coraux dû au courant et au léger clapotis, et l'ancre perdue au fond. Le bateau avait dérivé, entraîné vers la passe, vers l'océan. Les deux malheureux avaient dû s'accrocher à l'espoir que le moteur démarrerait. Le seul moyen de salut aurait été de mouiller. Plus d'ancre ? Il fallait sacrifier le moteur : les premières ancres ont été de lourdes pierres. Je disais cela, confortablement assis dans le fauteuil du gouverneur en son palais de Moroni, après avoir eu tous les détails de l'enquête. Mais ce réflexe, quand on dérive dans un canot pneumatique et que la nuit vient, est sans doute plus difficile à avoir.

L'ancre est un signe universel de la mer. En 1772, les troupes de marine reçurent du roi du France le droit de porter une ancre d'or mais encâblée en sens inverse de celle que portent les marins eux-mêmes.

L'ancre veut dire à la fois l'aventure et la sécurité. Lever l'ancre veut dire que le voyage commence. Jeter l'ancre qu'il peut y être mis fin. Entre les deux, la navigation. La mer.

L'ancre à jas, en forme de croix, a été aussi le symbole de la foi : l'enracinement dans un monde mouvant et hostile. Saint Paul écrit aux Hébreux : *« Cette espérance nous la garderons comme une ancre solide et ferme de notre âme. »* Dans les catacombes, les chrétiens dessinaient des ancres plutôt que des croix, symboles d'infamie jusqu'au IIIe siècle. D'autres dessinateurs de l'ombre ajoutèrent un dauphin, l'ami de l'homme et symbole de liberté. D'autres transformèrent l'ancre en une évocation de l'alpha et de l'omega, début et finalité de ce monde. La nef des morts de nos fresques médiévales portera la voilure gonflée de l'agitation des hommes et du souffle de leurs désirs. Et une ancre, pour arrêter, fixer, tenir contre le vent et la mer et la mort.

Jeter l'ancre, par un de ces exemples du langage maritime qui commande d'un mot toute une opération et dont j'ai fait l'éloge, jeter l'ancre se dit *mouiller*. Il ne faut pas toujours abuser de la technique. Un jour à Mykonos, charmante île grecque où règne, l'été, un meltem infernal, je décide pour ma joie, et je l'espère l'admiration du public, de prendre mon mouillage à la voile. Le port est surencombré. Le vent est fort. Amener le foc. Amener la grande voile. Face au vent sur l'artimon devant une étroite place à quai. Il n'y a plus qu'à culer. J'ai mis à l'avant, à l'ancre, un ami fidèle aussi dévoué qu'ignorant de toutes les beautés du vocabulaire maritime. Je crie : « Mouille ! » Il me répond : « Quoi ? » J'abandonne.

Ango (Jean). Dieppe

Si on enseignait l'histoire de France, Ango (1480-1551) serait l'un de nos grands hommes. La France a rarement eu une marine parce que, comme le disait le prince de Joinville, « pour en avoir une il faut la vouloir beaucoup et la vouloir longtemps ». Dans les rivalités de nos clans et tribus, la constance politique n'a jamais été notre vertu. A Dieppe, à ses frais, Ango va construire une flotte et donner à la France une puissance maritime. Les Dieppois sont les descendants des Northmen qui ravagèrent nos côtes et s'établirent à l'embouchure de la Seine. Les plus grands navigateurs et aventuriers d'Europe. Les découvreurs de l'Amérique. Les écumeurs de la Méditerranée qui, deux siècles après les premiers pillages, quittèrent la Manche pour aller à Naples et Palerme fonder un royaume, bâtir des palais et des cathédrales. Les premiers qui sous le nom de Varègues refirent le trajet de la Baltique à la mer Noire, trajet qui fut en sens inverse celui de Jason et des Argonautes, et établirent en Russie la première forme de gouvernement. L'image si paisible de la Normandie actuelle a fait oublier le passé tumultueux. Les Normands sont les grands marins de la France. Et les seuls, à l'époque, avec les Basques...

Le père de Jean Ango, qui a sans doute commencé modestement dans le commerce local, a pu s'établir armateur. Avec quelques autres notables locaux, ils disposent d'une dizaine de navires. Le monde s'ouvre. Dieppe s'y lance. Au nord d'abord, pour la pêche à la morue – de la nourriture qui se conserve – qui est l'une des grandes richesses de l'époque, une sorte de pétrole. Longtemps les secrets des bancs ont été gardés par les Basques. Normands et Malouins vont prendre la relève. En 1515, lorsque Jean Ango succède à son père, il a déjà navigué sur les bâtiments de la famille, après avoir étudié les mathématiques et les sciences de la mer avec l'abbé Descelier, prêtre d'Arques et l'un des grands érudits du temps (l'école de Dieppe sera célèbre en cartographie).

La flotte de Dieppe compte cinquante navires.

Nous avons les noms des armateurs, les noms des capitaines, les noms des bateaux. Des prénoms familiers. La *Marie*, la *Michèle*, la *Françoise*, le *Jacques*. Des noms d'animaux qui font rêver : la *Salamandre*, le *Lion*, le *Dragon*. Des noms de saints. Des noms qui claquent comme des pavillons : la *Pensée*, la *Fleur de Lys*, *L'Esprit*. Des noms à la mode : la *Ferronnière* (hommage au surnom de la très célèbre maîtresse du roi) ou le *Pantagruel*, le héros du livre de Rabelais qui vient de paraître ! Jean Ango aura vingt-trois navires directement sous son commandement. Dès 1514, un de ses commerçants-corsaires a capturé un navire de Lübeck chargé de céréales et de bière. Le lieutenant du roi refuse d'homologuer la capture. Ango doit rembourser. Corsaire est un métier à risque financier. Mais en 1523, il réussit un coup d'éclat dont toute l'Europe parlera. La *Flotte de l'or* espagnole rentre à Séville par les Açores, bourrée des richesses du Nouveau Monde. Ces richesses, on en rêve, mais on ne les a jamais vues. François Ier avait contesté le partage de la terre et des mers entre le Portugal et l'Espagne, entériné par le pape à Tordesillas en 1497, en faisant un mot : « J'aimerais qu'on me montre la clause du testament qui me prive de l'héritage d'Adam. »

Français, Anglais, Hollandais, exclus des fortunes de l'Amérique, les supputent avec hargne sans même pouvoir les estimer. Les secrets sont bien gardés. Les galions lourdement protégés. Les corsaires de Jean Ango sont les premiers à passer à l'action. Cette fois, la flotte espagnole apporte les trésors du palais de Guatimozin embarqués par Cortés à La Veracruz. Sur le pont du navire amiral, dans des cages de bois, deux jaguars féroces, animaux inconnus en Europe, cadeau du vice-roi au roi d'Espagne. Imaginez un jaguar à peine sorti de sa jungle et traversant l'Atlantique, parqué sur le pont d'un navire, dans les mouvements du bateau, le choc des vagues, les hurlements du vent, le gémissement des agrès, le claquement des voiles. Il y a de quoi devenir fou. Les deux jaguars deviennent fous. Dans sa fureur, l'un d'eux réussit à briser les barreaux de sa cage. Il bondit sur le pont, se rue dans les cales, les coursives, s'attaque aux matelots, les dépèce, les égorge. En essayant de le tuer, les marins se tuent les uns les autres. Cris, hurlements, panique, rugissements, courses éperdues. A coups de pique, de sabre, de hache et de mousquets, le fauve enragé finira par être abattu au prix d'un bain de sang. L'équipage fait savoir à l'amiral espagnol que cet animal sauvage et inconnu, c'est le diable, et qu'il ne continuera pas à naviguer avec à bord l'autre jaguar toujours en cage. Il faut l'abattre aussi. – Jamais, dit l'amiral. Un cadeau du vice-roi au roi ? Il n'en est pas question. Mais l'équipage passe outre et tue le second jaguar. Sourde mutinerie. Les officiers ne sont plus écoutés. Les matelots coupables se cachent ou ne répondent pas. Le navire va à vau-l'eau et sa voilure, mal établie, faseille.

Il n'est pas seul sur la mer. Les corsaires de Jean

Ango l'ont pris en chasse depuis les Açores. Leur capitaine, Fleury de Vatteville (un autre Normand bien sûr), à la tête de trois nefs et cinq galions, ne le lâchera pas. Au cap Saint-Vincent, presque à l'arrivée, alors que la côte du Portugal est déjà en vue et Séville tout près, Fleury passe à l'attaque. Il prend pratiquement sans combat le navire aux jaguars et le ramène à Dieppe. Le débarquement des richesses du souverain mexicain est un spectacle fabuleux dont parlera toute l'Europe. Fleury et ses hommes sont les Rois mages de ce Nouveau Monde. Sur les quais de Dieppe, quatre quintaux d'or, en lingots, en barres, en pièces. Deux quintaux de perles. De féeriques manteaux de plumes, éclatants de couleurs d'oiseaux inconnus. Des statues de dieux bizarres aux dents d'ivoire et aux oreilles d'or. Des idoles, des armes, des trônes en mosaïques de pierres précieuses. Un rêve, une folie. Les matelots normands viennent d'ouvrir la porte sur un empire fabuleux que le monde entier va se disputer pendant deux siècles. La suite à la lettre C, corsaire...

A Jean Ango la fortune et la gloire. Il se fait construire à Dieppe un petit palais qu'il appelle *La Pensée*, et qui n'est qu'ors et tapisseries de luxe, où il recevra avec éclat le roi François Ier lui-même (*La Pensée* sera incendiée et détruite par un raid anglais sur la ville de Dieppe). Ango est anobli, fait seigneur, vicomte, gouverneur. Sa flotte règne sur les mers. En 1506, il avait financé le Florentin Verrazano qui donne à la France la côte est des Etats-Unis et cherche le passage du Nord-Ouest vers l'Asie entre le pôle et le Canada. Il envoie ses navires au Brésil, troquer couteaux, haches, miroirs avec les Indiens, contre perroquets et bois précieux. Le golfe de Guinée est son domaine. Il envoie neuf bâtiments lutter contre la flotte espagnole et ramène en triomphe à Dieppe la nef amirale ennemie.

Des odes chantent sa gloire. Les poètes riment, les musiciens pincent les cordes.

Les mariniers de Dieppe ils ont bien triumphé,
Pour le bon Roy de France estant dessus la mer[1]
Ils porteront les chausses doublées de taffetas ;
Le sayon de sayette, le pourpoint de Damas ;
Et puis ils s'en iront sur la mer jollye,
Contre ses ennemis qui ont sur nous envye.

François Ier a décidé de débarquer en Angleterre. Une flotte est rassemblée : cent vingt vaisseaux et vingt-cinq galères. Ango y joint son escadre : quinze navires. Et prend en charge l'avitaillement de toute l'expédition – qui finalement n'aura pas lieu. François Ier meurt. Les caisses du Trésor sont vides. Qui va rembourser les dettes ? Un vieil associé, Morel, attaque en justice Jean Ango devant le parlement de Rouen pour une dette de trente mille ducats qui remonte à dix-sept ans ! Quand le vent de la faveur ne souffle plus, les rats quittent le navire, dit-on. A la Cour, les rats passent à l'assaut. D'autres associés attaquent. Le roi Henri II donne le monopole d'importation à Rouen. Ango, le plus grand armateur de son temps, le fondateur de la guerre de course, meurt pauvre et déchu. Il lui reste sa maison de campagne, le ravissant manoir à colombages qui porte son nom à Varengeville, à côté de Dieppe, et qui, pour les touristes, fait survivre son nom.

1. Prononcer : la mé.

Antarctique

Vaste continent autour du pôle Sud, le plus froid de la planète, le plus éloigné de toute autre terre (1 000 kilomètres du cap Horn, 3 600 du cap de Bonne-Espérance). Pourquoi tous les noms de continents (sauf l'Europe qui n'en est pas vraiment un) commencent-ils par A ? Asie, Afrique, Amérique, Australie, Antarctique ? Trions. On se reportera à P pour passages (du Nord-Est et du Nord-Ouest), dans l'Arctique, qui furent l'objet de tant de recherches et de sacrifices pendant tant de siècles. A baleine et baleiniers, pour une autre grande aventure de la vie maritime. Ceux de nos navigateurs actuels qui connaissent l'Antarctique en sont tombés éperdument amoureux et ne rêvent, chaque été austral, que d'y croiser. Paysages de glace grandioses et silencieux, peuplés d'animaux en masses houleuses. De la Géorgie du Sud à la terre de Graham, baies et caps mélangent les noms des explorateurs, des animaux – éléphant ou poisson volant – des souverains – roi George ou Joinville –, des épouses et princesses – Adélaïde ou Martha –, d'un sentiment : la Déception.

Parfois, dans une baie un peu mieux abritée des rugissements du vent entre les 50e et 60e parallèles, le voyageur découvrira avec émotion les carcasses des usines à huile de baleine avec leurs immenses chaudrons où on « bouillait le gras ». Parfois aussi les coques déchiquetées des navires qui s'y perdirent ou furent abandonnés. Pendant vingt ans, un voilier fantôme, célèbre parmi les voiliers fantômes, tourna sans équipage et sous ses lambeaux de voiles autour de l'Antarctique pour un jour, lassé, finir par s'échouer dans un de ces cimetières marins où le silence est si lourd.

Antarès

Etoile alpha de la constellation du Scorpion. Dix-septième dans le palmarès de la brillance. Rouge. Ascension droite : 16 h 26 mn. Déclinaison : 26°3' sud. La plus grosse du ciel : 487 fois le diamètre du soleil. Très reconnaissable comme la constellation dont elle fait partie, le Scorpion.

Arc-en-ciel

Banal phénomène atmosphérique mais qui reste chargé depuis toujours de beauté et d'espoir. Les Hébreux y reconnaissaient la protection de Jéhovah, les Grecs la ceinture charmante d'Iris, fille d'un Titan et d'une Océanide, épouse du doux vent Zéphyr. Trois conditions : des gouttes d'eau, du soleil, tourner le dos au soleil. Les rayons solaires sont alors réfractés, déviés dans les gouttes, réfléchis, et donnent ainsi le spectre complet de la lumière ; en partant du point le plus bas, violet, indigo, bleu, vert, jaune, orangé, rouge. Salut l'arc-en-ciel.

Selon la tradition il est le signe de la promesse de l'Eternel à Noé après le déluge. Luther l'affirmait. Quant aux Normands et Vikings, plus guerriers, ils voyaient dans l'arc-en-ciel un pont entre terre et ciel gardé par un géant, fils de sept femmes. Saint Basile lit dans les trois couleurs fondamentales un symbole de la Trinité. Les poètes l'ont chanté, les peintres illustré, les physiciens expliqué. J'ai vu mieux.

J'ai vu un jour en traversant l'Atlantique un arc-en-ciel *à plat*. Un grain violent avait couché la mer. Le soleil donnait sous les nuages très sombres une lumière au ras de l'eau réfléchie par un voile de vapeur. Et à côté de mon bateau naviguait de conserve un arc-en-ciel parfait, du violet au rouge par le bleu et le jaune. Bien lisse sur la mer un moment calmée. A la hauteur de ma ligne de flottaison. Et qui m'accompagnait à la vitesse du vent, c'est-à-dire la mienne, quasiment à portée de main. Je me suis demandé s'il convenait d'inviter à bord ce compagnon si proche et si fabuleux. Mais comment s'adresser poliment à un arc-en-ciel ? Et en brisant le silence n'aurais-je pas risqué de briser l'image ? Voilà. Chacun est resté muet et nous nous sommes séparés pour ne plus nous revoir. Certains en feraient un grand roman d'amour.

Archipel

Encore un mot maritime qui fait rêver. A l'origine, nom propre que les Grecs anciens donnaient à la mer que nous appelons aujourd'hui Egée. Est devenu nom commun pour désigner tout groupe d'îles assez nombreuses partout dans les sept mers et le vaste monde. En passant du propre au commun, archipel n'a rien perdu de son charme, des îles d'Hyères aux Seychelles. Mais il y a aussi les îles Aaland dans la

Baltique, les îles Anglo-Normandes dans la Manche, les Marquises ou les Célèbes dans le Pacifique, les Comores, les Maldives dans l'océan Indien. Et les Glénan, les Canaries, les Lofoten, les Galapagos, les Shetland... Au nord, au sud, au couchant et au levant. L'idéal pour la plaisance à la voile est un archipel orienté nord-sud quand le vent dominant est comme souvent est-ouest. Exemple : les Antilles. On monte et on descend *au portant*. L'inconvénient en revanche de Tahiti et des îles de la Société est qu'elles sont est-ouest. On va, mais on revient plus difficilement. Ou alors, c'est parti pour un tour du monde.

Argo, Argonautes

Vaisseau de l'Antiquité qui partit à la conquête de la Toison d'or. Capitaine, Jason. Avec pour équipage, rien que des célébrités : Hercule, Castor et Pollux, Orphée. Pilote : Lyncée à la vue perçante (d'où notre expression « œil de lynx »). Une femme, première navigatrice de l'Histoire, Atalante. Médée au retour. Une des grandes sources de la littérature européenne, drames, poèmes, chansons de geste, opéras..., c'est aussi une grande aventure maritime. Les Argonautes, après la Crimée, sont-ils revenus par le Danube ou par le Don et la Baltique ? Les mythes sont aussi des récits explicatifs, des illustrations généreusement coloriées dans l'histoire du monde et du rêve des hommes. Marins, amoureux, hommes d'Etat ou de lettres, guerriers, artistes, et chacun d'entre nous, nous sommes tous des argonautes, des chercheurs de trésors.

Le navire *Argo* est devenu une constellation, et même plusieurs. Les astronomes distinguent la carène, la poupe, la voile, le mât. Il faut dire que le mât d'*Argo* avait été donné par la déesse de la sagesse Athéna et qu'il rendait des oracles précieux pour la navigation. Gratter le mât pour faire venir le vent reste d'un usage traditionnel. Avec prudence : on fait venir, et il y en a trop. L'alpha de la constellation est Canopus ou Canope, la plus brillante du ciel austral.

Arthaud (Florence)

Première femme à avoir gagné la course transatlantique en solitaire, de Saint-Malo à la Guadeloupe. J'ai gardé de son arrivée à Pointe-à-Pitre une image éblouie. Dernières minutes avant la ligne. Florence a battu les imbattables. Elle est debout à la barre, portée par la victoire autant que par la légère brise adonnante. Tous les canots à voile et à moteur de la Guadeloupe l'accompagnent en lui faisant de leurs vagues d'étrave un troupeau galopant de chevaux à la crinière blanche. Le soleil se couche. Le ciel tropical à l'ouest est rouge. Les feux s'allument sur la ligne. Il fait nuit.

Astrolabe

Instrument de marine permettant de calculer les hauteurs d'astre au-dessus de l'horizon (du grec *astron* et *lambanein*, prendre).

D'abord, comme tous les instruments de marine, c'est beau et un peu mystérieux. Métal gravé, disque en cuivre, lettres, chiffres, cercles. On attribue l'invention à Eudoxe de Cnide, Hipparque, Ptolémée et quelques autres. Jean Philopon, 490-570 après Jésus-Christ, signe un traité qui donne la solution des différents problèmes astronomiques (ou astrologiques, personne ne fait la différence) que l'on peut résoudre avec un astrolabe. Un évêque syriaque, vers l'an 650, décrit le premier avec précision l'instrument et augmente la liste des problèmes résolus jusqu'à vingt-neuf. Après, tout se bouscule. Le calife abbasside al-Mamun fonde en 813 une académie à Bagdad, la *Maison de la Sagesse*, qui produira sur l'astrolabe une encyclopédie de calcul astronomique et mathématique en treize livres dont un catalogue de 1 022 étoiles et 48 constellations.

Je m'arrête ? Pas tout de suite. En 1029, à Tolède, Mohamed Ben-as-Saffar construit le premier astrolabe. Quand ce n'est pas Tolède, c'est Cordoue. La Catalogne a pris le relais dès la fin du xᵉ siècle. Les savants juifs diffusent la science. Les universités chrétiennes s'en servent pour calculer l'heure des offices et enseigner les sciences exactes. La Renaissance n'a plus qu'à développer. Les horloges astrolabiques où la terre, le soleil et la lune s'inscrivent sur la voûte céleste sont des œuvres d'art et la passion des collectionneurs. L'astrolabe catholique (catholique veut dire, chacun le sait, universel) apporte une petite révolution : il est valable pour toutes latitudes, en utilisant le plan de colure des solstices. D'accord, je m'arrête. D'ailleurs, les utilisations proprement nautiques de l'astrolabe ont été très faibles, malgré son prestige...

Atlantique (secret de l')

Les quatre points cardinaux, nord, sud, est, ouest, sont vieux comme notre monde. La rotondité de la terre est enseignée depuis les Sumériens, les Egyptiens et les Grecs anciens. Le calcul de sa circonférence, le méridien, est effectué par Eratosthène vingt et un siècles avant la Révolution française et le décret de la Convention fixant le mètre étalon. Et aussi la distance de la Terre, qui tourne bien sûr, à la Lune. Les erreurs sont de quelques centièmes... « Il n'y a de nouveau que ce qui avait été oublié. »

Pour les habitants de notre petit cap de l'Asie, l'Est a toujours été une grande lumière, un mirage, une fascination. L'Orient symbolise le jour, mais aussi la science, la richesse, la puissance, les chiffres, la soie, l'or. Les Arabes d'Espagne relayaient le savoir. Le calife de Bagdad offrait une horloge à Charlemagne. Au XIIIe siècle, le pape et Saint Louis enverront à travers toute l'Asie deux ambassades au Grand Khan des Mongols. En 1295, le négociant vénitien Marco Polo revient de Chine, où il a commercé, voyagé, conseillé les grands de l'empire pendant dix-sept ans, par Sumatra après avoir été en mission en Annam, en Inde, en Perse. Il passera pour un hâbleur ? Mais tout le monde de l'époque le lit, le commente, l'envie.

Certes, depuis la victoire des Turcs ottomans, la route terrestre vers l'Orient est fermée. On rêve du prêtre Jean, roi d'un empire chrétien derrière le monde musulman hostile. Les perles, les soieries, les épices empruntent le lent et périlleux chemin des caravanes à travers montagnes et déserts. Pour atteindre plus sûrement et rapidement Cathay ou

Cigango, si nous prenions la mer ? L'Islam tient la Méditerranée. La mer libre, c'est l'Atlantique. Il y a, comme on dit dans les compétitions, trois options : le Nord, le Sud, l'Ouest. Pour atteindre l'Est. Toujours l'Est. Ainsi commence l'histoire du *Secret de l'Atlantique*.

Une terre existe, au-delà des colonnes d'Hercule et du détroit de Gibraltar. Quelque chose qui fait peur. Mais quelque chose qui n'est jamais sorti de notre mémoire. Platon l'appelle l'Atlantide et lui consacre deux dialogues, le *Timée* et le *Critias*. Mythe d'un continent voisin et perdu ? Utopie sociale et politique du régime parfait ? Platon précise que c'est un prêtre égyptien qui dévoile à Solon, sage emblématique de l'ancienne Grèce, l'existence de l'Atlantide. Et qu'il ne s'agit pas d'un mythe, mais d'une réalité.

Des scientifiques d'aujourd'hui privilégient la localisation à Santorin, détruite par une explosion volcanique et un raz de marée qui a ruiné aussi en Crète la civilisation minoenne. En dehors du problème de convergence des dates entre archéologues et vulcanologues, ils ne répondent pas à cette simple question : pourquoi le souvenir du cataclysme aurait-il perduré en Egypte et non pas en Grèce alors que la catastrophe se serait produite au cœur du monde grec lui-même ? La source du prêtre égyptien conduirait plutôt à une Atlantide africaine et atlantique, comme l'affirmait Platon. Les Canaries, dont l'étrange population parlait une étrange langue avant sa destruction par les Espagnols ? La Mauritanie où, en plein désert dans les ruines de Ouadâne, subsistent gravés des échiquiers primitifs et le souvenir d'un peuple de géants noirs ?

En dépit d'Aristote et de Diodore de Sicile qui n'y

voulaient voir qu'une fable, les initiés qui se passionnent pour l'Atlantide ne se comptent plus. Plus de vingt-cinq mille ouvrages lui ont été consacrés. On crut la retrouver aux Açores, aux Bermudes, au Sahara. Gladstone, Premier ministre anglais, avait voulut lancer un navire spécial. La firme allemande Krupp finança pour un demi-million de dollars une expédition au Brésil. En 1950, trois expéditions furent montées vers tous les points cardinaux. Les thèses et hypothèses se multiplient. Les Phéniciens l'auraient connue et en auraient tiré leur fortune. Les Templiers aussi. Les Basques, les Irlandais... L'Atlantide, c'est notre trésor à tous.

Laissons-la au fond des mers. Il est bien qu'elle conserve trésors et mystères. Mais sachons que, depuis plus de vingt-cinq siècles, on raconte qu'il existe quelque chose après l'océan. C'est le secret de l'Atlantique. Je ne résiste pas au plaisir de citer les dernières lignes de Platon :

« Pendant de nombreuses générations, tant que la nature du dieu se fit sentir suffisamment en eux, ils obéirent aux lois et restèrent attachés au principe divin auquel ils étaient apparentés. Ils n'avaient que des pensées vraies et grandes en tout point, et ils se comportaient avec douceur et sagesse en face de tous les hasards de la vie et à l'égard les uns des autres. Aussi, n'ayant d'attention qu'à la vertu, faisaient-ils peu de cas de leurs biens et supportaient-ils aisément le fardeau qu'était pour eux la masse de leur or et de leurs autres possessions. [...] Mais quand la portion divine qui était en eux s'altéra par son fréquent mélange avec un élément mortel considérable et que le caractère humain prédomina, incapables dès lors de supporter la prospérité, ils se conduisirent indé-

cemment, et à ceux qui savent voir, ils apparurent laids [...] tout infectés qu'ils étaient d'injustes convoitises et de l'orgueil de dominer. Alors le dieu des dieux, Zeus, qui règne suivant les lois, [...] réunit tous les dieux dans leur demeure, la plus précieuse, celle qui, située au centre de tout l'univers, voit tout ce qui participe à la génération, et, les ayant rassemblés, il leur dit... »

Le manuscrit de Platon finit sur ces mots, comme si quelqu'un, qui lisait par-dessus son épaule, l'avait brutalement interrompu. Le message à demi effacé d'une bouteille à la mer qui aurait traversé les siècles.

La route du Nord

Le premier à la tenter, au IVe siècle avant notre ère, est Pythéas, Grec de Marseille, un savant audacieux et un négociant avisé. Il ira jusqu'en Islande ou en Norvège. Le titre de son livre (qu'on connaît par de nombreuses citations) est assez impressionnant, compte tenu de la date : *Autour de l'océan*, et Thulé est resté un nom symbolique de terres lointaines et magiques. Loin dans l'Océan où se couche le soleil, *il y a quelque chose au nord.*

Après Pythéas et avant les Vikings, saint Brandan, moine irlandais du début du VIe siècle, après avoir évangélisé le pays de Galles et les Hébrides, est lui aussi parti vers le nord et le couchant. Il cherche la terre des disparus qui, dans le monde celte, est aussi le paradis. Merveilleux récit où les poissons de l'Océan se mettent en rang, les uns sur les autres, pour mieux écouter ses sermons, où il aborde sur le dos énorme d'une baleine qu'il a prise pour une île (et longtemps les cartographes appelleront Saint-Brandan toutes les îles qui au ras des flots apparais-

sent ou disparaissent). Il aperçoit une côte qui ressemble à une cathédrale de cristal et qui est la description d'un iceberg... Dans les années 1990, de jeunes Irlandais referont, sur un bateau local en peaux et cuirs, la même route légendaire et atteindront Terre-Neuve par l'Islande et le Groenland : la route du Nord. La plus terrible. La plus hostile. Et pourtant, la première.

Les Vikings se lancent à l'assaut de l'Océan. Entre la Norvège et l'Ecosse, entre les îles écossaises et l'Islande, entre l'Islande et le Groenland, entre le Groenland et Terre-Neuve, les étapes comptent à peu près 400 milles nautiques. Cinq à sept jours de navigation. A la voile et à l'aviron. L'Ecosse est prise en 798, l'Islande est découverte vers l'an 860. Le Groenland en 985 par Erik le Rouge qui avait dû quitter l'Islande (après la Norvège) pour violences répétées, banni pour trois ans. Les Normands n'ont ni cartes ni boussoles. Ils se dirigent, dit-on, en lâchant un corbeau et en suivant son vol vers la terre. Ils utilisent aussi une pierre magique qui vire au jaune ou au bleu dans le plan du soleil et permet donc de calculer la hauteur de l'astre même par temps couvert, la cordiérite rhumbo-pyramidale dont de nombreux gisements existent en Scandinavie. Les sagas parlent de la « pierre de soleil ». Elle valait bien l'aiguille aimantée qui longtemps a servi de talisman autant que d'indicateur de l'étoile polaire. Quand commence la science, quand finit la magie ? Si on avait voulu marquer les frontières entre les deux, les Vikings seraient restés chez eux, Copernic n'aurait pas eu de quoi vivre et Newton n'aurait pas inventé la gravitation universelle. Mais c'est la direction du vent dominant qui comptait le plus.

Huit vents de référence. La tour des Vents au pied de l'Acropole d'Athènes était déjà octogonale. Comme celle de l'astrologue de Catherine de Médicis qui existe toujours à Paris, dans le 1er arrondissement, accolée au bâtiment de la Bourse de commerce. Comme les aires du vent des divisions de nos compas modernes.

Les Maoris, vers l'an mille, ont traversé l'océan Pacifique d'ouest en est et du sud au nord sur de fragiles pirogues à balancier en utilisant aussi pour se repérer l'orientation des vents principaux et des diagrammes d'étoiles en bambou. Les Vikings, la lumière du soleil aidant, partaient vers l'ouest contre la mer et le vent.

La saga raconte : *« J'irai en bateau jusqu'au Groenland si vous voulez me servir et m'obéir. Notre voyage à tous paraîtra une folie, puisque aucun de nous ne connaît la mer du Groenland. Ils prirent la mer et naviguèrent trois jours durant. Le vent favorable tomba, la brume s'épaissit et le vent du nord se leva. Ils ignorèrent leur situation durant de nombreux jours. Puis ils virent de nouveau le soleil. Ils hissèrent les voiles et avancèrent un jour et une nuit. Ils aperçurent la terre et se demandèrent où ils étaient. Björn pensa que ce ne pouvait pas être le Groenland, dit de longer la côte, et en longeant la côte ils découvrirent qu'il n'y avait pas de hautes montagnes, mais de petites collines boisées. »*

Le fils d'Erik, Leif, pousse du Groenland jusqu'à la terre de Baffin, qu'il baptisa Helluland, le pays des pierres plates, jusqu'au Labrador dont il note les grandes forêts, le Markland, puis jusqu'à une île et une côte riche en saumons et au doux climat qu'il appelle Vinland, pays de la vigne. Terre-Neuve, certainement. Plus au sud ? C'est douteux, mais des archéologues affirment avoir trouvé la trace des Vikings dans le Maine. Entre l'histoire et la légende, où situer la frontière ? Un roi aztèque aurait annoncé le retour d'hommes barbus et blancs qui lui rendraient son pouvoir. Les Esquimaux et Indiens locaux finirent par chasser les « guerriers des mers » qui dans leurs sagas se plaignent du caractère « lâche et scélérat » des habitants. La découverte de l'embouchure du Saint-Laurent cinq cent trente-quatre ans avant Jacques Cartier, est un fait. Christophe Colomb avant son voyage écumera les tavernes à matelots de l'Irlande et sans doute d'Islande pour se faire raconter les récits des vieux marins qui ont fréquenté les bancs de pêche, loin, très loin, au nord et à l'ouest. Oui, il y a quelque chose de l'autre côté de l'Atlantique. Il y a l'Est. L'Orient.

La route du Sud

I' mi volsi a man destra, et puosi mente
a l'altro polo, et vidi quattro stelle
non viste mai fuor ch'a la prima gente.

Goder pareva'l ciel di lor fiammelle :
o Settentrional vedovo sito,
poi che privato se'di mirar quelle !

Je me tournai vers la droite et regardai
Vers l'autre pôle, et j'y vis quatre étoiles
Que nul ne vit depuis nos premiers ancêtres.

Le ciel semblait se réjouir de leurs feux.
Que tu es veuf, Septentrion, puisque tu
Es privé de ce spectacle.

Dante, *La Divine Comédie*,
Le Purgatoire, chant premier.

Qui, vers 1310, a inspiré à Dante cet hommage à la Croix du Sud, invisible sous nos latitudes ? Le voyage autour de l'Afrique du Phénicien Nechao pour le compte du pharaon d'Egypte est bien oublié. Ainsi que le périple d'Hammon. D'ailleurs toute découverte maritime était un secret. Etrange : si la route maritime du Nord est la plus hostile en termes de mer et de vent, celle du Sud est celle qui fait *le plus peur*. L'Afrique fait peur. Ce continent si proche, qui touche quasiment l'Europe à Gibraltar, dont toute la partie nord est méditerranéenne, reste le Grand Inconnu. Les voisins immédiats, Maghreb et Machrek, sont aux mains de l'Islam et interdits. Il faut donc, si on cherche l'Orient, descendre au sud, beaucoup plus au sud. Et toutes les craintes s'exaspèrent. L'eau est de plus en plus chaude et l'océan va donc bouillir. Le rivage est peuplé de monstres qui crachent le feu, de géants à tête d'animaux, d'êtres difformes, tous cannibales acharnés. Et si on s'approche de l'équateur, on va arriver au bord de la terre comme au bord d'un disque, et on va *tomber dans le vide*.

L'Afrique, alors que tout le reste du monde lointain est connu, répertorié, cartographié par les Européens, sera le dernier refuge du mystère et il faudra attendre le milieu du XIXe siècle pour trouver la réponse à l'une des plus anciennes quêtes de l'humanité : les sources du Nil. Dans l'atlas scolaire de mon père, il y a encore des « blancs », *terra incognita*, si près, au Sahara (Smara) et au Soudan. Gloire aux navigateurs portugais qui les premiers se lancèrent dans l'Atlantique à la conquête de la route de l'Est par le sud. Il leur faudra un peu plus d'un siècle pour atteindre la Chine.

Tout commence en 1415 par la prise de Ceuta, sur la côte marocaine. La flotte de Jao Ier avait appareillé de Lisbonne sous grand pavois. Le peuple entier, dit-on, avait travaillé pour construire cette immense escadre : *deux cents navires*. Bien avant les Espagnols, les Portugais avaient libéré leur pays des envahisseurs maures. C'est symboliquement dans l'Algarve (en arabe « à l'ouest »), dernière conquête, que s'établira l'école de navigation de l'infant Henrique. La découverte de la route du Sud ne sera pas l'enjeu d'un hasard, d'une fantaisie personnelle, d'une errance qui aurait bien tourné, comme l'a été la découverte de l'Amérique du Nord par les Vikings, et comme le sera celle du Brésil par les Portugais eux-mêmes. Non, après la « Reconquête » vient logiquement la conquête, recherche scientifique, croisade religieuse, calculs commerciaux. Vers la soie, les perles, les épices. Ceuta a déjà offert un avant-goût des richesses d'un souk oriental. Ivoire, or, esclaves. Le plus difficile sera de franchir le cap Bojador.

Il n'a l'air de rien, ce cap plutôt arrondi sur la côte du rio de Oro, un peu au sud des Canaries et encore légèrement au nord du tropique du Cancer. Pourtant, pour l'Europe, il marque la limite du monde. Au-delà règnent les monstres, la mer brûlante, les courants qui entraînent vers le néant. A partir de 1419, pendant plus de douze ans, l'infant Henrique lancera sans succès ses caravelles vers le sud. Gil Eanes, sur ordre, passa enfin le cap maléfique, toucha terre, releva des traces d'hommes et de chameaux, revint et fut fait chevalier. 1434 est la véritable date de l'ouverture du monde. Pedro Nunez écrira : *« Nous avons découvert d'autres îles, d'autres terres, d'autres mers, d'autres peuples, et plus encore, un autre ciel et d'autres étoiles. »* Dante avait raison.

Les amateurs de rencontres historiques noteront que c'est au cap Juby que l'Aérospatiale de Mermoz, en plein XXe siècle, avait établi sa dernière escale, et que Saint-Exupéry y fut chef de poste, chargé de négocier avec les guerriers maures la rançon des pilotes capturés...

Les Portugais mettent un siècle et un an, mille après mille, sans utiliser la carte ni la boussole, à reconnaître la côte d'Afrique en la longeant jusqu'à l'autre océan, l'Inde, la Chine, le Japon. Nuno Tristão et Antão Gonçalves, après escale au sud du rio de Oro en 1441, passèrent le cap Blanc et découvrirent le banc d'Arguin (celui où périra *La Méduse*). En 1461, les Portugais y construisent une forteresse et fondent un comptoir commercial qui ne seront abandonnés qu'en 1638. De Ceuta au cap Bojador, il a fallu dix-neuf ans. De Ceuta à la Minha, sur le golfe de Guinée, forteresse et comptoir portugais fameux, cité du Nouveau Monde et base pour la poursuite du rêve oriental (aujourd'hui dans l'Etat du Ghana), cinquante-six ans. En 1471, l'équateur est franchi. En 1488, Vasco de Gama double « le cap immense et mystérieux » que célébrera le poète, celui de Bonne-Espérance, ex-des Tempêtes. Quatre ans avant le premier voyage de Christophe Colomb, la porte de l'Orient est ouverte. Avant la fin du siècle, en 1498, l'escale de Melinde, sur la côte du Kenya actuel, sera le dernier relais. Aidé de deux pilotes arabes, Vasco de Gama touche Calicut, aux Indes, le 20 mai 1498. Les premiers vaisseaux chargés de trésors reviennent à Lisbonne. Les banquiers calculent qu'un vaisseau qui revient sain et sauf (mais ils ne sont pas la majorité) rapporte du 600 pour cent. Puis Taprobane (Ceylan) en 1505. Malacca et les Moluques, les îles du poivre et du clou de girofle, 1512. Et enfin Canton et la Chine, Cathay, la soie et l'or, en 1516. Un siècle et un an.

Parmi tous les noms illustres des navigateurs portugais, il faut, après l'amiral Bellec, tirer de l'oubli celui d'un modeste clerc de la maison de l'infant, Tinoco : craignant la côte africaine où il a vu massacrer – et manger – son capitaine et la quasi-totalité de l'équipage, il tire un long bord au large. Toujours plus loin au large. A la hauteur des Açores, il rencontre les vents d'ouest favorables pour revenir à Lisbonne. Une révolution. Parce que le secret de l'Atlantique était aussi la peur, *la peur de ne pas pouvoir revenir.*

Christophe Colomb et la route de l'Ouest

Né à Gênes en 1451. Le lieu et la date sont contestés. Son père serait tisserand, puis tavernier. Christophe, lui, ne pense qu'à la mer. Cette fois les preuves existent. Jeune homme, il court la mer Egée en tant que représentant de puissants armateurs génois. En 1476, à vingt-cinq ans, au cours d'un autre voyage, il fait naufrage devant Lisbonne. Découverte de Lisbonne, centre du monde : port de toutes les aventures et de toutes les richesses. On est en pleine exploration des côtes africaines, le golfe de Guinée vient d'être atteint. Tous les trésors. Toutes les langues, toutes les couleurs de peau. Sans cesse des voiles se lèvent, d'autres sont affalées. Christophe Colomb part pour un nouveau voyage jusqu'à la Minha, la capitale portugaise de l'or au cœur de l'Afrique noire. A son retour, il travaille. Il n'est pas seulement un aventurier, mais un homme de sciences, un érudit, quasiment un rat de bibliothèque. Sa période de formation – certains diraient d'initiation – dure vingt ans. Ce n'est qu'à quarante ans passés, un barbon pour l'époque, qu'il se lancera à travers l'Atlantique. Son image est si contrastée, entre celle du marin, du découvreur, du génie visionnaire, et celle du mégalomane cupide qui n'hésita pas pour sa gloire à truquer un journal de bord, qu'on oublie parfois son côté laborieux, acharné, patient.

En épousant Felipa Moniz de Perestrello, le Génois dont on ne sait rien va s'introduire dans les grandes familles les mieux établies. La dot de sa femme ? Un lot de cartes anciennes, des relations dans tous les milieux, y compris scientifique. Colomb court les géographes, les érudits, les astronomes, les mathématiciens. Au savoir des Grecs, des Arabes, des Juifs, il ne cesse d'ajouter ses propres calculs. Il arpente inlassablement les grèves de l'Océan pour y ramasser des débris d'épaves, des bouts de bois exotiques et inconnus. Il se passionne pour ces îles mythiques que les géographes placent, un peu au hasard, au loin de nos côtes à l'ouest, Antilla, Saint-Brandan, Brasil. Il achète toute vieille carte. Il écoute tout marin. Oui, il y a quelque chose de l'autre côté de l'Atlantique.

Les anciens avaient raison. Les légendes du Nord ont raison. La terre est ronde. Pour trouver l'Orient et la Chine, il faut aller directement et simplement droit à l'ouest. L'alizé vous y pousse aimablement. On ne pourra pas revenir ? On pourra. Mais ne pas revenir sera encore la terreur de ses matelots qui les conduira à deux doigts de la mutinerie. Il n'est pas sûr que l'amiral se soit tant trompé quant aux distances par rapport à Erathostène de Milet. Plus au nord, la traversée est plus courte. Mais il mentira avec assurance à l'équipage. A l'ouest, toujours à l'ouest. La Chine, l'Est sont là tout près. Il a avec lui, sur les deux petites caravelles qui l'accompagnent et portent des noms de filles de mauvaise vie, la *Pinta* et la *Niña*, deux pilotes qui s'appellent les frères Pinzón. J'ai toujours pensé qu'il s'agissait de deux Normands de Dieppe qui s'appellent Pinson et que l'orthographe a hispanisés. Dieppois, ils connaissent le secret de l'Atlantique. D'ailleurs, un jour où la peur et la révolte ont de nouveau gagné la flotte, où des brises contraires, des vols d'oiseaux, des débris d'herbe sont autant de preuves pour l'amiral, mais pour ses hommes ne sont plus que des occasions supplémen-

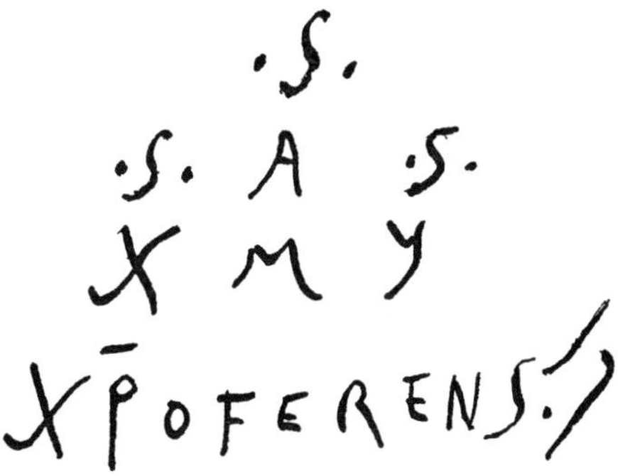

la signature mystérieuse de Christophe Colomb

taires de désespoir, l'aîné des Pinzon-Pinson intervient et recommande de mettre le cap plus au sud-ouest. Il connaît, lui. Colomb découvrira l'Amérique, quelques jours plus tard. Dans la nuit du 11 au 12 octobre, Rodrigo de Triana, marin de la *Pinta*, crie une nouvelle fois : « Terre ». Cette fois est la bonne. Quand, en mars 1493, l'amiral traverse l'Espagne pour aller à Barcelone rendre compte à ses souverains qui sont aussi ses « sponsors », le cortège de gloire qui l'accompagne s'ouvre par des Indiens parés de plumes et se termine par des matelots qui fument le cigare, un perroquet sur l'épaule.

L'homme des cartes a gagné. Le spéculateur a gagné. L'homme de fer a gagné. Il est loin, le jour où un comité de sages espagnols à Valladolid l'a condamné « parce que saint Augustin avait dit le contraire ». Quel caractère ! A l'un de ses retours, une trombe, phénomène atmosphérique particulièrement terrifiant, les assaille. L'amiral ne se démonte pas. Il tire son épée comme s'il était dans un duel contre un spadassin et, face aux éléments déchaînés, déclame le début de l'Evangile de saint Jean : « Au commencement était le Verbe, et le Verbe était en Dieu, et le Verbe était Dieu. » Les éléments déchaînés reculent et se dispersent.

Est-il si catholique que cela ? On l'a dit juif. Est-il si croyant ? On lui a trouvé des sources pythagoriciennes – soit : comme à tout ce qui pense et agit en ce monde depuis vingt-cinq siècles. Pour expliquer son ascension sociale, alors qu'il est parti de rien, on en a fait aussi un enfant naturel de la sœur du roi du Portugal. Alors que sa thèse de « l'ouest pour aller à l'est » est condamnée, il attend, attend encore des années avant de réussir à convaincre les souverains d'Espagne grâce à l'appui d'une communauté monastique d'Andalousie qui ne lui refusera jamais son soutien.

Christophe Colomb a laissé à ses héritiers les titres les plus prestigieux qui font encore rêver : « grand amiral de la mer Océane ». Un jour, à Madrid, dans une librairie, je dédicace *La mer est ronde*. Un client. Je demande à quel nom. Christophe Colomb. Son descendant. J'ai écrit, ému : « A Christophe Colomb. J'ai traversé comme vous l'Atlantique à la voile, mais, je dois le reconnaître, quelques années plus tard. » Un nom, mais aussi une signature codée qui est toujours un mystère. Il a découvert l'Amérique. Mais on ne sait toujours pas qui est vraiment Christophe Colomb. Il restera un secret de l'Atlantique.

Australe (France)

Extraordinaire histoire d'une conviction nautique fausse qui va régner sur nos meilleurs esprits, depuis 1504 et jusqu'au début du XIXᵉ siècle, sous cinq régimes, huit rois, une république, le Consulat, l'Empire et même la Restauration ! Deux mots : *France australe.* Une idée. Plutôt un rêve. De trois siècles.

Aujourd'hui il en reste officiellement une division territoriale française : les Terres australes françaises, statut de TOM depuis 1955, qui dépendent d'un administrateur supérieur siégeant à Paris. Population : de cent à deux cents habitants suivant la saison. Situation : dans l'Antarctique, la terre Adélie – base française du pôle Sud, plus quelques îles perdues dans l'océan Indien, balayées par les ouragans ; l'archipel des Crozet, repaire d'oiseaux de mer, pétrels géants, albatros, manchots ; l'archipel des Kerguelen ou îles de la Désolation, réserve d'oiseaux de mer, base navale météorologique et de pêche ; les îles Amsterdam et Saint-Paul, peuplées de bœufs sauvages, d'otaries et de langoustes.

Mais commençons par le commencement. Le professeur australien Leslie Marchant, de l'université de Perth, écrit un livre sur la découverte peu connue de l'Australie par les Français. L'éditeur cherche un auteur pour écrire une préface, d'abord en anglais, ensuite en français. Il n'y a pas beaucoup de Franco-Australiens. J'appartiens à cette espèce rare et, j'espère, protégée. Mère née en Australie à Saint-Kilda, près de Melbourne, d'un parent français et d'un autre australien. Et suis marin. Consciencieux, avant d'en écrire la préface, je lis le livre. Et je lis avec passion l'aventure du plus grand mythe français dont il reste aujourd'hui, en dehors des Terres australes françaises mentionnées plus haut, seulement des *noms français* sur la carte marine de la côte ouest de l'Australie, du cap Voltaire à l'archipel Joseph-Bonaparte...

24 juin 1503. Le sieur Binot Paulmier de Gonneville, normand bien sûr, lève l'ancre à bord de *L'Espoir* et quitte le port de Honfleur. A bord de sa petite caravelle ventrue de 30 mètres, le sieur de Gonneville emmène un équipage de soixante hommes, marins, soldats, commerçants, aventuriers, deux pilotes portugais qui connaissent la longue route de la côte africaine, un naturaliste chargé de toutes les observations scientifiques. Plus une cargaison de vêtements de lin, haches, bêches, crochets, outils, chaussures, miroirs, quincaillerie, verres et argenterie pouvant aisément servir de troc aux Indes. Parce que le but du voyage, comme pour tous les autres, était bien évidemment les Indes.

Le professeur Marchant insiste sur les antécédents français du sieur de Gonneville. Des rapports indiquent que deux navires français appareillent de Dieppe pour les Canaries dès 1364. D'autres disent que des marchands français de Dieppe et de Rouen furent les premiers à relever les côtes de l'Afrique noire jusqu'en Sierra Leone, échangeant leurs cargaisons contre des pierres à huile, de l'or, des épices. Un marin dieppois, Jean Cousin, aurait abordé au Brésil en 1488. Ce qui est sûr, c'est que les esprits scientifiques en France connaissent tous les récits du grand explorateur arabe, Ibn Battûta, dès la fin du XIVe siècle. En 1402, un Normand découvre et fait la conquête des Canaries, Jean de Béthencourt. A la même époque, un docteur de Toulouse, sur les traces d'Ibn Battûta, visite Gao et Tombouctou sur le Niger. Nous ne manquons pas de pêcheurs audacieux et qualifiés, à Dieppe, Honfleur, Cherbourg, Saint-Malo. Les maîtres de la hache construisent voûtes d'église et coques de navire. Le compas pour le cap, le loch pour la vitesse, le bâton de David ou arbalétrier pour les hauteurs d'astres sont connus. Les récits des ambassadeurs de Saint Louis, du pape, et surtout de Marco Polo, best-seller européen de l'époque, donnaient un aperçu des richesses fabuleuses de l'Orient, « les Indes ».

Gonneville atteint les Canaries après treize jours de mer. Pas si mal. Puis le cap Vert où il achète riz et volailles. Il franchit l'équateur le 12 septembre. Bon bateau, *L'Espoir*. Mais ensuite tout se gâte. Maladie à bord, six marins en meurent. On aperçoit des algues et des oiseaux, les pilotes affirment qu'on approche du cap de Bonne-Espérance : des vents très forts contraires font perdre trois semaines. Colin Vasselage, le chef pilote, meurt à son tour. Tempête et dérive. Puis calme plat. Enfin une côte et l'embouchure d'un grand fleuve. Le 6 janvier 1504, *L'Espoir* jette l'ancre dans un continent nouveau dont le sieur de Gonneville va prendre possession au nom du roi de France. Un paradis. Détail fâcheux : les calmes et les tempêtes l'ont fait tant dériver qu'il ne sait pas où il est, si ce continent est à l'est ou à l'ouest du cap de Bonne-Espérance, dans l'Atlantique ou dans l'océan Indien... Mais bon, c'est un pays délicieux ! Climat très doux, nature généreuse. La population mène une vie simple et heureuse de chasse, de pêche, d'un peu de culture. Elle porte des manteaux de paille tissée, de fourrures, de plumes. Même tenue pour les hommes et les femmes, si ce n'est que les femmes sont habillées plus long, jusqu'au genou. Elles ont des colliers d'or, des bracelets de coquillages. Les hommes des cheveux longs avec des bandeaux de plumes. Ils sont armés d'arcs, de flèches et d'épées de bois durci. Le naturaliste Nicolle Le Febvre note tout, malheureusement son rapport sera perdu avec le bateau.

Le sieur de Gonneville, pendant ses six mois de séjour, resta fidèle au roi Arosca qui l'avait accueilli sous les palmiers de l'estuaire enchanteur et qui régnait sur une douzaine de villages. Avant de partir, il fit dresser une grande croix couverte d'inscriptions prenant possession au nom du roi de France et, cela ne pouvait pas faire de mal, du pape. Il emmena avec lui Essomericq, fils du roi Arosca.

Retour difficile, les hommes tombent malades, meurent. En octobre 1504, le tropique du Capricorne est franchi. Ils font escale dans un nouveau pays inconnu pour trouver nourriture, eau, et *« l'air de la terre »* où les indigènes sont des *« Indiens grossiers, cannibales, livrés à l'anarchie »*. Nouvelle escale, guère plus heureuse. Enfin, les Canaries en mars 1505. Le 17 mai, dans la Manche, au large des îles Anglo-Normandes, *L'Espoir* est attaqué par deux pirates : Edward Blunt et Morris Fortun. Plutôt que de tomber entre leurs mains, Gonneville jette son bateau sur les récifs de la côte. Il regagne Honfleur le 20 mai. La moitié de son équipage a disparu. Et aussi le précieux livre de bord qui aurait pu préciser où se situait cette merveilleuse « France australe », comme on dira désormais. Heureusement, le « prince » Essomericq, preuve vivante de la découverte du continent, a survécu. Ses descendants occuperont à la Cour des positions notables et exerceront une influence sur la politique maritime française. Il faut savoir, pour comprendre la suite de cette histoire, que le récit de Gonneville *recoupe et confirme toutes les théories scientifiques de l'époque*, qui remontent aux géographes grecs de l'Antiquité et dureront jusqu'au début du XIXe siècle.

Pour équilibrer la terre, il faut un grand continent au sud de la planète. Les terres émergées dans leur immense majorité et les hautes chaînes de montagne, Alpes, Rocheuses, Atlas, Caucase, Himalaya, sont toutes dans l'hémisphère nord. Trop de poids au nord. Si la terre ne bascule pas, c'est qu'il y a un contrepoids au sud. Voilà ce que disaient les scientifiques. Les géographes ajoutent que le 40e degré de latitude, qui est celui où Gonneville a dû faire escale, est dans l'hémisphère Nord celui de Naples ou des Baléares. Pourquoi au sud ne serait-il pas aussi doux et heureux ? Oui, *L'Espoir* a abordé aux terres du bonheur. Et elles sont françaises !

Mais où ? Océan Indien ou Atlantique Sud ? Les scientifiques affirment, ergotent, contestent, se traitent d'ânes. Mais les juristes, eux, n'hésitent pas. Au nom de la France, ils réclament tout ce qui est nouveau au sud de l'équateur. Le Brésil et Madagascar par exemple. Au Brésil, malgré les efforts constants de Catherine de Médicis qui jouera des troubles dynastiques à Lisbonne et malgré l'installation d'une colonie par Nicolas de Villegagnon dans la baie de Rio de Janeiro, les Français finiront massacrés par les Portugais. (Il ne reste du rêve de cet empire que la Guyane — et Kourou, la base spatiale !) Contre Portugais, Hollandais, Anglais, nous tiendrons bon à Madagascar, au nom du voyage de *L'Espoir* et du sire de Gonneville.

De 1504 à 1820, avec une étonnante permanence, ce droit sera rappelé et le rêve poursuivi. La France abandonnera la Floride, les Carolines, le Canada, la Louisiane, les Indes, les Malouines... mais toujours, gardera en réserve cette conviction : nous avons mieux, plus doux, plus riche, plus aimable. Nous avons la France australe.

Ango y croira, et ses navires, en même temps qu'ils chercheront au nord du Canada à découvrir le passage vers la Chine, pousseront vers le sud à travers l'océan Indien. L'école de Dieppe, le fameux institut de cartographie, ne cessera pas de représenter un vaste continent austral couvrant le sud de l'océan Indien. L'amiral comte de Coligny charge en 1571 les frères Albacque d'aller explorer *le troisième monde*. Le mythe du prêtre Jean, le pays de Pount ou d'Ophir, celui des mines du roi Salomon viennent parfois raviver nos ambitions. En 1578, Lancelot Voisin de la Popelinière, historien, géographe, voyageur, lève l'ancre vers la France australe. Sans succès.

L'Académie française fondée en 1635, l'Académie des sciences fondée en 1666 soutiennent la grande quête du riche continent qui nous appartient. Vers 1670, Thévenot presse la France de repartir à la recherche du « cinquième continent ». Au XVIIIe siècle, les beaux esprits, les philosophes, les utopistes à la poursuite de l'homme idéal et de la nature intacte vont de nouveau relancer le rêve. Romans, essais, poèmes. Nos rivaux sur les sept mers ne perdent pas de temps. Hollandais et Anglais découvrent l'Australie, qui s'est d'abord appelée Nouvelle-Hollande. La Nouvelle-Zélande gardera son nom, celui d'une province des Pays-Bas. Puis les Anglais chasseront les Hollandais. Et aussi, le temps venu, les Français.

Un grand pas avait été fait par la marine française avec la prise de l'île Maurice, base et escale sur la route des Indes. Enfin on pouvait repartir sérieusement à l'exploration du sud des océans, sur les traces de Gonneville. Telle est la mission explicite qui est confiée en 1738 à Bouvet de Lozier, avec deux vaisseaux, *L'Aigle* et la *Marie*, plus trois navires de service plus petits, cent soixante hommes, des marchandises nombreuses. Lozier avait pour ordre de reconnaître dans l'Atlantique sud tout le 40e de latitude et d'investir tout endroit découvert. Puis *L'Aigle* devait continuer à travers l'océan Indien à la même latitude. Consciencieux, il descendit jusqu'au 55e sud. Brouillards, vents, mers démontées, neige, icebergs. Les quarantièmes sont rugissants, les cinquantièmes hurlants. Le 1er janvier, il aperçut le sommet glacé d'une terre, persuadé qu'il s'agissait d'une avancée du continent de Gonneville. Plus tard, on l'appellera île Bouvet.

La poursuite du mythe recommence. L'abbé Prévost écrit sa gigantesque *Histoire des voyages*. Les sociétés savantes s'agitent. L'astronome et mathématicien Paul-Louis de Maupertuis fixe comme objectif prioritaire l'exploration du Sud. Le président Charles de Brosse, illustre érudit et voyageur, publie en 1756 *Navigation aux terres australes*. Selon la conclusion, il est urgent pour la France de reprendre possession de la terre bienheureuse découverte par le sieur de Gonneville et son navire *L'Espoir*.

A la fin de 1771, deux expéditions maritimes mettent la voile à partir de l'île Maurice qui s'appelait encore île de France. La mission est toujours la même : retrouver le pays de Gonneville. Après de nombreuses péripéties, Marion-Dufresne prend possession de quelques îles désertes. Un jeune officier, Roux, descend à terre, note de vastes glaciers, lesquels, croit-on alors, sont des fleuves gelés. Mais pas de bois d'œuvre. Le gouverneur de l'île de France veut du beau bois pour construire et réparer ses vaisseaux. Marion-Dufresne repart vers l'est et ira jusqu'en Nouvelle-Zélande.

Le mythe se porte toujours bien. En 1772, un marin qui a tous les appuis de la Cour, Kerguelen de Tremarec, part lui aussi de l'île Maurice. Mission identique : la France australe. Après trois semaines de navigation de plus en plus froides, le 13 février, apparaît l'île qui s'appellera Kerguelen. Le navire de conserve, *Le Gros-Ventre*, de Saint-Allouarn, envoie un canot à terre. Alors que celui expédié par Kerguelen, sur la côte trop exposée au vent violent, n'y parviendra jamais, le canot du *Gros-Ventre* reconnaît une baie abritée, mouille, hisse un drapeau français, crie un triple hourra, tire une salve de mousquet et enfouit un parchemin dans une bouteille. L'héritage de Binot Paulmier de Gonneville et de *L'Espoir* est sauvé. Deux cent soixante-sept ans plus tard.

Ensuite, tout se brouille. Kerguelen va commettre une double faute. La première maritime : il n'attend pas sa conserve, *Le Gros-Ventre*, et rentre directement en France pour être le premier à apporter la grande nouvelle. La seconde encore plus grave : il ment. Il sait qu'à Paris, ce qu'on espère, ce qu'on attend, ce qu'on veut depuis trois siècles, c'est le continent béni de la France australe. Alors qu'il n'a même pas mis un pied à terre, il déclare avoir découvert un vaste pays tempéré, très riche, bien cultivé, qui serait une acquisition de valeur et dédommagerait abondamment la France de la perte du Canada. Tout ce qu'on avait envie d'entendre à Paris ! La Cour et la ville font un triomphe à ses fabulations. Par la suite, il sera dénoncé, arrêté, jugé. La Révolution le trouvera en prison et le réhabilitera. Le mythe n'était pas encore mort.

De son côté, Saint-Allouarn, avec son *Gros-Ventre*, a courageusement continué vers l'est. Le 27 février, des algues, des lions de mer, des oiseaux signalent l'approche d'une terre et il en déduit qu'il va aborder, lui aussi, au pays de Gonneville. C'est la côte ouest de l'Australie. Le 29 mars, il en prend possession solennellement au nom de la France. Le nombre de terres dont nous avons solennellement pris possession sans les garder est quand même impressionnant.

Pour une fois, la France s'entête. Louis-René Le Vassor de La Touche-Tréville retourne en mission en Australie en 1774. A partir de 1783, l'illustre La Pérouse, puis d'Entrecasteaux, puis Dupetit-Thouars. Les projets de mise en valeur de l'Australie occidentale se multiplient malgré l'aridité du climat. On pense y envoyer des colons ou des forçats. La Révolution et la Terreur suspendent le rêve. Dans les dossiers il restait un nom : Port-Espérance.

Le Consulat reprend le flambeau. En 1801, Baudin sur *Le Géographe* et Hamelin sur *Le Naturaliste* lèvent l'ancre pour la France australe. Le sous-lieutenant Saint-Cricq tient un journal de bord. Le but de l'expédition est officiellement scientifique. Comme pour l'Egypte. Vingt-quatre savants et artistes sont embarqués. Marins et scientifiques se détestent, les derniers refusant d'appliquer toute discipline militaire. Et les officiers de marine se battent aussi entre eux pour des rivalités corporatives, de classe sociale, de pure vanité. Un scientifique, Péron, fait bande à part. Ancien prêtre, comme Fouché, passé à la révolution active et la Terreur, il n'adresse pas la parole à Baudin, royaliste. On va de crises en crises. Même les zoologistes et les artistes se déchirent : quand le bateau prend un dauphin, les uns veulent sans attendre le disséquer, les autres le peindre. Le travail de relèvement de la côte australienne fait un peu diversion. On est à la joie de donner des noms. Il faut se contenter de traces de *« pieds fourchus »* et d'hypothèses sur le *« granit stratifié »*. Enfin, Baudin voit un indigène très noir et nu de la tête aux pieds qui s'enfuit sans se laisser approcher. Une espèce intéressante de céleri sauvage est cueillie.

Un autre groupe rencontre une femme indigène *« très nue, très vieille, très laide »* qui, accroupie par terre, *« lâcha ses intestins sous elle »*. Mais Péron, comme tous les esprits des Lumières, est universaliste, et il veut retrouver sur cette côte perdue les traits des anciens Grecs ou des Mexicains et les signes des grandes civilisations. Les rencontres ultérieures ne correspondent en rien avec le mythe du « bon sauvage » qui règne à Paris. Péron ne désespère pas. Toujours universaliste, il aperçoit dans le sable d'une plage australienne des éléments rocheux qui tout de suite lui semblent être les restes d'un gigantesque amphithéâtre dont il calcule les mesures pour retrouver le nombre d'or, les lois pythagoriciennes, les proportions des pyramides d'Egypte... Il est enfantin et émouvant. Mais l'eau douce est très rare, les forêts absentes, les abris sûrs face au vent et à la mer de l'ouest, peu nombreux et difficiles d'accès. Ce n'est pas la terre de Binot de Gonneville.

Soit. On laisse des noms français aux baies, aux îles, aux caps, aux archipels sur une distance immense du nord au sud de l'Australie, un continent quasi entier, travail cartographique qui garde toute sa valeur, mais il faut que d'autres aillent chercher encore plus loin, à l'est. En 1826, le gouvernement anglais requiert la France de cesser toute activité en Australie, et le gouverneur anglais envoie ses troupes occuper King George Sound, le port choisi par le gouvernement français comme capitale de notre future colonie. C'était un bon port. Il reste la Nouvelle-Zélande, l'île sud où nous sommes bien établis. Mais les Anglais très rapidement exigent aussi l'évacuation par les Français. Le nouveau repli sera effectué sur la Nouvelle-Calédonie et Tahiti. C'est un autre monde. C'est aussi la fin du rêve d'un vaste paradis du Sud, la France australe. Adieu, prince Essomericq. Ainsi se termine l'aventure commencée en 1504 par *L'Espoir*, petite caravelle de moins de 30 mètres du sire Binot Paulmier de Gonneville, négociant-armateur de Honfleur. Ainsi sommes-nous toujours propriétaires de quelques îles glacées dans l'océan Indien.

Aventure, Aventurier

La définition en langage maritime est courte et précise : « Navire qui en temps de guerre quitte un convoi pour suivre sa route propre. »

Avery (John)

Pirate anglais disparu vers 1700, fameux par sa fortune et sa fin misérable. Il commence sa carrière comme mousse sur les navires de la marine anglaise, y gagne ses grades de lieutenant, est mis à la disposition de la marine espagnole qui manque d'officiers compétents pour chasser les pirates avec un navire, le *Churchill*, quarante-six canons. Le commandant en titre est un ivrogne, incapable. L'équipage rêve de « faire pirate » plutôt que de pourchasser les pirates. Il cherche un capitaine et offre le poste à Avery qui accepte, même si pendant plusieurs mois il hésitera encore à attaquer de paisibles navires marchands. Passé dans l'océan Indien, il se lie à Madagascar avec deux vrais pirates. Son équipage risque de se mutiner s'il laisse encore passer l'énorme proie qui se présente. Canonnade, assaut, capture. Le *Gung-Suwai* est un vaisseau du Grand Mogol chargé de trésors, deux cent mille pièces d'or, perles, rubis, émeraudes, sur lequel a pris place la propre fille du Grand Mogol promise comme épouse au shah de Perse. C'est du moins ce qu'on racontera. Avery abandonne ses compagnons de rapine pour garder l'énorme trésor tout seul. La légende raconte aussi qu'il épousera la ravissante fille du Grand Mogol et deviendra le roi très fortuné de Madagascar, assis sur un trône d'or massif et de pierres précieuses. Pour six pences, un opuscule circule à Londres sur *Les Aventures du capitaine Avery, le héros qui épousa la fille du Grand Mogol et devint roi*. D'autres livres s'inscrivent en faux. L'auteur, Daniel Defoe, mystificateur fameux autant qu'auteur comblé de *Robinson Crusoé*, arrange à plaisir. Où est la vérité ?

La réalité est sans doute assez triste : Avery, trop connu des pirates, craint leur vengeance. Il craint autant le châtiment de la loi, la pendaison. Il revient discrètement en Angleterre. Il essaye de négocier ses diamants fabuleux et autres pierres précieuses auprès de receleurs et négociants louches. Mais son trésor est devenu *trop* célèbre et trop difficilement négociable, disent les receleurs. Comme lui, Avery : sa tête est mise à prix cinq cents livres. On dit maintenant que la fille du Grand Mogol était vieille, grasse et laide, qu'il ne l'a jamais épousée, qu'il n'a jamais été roi de Madagascar. Mais il est toujours aussi connu pour son malheur.

Avery va de garni obscur en tavernes mal fréquentées. Les receleurs le font chanter, il n'a obtenu d'eux que quelques avances vite dépensées. On le verra

errer, hâve, voûté, maigri. Il mourra pratiquement inconnu, dans une soupente à Bideford, petite ville du Devon. Comme il n'a rien laissé pour payer sa tombe, il sera jeté à la fosse commune. Quelle est la vraie version ? Vaste est la mer.

Aviron

Terme maritime qui désigne ce que les terriens appellent une rame. Pour les marins, ramer se dit « nager » (d'où le nom des tolets, « dames de nage »).

Un jour, un marin qui en avait définitivement assez de la mer débarque à Toulon en se jurant de ne plus jamais mettre son sac à bord, de rester à terre et de s'y marier. Mais il veut être sûr que sa femme de près ou de loin ne connaît rien à la mer et ne l'évoquera jamais. Il part donc avec un aviron sur l'épaule. A la première auberge où une servante avenante le sert, il demande : « Qu'est-ce que j'ai sur l'épaule ? – Un aviron. » Il paye et s'en va plus loin. A Aix-en-Provence, une fermière cossue ne lui déplaît pas. Il demande : « Qu'est-ce que j'ai sur l'épaule ? – Une rame, non ? » C'est encore trop, il paye et s'en va. Enfin du côté de Valence, à la boulangère qui lui vend son pain, il demande : « Qu'est-ce que j'ai sur l'épaule ? » Et la boulangère répond : « Une pelle à four, bien sûr. » Il l'épouse. Ils ne parlèrent jamais de la mer, furent heureux et eurent beaucoup d'enfants, tous boulangers.

Le lecteur s'apercevra que je n'ai pas traité le mot

Accastillage, ni *Acconage*, ni *Albatros*, ni *Amiral*, ni *Amsterdam*, ni *Amure*, ni *Arsenal*, ni *Artimon*, etc. J'en passe. Pour *Artimon*, soit, il me faut bien garder quelque chose pour la lettre K (*Ketch*). Mais les autres ? Un dictionnaire amoureux de la mer peut être incomplet. S'il m'est permis de corriger le poète, *la mer est toujours à recommencer*. Et l'amour est infini.

b

B

Deuxième lettre du code international de signaux. Vocal : Bravo. Ex-Bernard. En morse : un trait, trois points. Le pavillon alphabétique signifie : *« Je charge, décharge, transporte des marchandises explosives ou dangereuses. »*

Babord

Côté gauche lorsqu'on regarde vers l'avant Lors d'une dictée de Bernard Pivot à thème maritime, j'ai été sanctionné d'un demi-point pour n'avoir pas mis d'accent circonflexe sur le « a » de babord. Je maintiens qu'il n'y en a pas, même si tous les dictionnaires, à la suite de celui de l'Académie française, en mettent un. Histoire d'une erreur : en 1760, d'un coup, l'Académie, qui n'avait peur de rien, supprime dix mille « s » dans les mots français et les remplace par un accent circonflexe sur la voyelle précédente. Forest devient forêt, bastard devient bâtard, etc. Quelqu'un a cru à l'époque que des navires de bas-bord devaient exister, puisqu'il en existait de haut-bord ! D'où, bâbord.

Babord vient du germanique ancien passé par le hollandais et veut dire *côté du dos, backbord*. Les navires, avant la généralisation du gouvernail d'étambot, se dirigeaient avec un très long aviron fixé à l'arrière, côté droit. Il y avait le côté du gouvernail, dont nous avons fait *tribord*, et celui auquel le barreur tournait le dos.

Des explications fantaisistes ont couru. Dans la chambre de veille du navire, aurait été inscrite en lettres de cuivre la mention *batterie* (en fait c'est l'entrepôt où les hommes crochent leur hamac). Pour faire comprendre la différence entre la gauche et la droite, babord et tribord, l'usage aurait été imposé de dire le côté du ba, et le côté du tri. C'est à peu près de la même qualité historique et étymologique que d'attribuer à Henri IV l'expression « en quatre coups de cuillère à pot » pour expliquer comment il avait séduit la belle Gabrielle d'Estrées – mais en l'entendant : « en quatre coups de cul hier à Pau ».

Babord et tribord sont encore utilisés dans le langage maritime courant. La première nécessité est toujours d'être précis. Si je dis gauche ou droite, c'est par rapport à quoi ? Mais l'usage pour les commandements à homme de barre, qui est face à la proue, et donc il ne peut y avoir doute, est maintenant établi. Babord se dit gauche : « La barre à gauche, 10 degrés. » Ce n'est pas une raison suffisante pour mettre un accent circonflexe là où il n'y en a pas.

Bachi

Nom du bonnet à pompon rouge que portent les matelots.

Baderne

Pour la joie de l'esprit, je signale qu'il s'agit « d'une tresse faite de vieux cordages destinée à protéger à bord certaines parties du frottement ». L'utilité des vieilles badernes ne sera plus mise en cause.

Baie (la baie tranquille)

Un souvenir émouvant de mouillage, il y a cinquante ans. dans une île de la mer Ionienne, non encore touchée par le tourisme. Le paysage : une plage arrondie, bordée d'oliviers et de quelques cyprès. Pas un bruit. Des fumées de maisons qu'on ne voit pas. Des femmes en vastes robes couleur prune ramènent des troupeaux. J'ai jeté l'ancre à la voile, pour ne rien troubler par le bruit. Un pêcheur local sort, à l'aviron, pour aller poser ses casiers. Dialogue, où la sagesse ne m'appartiendra pas :

« Vous n'auriez pas du poisson ?

— Demain.

— Demain, nous devons partir pour Corfou.

— Il faut choisir. Manger du poisson ou aller à Corfou. »

Baille

Baquet. Mais veut dire aussi à la fois le bateau (s'il est vieux) et la mer, si on y tombe involontairement. Et moi qui affirmais que la vertu du langage maritime était la claire logique !

Balai

L'amiral hollandais Tromp avait fait hisser un balai en tête de mât par tous ses navires, parce qu'il avait balayé la flotte anglaise de la mer du Nord. L'amiral anglais Blake répondit en faisant hisser un fouet. On dit que c'est l'origine de la flamme de guerre, long et mince pavillon encore hissé de nos jours. Un balai qui sert à balayer le pont s'appelle un faubert.

Baleine

Comme tout le monde, j'ai tendance à appeler « baleine » ce qui est dans l'eau, est très grand et même énorme, et souffle de l'eau par le sommet du crâne. Ma première rencontre date des années 50 quand, en compagnie de Bertrand, sans autre instrument qu'un compas portable, sur un petit voilier sans moteur fixe ni cockpit étanche (ni lavabo, ni W.-C.), nous traversions la Méditerranée. Nous sommes à mi-chemin entre le continent et la Corse. Il fait beau, jolie brise portante. Nous entendons un ronflement, un bruit de métro entrant en gare, nous voyons le jet de vapeur sous pression qui perce la mer.

Et puis l'animal fait surface devant nous, je dois donner un coup de barre, je peux mesurer sa longueur par rapport au bateau (deux fois le bateau) quand son dos défile interminablement. Ils sont plusieurs qui soufflent. En arrivant à Calvi, encore assez impressionné, je me présente au bureau de la marine et je place : « Nous avons rencontré quatre baleines. » Pas de réaction du préposé. J'insiste : « Quatre baleines. » Le préposé : « C'est quoi, ton mouille-cul, c'est celui-là ? — Oui. — Eh bien, tu n'as pas de moteur. C'est normal que tu en rencontres. Quand je faisais le courrier, à la voile, avec le continent, j'en voyais chaque fois. » Voilà. Si on rencontre moins souvent le grand serpent de mer depuis cent ans, cela n'est pas dû aux progrès de l'instruction républicaine et obligatoire, mais à celui de la diffusion du moteur.

Soyons précis : il y a baleine et baleine. Ne confondons pas la baleine des Basques, qui fréquente l'Atlantique, le Nord-Caper des Hollandais, et les baleinoptères répandus en Méditerranée, que vise la malédiction du Lévitique (XI, 9-12) : *« Vous aurez en abomination tout ce qui vit dans les mers et n'a ni écailles, ni nageoires. »* Le Seigneur chargea l'un d'eux d'avaler Jonas, infidèle à sa parole, puis, au bout de trois jours, de le restituer sur une plage. Simple avertissement. Homère l'appelait *cetos*, Aristote *mysticetos*. A Cythère, île de l'amour, on en filait les tendons pour en faire des cordes de lyre.

L'ordre des cétacés se divise en deux sous-ordres, les *odontocètes* et les *mysticètes*. Précisons.

Les odontocètes sont pourvus de dents et dépourvus de fanons. Exemple : les dauphins, les narvals, les orques, les cachalots.

Les mysticètes, c'est le contraire, ils n'ont pas de dents mais des fanons. Ils comprennent les baleinoptéridés (le rorqual) et les baleinidés. Dont, tout simplement, la baleine. C'est beau la science.

Au Moyen Age, les Basques sont les maîtres de la pêche à la baleine. Ils fréquentent Terre-Neuve, le Groenland et le Spitzberg avant tous les autres. Puis les Hollandais arrivent, arment chaque année jusqu'à deux cent cinquante baleiniers et leur prennent le domaine. Pour les Français qui ne font rien sans l'Etat ni monopole, Mazarin, vers 1640, tentera d'organiser une société nationale. Elle vivra beaucoup moins longtemps qu'une baleine. Vers 1800, les autorités de Paris feront venir des pêcheurs américains de Nantucket, célèbres pour leur courage, leur supériorité professionnelle et aussi leur tempérance (ils sont des Quakers fervents). La concurrence acharnée dans les mers du Nord va pousser les chasseurs plus loin, dans les mers australes, le Pacifique, l'océan Antarctique. Combien disparaissent, pris par les glaces, perdus dans la brume, éventrés par les icebergs ! Ecrasés par la bête énorme blessée et furieuse.

Du XIIIe au XIXe siècle, la technique restera pratiquement inchangée jusqu'à l'invention du canon harpon par un Norvégien en 1867. La pêche à la baleine a été *l'une des plus longues et des plus périlleuses aventures maritimes de ce monde...* Se rend-on compte qu'avant le premier forage de pétrole aux Etats-Unis à Titusville, par le colonel Drake, en 1859, et même bien après, l'essentiel du développement urbain et industriel de la terre a été réalisé au XIXe siècle à l'huile de cétacé, et à la voile ? On a retrouvé de vastes cimetières de baleiniers, je parle des matelots, dans les solitudes glacées du Nord et du

Sud. A Terre-Neuve, au Labrador, au Spitzberg. « En Patagonie, vers 1840, en suivant la côte, on pouvait découvrir un paysage jalonné de croix. Chaque baie, chaque promontoire a son mausolée. Le baleinier qui passe au large ne relève pas ces funèbres amers... Il se signe involontairement. »

Les pêcheurs tentent de se rapprocher au plus près des baleines, à les toucher, dans des embarcations dont la forme a également très peu varié au cours des siècles. Il s'agissait de canots de quelques mètres, trois ou quatre fois plus petits que l'animal qu'il fallait aborder, effilés aux deux extrémités, gouvernés pendant la pêche à l'aide d'un long aviron à l'arrière, par le chef d'embarcation. Le harponneur se tenait à l'avant, une jambe bien calée dans une encoche prévue à cet effet. Au centre, quatre hommes « nageaient », c'est-à-dire actionnaient les avirons. L'arme utilisée était le harpon, dont les barbes restaient accrochées dans la chair de la baleine. Au harpon était attachée une ligne, cordage résistant de plusieurs centaines de mètres qui était lové dans une « baille » – un baquet. Il fallait parfois de longues heures et de multiples ruses pour approcher suffisamment du cétacé méfiant qui plongeait – on disait « sondait » – souvent au dernier moment.

Quand la baleine faisait surface pour respirer, on halait la ligne pour se rapprocher d'elle, et le harponneur, ou plus tard, chez les Américains, le chef d'embarcation qui avait pris sa place, essayait de la tuer avec une lance. La lance dont la lame, en forme de feuille de laurier, ressortait facilement, était lancée de très près. De si près qu'elle était même parfois enfoncée dans la baleine sans être lâchée. Corrida du fond des mers. Sans public, ni musique, ni olé.

Mais souvent la baleine « sondait » de nouveau, et l'opération était à recommencer. Parfois le harpon se décrochait ou se brisait, la ligne cédait, et la baleine était perdue. Il n'était pas rare que la baleine, rendue furieuse par la douleur, n'endommage, ou même ne fracasse complètement, une embarcation, d'un coup de sa formidable queue. Les cachalots, bêtes de combat, attaquaient de la tête et de la mâchoire. Heureux les matelots qu'on pouvait repêcher. Quand le coup avait été bien porté, la baleine s'affaiblissait, se mettait à souffler le sang, et la mer tout autour en était rougie. Enfin elle se débattait dans les derniers sursauts de l'agonie, faisant bouillonner la mer, et les embarcations restaient à distance, prudentes, jusqu'à ce que tout soit terminé. Une fois morte, la baleine était remorquée péniblement jusqu'à la station de dépeçage, ou jusqu'au long du navire quand le dépeçage et le traitement du « gras » à bord furent inventés.

De nombreuses baleines ont été plus célèbres que les hommes. *New Zeland Tom*, le cachalot noir dans les flancs duquel on trouva les harpons rouillés d'une demi-douzaine de baleiniers qui avaient tenté sa capture. *Timor Jack*, qui hantait la mer de Timor et dont on ne put avoir raison que par la ruse. Mais la bête la plus impressionnante reste *Mocha Dick.* Entré dans la mythologie populaire, immortalisé par Melville qui en fit *Moby Dick*, Mocha Dick était un authentique cachalot mâle. Il avait la peau plus grise que brune et une balafre rayait son énorme tête. Mocha Dick devait son nom à son premier combat mené près de l'île de Mocha, au large du Chili, vers 1810. Trente ans plus tard, il vivait toujours, et attaquait.

En juillet 1840, l'équipage d'un baleinier anglais aperçoit un gigantesque cachalot solitaire, le plus gros qu'il ait jamais vu, faire surface de toute la longueur de ses vingt-deux mètres. C'était Mocha Dick. Deux baleinières mises à la mer prennent en chasse le cachalot qui les charge, tête la première, saisit une des chaloupes entre ses mâchoires et la réduit en miettes. Dès que le cachalot plonge, le second bateau s'empresse de récupérer les survivants ; Mocha Dick surgit alors des profondeurs et envoie voler ses occupants. Les rescapés raconteront plus tard qu'une large balafre blanche barrait le front du monstre. Un mois plus tard, deux baleinières tuent un solitaire. Elles le remorquent vers le bateau quand Mocha Dick surgit, fracasse une des baleinières, tandis que la seconde n'a que le temps de se dissimuler derrière la baleine morte. Mocha Dick sera finalement tué par un baleinier suédois en 1859. Son corps, couvert de cicatrices, portait dix-neuf harpons. Son histoire devait inévitablement passer dans la légende. Après avoir terrorisé de son vivant tous les marins baleiniers sillonnant les mers, Mocha Dick deviendra le héros d'une des plus belles histoires maritimes écrites, *Moby Dick.*

Melville, qui a lui-même embarqué sur un baleinier en 1841, ne s'est pas seulement inspiré de Mocha Dick, mais aussi d'une autre aventure de la mer, encore plus dramatique, arrivée vingt ans plus tôt en novembre 1820. Alors que l'*Essex*, trois-mâts américain de Nantucket, navigue à environ 2 000 kilomètres des Marquises, il est attaqué par un cachalot furieux qui frappe volontairement le voilier de front, à deux reprises. C'est une véritable charge. L'avant est défoncé, le navire se remplit très vite et coule. Les vingt hommes de l'équipage se réfugient sur trois chaloupes. L'une d'entre elles sera récupérée avec deux hommes à bord par un baleinier après soixante jours de dérive dans le Pacifique et une seconde retrouvée avec trois hommes, après plus de quatre-vingt-dix jours de navigation. Pour survivre, les marins durent se nourrir avec la chair et le sang de leurs compagnons morts. Sur une des deux baleinières, on tira au sort lequel entre les survivants devait être tué par les autres puis mangé. Mais le plus émouvant est sans doute que dans leur dérive, à un moment, les marins de l'*Essex* aperçurent une île. Terre ! C'était l'espoir, la délivrance. Hélas, elle se révéla déserte, sans eau, sans ressources. Néanmoins, trois hommes exigèrent d'y être débarqués. Leur mort était certaine. Peu importe, dirent-ils. Nous ne sommes pas des bêtes. *Nous voulons mourir à terre.*

Le cas de l'*Essex* n'est pas unique. Le 20 août 1858, l'*Ann Alexander*, un trois-mâts baleinier, chassait un gros cachalot au large du Chili. Très vite, une première chaloupe fut broyée, puis une seconde, chavirée par l'animal furibond. Alors que les hommes étaient recueillis, un choc terrible se produisit. Le cachalot venait de défoncer la coque de l'*Ann Alexan-*

der. Les marins durent abandonner leur baleinier dans lequel l'eau s'engouffrait. Ils furent récupérés deux semaines plus tard, à moitié morts. Bien d'autres navires qui subirent les attaques de cachalots coulèrent : le *Pusie Hall* en 1835, le *Lydia* en 1836, le *Kathleen* en 1902...

La baleine est un animal littéraire. De la Bible à Melville, en passant par Rabelais. *Moby Dick* raconte, sur tous les modes et sur tous les tons (du comique à l'épique), l'histoire de la chasse au plus beau et au plus grand des cachalots – la baleine blanche – dans laquelle le capitaine Achab entraîne l'équipage du *Péquod*. Notamment le harponneur Queequeg et le jeune Ishmaël, le narrateur de l'histoire et le seul survivant de l'affrontement final avec le monstre. Tous les thèmes se recoupent dans une sorte de fugue, tantôt grinçante, tantôt sublime. La baleine représente le cosmos, l'Univers. La Création. L'équipage du *Péquod* symbolise les hommes. Nous-mêmes dans une quête pathétique du sens de l'existence et des fins dernières. Une chasse ou fugue. Beethoven appelait Jean-Sébastien Bach : la mer.

Par ses excès mêmes, dimensions, mystère, la baleine n'a cessé de fasciner les imaginations humaines. Jonas, l'avalé recraché, est resté un thème romanesque et pas seulement religieux. Lucien de Samosate, au IIe siècle de notre ère, avait donné au monstre un côté comique. Dans Rabelais, Pantagruel combat et défait *« un monstrueux Physétère »*. Kipling écrit un conte pour enfants, *La Baleine et son gosier*. Pour Carlo Collodi, l'auteur de *Pinocchio*, la baleine fait office de justicier, elle devient le prix du mensonge, la mort. Samuel, auteur montagnard, y a vu la vie : *« Je sais que durant quelques secondes, au fond d'une crique perdue du Groenland, j'ai presque atteint les sommets de la pure beauté, inséparable d'un sentiment plus large de fraternité cosmique. »* D.H. Lawrence, l'auteur célèbre de *L'Amant de Lady Chatterley*, a écrit un poème étrange qui s'appelle *Les Baleines ne pleurent pas*. Jules Verne a fait dire au capitaine Nemo : *« Pas de pitié pour ces féroces cétacés, ils ne sont que bouche et dents. »* Est-il venu le moment de rappeler que la tête carrée du cachalot contient le *spermaceti*, appelé aussi blanc de baleine, indispensable aux parfums et aux fards des élégantes ?

Traversant l'Atlantique à la voile il y a quelques années, j'ai croisé des baleines à bosse qui ont bien voulu m'accompagner. Comme on le sait, c'est l'animal le plus musical de la planète. La baleine à bosse chante. Une véritable mélodie avec plusieurs notes qui s'enchaînent. Six thèmes. Une instrumentation qui évoque les orgues ou le piccolo. Ce concert dure plusieurs heures. Elle change de programme toutes les semaines. De nuit, seul, au milieu de l'Océan, c'est inoubliable. Des savants ont constaté que toutes les baleines à bosse n'avaient pas le même chant. La mélodie est différente dans la mer de Cortez ou au large de l'Australie. Encore plus étonnant : les baleines à bosse d'une mer adoptent après quelques années la mélodie d'une autre mer. Elles se mettent à un nouveau ton, un nouveau rythme. La mode musicale pour les baleines a changé. La baleine, c'est *le monde.*

Balisage, Balise

Ensemble des signaux fixes ou flottants établis pour signaler les dangers, marquer un chenal, indiquer un port. Les balises sont caractérisées par la couleur, verte, rouge, noire, et la forme du voyant, cylindrique ou conique. Les Anglo-Saxons font remarquer que, dans le système français, les feux de port se lisent en entrant, chez eux en sortant. Ils y voient la différence entre l'esprit d'aventure qui leur a fait conquérir le monde, et celui hexagonal qui pense d'abord à rentrer à la maison...

Barbe-Noire

De son vrai nom *Teach*. Cadet d'une bonne famille militaire, l'armée régulière l'ennuie. Il devient un pirate fameux qui, au début du XVIIIe siècle, écuma la Caraïbe et la côte de l'Amérique du Nord. Barbe-Noire joue sur l'horreur de son personnage. C'est un colosse, à la stature énorme, la tête énorme, les bras énormes. Il a douze épouses, douze trésors, douze vies peut-être... Il a inventé, avant le revolver, le tir à répétition en portant un large baudrier auquel sont accrochés une douzaine de pistolets. Il fait feu des deux mains. Il fait aussi feu de la tête. Sa coiffure, noire comme sa barbe, est tressée de pétards qu'il allume pour le combat de nuit. Entouré d'éclairs, il est le diable dans l'orage. Le but est précisément qu'on le prenne pour le démon et qu'on se rende sans combattre. Il y a d'ailleurs à son bord, d'après ses matelots, un personnage étrange et silencieux qu'on ne voit que le jour, qui disparaît au jour tombant et qui n'a jamais dit un mot. Le démon, ou son esprit. Barbe-Noire laisse dire. Sa légende le sert. Aux amis il déclare volontiers : « Deux seules personnes connaissent l'endroit où est caché mon trésor, le diable et moi. Il appartiendra à celui de nous deux qui survivra. » Il a bien l'intention d'être celui-là.

Et il rackette toute la côte américaine, ayant jugé que les riches planteurs et commerçants des ports étaient aussi intéressants à dépouiller que les navires en mer. A-t-il un accord secret avec le gouverneur ? Il bénéficie en tout cas d'une très étrange mansué-

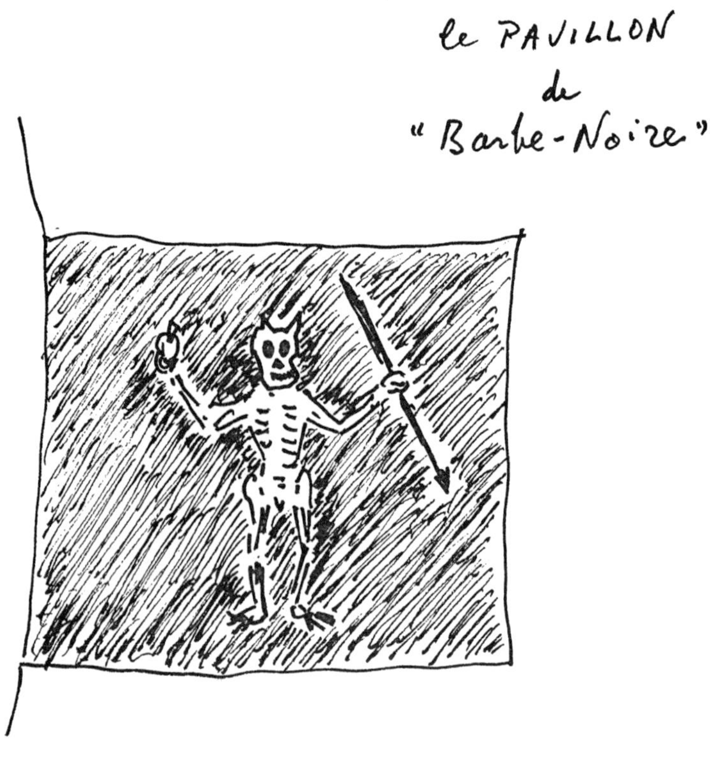

tude. On lui paye rançon, on lui fournit des vivres. Même une attestation de loyalisme au roi d'Angleterre qu'il signera d'une croix. Le diable et la complicité avec les autorités coloniales anglaises, voilà ses deux lieutenants. Le cas n'est pas unique ; le prince des flibustiers Morgan, la femme pirate Ann Bonny, et bien d'autres, joueront une sorte de double jeu. Après tout, la reine d'Angleterre elle-même avait financé les opérations de Francis Drake contre les navires espagnols...

Un lieutenant de la marine anglaise, Maynard, le tuera dans un duel héroïque. Barbe-Noire avait reçu quatre coups de pistolet et vingt coups de sabre avant de tomber. On le décapita et promena sa tête sur les côtes de Caroline du Nord. Néanmoins, beaucoup ne voulurent pas croire à sa mort. Longtemps après son décès, on lui attribuera des actes de piraterie particulièrement sanglants. Les légendes, en mer, ont la vie dure.

Barberousse

XVIe siècle. Nom donné par les Européens à deux frères, les plus célèbres pirates barbaresques, fils d'un renégat chrétien, qui s'appelaient l'un Orudj et se fit couronner roi d'Alger, et l'autre Hayrettin, roi d'Alger à la suite de son frère, et qui est le plus connu. Il se mit au service du sultan turc de Constantinople Sélim Ier qui le nommera *kapudan pacha*, grand amiral. Les Turcs savaient très bien faire travailler les autres à leur profit dans la marine, l'architecture, l'administration. C'était, avant l'Empire britannique, un bon exemple d'*indirect rule.*

On oublie que la guerre, terrestre ou navale en Méditerranée, a duré longtemps et que les pirates venus d'Alger, de Tunis, du Maroc ou de Tripoli ont semé la terreur sur nos côtes jusqu'à l'histoire moderne. Si les villages sont perchés dans la montagne en Provence, en Sardaigne, en Grèce, ce n'est pas pour jouir de la vue mais pour mieux se défendre des coups de main des Barbaresques qui pillaient les richesses et emmenaient la population en esclavage. A terre, les Turcs mettent encore le siège devant Vienne à la fin du règne de Louis XIV, et Vienne ne sera sauvée que par une armée de coalition européenne menée par le Polonais Jean Sobieski. En mer, malgré une victoire « européenne » qui regroupa à Lépante toutes les flottes chrétiennes (sauf la France), le danger dura près de deux siècles de plus. Aimée Dubuc de Riverine, cousine de Joséphine de Beauharnais, finira au harem, favorite et sultane. D'autres eurent un sort moins agréable. Les expéditions punitives se succédèrent durant des siècles. Charles Quint contre Tunis, Tourville contre Alger, et jusqu'à la première « sortie » des marines américains contre la Libye en 1911. La persistance de ce danger mystérieux, soudain, terrible, à nos portes fait partie de notre héritage culturel comme la terreur des Normands avait pu l'être autour de l'an mille. L'Europe de la peur.

Batz (île de)

Quand, enfants, nous passions des vacances à Carantec, la vue du château du Taureau qui gardait l'entrée de la rivière de Morlaix nous enchantait de rêves maritimes et guerriers. Plus loin l'île de Batz était un autre rêve, aussi lointain que Thulé ou les Indes. Entre Bréhat et les abers, j'aimerais citer le tout petit Port-Béni, perdu dans les rochers à l'entrée de la rivière de Tréguier dont le chenal ne peut être utilisé qu'en fin de flot. On y trouvait : « Café, crêperie, jeu de boules et Ty Marcelle à proximité ». L'île de Batz n'est pas la plus facile : chenal semé d'écueils, très forts courants. Renverses cinq heures et demie avant et quinze minutes après la pleine mer de Morlaix. Accès par l'ouest dans l'alignement au 106° de la pyramide blanche de Sainte-Barbe par le rocher du Loup. Par l'est, comme l'accès à Roscoff puis le balisage cardinal. La particularité de l'île de Batz est sa discrétion. Elle n'a ni la célébrité, ni le charme, ni l'aisance fleurie de Bréhat. Elle est restée quasiment rurale. On y vit de la pêche et du goémon. Pas si fréquent, sur nos côtes, les îles *vraies*.

Les très belles îles ne manquent pas, dont celle qui porte ce nom.

Beautemps-Beaupré (Charles-François)

Ingénieur hydrographe français (1766-1854). Peut-on rêver d'un nom plus maritime pour un hydrographe ? A dix-neuf ans, il est chargé de dresser les cartes du *Neptune de la Baltique*, puis il part avec d'Entrecasteaux à la recherche de La Pérouse et lève les côtes de l'expédition. Rentré en France en 1796, il prend en main sous l'Empire et la Restauration tous les grands travaux hydrographiques. Surnommé « le père de l'hydrographie ». Membre de l'Académie des sciences en 1810.

Combien de cartes admirables gravées en noir et blanc portent encore aujourd'hui en cartouche : levé par ordre de S.M. l'Empereur (ou du Roi) par C.-F. Beautemps-Beaupré, ingénieur hydrographe ? C'était l'époque rêvée où les Français découvraient le monde et où les jeunes officiers maniaient la sonde, mais aussi le crayon et la plume. Ils emportaient autour de la planète leurs boîtes à aquarelle ou à encre de Chine. Le soir, après les travaux réguliers, ils croquaient les premières « vues » des instructions nautiques, les mouillages, les embarcations locales, les silhouettes des naturels. Quelle collection plus merveilleuse de la vie en mer et de la découverte du monde avant l'invention de la photographie ? Beaucoup de ces petits chefs-d'œuvre dorment encore dans des cantines familiales au fond des greniers. A exposer !

Bellatrix

Etoile (Gamma) de la constellation d'Orion. Vingt-troisième sur la liste de brillance. Ascension droite : 05 h 22 mn. Déclinaison : 6°3' nord. Blanche. On ne peut pas évoquer un ciel d'hiver sans citer Bellatrix.

Bermudes (triangle des)

Les mystères de la mer font partie de son charme. Littré : « *Charme.* Effet prétendu d'un art magique qui change l'ordre naturel. » En tête des charmes de la mer, le « triangle des Bermudes ». Et cela ne date pas d'aujourd'hui. J'emprunte sa plume à Robert de la Croix qui est meilleur conteur que nous tous.

En 1550, une carte de Jacomo di Gaetaldi appelle les Bermudes « îles des démons ». On y entendait loin au large des grognements de porcs. En 1610, Jourdan affirme « qu'elles ne furent jamais habitées par les chrétiens. Elles sont le siège des tempêtes et des orages ». Shakespeare lui-même, dans *La Tempête*, évoque « les Bermudes aux éternelles tourmentes ». C'est Ariel, le génie ailé, qui le dit.

Dans les temps modernes, au moins une cinquantaine de bâtiments importants y ont disparu si on considère comme triangle des Bermudes une vaste zone couvrant les Bahamas et le nord des Antilles. Autres dénominations : « triangle du Diable », « mer porte-malheur », « limbes de la disparition », « gouffre des bateaux de l'oubli ». En tout cas, un succès littéraire considérable.

En 1880, un bateau fantôme célèbre avait hanté ces eaux, l'*Atalanta*. Son souvenir surgit quand disparut le *Marine Sulphur Queen*, quatre-vingt-trois ans plus tard, en 1963. Cet ancien pétrolier transformé, qui avait chargé 15 000 tonnes de soufre, devait arriver le 5 février à Norfolk. Depuis deux jours sa radio n'émettait plus. Jusqu'au 13 février, quatre-vingt-trois vols de recherche auront lieu, couvrant 500 000 kilomètres carrés. On repêchera seulement une corne de brume et un gilet de sauvetage. Beaucoup de messages dans des bouteilles à la mer, faux, dus à des mauvais plaisants ou des mythomanes, comme toujours dans les disparitions en mer. L'enquête conduira à une cassure brutale sur une houle assez dure et à une explosion qui avait entraîné le naufrage en quelques instants. Mais le public ne s'en contentera pas. Il se souvenait maintenant du *Cyclops*, grand bâtiment américain de 19 000 tonnes, 180 mètres de long, qui avait appareillé de Bahia le 21 février 1918 pour les Etats-Unis. Avec beaucoup de passagers importants, militaires et diplomates. Escale le 4 mars à La Barbade. Puis, plus rien. Rien. Pas de SOS, aucun survivant, aucune épave. « Un des plus stupéfiants mystères des annales de la Marine », dit un communiqué officiel de la Navy. Une torpille ? Une mine ? Une explosion ? Le *Cyclops*, lui, ne transportait pas de soufre mais quelque chose de bien plus important : une cargaison de 10 000 tonnes de manganèse, indispensable à l'industrie de guerre américaine. Alors un agent allemand à bord ? On crut un moment avoir trouvé le traître : le capitaine était citoyen américain, mais d'origine allemande. L'enquête ne permet en rien de le prouver. Alors un chargement qui ripe ? Mais la mer n'est pas si mauvaise à ces dates. Le mystère.

La liste des disparitions est longue. En 1932, le *John and Mary*. En 1940, le *Gloria Colite*. En 1944, le *Rubicon*. En 1946, le *City Bell*. En 1968 un sous-marin l'*USS Scorpio*, en 1971... Mais la plus frappante pour l'opinion restera celle des cinq avions Avenger qui décollèrent le 5 décembre 1945 de Fort Lauderdale en Floride pour un vol de routine, le vol 19. Une heure et demie après le départ, la base captait un message du lieutenant Charles Taylor, commandant l'escadrille. Le voici intégralement :

« Tour de contrôle : à vous. Répondez vite. Nous sommes perdus. Aucune terre en vue... je répète... aucune terre en vue.

— Donnez votre position.

— Difficile de vous l'indiquer. Nous ne savons pas au juste où nous sommes. Je crois que nous sommes perdus.

— Dirigez-vous vers l'ouest.

— Impossible de savoir où est l'ouest. Tout est confus. Etrange. Nous ne savons plus quelle est notre position. Même l'océan a l'air bizarre... »

On sent comme un vent de panique. Une demi-heure plus tard, nouveau message enregistré : *« Nous ne connaissons pas exactement notre position. Peut-être à 225 miles de la base. Il semble que... »* Brouillage, des bruits incompréhensibles, puis plus rien. Le silence. Un accident mécanique ne peut pas affecter en même temps cinq avions ! Et à la base, le baromètre est toujours au beau fixe ! Ordre est donné dans les dix minutes à un hydravion militaire de décoller, cap sur la dernière position connue. C'est un appareil géant, à la coque particulièrement robuste, avec un équipage de treize hommes spécialement entraînés à la recherche et au sauvetage. A 18 heures, il est sur le lieu présumé de la disparition. Et de nouveau le contact avec l'avion de secours se perd. A 19 h 30, le silence radio est définitif. Il faut s'en convaincre : *l'hydravion a aussi disparu.*

Le jour suivant, toute une flotte de guerre, un porte-avions, des torpilleurs, des vedettes vont battre la mer entre Bahamas et Floride dans l'espoir de retrouver au moins un indice. Rien. A noter que disparut ensuite dans les mêmes parages, en 1947, un bombardier. En 1948, un avion de transport anglais et un DC3 avec trente-deux passagers. De 1950 à 1974, vingt autres appareils, civils et militaires, s'évanouiront dans le ciel du triangle des Bermudes.

Triangle maudit, disent les uns. Rappelez-vous, disaient d'autres, la triple lumière étrange que voit Christophe Colomb au soir où apparaît enfin la terre, les Bahamas : ce sont les âmes des futurs disparus du DC3. L'espace et le temps sont un et réversibles. Einstein avec nous. Et l'Atlantide, vous l'oubliez ? Ses forces d'attraction montent du fond des mers et avalent bateaux et avions.

Donnons aussi la parole aux sceptiques. Si les explications extraterrestres et magiques ne manquent pas, les explications réalistes non plus :

— Il s'agit d'une des zones connues de la planète pour leurs perturbations magnétiques. Une sorte de maladie de la peau magnétique du globe. Les orages magnétiques où les instruments s'affolent y sont fréquents.

— Le Gulf Stream est fort, les courants variables et les dérives des bateaux, petits ou grands, importantes. Il faut mettre au compte de l'incompétence des navigateurs plus de drames qu'à celui des extraterrestres.

— Les cyclones, cela existe. Le « triangle des Bermudes » est une de leurs routes préférées. Des navires qui les ont croisés ne reviennent pas et on n'en retrouve aucune trace. Aucun mystère.

— D'ailleurs, il y a sur les sept mers beaucoup d'autres zones où les disparitions de bateaux se sont multipliées, et en tous temps. Le triangle des Bermudes n'a aucun monopole, hélas ! L'énigme de la

Mary-Céleste, c'est beaucoup plus loin, entre les Açores et l'Europe. Et la mort en 1916 de l'illustre maréchal lord Kitchener, ministre de la Guerre de l'Empire britannique, sur le croiseur *Hampshire* de Sa Majesté, en mission secrète pour aller sauver les armées du tsar ? Croiseur coulé dans la nuit du départ en quelques instants sur la côte écossaise, alors qu'aucune mine, aucun sous-marin allemand n'ont été signalés... Il n'y aura que dix survivants, hébétés et aux témoignages contradictoires. Oui, cherchez un peu dans votre dictionnaire la fin de lord Horatio Herbert Kitchener, 1850-1916, comte de Khartoum et d'Aspell, celui qui avait chassé, entre autres, Marchand de Fachoda...

Il y a tant d'« agents » qui s'en vantèrent bien qu'aucun n'ait jamais été crédible. Pas de monopole pour les mystères de la mer.

— Entre les passionnés et les rationalistes, une autre voix se fait entendre. La science peut nous réserver des surprises. Qu'il s'agisse des mouvements des grands fonds, ou des réserves de méthane. Qui, il y a cinquante ans, aurait osé parler de « trous noirs » dans l'atmosphère et d'« étoiles ogresses » ? Heisenberg avec ses « relations d'indétermination » (1927) n'en est pas à son dernier mot.

— Dernière explication, personnelle, qui peut être complémentaire. Les anomalies magnétiques, les coups de vent violents, les courants dangereux du « triangle des Bermudes » ont été utilisés pour *couvrir d'autres disparitions*. J'ai demandé un jour discrètement aux autorités de police de la Guadeloupe le nombre des navires portés disparus dans la zone des Caraïbes : cent dix. Au sud, les grands producteurs de drogue d'Amérique latine. Au nord, le grand marché de consommation des Etats-Unis. Plutôt que de transporter la drogue sur les bateaux du cartel, vite repérés, pourquoi ne pas la transporter sur les bateaux des autres ?

Les yachts, et surtout les vedettes rapides équipées pour la pêche au gros et les promenades touristiques dont il existe des milliers qui ne cessent d'entrer et de sortir des ports de Floride et d'ailleurs, il suffit de les attaquer, de tuer équipage et passagers sans laisser de témoins, de faire *une* livraison sur ce bateau, une seule ; puis de le couler en pleine mer. Et on passe au suivant.

Bételgeuse

Etoile. Alpha de la constellation Orion qui ne compte que des étoiles très remarquables. Douzième dans le palmarès de la brillance. Ascension droite, 05 h 52 mn. Déclinaison, 7°4' nord. Elle est rougeâtre. Ainsi la distingue-t-on très bien de son vis-à-vis, Rigel, bêta d'Orion, qui est bleu-vert et est septième par le brillant. Pour se souvenir de qui est qui, il suffit de se rappeler la loi des initiales inversées due au capitaine de vaisseau Pierre Sizaire : B est rouge, R est bleu.

Bigaille

L'ensemble des petits poissons sans valeur que les pêcheurs rejettent par-dessus bord. Familièrement désigne les mousses et les jeunes marins.

Bora-Bora

Moins évocateur que Tahiti ? Moins beau que la baie de Cook à Moorea ? Différent : impressionnant, émouvant, splendide. Il y a des atolls qui, avec leur sable blanc et leurs cocotiers couchés sur l'eau, ont du charme à revendre. Il y a des îles montagneuses – comme les Marquises – dont les sommets qui tombent dans la mer ont grande allure. Bora-Bora, c'est dans un lagon parfait au ras du Pacifique une envolée de pics à la superbe silhouette. Je n'oublierai jamais ma première arrivée à la voile avec Marc Darnois. Chez les anciens du Pacifique, personne ne peut oublier Marc Darnois qui avait perdu une jambe à la guerre de 1944 et courait à cloche-pied de sa couchette à la barre. Paul-Emile Victor nous attendait sur le motu où il avait décidé de finir ses jours. C'étaient tous des amis. Les îles étaient des amies. Le vent était un ami.

Bord

Un des mots maritimes les plus fréquents : à bord, bord à bord, bord du vent, par-dessus bord, journal de bord, virer de bord, rouler bord sur bord, tirer un bord, bord au large, sur le bord... Si on n'a pas compris qu'il désigne à la fois le bateau et un côté du bateau, je renonce. Et que border une voile est la raidir en tirant sur les écoutes. Contraire : choquer. On disait : « à border l'artimon » pour une distribution de tafia à l'équipage.

Bordes

Célèbre armateur français, peut-être le plus grand armement à la voile du monde, fondé en 1847. Que son nom ne soit pas oublié, même si nous avons laissé pourrir dans les vasières les superbes « Bordes » à trois ou quatre mâts (le *France*, en 1913 : cinq mâts !) et leurs milliers de mètres carrés de voilure, et leurs cinquante-sept haubans, drisses, écoutes, étais, bras, qui nous apportaient le nitrate, le blé, la laine à travers les océans. Ils ont disparu comme tous les grands voiliers dans l'entre-deux-guerres. Non pas parce qu'ils allaient trop lentement – un bon trois-mâts tenait la moyenne d'un *liberty ship* américain, onze nœuds, sur les longues distances Londres-Australie, Hambourg-Brésil, Nantes-Chili – mais parce que servir sur un voilier était un métier trop dur et périlleux. Terrible même. Peut-on encore imaginer ce que représente comme effort – et comme angoisse – d'aller carguer une voilure d'une main « une main pour toi, une pour le bateau » à plus de 35 mètres de haut dans la tempête glacée du cap Horn ? La chauffe sur un cargo paraissait une libération ! Les bateaux à voile moururent non pas condamnés par la mer, mais par les hommes.

Bornéo

Un des noms les plus magiques de l'Atlas maritime. Ile immense et noire de l'Insulinde que Magellan aperçut en 1518, où un Portugais aborda en 1526, où les Hollandais s'établirent en 1598. Le nord de l'île, qui parle anglais, est partagé aujourd'hui entre la Malaisie et le sultan de Brunei, « l'homme le plus riche du monde ». La partie hollandaise – plus que la surface de la France – appartient à l'Indonésie. Mais dans les forêts à trois étages d'arbres qui descendent des montagnes jusqu'à border le sable très blanc du rivage, vivent toujours les anciens habitants, les Dayaks, vêtus de plumes, coupeurs de têtes, chasseurs à la sarbacane avec flèche empoisonnée.

Si j'avais un jour la possibilité de faire un film, je le ferais sur les Dayaks. J'ai partagé, sur les hauts plateaux d'Indochine, la vie de leurs cousins, Jaraïs, Banhars, Sedangs ; c'est un cas malheureusement quasi unique de résistance d'une civilisation de la forêt aux déprédations du monde moderne. Face aux prospecteurs et pétroliers occidentaux, aux commerçants malais et chinois, les Dayaks au début de 2001, oui, 2001, sortirent de la jungle vêtus de leurs peintures de guerre et décapitèrent quelques envahisseurs. C'était un peu trop pittoresque et rétrograde pour intéresser les Nations unies. Pourquoi les Dayaks dans ce dictionnaire ? Parce qu'il y a des « Dayaks de la montagne » mais aussi des « Dayaks de la mer » dont le refuge est les immenses mangroves des côtes lagunaires, aussi inhospitalières que la pire des jungles. Et parce que Bornéo est un nom d'aventure qui chante et fait rêver.

C'est sur un rivage de la côte est, à l'embouchure d'un fleuve de limon jaune couvert de lourdes palmes, que Lord Jim, de Joseph Conrad, va au sens propre sauter le pas. Il saute la barre de sable de l'estuaire pour changer de monde, quitter le nôtre, oublier le sien, en trouver un autre sans passé, sans remords, sans avenir, sauvage, intact. Bornéo et Lord Jim, quelle plus belle escale pour un dictionnaire amoureux de la mer ?

Dans l'imaginaire de Conrad, Bangkok est l'autre destination qui s'impose. Le narrateur et quelques anciens, autour d'une bouteille de rhum, font revivre leurs souvenirs. Il s'était embarqué sur un vieux rafiot qui va d'avaries en catastrophes. Jeunesse. Il est lieutenant pour la première fois, même si le bateau est pourri. Il emporte 456 tonnes de charbon pour Bangkok, pour l'Asie. Vive l'Asie. Et si le charbon moisi prend feu, et s'il faut évacuer le navire, merci mon Dieu, l'équipage va être réparti dans les deux grandes chaloupes, et il se dit qu'il commandera un petit canot de moins de 15 pieds de long, avec deux marins aux avirons. Et ce sera son premier commandement à la mer. Jeunesse. Repassez-moi la bouteille de rhum. Et lorsqu'un cargo apparaît au loin, il se tait parce qu'il pourrait non seulement les « sauver » mais les déposer à Liverpool, Brême ou Boston, et il veut aller à Bangkok, seulement Bangkok, « pour se réveiller au souffle chaud, fade et sucré de l'Asie ». Jeunesse. « Sotte, folle, merveilleuse jeunesse. »

J'ai eu vingt ans en Asie.

Boucaniers

Dans un dictionnaire, il faut être précis. Les non-spécialistes ont tendance à confondre corsaires, flibustiers, pirates. Erreur. Ou comme les Américains, à appeler tout le monde *buccaneers*. Les corsaires, flibustiers, pirates sont des catégories socioprofessionnelles maritimes distinctes. Les boucaniers sont des terriens. Il faudrait presque dire des ruraux. Ils habitent l'intérieur de la Jamaïque pour les Anglais, de Saint-Domingue pour les Français. Ils ont quitté le monde, ou l'ont fui. Seuls ou en bandes, ils chassent le bœuf sauvage et le sanglier. Ils sont vêtus de peaux de bêtes, vivent comme des bêtes, n'ont pour compagnie que leurs chiens.

Oexmelin, Normand de Honfleur exilé aux Iles, le « chirurgien de la flibuste », best-seller européen de la fin des années 1680, les décrit d'une plume alerte et sans jamais juger. Ils tirent leur nom du « boucan » :

« Les Caraïbes, Indiens naturels des Antilles, ont coutume de découper en pièces leurs prisonniers de guerre et de les mettre sur des manières de claies, sous lesquelles ils font du feu. Ils nomment ces claies barbacoa, le lieu où ils sont boucan, et l'action boucaner, pour dire rôtir et fumer tout ensemble. C'est de là que nos boucaniers ont pris leur nom, avec cette différence qu'ils font aux animaux ce que les Indiens font aux hommes. »

Puisqu'on est dans l'étymologie, certains ont dit que l'origine de « barbecue » ou *barbacoa*, est cette façon dont les Indiens traitaient les Espagnols en les faisant rôtir après les avoir embrochés « de la barbe au cul ». Parce que ce qui frappait le plus les Indiens chez ces envahisseurs blancs, c'était leur barbe. On n'est pas forcé d'y croire.

Ces sauvages blancs qui ont fui le monde et ne vivent qu'avec les animaux ont entre eux un élément de solidarité, le matelotage – lien absolu entre deux hommes – que reprendront les « Frères de la Côte » de la flibuste et dont le bailli de Suffren fera encore l'éloge deux siècles plus tard pour maintenir l'unité des équipages. Leurs contacts avec les flibustiers (et les corsaires et les pirates), c'est la fourniture de vivres. Le bœuf et le porc salés et fumés sont la seule réserve de nourriture à bord pour des expéditions dont personne ne peut dire la durée. Oexmelin raconte :

« Le maître va devant et les valets et les chiens le suivent sans se détourner d'un pas, excepté le venteur ou braque qui va à la recherche du taureau. Quand il en trouve un, il donne trois ou quatre coups d'aboi ; sitôt que les autres chiens l'entendent, ils courent de leur mieux, le maître et les valets après, jusqu'à ce qu'ils soient venus à l'animal. Alors, ils approchent chacun d'un arbre, pour se garantir de sa furie en cas que le maître manquât de le tuer du premier coup ; car ces animaux sont extrêmement furieux lorsqu'ils se sentent blessés. Dès que le taureau est à bas, celui qui en est le plus proche promptement lui coupe le jarret, de peur qu'il ne se relève. Après quoi le maître en tire quatre gros os, qu'il casse et dont il suce la moelle toute chaude ; cela lui sert de déjeuner.

« Ils ne sont pas plus indulgents envers leurs serviteurs que les autres. L'un d'entre eux voyant que son valet, nouvellement venu de France, ne pouvait le suivre, lui donna, dans sa colère, au travers de la tête, un coup de la crosse de son fusil qui le fit tomber en syncope. Le boucanier crut l'avoir tué, le laissa là. Le maître n'était pas encore loin que son valet se releva et tâcha de le suivre. Mais comme il n'avait pas fréquenté ces bois, il ne put le trouver et demeura quelques jours sans pouvoir se reconnaître ni trouver le bord de la mer. La faim commença de le presser, ce qui l'obligea de manger de la viande crue qu'il

portait ; car il n'avait rien pour battre du feu, et son maître, croyant qu'il était mort, lui avait ôté son couteau.

« En marchant, son chien que la faim pressait aussi bien que lui, quêtait sans cesse. Quelquefois, il trouvait des truies qui avaient des petits ; il se jetait sur eux, en étranglait quelqu'un ; le maître, le secondant, courait aussi dessus ; et quand ils avaient fait quelque capture, le chien et le maître mangeaient ensemble du même mets. Enfin, au bout d'une année et plus, il n'avait qu'un méchant haillon, reste d'un caleçon, et une chemise dont il cachait sa nudité, avec un morceau de chair crue pendue à son côté ; deux sangliers et trois chiens qui le suivaient s'étaient tellement accoutumés ensemble et avec lui qu'ils ne voulurent jamais le quitter. Les boucaniers le mirent en liberté, c'est-à-dire qu'ils le dégagèrent du service de son maître. En sorte qu'il est devenu un des plus fameux boucaniers de cette côte. »

RECETTE DU SANGLIER A LA BOUCANIER

« Lorsqu'ils sont réunis le soir de la chasse, chacun écorche le sanglier qu'il a apporté et en ôte les os ; il coupe la chair soit par aiguillettes, soit comme les femmes de France dépècent la panse des cochons pour faire des andouilles. Quand cette viande est ainsi coupée, ils la mettent sur des bâches et la saupoudrent de sel battu fort menu ; ils la laissent comme cela jusqu'au lendemain, après quoi ils la mettent au boucan. Ce boucan est une loge couverte de bâches qui la ferment tout autour. On y met la viande et on fait force fumée dessous ; les boucaniers brûlent pour cela toutes les peaux de sangliers qu'ils tuent, avec leurs ossements, afin de faire une fumée

plus épaisse. Cette viande a un goût si exquis qu'on peut la manger dès qu'elle sort du boucan, sans la faire cuire ; et quand même on ne saurait ce que c'est, l'envie prendrait d'en manger en la voyant, tant elle a bonne mine ; car elle est vermeille comme la rose et a une odeur admirable. [...] Ils font les paquets de soixante livres de viande nette, et les vendent six pièces de huit chacune ; ils fondent le saindoux du porc-sanglier et le mettent dans des pots pour le débiter aux habitants. Chaque potiche de mantègue, c'est ainsi qu'ils nomment cette graisse, vaut six pièces de huit. »

Que nous ont laissé les boucaniers, amis sauvages des bêtes, des corsaires, flibustiers, pirates du Nouveau Monde ? Des mots : boucan, peut-être barbecue. La fidélité entre deux hommes. Et la prose toujours vivante d'Oexmelin.

Boudeuse (La)

Nom traditionnel d'un bâtiment dans la Marine française (actuellement un patrouilleur).

Bougainville (Louis-Antoine de)

Avant d'être un navigateur fameux, Bougainville (1729-1811) est le modèle de l'homme du XVIIIe siècle et des Lumières, doué, courageux, cultivé, curieux d'apprendre, tour à tour élève de D'Alembert, secrétaire d'ambassade, aide de camp, auteur de publications scientifiques, colonel d'infanterie, capitaine de vaisseau... Napoléon le fera grand officier de la Légion d'honneur et comte d'Empire. Il aura à sa mort les honneurs du Panthéon. Un homme heureux.

1763. Après le désastreux traité de Paris, Choiseul est au pouvoir depuis quelques mois ; il échafaude une politique destinée à restaurer le prestige de la monarchie, à compenser les pertes subies en Amérique du Nord et à relever la Marine presque anéantie. Pourquoi confier la direction d'une telle entreprise, remplie de nombreux aléas, à Bougainville qui n'est pas marin, ou tout au moins pas encore ? L'oncle d'Arboulin, administrateur général des Postes, gravite depuis longtemps dans le cercle de Mme de Pompadour et approche le roi. Le frère, Jean-Pierre, avocat, membre de l'Académie française, connaît tout le « milieu » mondain, littéraire et scientifique. Bougainville lui-même est un sujet brillant. Mathématicien très doué, ouvert aux sciences de la nature, il a acquis, comme tout le monde à son époque, une forte culture classique et moderne. Il lit Virgile dans le texte et connaît à fond Condillac, Montesquieu, Buffon, Rousseau, Voltaire. Il disserte sur l'économie politique avec Lemercier de la Rivière, l'un des chefs de l'école physiocratique. Ses campagnes au Canada lui ont fait prendre contact avec la mer, et Duclos-Guyot, qui sera son second sur *La Boudeuse*, l'a initié aux arcanes de la navigation. Le ministre Choiseul laissera Bougainville rédiger ses propres instructions.

E. Taillemite en résume les termes. *« Les buts du voyage étaient bien précis : 1) Découverte des terres nouvelles et recherche dans ces régions de postes propices à la fondation de colonies destinées à contrebalancer les pertes subies pendant la guerre. 2) Ouverture d'une route nouvelle vers la Chine pour tenter de développer le commerce avec ce pays de manière à compenser la réduction de celui de l'Inde. 3) Recherches de plants d'épices pour l'île de France. »*

Deux navires sont affectés à l'expédition : *La Boudeuse* et *L'Etoile*. Ils partent de Brest le 5 décembre 1766, pour atteindre Montevideo par les alizés en cinquante-sept jours. Ils repartiront de Rio de Janeiro le 14 juillet 1767 (Rio de Janeiro que Bougainville appelle dans un sabir portugais francisé : *Rio Ganaire*). Il fait de nombreux relevés, est bon astronome, bon navigateur, bon officier. Il corrige de nombreuses erreurs des cartes, surtout en longitude. Bougainville relèvera pour l'île de Palme une erreur de trente-deux milles ! Autant les problèmes de latitude sont depuis longtemps maîtrisés, autant la solution des longitudes reste hésitante. Le jeune Véron, premier pilote, se sert d'un octant à réflexion, la dernière trouvaille des Anglais, et d'un quart de cercle qui permet de mesurer les distances lunaires.

Le 6 décembre seulement, on donna dans le premier goulet de Magellan, et le franchissement exigea cinquante-deux jours. Ce ne fut pas du temps perdu ; de nombreuses observations, utiles à l'hydrographie, furent menées à bien, malgré les contrariétés du temps.

Après une dernière nuit critique, une fois doublé le cap des Piliers, les deux petits bâtiments avancèrent à pleines voiles vers la « mer occidentale ». Bougainville est *« tout fier du résultat acquis »* d'être le premier Français à être entré dans la *« Mer du Sud »* par le détroit de Magellan. Il va faire chanter un *« Tédéome »* (*sic*). Au soir, *« règle, compas et rapporteur en main »*, il trace sa route sur la carte de Bellin, d'abord à l'ouest-sud-ouest de façon à s'éloigner de la côte, mal connue et dangereuse. Et Vivès, le jeune chirurgien de *L'Etoile*, d'écrire : *« Désormais on va naviguer le bandeau sur les yeux, ignorant les endroits où nous allons trouver des terres. »*

Au petit matin du 22 mars, terre dans le sud-est quart sud ! On aperçoit quatre îlots que l'on baptise les Quatre Facardins ; dans la réalité, il s'agit d'un seul atoll boisé : Vahitahi. Peu après, l'île des Lanciers : à la lunette, on distingue des pirogues et des sauvages à pied. Bientôt l'île de La Harpe, c'est-à-dire Anaa, ou de la « Conversion de San Pablo ». Le 26 mars, prise de possession de l'« Archipel dangereux », les Tuamotu. Le 2 avril, une île extrêmement haute, non portée sur les cartes quoique signalée par Queiros (« La Decena »), que Bougainville nomme « Le Boudoir » tandis que Fesche et Vivès appellent le morne de tribord « pic de la Boudeuse ».

Presque aussitôt, les deux îles encore bien plus élevées d'O Taheite. Le dimanche 3 avril, jour de Pâques, ils cherchent un bon mouillage.

Ainsi, après un voyage somme toute heureux, sans trop de malades, par des régions difficiles, ils avaient trouvé, sans beaucoup de tâtonnements, le Tahiti qu'ils cherchaient. Par l'usage d'une méthode nouvelle, celle des distances lunaires, munis des instruments convenables et des tables perfectionnées récemment mises à la disposition des navigateurs.

Le récit que fera Bougainville, dans le style élégant du XVIIIe siècle, où les paysages sont *curieux*, les populations *charmantes*, les *zéphyrs* très doux, aura un succès immense et on ne se lasse pas de le citer.

« L'aspect de cette côte, élevée en amphithéâtre, nous offrait le plus riant spectacle. » Malheureusement, les récifs sont nombreux et les embarcations, qui sondent inlassablement, éprouvent de grandes difficultés à repérer des fonds satisfaisants pour laisser tomber les ancres. *« Nous mouillâmes notre première ancre sur trente-quatre brasses, fond de sable gris, coquillages et graviers, et nous étendîmes aussitôt une ancre à jet dans le nord-ouest pour y mouiller notre ancre d'affourche »*, écrit Bougainville le 6. *« Plus de cent pirogues, de grandeurs différentes, mais toutes à balancier, sont venues autour des navires. Plusieurs ont mis pied à bord avec des démonstrations d'amitié, portant toutes des branches d'arbres, symbole de paix... Grand troc tout l'après-midi avec les sauvages qui ne paraissent point étonnés de nous voir* [Wallis était passé quelques mois auparavant] *sont fins commerçants, mais de bonne foi. Il est venu dans une des pirogues une jeune et jolie fille presque nue qui montrait son sexe pour de petits clous. »*

Le 6 avril, à 1 h 30, le canot de *L'Etoile* a enfin trouvé un mouillage qui paraît bon, et les deux navires peuvent affourcher. « *Lorsque nous avons été amarrés, j'ai été reconnaître l'aiguade. Une foule d'Indiens nous a reçus sur le bord du rivage avec les démonstrations de joie les plus décisives. Aucun n'avait d'armes, pas même de bâtons. Le chef de ce canton nous a menés chez lui où nous nous sommes tous assis par terre. On a apporté des fruits, de l'eau, du poisson sec et nous avons fait un repas de l'âge d'or avec des gens qui en sont encore à ce siècle fortuné.* » Pendant le banquet, un des officiers a été débarrassé de son pistolet de poche. « *Nous l'avons fait entendre au chef qui a parlé au peuple avec véhémence et le pistolet a été rapporté à bord le lendemain. Le cacique nous a reconduits au bord de la mer. Prêt à y arriver, un Indien, couché sous un arbre, nous a offert le gazon qui lui servait de siège, s'est penché vers nous et, d'un air tendre, aux accords d'une flûte à trois trous dans laquelle un autre Indien soufflait avec le nez, il nous a chanté lentement une chanson sans doute anacréontique. Scène charmante et digne du pinceau de Boucher... Quatre Indiens sont venus souper et coucher à bord. Nous avons fait entendre flûte, basse, violon et donné un feu d'artifice composé de quelques fusées. Leur surprise a été mêlée d'effroi.* »

Le lendemain 7 avril, il faut commencer à penser aux choses sérieuses, en particulier à renouveler les stocks d'eau douce et de bois, souci capital à l'époque pour tout bâtiment en campagne lointaine. On doit aussi débarquer un certain nombre de scorbutiques qui ont grand besoin d'une nourriture plus saine que les salaisons du bord. Bougainville établit donc un campement à terre. Les « Indiens » semblent inquiets de cette installation et tiennent conseil. On explique au chef le but de la relâche et sa durée prévue : dix-huit jours, ce qui lui semble bien long. Après palabre, on finit par s'entendre.

« Dans le courant de la journée, plusieurs Français ont eu à se louer des usages du pays. En entrant dans les maisons, on leur a présenté des jeunes filles, on a jonché la terre de feuillage et, grand nombre d'Indiens et d'Indiennes faisant cercle autour d'eux, on a célébré l'hospitalité tandis qu'aux accords de la flûte, un des assistants chantait un hymne de jouissance. Les femmes mariées y sont fidèles à leurs maris, elles payeraient de leur tête une infidélité, mais on nous offre toutes les filles. » Bougainville est frappé par la splendeur de la race polynésienne : *« Leurs figures sont très belles, leur tête est énormément garnie de cheveux qu'ils portent de différentes manières. Plusieurs ont aussi une longue barbe qu'ils oignent ainsi que leurs cheveux d'huile de coco. Les femmes sont jolies et, ce qui fait l'éloge du climat, de la nourriture et des eaux, femmes, hommes, vieillards même, tous ont les plus belles dents du monde. Ce peuple ne respire que le repos et les plaisirs des sens. »* Débordant d'enthousiasme, notre navigateur philosophe baptise sa découverte la Nouvelle-Cythère et cherche à étudier *« la forme du gouvernement, les rangs établis entre eux et leurs marques distinctives. Le cacique, nous le voyons continuellement, commande avec despotisme, les chasse un bâton à la main quand ils nous importunent. Il a même fait restituer les objets volés quoique lui-même grand voleur, mais il veut voler seul dans son royaume ».* Quant aux marques distinctives des conditions, *« je crois, et*

ce que je dis n'est pas une plaisanterie, que la première, celle qui distingue les hommes libres des esclaves, c'est que les libres ont les fesses peintes ».

Le 8 avril, l'installation à terre se poursuit dans un grand hangar proche d'une rivière où l'on dispose les scorbutiques. L'affluence est toujours très grande et le troc extrêmement actif. Avec la permission des chefs, on abat quelques arbres, et Bougainville propose de créer un petit jardin où l'on sèmera des graines d'Europe. Le projet est adopté et les Indiens collaborent avec enthousiasme à sa réalisation, tout en admirant les outils de jardinage et en s'emparant de tout ce qu'ils peuvent trouver. *« Ils sont les plus adroits filous de l'univers... et malgré les rondes, les gardes, les précautions, ils volent avec de longs bâtons crochus à travers les joncs qui forment la clôture du hangar jusque dans les tentes dressées dedans. »*

Il semble qu'un climat d'inquiétude et de malaise se développe entre les habitants de l'île et les nouveaux arrivants. Les femmes et les enfants commencent à se retirer vers les montagnes et le cacique lui-même déménage. La nuit est agitée, des pierres sont lancées contre le campement des Français, et Bougainville doit donner aux factionnaires l'ordre de faire feu si ces incidents se renouvellent.

Le 13 avril, on s'efforce de remettre en ordre l'amarrage des navires et l'on mène des négociations avec les Indiens pour essayer de détendre l'atmosphère. *« Je vis du bord une foule de peuple venir au quartier ; des poules, des cochons, des régimes de bananes embellissaient la marche et promettaient la paix. M. de Nassau et quelques officiers conduisaient cette multitude qu'ils avaient apaisée. Aussitôt, je me suis transporté à terre avec des présents d'étoffes et d'instruments de fer. J'en ai fait la distribution aux chefs. Ces bons insulaires m'ont comblé de caresses, le peuple a applaudi à la réunion et, en peu de temps, la foule ordinaire et les filous sont revenus. »*

La journée du 14 se passa dans le calme et fut marquée par une prise de possession solennelle de l'île au nom du roi de France. *« A la nuit, je suis descendu à terre et j'ai enterré à 108 pas de la rivière où nous avons fait de l'eau et à 13 pas du bord de la mer l'inscription suivante gravée sur un morceau de chêne : "L'an 1768, le 12 avril, Nous, L.A. de Bougainville, colonel d'infanterie, capitaine des vaisseaux du roi, commandant les frégates* La Boudeuse *et* L'Etoile, *par ordre de S.M. Très-Chrétienne Louis XV, sous le ministère de M. de Choiseul, duc de Praslin, nous avons pris possession d'un archipel d'îles que nous avons nommé l'archipel Bourbon s'étendant depuis le 18e jusqu'au 16e degré de latitude méridionale et depuis le 149e jusqu'au 152e degré de longitude ouest du méridien de Paris. En foi de quoi, dans une des îles de cet archipel, située par les 17°34 de latitude australe et environ 151° de longitude ouest que nous avons nommée la Nouvelle-Cythère..." »*

Il faut songer au départ. Les relations avec la population sont à nouveau excellentes. *« Les Indiens ont prié aujourd'hui que l'on tirât devant eux quelques coups de fusil. On leur a donné satisfaction et fait grand peur, tous les animaux sur lesquels on a tiré ayant été tués roides. Ils ont apporté plus de rafraîchissements que jamais et les filous ont été après à la curée. Au vol près, ce sont les meilleurs gens du monde. Toutes les femmes pleurent notre départ et la nation désire fort que nous revenions. On a semé devant le cacique et au grand contentement du peuple du bled, du maïs, des fèves, des pois, des lentilles et différentes graines potagères. Tous en demandent.* »

Le vendredi 15 avril, Bougainville donna le signal de l'appareillage qui se produisit dans des conditions difficiles. *« Un zéphyr, plus charmant mille fois que tous ceux qu'on fête à l'opéra, vint à notre secours, enfla nos voiles et nous nous éloignâmes enfin de ces récifs affreux dont nous n'étions déjà plus qu'à une encablure. »*

Le voyage se poursuivit dans des conditions moins « riantes », et faillit même tourner au drame lorsque nos navigateurs errèrent, perdus entre la Nouvelle-Guinée et les Moluques ; on dut manger jusqu'aux rats, mais tout se termina bien, et, après escale à Batavia, à l'île de France et au Cap, le 16 mars 1769, *La Boudeuse* entrait dans le port de Saint-Malo, deux ans et quatre mois après avoir quitté la France.

Bilan du périple ? Plutôt négatif, il faut bien le dire. Aucune découverte importante n'a été faite, pas même à Tahiti où nos voyageurs avaient été devancés par Wallis. Le mystère de la France australe, le continent qui nous appartient depuis 1504, demeure entier. Bougainville n'a pas même cherché à le percer et à aucun moment il n'a mis le cap au sud comme le fera Cook quelques années plus tard. Ses instructions lui recommandaient de visiter les côtes d'Australie, ce qu'il n'a pas exécuté. Ayant pris un certain retard sur le programme prévu, il n'a pas non plus poussé jusque sur les côtes de Chine où le ministre l'avait chargé de rechercher un lieu favorable à la création d'une base de transit pour la Compagnie des Indes. Tout au plus a-t-on précisé la position de quelques îles grâce à l'astronome Véron. Les travaux de Commerson sur la botanique ne sont pas négligeables bien que la recherche des plants d'épices préconisée par Poivre ait, elle aussi, échoué. Brillant, mais léger.

En revanche, Bougainville fut un des premiers grands navigateurs, sinon le premier, à s'intéresser d'assez près à l'étude des populations qu'il rencontrait et à apporter à leur sujet de précieux témoignages. Et c'est sans doute dans les domaines moral et littéraire que le voyage eut les conséquences les plus profondes. D'abord, par sa réussite, il redonnait, comme l'avait espéré Choiseul, du lustre à la Marine française. Ce succès devait provoquer et faciliter les expéditions suivantes de La Pérouse, d'Entrecasteaux, de Baudin, pour l'organisation desquelles Bougainville sera un conseiller judicieux et écouté.

Dans le monde philosophique, les répercussions sont immenses. A peine rentré à Paris, Bougainville devint l'homme à la mode, d'autant plus qu'il amenait avec lui un Tahitien, le premier qui ait jamais foulé le sol français. Paris, toujours prompt à s'engouffrer dans le premier snobisme venu, s'empara de Tahiti et de son fils Aotourou qui fit fureur dans les salons les plus fréquentés. Comment peut-on être tahitien ? Enfin on allait pouvoir observer et admirer un véritable enfant de la nature !

Le 30 avril, Aotourou est présenté au roi et aux princes. Les savants viennent le contempler et l'interroger, La Condamine, de Brosses. Son protecteur l'emmène chez Buffon, chez Mlle de Lespinasse, chez Helvétius, chez le baron d'Holbach où il rencontre Diderot. L'abbé Delille versifie en son honneur. Pendant ce temps Bougainville travaille à la rédaction définitive de son journal de voyage dont il remet le manuscrit au roi le 28 octobre 1769. Le *Voyage autour du monde* paraît en librairie en mai 1771 et connaît aussitôt le plus grand succès. Comment ne pas s'enthousiasmer pour ce « bon sauvage » dont on rêvait depuis si longtemps ? Oui, charmant Bougainville.

Bounty

Nom d'une frégate anglaise, théâtre de la plus célèbre mutinerie de l'histoire maritime le 28 avril 1789, au retour de Tahiti.

Bien sûr, le drame a plusieurs versions suivant qu'on lit le journal de bord du commandant William Bligh, ou qu'on écoute les récits des mutins. Dans la littérature – et les films –, la tendance est de faire de Bligh le grand méchant. Il est indéniable qu'il a très mauvais caractère, est brutal, radin, et ne pense qu'à la mission que lui ont confiée l'Amirauté et son ami sir Joseph Banks, naturaliste célèbre et président de la Royal Society : rapporter de Tahiti des plants d'arbre à pain pour les planter à la Jamaïque et en nourrir les esclaves qui, fâcheusement pour les colons, meurent de faim...

La *Bounty*, nom qui veut dire *abondance, générosité*, est un petit bâtiment de 26 mètres de long, spécialement aménagé pour le transport des plantes. Le monde a été découvert par des voiliers de moins de 30 mètres.

Retards, mauvais temps, avaries, échec à passer le cap Horn, rationnement, la mauvaise humeur monte à bord. Le premier incident grave éclate à propos de fromages qui ont disparu. On s'accuse de vol. Deuxième incident : des citrouilles avariées sont distribuées à la place du pain. La mutinerie elle-même aura lieu après une altercation entre Bligh et son second, Fletcher Christian, à propos de noix de coco. Qui a mangé les noix de coco de qui ? Et voilà comment, à cause de l'intendance, on entre dans l'Histoire. Ceux qui ont vu *Le Cuirassé Potemkine* d'Eisenstein ne s'étonneront pas.

Il y a quand même eu plus grave. L'escale à Tahiti dure six mois. C'est le paradis, le rêve. Trois déserteurs de l'équipage sont signalés par les Tahitiens. Ils sont repris et fouettés : vingt-quatre coups de chat à neuf queues pour l'un, quarante-huit pour chacun des deux autres. Bligh applique brutalement le règlement de la Navy. L'équipage – et certains officiers – ne cache pas sa désapprobation.

4 avril 1789 : la *Bounty* repart à force de voiles vers l'Angleterre apporter ses mille quinze plants d'arbres à pain. Là, se place le drame des noix de coco... Christian pense d'abord à abandonner discrètement le navire. Mais les conversations d'entrepont lui montent à la tête. Pourquoi quitter le bateau alors qu'il est si facile de s'en rendre maître ? Ils sont seulement une dizaine de mutins. Assez pour s'emparer des armes et capturer le capitaine Bligh. Certains matelots veulent le tuer. Christian décide de le livrer à la mer dans une chaloupe, avec ceux qui veulent lui rester loyaux – et qui sont la majorité. Dans ce canot surchargé, qui n'a plus que quelques centimètres de franc bord au-dessus du niveau de l'océan, avec quelques barils d'eau douce, un peu de porc salé, quelques biscuits, un bout de voile, son sextant et ses tables, Bligh va accomplir un exploit nautique extra-

ordinaire : près de 5 000 milles de navigation pour amener son équipage sain et sauf à Timor.

Maintenant la chasse commence. La Navy ne pardonne pas. Mais d'abord une question : pourquoi la mutinerie de la *Bounty* est-elle si célèbre ? Parce qu'il y a eu extraordinairement peu de cas de mutinerie en pleine mer, alors que les équipages étaient souvent gens de sac et de corde, recrutés de force, et qui ne pensaient qu'à se rebeller pour pirater à leur profit. Mais prendre un navire ne sert à rien si on ne sait pas où l'on est et où l'on va ! *Seuls les officiers savent faire le point.* La mutinerie réussit sur la *Bounty parce qu'un officier, le second, qui sait faire le point, en prend la tête.*

Il va d'abord ramener le bateau à Tahiti, dont rêve encore l'équipage. Mais il n'y restera pas : il sait bien que c'est là que la Navy va d'abord les chercher. Et pour eux tous, c'est la corde. Il a l'idée de continuer plus à l'est en cherchant une île qui ne soit pas sur une grande route de navigation. Et là, Christian a un trait de génie : il s'aperçoit qu'une île, Pitcairn, qui a tout pour plaire, eau, fruits, est *portée sur la carte avec une erreur considérable.* C'est le bon abri ! On finira par retrouver bien plus tard les rares survivants des mutins et leurs descendants qui, après rivalités, affaires de femmes, tueries, ont fondé avec les indigènes une sorte de société patriarcale et religieuse. Il y a prescription. Christian est mort depuis longtemps. Suicidé ? Malade ? Assassiné ? Il y a plusieurs versions, comme toujours. Certains même prétendront l'avoir rencontré, vieilli mais toujours vivant, sur un quai en Angleterre. Les mythes vivent plus longtemps que les hommes.

Boussole

Voir *compas*. C'est son nom dans la marine.

Boutre

Navire arabe et de l'océan Indien, à arrière très élevé, souvent bordé d'une colonnade en bois, à l'avant très fin et qui naviguait à la voile. Il y a trente ans on en voyait encore de nombreux sous leurs lourdes voiles triangulaires et leur gréement à antenne. Aujourd'hui les pirates du golfe d'Aden attaquent en vedettes à moteurs surpuissants, comme en mer de Chine et ailleurs. C'est la fin du pittoresque.

C

C

Troisième lettre de l'alphabet international des signaux. Vocal : Charlie (ex-Célestin). En morse : un trait, un point, un trait, un point. Envoyé seul, veut dire : *« Oui. »*

Cabestan

Treuil pour virer les amarres, relever les ancres. Sur les petits navires, le treuil pour actionner les barbotins s'appelle un guindeau. Les barbotins ? Couronne sur laquelle les maillons d'une chaîne viennent s'engrener successivement, l'un verticalement et le suivant horizontalement. Inventé en 1858 par le capitaine de corvette Barbotin. Salut, commandant. L'inconvénient de tout dictionnaire, y compris de marine, est que chaque définition comprend normalement un ou deux mots incompréhensibles et que le lecteur est renvoyé comme un volant d'une page à l'autre avec un fort sentiment de frustration.

Sur les grands navires à voile, le cabestan était une énorme roue qui avait ses rites : lever l'ancre au départ n'était pas une mince affaire, ni psychologiquement, ni physiquement : le poids des ancres, énorme, assurant la sécurité. Il y fallait parfois vingt-quatre hommes qui poussaient en cadence. D'où les « chansons à virer » qui sont parmi les plus belles du répertoire maritime puisqu'il s'agit, en rythme, de dire adieu à la terre.

Virer l'ancre était aussi une occasion de se libérer dans l'effort du moment en disant des horreurs sur l'état-major du bateau et les officiers mariniers. Cela s'appelait le « charivari ». On manque, dans le monde moderne, de telles occasions.

Cabestan : nœud le plus facile, simple, efficace, des nœuds d'amarrage. Deux demi-clés inversées.

Cabousse

Enorme marmite à faire bouillir le gras des baleines. Ce sont ces restes rouillés impressionnants qu'on retrouve dans les cimetières marins des mers du Sud et qui évoquent les maléfices de sorcières géantes.

Caliorne

Palan de fort échantillonnage, composé de deux poulies triples, ou d'une poulie double et d'une poulie triple. C'est sa différence avec un bredindin, palan à croc aiguilleté qui sert à descendre dans la cale des objets de poids léger ou moyen. Pendant que nous sommes à C, le cartahu est un cordage libre, pas trop gros, et qui est disponible pour brêler ce que vous voulez. Maintenant, si on vous demande de brêler un cartahu en bredindin, vous ne serez pas perdu. A moins que vous ne compreniez pas brêler. La science est un long voyage.

Canada

Le Malouin Jacques Cartier (1491-1557) est le premier des navigateurs et explorateurs français après les Génois, les Portugais, les Espagnols. Le roi, le 18 mars 1534, lui a accordé une somme de six mille livres pour *« faire le voyage de ce royaume en Terres Neuves pour découvrir certaines îles et pays où l'on dit qu'il se doit trouver grand quantité d'or et autres riches choses »*. François Ier, lui aussi, voulait « posséder ses Indes ». Cet engagement financier royal était en France une nouveauté.

Jacques Cartier appareille de Saint-Malo, le 20 avril 1534, avec deux navires de 60 tonneaux armés par soixante et un hommes dont le recrutement ne s'était pas fait sans peine car les armateurs à la pêche voyaient d'un mauvais œil ce concurrent qui leur enlevait leurs équipages. La traversée, en revanche, suivant une route familière, ne souleva aucune difficulté et ne dura que trois semaines. Le 10 mai, le *Triton* et le *Goéland* arrivaient devant le cap Bonavista, sur la côte est de Terre-Neuve, à proximité du point atteint dix ans plus tôt par Verrazano. A partir du 9 juin, Cartier entreprend le contournement de Terre-Neuve par le nord pour arriver le 11 à l'entrée du golfe du Saint-Laurent, où il débarqua pour aller reconnaître le pays. Déception : cette côte présentait certes d'excellents ports, mais le sol n'était que *« pierres et roches »*. En revanche, les îles de la Madeleine le remplirent d'enthousiasme : c'est *« la meilleure terre que nous ayons vue car un arpent d'icelle terre vaut mieux que toute la Terre-Neuve »*. Il y admire de beaux arbres, des prairies, des champs de blé sauvage *« aussi beaux que je vis oncques en Bretagne »* qui semblaient avoir été semés par des laboureurs. Il repère aussi des groseilliers, fraisiers, rosiers, du persil et *« autres bonnes herbes de grande odeur »*.

Dans la baie des Chaleurs où il arrive début juillet, Cartier prend contact pour la première fois avec les habitants qui lui font bon accueil. Les Indiens expriment *« une grande et merveilleuse joie »* devant les objets métalliques qu'on leur donne en échange de leurs peaux. Cartier continue son exploration et relâche à Gaspé où le 24 juillet il fait ériger une grande croix de neuf mètres de hauteur, sur laquelle on avait placé l'inscription *« Vive le roi de France ! »* ce qui provoqua une vive protestation du chef iroquois Donnacona qui s'efforça d'expliquer à ces étrangers que cette région lui appartenait et donc que *« nous ne devions pas planter ladite croix sans son congé »*. Cartier, avec une grande habileté diplomatique, réussit à persuader son interlocuteur que cette croix n'était qu'une balise à l'usage des marins et non pas le signe d'une prise de possession. Il parvient même à convaincre le chef de lui confier deux de ses fils en lui promettant de les lui ramener l'année suivante.

Le 25 juillet, Cartier repart vers le nord, reconnaît l'île d'Anticosti et, par le détroit de Belle-Isle, prend le 21 août la route du retour. Ce premier voyage est décevant. Il n'a trouvé ni or, ni « riches choses », ni route vers la Chine.

Le roi cependant accorde au Malouin une nouvelle commission pour un voyage plus important qui doit étendre le champ des explorations commencées. Avec trois navires cette fois, la *Grande Hermine*, de 100 tonneaux, la *Petite Hermine*, de 60, et l'*Emerillon*, de 40, armés par cent douze hommes pourvus de vivres pour quinze mois, Cartier reçoit pour instructions de parachever *« la navigation des terres par vous commencées à découvrir outre les Terres Neuves »*. Il ramène, fidèle à sa promesse, les deux jeunes Iroquois qu'il avait conduits en France l'année passée. Comme il arrive assez fréquemment, ces deux jeunes gens jouèrent un rôle essentiel ; c'est à eux que le Malouin dut la révélation de l'existence d'un grand fleuve navigable qu'il baptisera Saint-Laurent. Cartier s'enquiert auprès de ses passagers du lieu d'où provient ce fleuve, et les Indiens lui expliquent qu'il s'agit *« du commencement du grand fleuve de Hochelaga et chemin de Canada »*. Le nom de Canada venait d'entrer dans l'histoire européenne. Cartier entreprend alors la remontée du fleuve et arrive en un lieu que les Indiens nommaient Stadaconé, où se situe aujourd'hui la ville de Québec.

Les habitants, au premier contact, sont remplis d'admiration pour ces étrangers qui naviguent sur des navires d'un modèle inconnu et apportent des instruments et des vêtements totalement nouveaux. Ils les considèrent comme des dieux auxquels ils amènent les malades et les infirmes pour les guérir. Les méprises commencent.

Les Iroquois deviennent méfiants : les nouveaux venus semblent vouloir s'installer durablement sur leur territoire. Ils cessent donc tout commerce et en particulier celui de la nourriture fraîche, ce qui entraîne pour les Français la conséquence prévisible : une épidémie de scorbut dont Cartier décrit les symptômes. Ce ne fut qu'à la fin de l'hiver, alors que vingt-cinq hommes avaient péri et qu'une quarantaine d'autres étaient atteints, que l'Indien Donnacona apporta aux Français une tisane, peut-être à base de thuya, à laquelle Cartier attribuera des vertus antiscorbutiques miraculeuses. En fait, Donnacona s'était aussi décidé à ravitailler ses visiteurs en viande fraîche. Le 6 mai, la *Grande Hermine* et l'*Emerillon* repartaient pour la France, abandonnant la *Petite Hermine*, faute d'équipage. De cette deuxième expédition, de plus longue durée que la première, Cartier rapportait des fourrures, quelques plantes, mais aucun métal précieux. En revanche, il ramena plusieurs habitants de la région de Stadaconé, y compris le chef Donnacona, lequel *« se révélera un excellent conteur, arrivant même à convaincre François Ier de la présence de mines d'or et d'autres minéraux dans la région du Saguenay »*.

La route vers la Chine restait introuvable mais les Français avaient découvert un pays aux vastes possibilités agricoles, habité par des peuples avec lesquels on pouvait espérer établir de bonnes relations. C'est la raison pour laquelle, après un délai provoqué encore une fois par la guerre contre Charles Quint, François Ier décide d'envoyer une troisième expédition. Celle-ci, différente des précédentes, devait être orientée non plus vers la découverte mais vers un essai de colonisation dont la direction ne fut pas confiée à Jacques Cartier mais à un favori du roi, Jean-François de La Roque de Roberval, nommé « vice-roi du Canada ». Celui-ci devait emmener avec lui un groupe comprenant *« bon nombre de gentilshommes, nos sujets et autres, tant gens de guerre que populaires, de chaque sexe et arts libéraux et mécaniques pour converser avec lesdits peuples étrangers, si faire se peut, et habiter lesdits terres et pays, y construire et édifier villes et forts, temples et églises pour la communication de notre sainte foi catholique et doctrine chrétienne ».*

Cartier part le premier le 23 mai 1541, avec cinq navires transportant environ quinze cents personnes qu'il installe à Charlesbourg-Royal, en amont de Stadaconé. Lui-même continue sa route jusqu'à Hochelaga et un peu au-delà, jusqu'aux rapides de Lachine. Les relations avec les Indiens se révèlent difficiles et la méfiance réciproque règne. L'hivernage est aussi pénible que lors du voyage précédent, de sorte que Cartier décide, en juin 1542, de rentrer en France avec tout son monde, poussé très probablement par le désir de présenter au roi les pierres qu'il croyait précieuses, trouvées aux environs de Stadaconé. En fait, l'or et les diamants espérés n'étaient que quartz et pyrite de fer. Ces « diamants du Canada » font rire toute la Cour.

Cartier a laissé derrière lui beaucoup de noms de lieux. Sur les 97 qu'il a nommés, 27 sont encore en usage. Mais c'est Samuel de Champlain le véritable fondateur du Canada français.

Né à Brouage, en Saintonge, en 1570, il n'a pas vingt ans quand un premier voyage l'entraîne vers l'Espagne et, de là, vers les Antilles et l'Amérique du Sud. Il voit Porto Rico, le Mexique, la Colombie, les Bermudes et Panamá. Entre 1603 et 1635, il effectuera douze séjours en Amérique du Nord, à la recherche d'une route qui, traversant l'Amérique, s'ouvrirait sur le Pacifique et sur les richesses de l'Orient.

C'est au cours du troisième voyage que l'existence du lac Saint-Jean lui est révélée et qu'il fonde Québec, le 3 juillet 1608. Il prend le parti des Hurons, Algonquins et Montagnais contre les Iroquois. Ce sera le début d'une longue guerre, les Iroquois prenant les Anglais comme alliés.

En 1611, il repère un havre idéal et, devant celui-ci, il crée la place Royale. Si l'on excepte la performance d'Etienne Brûlé, il est le premier Européen à entreprendre l'exploration du fleuve et de ses affluents vers l'intérieur du continent. Il reçoit, en 1612, la mission de *« chercher chemin facile pour aller au paîs de la Chine »*. C'est toujours la même obsession.

Quand il meurt en 1635, cent cinquante Français vivent dans la colonie.

Canot

Embarcation légère. L'élégance maritime veut que l'on minimise toujours, notamment l'état de la mer et du vent. Un marin parle très rarement de tempête. On peut dire aussi, par exemple, en parlant d'un paquebot ou d'un porte-avions : *joli canot.*

Cap

Un des grands mots du vocabulaire de la mer. Désigne la direction que prend un bateau (voir cap vrai) mais aussi un promontoire, une avancée de terre remarquable d'une façon ou d'une autre, le plus souvent par ses dangers.

Il y en a de très hauts, en falaises, de très bas et malsains en sable, des noirs, des verts, des rouges, des jaunes. Certains caps semblent attirer le mauvais temps : cap Matapan en Grèce, cap Finisterre au bout de l'Espagne et de l'Europe, cap Horn bien sûr. Ce qui n'est pas faux : la terre fait le vent. Mais ils sont aussi un partage entre deux mers, deux océans, deux mondes. Dans la geste héroïque des Portugais, le cap Bojador est longtemps resté vers le sud celui de la peur. Bien plus que le cap des Tempêtes gardé par le géant Adamastor qui ouvrait la porte de l'océan Indien et de l'Orient.

Et pourtant le poète lui fait dire : « *Je suis le Cap immense et mystérieux que vous nommez Cap des Tempêtes* [des Tourmentes] *car je ne me laissai jamais connaître de Ptolémée, Strabon, Pline ni d'aucun ancien. Je termine la côte d'Afrique par ce promontoire tendu vers le Pôle antarctique et que votre courage offense. Sachez que des vents et des tempêtes monstrueuses rendront ces abords funestes à tous les navires assez fous pour tenter de nouveau le voyage.* »

Le cap Hattéras, simple flèche de sable au large des Carolines, aux Etats-Unis, est aussi funeste et riche en naufrages que le raz de Sein et les parages d'Ouessant. Mais le plus célèbre, le plus redouté reste bien sûr le cap Horn, îlot noir à la pointe de l'Amérique du Sud, qui seul donnait droit de cracher au vent. Mérite bien une « entrée » à lui tout seul.

Cape (à la)

Allure de protection contre le très gros temps qui consiste à faire face au vent et à la mer, appuyé sur une voile de cape. Ou comme sur mon petit yawl, le *Laërtes*, sur l'artimon, la barre dessous. Il y a des navires qui savent prendre la cape tout seuls et sont une bénédiction, d'autres jamais. Une ancre flottante peut aider. Le déplacement du bateau, appuyé sur la mer, provoque devant lui un remous qui fait que les vagues déferlent en avant et pas sur le bateau lui-même. Par très gros temps, c'est spectaculaire. Une fois que la cape est bien établie, le navire travaille pour vous et on peut aller boire un coup en bas pour se réchauffer.

Mettre à la cape est le contraire de la fuite, attitude qui paraît la plus naturelle par gros temps : fuir devant la mer et le vent, dans le même sens. Protège, mais avec une limite. Si la tempête forcit encore et les creux augmentent, le risque existe de se faire coiffer par la vague arrière et enfourner dans la vague devant. La culbute, non sur le côté mais cul par-dessus tête s'appelle « sancir », et normalement on n'en revient pas. Il y a donc un moment où rester en fuite est dangereux, passer à la cape la seule solution de salut. Mais il ne faut pas attendre trop longtemps. Dans une mer énorme, se retourner contre la mer et le vent peut être encore plus périlleux parce que le bateau manquera à virer. De travers à la lame, on dit qu'il tombe sous la mer.

Un très beau livre américain, *Ouragan sur le Caine*, dont un film et une pièce ont été tirés, est consacré à ce thème. Dans un ouragan, le capitaine, qui sort des écoles, veut mettre en fuite. Le second, qui a servi à la pêche, veut mettre à la cape. C'est bien sûr le second qui a raison. Histoire vraie qui s'est passée dans le Pacifique pendant la dernière guerre mondiale. Encore faut-il pouvoir « tenir la cape ». Le paquebot français *Lamoricière* a coulé en 1942 en Méditerranée dans un très gros coup de vent au large des Baléares : son charbon de mauvaise qualité ne donnait pas aux machines la force suffisante. Engagé, tombé, coulé.

Cap Horn

« C'est un gorille qui frappe », a dit un jour de lui Bernard Moitessier. *« A partir du Horn, vous êtes jeté dans l'arène »*, ajoutait Philippe Monet. Les marins ayant franchi le cap Dur le décrivent en termes sauvages. L'un d'entre eux, auquel on demandait un jour de raconter le Horn, répondit : *« On a des mots pour l'ordinaire, mais pas pour l'extraordinaire. »*

Le cap Horn est le point le plus au sud de tous les continents (56° de latitude sud environ). A cet endroit du globe, les vents soufflent toujours d'ouest en est, sans être arrêtés par aucune terre. Arrivant au large de l'Amérique, les voici bloqués au nord par la cordillère des Andes et au sud par l'Antarctique. Ils s'engouffrent dans le détroit de Drake, un véritable goulot, où leur vitesse grandit encore. D'autres vents dégringolent de la cordillère des Andes dans le détroit. Mêlés aux premiers, ils provoquent de terribles bourrasques.

Le même phénomène se produit avec les courants marins qui courent autour du globe dans le sens contraire de celui des vents. Arrivant à pleine vitesse et étranglés au passage du détroit de Drake, ils bouillonnent en tous sens. De plus, au large du cap Horn, le plateau continental remonte brusquement. Le « fond » de la mer passe de 5 000 mètres à 100, voire 50 mètres. La houle, qui prend pied à 400 mètres de profondeur environ, heurte violemment les fonds qui remontent. En surface se forme une mer hachée d'énormes creux, de vagues *« hautes comme des maisons »*. Au cours des meilleurs mois, la tempête se lève un jour sur quatre.

Le Horn était un passage obligé sur la route des épices (Moluques) ou du nitrate (Chili), ou de l'or (Californie), les marins l'attaquaient d'est en ouest, sans choisir leur saison. Vent de face, ils étaient parfois obligés de tirer d'impossibles bords et se trouvaient ballottés par les tempêtes jusqu'à des latitudes extrêmes (plus de 60° sud) où le froid ne faisait qu'augmenter. Après un ou deux mois de vains efforts, il n'y avait plus qu'à virer lof pour lof, et faire le tour du monde dans l'autre sens par le cap de Bonne-Espérance, l'océan Indien et tout le Pacifique ! New York – San Francisco à la voile par le cap Horn reste un grand record qui a été gagné par Isabelle Autissier.

L'histoire du Horn commence le 16 mai 1615. La *Concorde*, un deux-mâts portant soixante-cinq hommes à son bord, quitte les brumes d'un petit port hollandais accompagnée du *Horne*, un navire qui n'a l'air de rien et prend vingt-deux hommes. Le but du voyage est la recherche de l'or. Seuls Guillaume Schouten, capitaine aventureux, et son ami Jacques Lemaire, gros marchand d'origine française, connaissent le véritable dessein de l'expédition.

Schouten est un habitué des routes maritimes australes. Il a beaucoup conversé dans les tavernes de Batavia, l'actuelle Jakarta, et s'est fondé une intime conviction. Contrairement à la théorie communément admise, Schouten est persuadé qu'au sud du détroit de Magellan, découvert en 1520, existe un passage inconnu vers l'océan Pacifique. L'inévitable présence d'un immense continent antarctique lié à l'Amérique du Sud pour équilibrer la terre ? Schouten et Lemaire ont de bonnes raisons d'ignorer les théories des savants. Ils veulent une route libre vers les richesses de l'Orient, sans avoir rien à demander aux Espagnols ou aux Portugais.

A Puerto Deseado, sur les côtes argentines, l'expédition en relâche affronte son premier malheur. 7 novembre 1615. Les hommes d'équipage font cuire des pingouins à la broche, première viande fraîche depuis six mois. Les navires s'abritent sur une rivière, quelques milles à l'intérieur des terres. Soudain, une flammèche embrase une voile et court sur les haubans. En quelques secondes, les superstructures du *Horne* brûlent au vent de la Patagonie. Le bateau s'abîme sous les yeux de Schouten qui récupère les canons et le métal. Serrés, tous les hommes embarquent sur la *Concorde* pour affronter le Grand Sud. Ils avancent précautionneusement. Les courants sont contraires, les vents tournent. Le navire tire des bords compliqués et mouille souvent. La crainte s'installe. Ne dit-on pas des Patagons qu'ils sont cannibales...

Les centaines de baleines qui entourent la *Concorde*, plus grosses qu'elle, menacent son équilibre. Mais la route est bonne. *« De hautes montagnes toutes couvertes de neige »*, comme le note le carnet de bord, escortent l'expédition à tribord. Le détroit de Magellan est dépassé. Un chenal resserré, 20 milles environ, s'ouvre entre la côte et une île enneigée. Il devient le détroit de Lemaire. Apparaissent d'étranges oiseaux blancs, chaque aile *« plus longue qu'une toise »*, inconnus de l'équipage. Les imprudents se posent sur le pont, aussitôt massacrés par les hommes sans pitié. La longue guerre entre l'homme et l'albatros vient de commencer. Et le grand oiseau n'en sortira pas toujours vaincu. Des hommes tombés à la mer ont le crâne fracassé et les yeux crevés par le bec pointu de ce géant des mers.

Cap au sud, toujours. La glace tenace s'accroche sur les haubans. Il neige dru, il vente fort. Même la mer change. De couleur plus foncée, elle gronde, se déplie, déchaîne des flots plus agressifs. *« Nous avions en cet endroit force pluies et tempêtes grêleuses*, raconte le journal de bord. *Nonobstant l'été, il faisait grand froid et grande tempête. »* Soudain, le courant attaque de tribord. Apparaît une dent rocailleuse, noire et pelée, plantée au milieu des flots démesurés. Schouten et Lemaire ne peuvent plus en douter : le Pacifique s'ouvre à eux. Ils ont trouvé une nouvelle voie vers les épices et l'or.

« Nous t'appellerons cap Horn, du nom de notre bonne ville de Horne », crient les équipages dans la bourrasque. Pourtant, à peine franchi, le Horn va être déserté. L'Empire portugais, qui s'affaiblit année après année, n'a plus les moyens de contrôler le passage du cap de Bonne-Espérance. La route est libre.

Il faudra attendre soixante ans pour que la route du cap Horn s'ouvre de nouveau, mais aux navires de guerre et aux flibustiers. En tête, Dampier.

Aventurier sans scrupules, homme de lettres et fine gâchette, l'Anglais William Dampier est le premier homme à franchir le cap dans les deux sens. Au début des années 1680, il s'acoquine avec des aventuriers, parmi lesquels le corsaire anglais Barthelemy Sharp. Nez altier, regard dur, visage long et corps décharné, Dampier est un redoutable « visiteur ». Le terme désigne les brigands spécialisés dans l'attaque des colonies espagnoles. Basé dans l'actuel Panamá, Dampier descend les côtes occidentales de l'Amérique latine, « visitant » les comptoirs espagnols au gré de sa cupidité. Des villages colombiens et péruviens sont mis à sac et brûlés. Les églises profanées et pillées. Les indigènes sont capturés pour servir d'esclaves, les colons espagnols égorgés. L'or s'entasse dans les cales du navire. Dampier met le cap au sud, c'est le premier passage d'ouest en est du cap Horn, avec la bénédiction du vent et des courants.

Février 1684. Dampier a placé son capital en Virginie et repart commercer, honnêtement cette fois, vers l'océan Pacifique. Il fait beau. L'équipage parle de femmes. On les compare, on pèse les avantages des brunes et des blondes. Le Horn est en vue, paisible rocher encalminé au bout du continent. Tout à coup, il se réveille. La mer se soulève, l'écume jaillit, des vagues hautes comme des arbres montent à l'assaut. Dampier ramasse la toile. La tempête enfle. Le navire devient incontrôlable. Secoué, désorienté, les flots se jouent de lui sans répit pendant vingt-six jours ! Les doigts gèlent, les mains se déchirent sur les cordages glacés et les furoncles poussent comme des champignons sur les corps trempés. Lorsque le beau temps revient, Dampier consulte avec incrédulité sa position. A plus de 60° sud, il est à cet instant l'homme arrivé le plus près de l'Antarctique. *« Parler des femmes en mer porte malheur »*, notera Dampier sur son carnet de bord.

L'histoire n'est pas finie. Loin de toute terre, menacé par un équipage excédé et affamé, il n'échappe lui-même au cannibalisme que grâce à son extrême maigreur ! Victime plus tard d'une autre mutinerie, jeté tel un loqueteux dans une barque, il erre sans nourriture pendant des jours. Une tempête providentielle lui fournit de l'eau, au lieu de l'emporter par le fond. Pendant ce temps, des indigènes dégustent le capitaine de son bateau.

Dampier croise finalement une frégate anglaise, repart pour Sumatra, déserte, revient en Angleterre. La vente d'un esclave acheté aux Indes lui permet de survivre et de publier son journal qui le rendra célèbre. Il s'éteindra comme un homme tranquille, dans son lit.

Nul marin ne sera jamais châtié par le cap Dur comme l'Anglais George Anson le fut au printemps 1741. Sa mission : *« Ruiner les possessions espagnoles. Prendre, couler, brûler ou détruire tous les navires que vous rencontrerez. »* Deux mille hommes, marins et soldats sont entassés dans six navires de guerre. Anson fait route vers Madère pour protéger un convoi, puis vers l'île de Santa-Catarina, au Brésil. C'est le plein été austral. Les plus faibles tombent d'insolation, rejoignant sous les flots les premières victimes du scorbut. Lorsque l'expédition jette l'ancre, 90 hommes sur 320 sont couchés, incapables d'un mouvement. Dans l'insalubrité ambiante, les rats leur courent sur le corps. Pendant l'escale d'un mois, sous une chaleur tropicale dans des entrepôts surchargés, 30 de plus meurent.

Les hommes valides ressortent la toile. Après quelques semaines, les navires sont en vue de la Terre de Feu. Ils franchissent le détroit de Lemaire, décrit en termes lugubres par le journal de bord : *« Les rochers sont hérissés de pointes aiguës à une hauteur prodigieuse, couverts d'une neige éternelle et environnés de précipices. »*

Anson a commis une erreur. Négligeant une lecture attentive du récit des premiers navigateurs, il arrive en vue du cap à la fin de mars 1741. Deux mois trop tard. Jamais le Horn n'est aussi effrayant qu'en période d'équinoxe. Le ciel est couleur d'ébène. Des bourrasques terribles hurlent aux oreilles des marins. La tempête *« élève des vagues si haut et si dru qu'on ne voit rien qui ressemble dans aucune mer connue... Nous frémissions continuellement à leur vue »*. Des marins déséquilibrés se fracturent le crâne sur le pont. Quelques-uns sont emportés par des lames.

Le navire, comme celui de Dampier, est poussé plein sud. Le froid gèle les cordages et glace les voiles qui se déchirent aux vents cinglants. Les manœuvres sont impossibles. *« Nos gens en avaient les membres engourdis et, pour quelques-uns, les mains et les pieds tombèrent en mortification. »* On regarde la gangrène avancer, on ampute, puis on jette à la mer : 43 hommes en avril, 80 en mai. L'équipage, rendu fou de terreur, de froid et de faim, n'a plus apparence humaine, les hommes, grelottants et couverts de furoncles, pataugent les uns contre les autres dans leurs excréments. Un jour enfin, le Horn daigne ouvrir la porte du Pacifique.

La longue remontée vers la petite île Juan Fernandez n'épargne pas plus le navire. Anson rend six scorbutiques par jour aux eaux du Pacifique sans pouvoir toucher terre. Sur les autres navires, sauf un, les équipages se sont mutinés ou sont revenus en vitesse dans l'Atlantique, vent portant, quand le Horn se fâchait.

Avec les survivants. Anson n'oublie pas l'ordre : harceler les Espagnols et prendre leur plus fameux navire, le galion d'Acapulco, celui qui apporte les richesses du Pérou. Il rentre en Angleterre par le cap de Bonne-Espérance et mouille le 16 juin 1744 à Spithead. Il ramène l'équivalent en or de 480 000 livres mais seulement 104 des 2 000 hommes du départ... Il est promu amiral et anobli par le roi George II.

Le Horn restera si redouté, quasi maudit, que pendant des années les navires l'éviteront soigneusement, préférant s'engouffrer dans les chenaux du détroit de Magellan. Il faudra les progrès de la marine à voile et les besoins de l'Europe en engrais pour ses terres épuisées, ou la passion de ses aventuriers pour les mirages de la Californie, pour qu'une vraie route commerciale soit rouverte. Avec le canal de Panamá en 1914, peu à peu les capitaines cap-horniers vont disparaître.

Capitaine

Dans la marine marchande, celui qui commande un navire. Dans la Marine nationale, les enseignes sont appelés lieutenant, les lieutenants, capitaine, les capitaines, commandant. Voilà. Mais quiconque commande un bâtiment à la mer, quelle que soit sa taille, doit être appelé commandant. Pour les amiraux, c'est plus simple. On les appelle tous amiral.

Un très beau livre de Kipling, qui n'a pas écrit que pour l'empire des Indes, a pour titre *Capitaines courageux*. Il raconte la vie des marins de la Nouvelle Angleterre, chasseurs de phoques dans l'Arctique. A relire. Bien sûr, il existe un Jules Verne : *Un capitaine de quinze ans*. Aussi pour une bibliothèque de bord.

Le grade de capitaine est resté à l'un des plus grands marins de tous les temps : James Cook, 1728-1779. On dit toujours : *le* capitaine Cook.

Caraïbe

Mer et archipel de l'Amérique centrale, bordés à l'est par l'arc des Antilles, de Cuba aux Grenadines. Quand on y a été, qu'on connaît, on ne dit jamais *les Caraïbes*, mais *la Caraïbe.*

Aujourd'hui destination touristique, les Antilles ont été pendant plusieurs siècles la mer de la puissance : *du sang et de l'or.* Elles appartenaient à l'Espagne par découverte, comme l'Amérique centrale et du Sud. Les corsaires français, anglais, hollandais se rueront au partage des richesses. Puis les flibustiers. Puis les pirates. Mais il faut savoir que, même en dehors des trésors des Aztèques et des Incas, même sans l'or et les perles, même sans le cacao, la pomme de terre et le tabac, la Caraïbe est une mer de richesse, comme aujourd'hui le golfe Persique et son pétrole ou, la Caspienne, son pétrole et son gaz : *il faut y être.*

Ce n'est pas par hasard si tous les pays à vocation commerciale, grands ou petits, ont des comptoirs aux Antilles – Espagnols, Français, Anglais, bien sûr. Mais aussi Danois, Hollandais et même Suédois.

Pourquoi ? La richesse du monde est le commerce triangulaire. Les flottes partent de Liverpool, Amsterdam, Nantes ou Bordeaux chargées de pacotilles pour l'Afrique. Sur la côte de Guinée, elles les échangent contre des prisonniers noirs que les tribus de l'intérieur, qui manquent de sel, ont livrés aux tribus côtières. Les esclaves – le bois d'ébène – sont débarqués aux Antilles où les Hollandais et les Danois ont dans leurs îles les meilleurs bureaux d'achat et de vente. Enfin les navires repartent pour l'Europe chargés de sucre et de rhum. Si le gouvernement français au traité de Paris abandonne tout le Canada à l'Angleterre, c'est pour garder quelques « îles à sucre ». La richesse de Saint-Domingue, en proportion du PIB français, est impressionnante. Le sang et l'or.

Les Indiens caraïbes eux-mêmes, les Caribs, sont particulièrement féroces. Peu avant l'arrivée des Blancs, ils progressent d'île en île, venant de la côte sud-américaine, en massacrant les indigènes, les Arawaks. Les hommes seulement. Et ils repeuplent en prenant les femmes en esclaves. (Il en reste quelques centaines sur l'île de la Dominique, bien affaiblis, et quelques milliers sur la côte du Honduras où les Anglais les avaient regroupés.) Oexmelin va raconter tout cela tranquillement, horreurs comprises. En notant aussi quelques traits d'exquise politesse. Lorsqu'un étranger arrive dans une grande assemblée d'Indiens, tous s'assoient : pour que l'étranger, *s'il est plus petit, ne se sente pas gêné.*

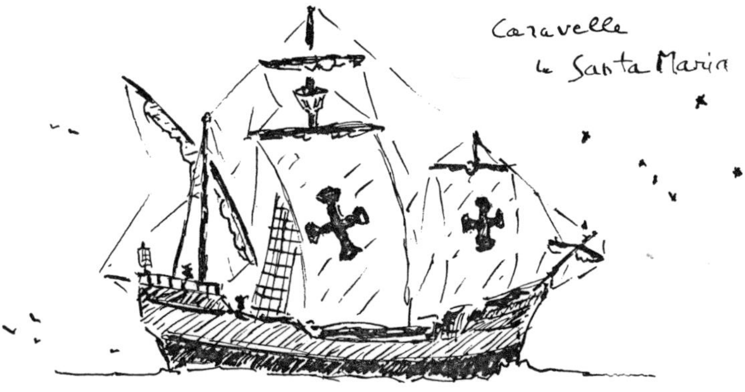

Caravelle

Navire des XVe et XVIe siècles, de petit ou moyen tonnage, de 20 à 30 mètres de long, à trois ou quatre mâts, un gréement en voiles latines ou carrées (ce sont la *Pinta* et la *Niña*). Quand les Méditerranéens découvrent tardivement les avantages des voiles carrées, les marins du Ponant découvrent ceux du gréement latin pour remonter au vent. De si petits bateaux pour un nom si beau, pour une aventure si fantastique qui va les conduire en Amérique et au Japon.

Cardan

Suspension formée de deux cercles mobiles opposés qui permet de maintenir dans un plan horizontal malgré les mouvements de roulis ou tangage du bateau. Très utile pour le compas et la bassine de nouilles notamment. Un monsieur très riche et grand yachtman se vantait d'avoir mis, à bord de son navire personnel sur lequel il suivait les compétitions, tous les w-c sur suspension à la cardan. J'en étais malade rien qu'à l'idée.

Cartes

« Pour l'enfant amoureux de cartes et d'estampes... » Les cartes anciennes, ou portulans, sont d'admirables œuvres d'art.

Aux bannières bien reconnaissables des souverains d'Occident font face les figures de nombreux souverains exotiques, depuis le « Mussé Melly seigneur des nègres de Guinée » jusqu'au roi de Trapobane (Ceylan ? Sumatra ?), en passant par la reine de Saba tenant une pépite d'or, les Rois mages et le Grand Khan. Quand les connaissances géographiques réelles sont faibles, la littérature prend le relais. La dimension théologique est figurée à l'est, lieu supposé du paradis terrestre, avec les bons récompensés de la palme de l'immortalité, face au démon que combat Alexandre. Tandis que la figure de l'Inde apparaît avec exactitude, l'Afrique se limite au nord, et le Sud-Est asiatique montre au milieu des eaux bleues d'innombrables îles dorées ou multicolores comme des gemmes. La salle des cartes au musée du Vatican vaut le voyage.

Le plus ancien portulan d'origine occidentale connu est la carte dite « pisane » qui date de la fin du XIIIe siècle et qui aurait été élaborée à Gênes. La carte est orientée sur le nord magnétique, son utilisation étant liée à celle de la boussole. Elle est couverte par deux réseaux de lignes de rhumbs. Les lignes de rhumb permettaient aux navigateurs de choisir au départ celle du vent qui leur convenait et, une fois en haute mer, de faire le point en reportant sur la carte la distance qu'ils estimaient avoir parcourue dans une direction donnée.

L'atlas catalan, entré dans la collection de Charles V en 1380, est attribué au Juif majorquin Abraham Cresques. En 1413, Mecia de Viladestes signe une carte-portulan de grandes dimensions, aux couleurs vives, richement enluminée. L'auteur, comme Cresques, est d'origine juive et s'exprime en catalan. En Afrique, au-delà du grand fleuve qui coule d'ouest en est et qui rassemble, comme l'avait déjà fait Idrisi, le Sénégal, le Niger et le Nil, Mecia de Viladestes a représenté les quatre rois de l'Atlas et, dans la fourche du Nil, le prêtre Jean lui-même dont c'est la première apparition dans la cartographie. Fasciné par l'Afrique, Viladestes donne les étapes, au sud de l'Atlas, de la route transsaharienne qui conduit de Sidjilmassa à Tombouctou. Au nord, il met en vedette les îles de l'Atlantique qui font partie du rêve occidental. Au nord-ouest, il marie légende et réalité économique en figurant un grand poisson vers lequel se dirige une petite barque occupée par deux hommes qu'attend un navire où l'on distingue la silhouette d'un abbé : mythe de saint Brandan et réalité de la chasse à la baleine. Tout est sur la carte. Il suffit de savoir la lire.

Quand j'étais jeune et que je devais passer des examens, il me fallait enlever de la pièce où je travaillais tous les atlas, toutes les cartes, et surtout les cartes marines. Sinon je pouvais pendant des heures rester devant l'une d'elles, peu importe l'échelle, peu importe le nom, peu importe l'océan, à rêver, imaginer, vivre. L'amour. Comment aborder cette passe des îles Chazil ? La balise du Morne par l'îlot Malandzamiayagou à 84°, soit. Mais le courant ? Mais la dérive ? Attention. La profondeur n'est vérifiée qu'à 3,30 mètres. Attention, si le vent change et refuse, il faut que je me garde de l'eau pour pouvoir manœuvrer. J'imagine. Je vois. J'écoute la rumeur de l'océan Indien sur le récif. Je vois le clapot se lever sur l'immense lagon si bleu. Je salue les embarcations locales à la proue effilée. Mais en quelle saison sommes-nous : hiver ou été austral ? Reprenons la carte.

Les cartouches traditionnels (même si la carte, bien sûr, a été révisée) enchantaient mes rêves.

CARTE

DU BASSIN ORIENTAL

DE LA MER MÉDITERRANÉE

Dressée d'après les documents les plus récents

PUBLIÉE

PAR ORDRE DE L'EMPEREUR

Sous le Ministère de Son Excellence M.r le C.te de CHASSELOUP-LAUBAT

Sénateur Secrétaire d'État au Dép.t de la Marine et des Colonies

SERVICE HYDROGRAPHIQUE DE LA MARINE

Paris – 1865

Les longitudes sont rapportées au méridien international.

Les sondes sont exprimées en mètres

Le choix des caractères d'imprimerie, l'écriture en fine anglaise, le moindre détail de qualité concourt au tableau de maître. Le relief derrière les côtes, ce qu'on peut apercevoir du large, est gravé et ombré, et de mon fauteuil ou de mon lit, je le vois comme s'il naissait peu à peu devant moi à l'horizon à la fin du jour. Et puis, en s'approchant, les amers : groupe d'arbres, mât, fort, cheminées. Et les sondes. Elles ne servait pas seulement à savoir la profondeur mais aussi la nature du fond. Un creux suifé dans le plomb rapportait sable, vase, corail, coquillage... La sonde était un élément essentiel de la connaissance du point et de la recherche des mouillages.

La carte parfois marque aussi quelques dangers notables : tel récif se prolongerait au nord-ouest. Tel courant se déplacerait suivant le mois. De jolies petites flèches empennées en donnent direction et vitesse. La vie de la mer. La vie.

Je ne sais combien de voyages, et de passes, et de mouillages, j'ai connus sur cartes. Après, en bateau, c'était seulement vérifier. Le noir et le blanc, qui étaient leurs couleurs traditionnelles, ajoutaient un charme, un mystère à l'émotion de la découverte. Comme pour le cinéma. Peut-on imaginer *La Règle du jeu* ou *Le Troisième Homme* « colorisés » ?

On peut aussi bien rêver sur une de ces admirables cartes américaines qu'on appelle *pilot chart*. Je les ai beaucoup pratiquées pour des traversées de l'Atlantique. Le dessin des côtes reste en noir et blanc, l'intérieur du pays est discret, ce n'est pas le but. On ne va pas reconnaître New York à la silhouette des gratte-ciel. Ce qui compte ce sont les renseignements sur la mer elle-même qui illustrent la carte de chaque mois. En bleu, des petits cercles entourés de flèches plus ou moins longues et plus ou moins barbues indiquent orientation et force du vent. En trait rouge plein, la hauteur moyenne des vagues pour le mois. En rouge pointillé, la limite des icebergs. En vert, la direction et la force des courants. En lignes noires, légères, les variations de la déclinaison magnétique. En noir plus gras, les parcours des grandes voies commerciales maritimes, entrée de la Manche-New York, Europe-canal de Panamá, New York-cap de Bonne-Espérance. Un cartouche spécial donne la température de l'air et celle de l'eau, la fréquence des coups de vent, le trajet des cyclones. Comme les très bons romans, il faut se garder de lire une *pilot chart* trop vite, d'un coup. Le plaisir vient de la découverte longuement renouvelée.

Naguère, au dos de la carte, le lecteur avait droit en plus à une aventure maritime exemplaire, en bien ou en mal, pour son éducation. Comment le capitaine du *SS Batavia* (j'invente le nom) a confondu le phare d'entrée du port et celui de l'aéroport. Comment le capitaine du *Princess of Kentucky* a réussi à éviter une collision qui paraissait inéluctable. La meilleure leçon de mer, c'est la mer racontée. La suite à l'article SHOM (Service Hydrographique et Océanique de la Marine).

Cassard (Jacques)

Corsaire français né à Nantes (1679-1740). Elevé au grade de capitaine de frégate, puis de vaisseau en tant que corsaire. D'après Duguay-Trouin, le plus grand homme de mer de son temps. A combattu aux

Antilles, en Méditerranée, dans la Manche, partout. Il mourut emprisonné au fort de Ham après quinze ans de détention. Il y avait contestation sur la valeur de ses prises, et plus précisément sur la part qu'il devait au Trésor public. Ni lui, ni le cardinal Fleury, Premier ministre, n'avait voulu céder.

Cassiopée

L'une des plus belles constellations, très facile à identifier par sa forme en W, ou en M aux jambages écartés suivant l'heure de la nuit. Les Anglais l'appellent d'un nom tout à fait différent et charmant : *The Lady in her Chair*, la dame dans son fauteuil.

Chaise

Nœud de chaise. Le plus efficace de tous, à usage universel, se défait facilement, ce qui est rare pour un bon nœud. Si on n'en connaît qu'un, celui-là.

Chausey

Archipel au large de Granville et de Saint-Malo, la seule des îles Anglo-Normandes restée française. Je l'ai pratiquée depuis l'enfance. On reconnaissait les Parisiens, qu'on appelait avec étonnement et un peu de mépris les baigneurs, parce qu'ils croyaient avoir l'air informés en disant que Chausey comprenait 365 îles à marée basse et 52 à marée haute. Evidemment, c'est le contraire. A marée haute, seules les têtes des îles apparaissent et chacune d'elle est ainsi transformée en quatre ou cinq îlots. D'où les 365.

Chausey est à peu près intacte, même si la proximité de la côte y attire un grand nombre de touristes et de plaisanciers qui trouvent un bon mouillage dans le Sund. Le vent y fait tinter les haubans. Il n'y a plus ni curé, ni gardien de phare. L'hôtelier, quelques anciens, maintiennent la qualité du site. Le plus bel endroit, j'hésite à le signaler, l'un des plus beaux du monde, est à l'est de l'archipel la passe de Beauchamp. Comme il y a six mètres et plus de marnage – la hauteur d'un immeuble –, le temps d'une marée le paysage va changer à vue de façon fantastique et comme pas une machinerie de théâtre ne le permettrait. Quelques crêtes herbeuses et salées vont se transformer en archipel et bancs de sable qui dominent de haut le bateau.

J'ai oublié de préciser que Chausey avait été arrachée au continent dans la grande tempête de l'an 709. Pour une fois qu'on peut dire : merci la tempête...

Chèvre (la)

Cinquième étoile la plus brillante du ciel, alpha de la constellation du Cocher. Ascension droite, 05h 13mn. Déclinaison 45°9' nord. On ne peut pas la manquer : elle est jaune d'or.

Cimetière

Le vent se lève ! Il faut tenter de vivre
L'air immense ouvre et referme mon livre
La vague en poudre ose jaillir des rocs
Envolez-vous, pages tout éblouies
Rompez, vagues ! rompez d'eau réjouie,
Ce toit tranquille où picoraient des focs.

Paul Valéry, *Le Cimetière marin*

Vient du grec : lieu où on dort. Est-ce que les marins morts en mer et immergés dans un sac, un boulet aux pieds, dorment ? Parce que le plus grand cimetière marin, c'est la mer. Pendant des siècles et des siècles, il était tout à fait impossible de conserver un cadavre sur un navire. Le capitaine lisait une prière, une planche suifée, et allez. On ne gardait les morts pour les enterrer que si une escale était prévue à brève échéance. Ainsi, l'un des plus émouvants cimetières marins est celui d'Obock, à la sortie de la mer Rouge.

Il en est d'autres. Celui de Varengeville-sur-Mer, à côté de Dieppe, où reposent le peintre Georges Braque et le musicien Albert Roussel, ancien élève de l'Ecole navale. Celui d'Eyoub, à l'abandon au fond de la Corne d'Or à Istanbul, qui enchanta Pierre Loti. Cocteau en disait : « Regarde toutes ces tombes ivres mortes. »

Mais le plus grand cimetière marin reste la mer de Chine. Dans les années récentes, actualité que nous avons connue, un million de Vietnamiens, sur des barques fluviales qui tenaient à peine au-dessus de l'eau, ont cherché à fuir le régime de leur pays. D'après les estimations toujours prudentes des Nations unies, cinq cent mille gisent dans la mer, victimes des typhons, des pirates, des garde-côtes, de la faim, de la soif. Des amis se mobilisèrent pour en sauver le plus possible : cela créa au sein des organisations humanitaires une grande contestation. Est-ce qu'en offrant un fol espoir on n'encourageait pas ces tentatives de fuite qui ressemblaient à un suicide ? Personne, d'ailleurs, n'eut le courage de mettre en cause le régime vietnamien lui-même. Le « politiquement correct » l'interdisait. Mais ayant participé directement au sauvetage en mer de Chine avec la Marine nationale, je ne suis pas près d'oublier les visages de ceux à qui nous avons tendu la main.

Clipper

Grand voilier de la fin du XIXe siècle. Merveille de lignes et de qualités nautiques, lancé par les Américains. Contrairement à ce qu'on peut croire, la vapeur n'a pas chassé rapidement les voiliers.

En 1908, la France a encore plus de 40 pour cent de son armement en voiliers. La guerre de 1914 en coulera beaucoup. L'armement français Bordes est célèbre. Des Allemands, des Norvégiens continuent à armer à la voile. Pour tout ce qui est pondéreux, charbon, blé, laine, minerai, nitrate, et sur les très longues distances, les voiliers tiennent la compétition. La construction navale a fait d'immenses progrès dans la deuxième moitié du XIXe siècle. Des milliers de mètres carrés de voiles. Coque en acier. 4 000 tonneaux de jauge brute.

Encore dans les années d'entre-deux-guerres, une compétition enflamme l'opinion anglaise – et les parieurs. Quel sera le premier voilier qui arrivera à Londres venant de Chine avec la nouvelle récolte de thé ? La littérature anglaise abonde en ces récits passionnants *(L'Oiseau de l'aube...)*. Le sport, l'aventure, la beauté sont du côté de la marine à voile et des clippers. La mode est même, pour un jeune homme de bonne famille, de s'embarquer comme simple matelot pour la course du blé ou une autre. Le second fils d'un lord que la Rolls paternelle vient déposer à l'aube sur un quai lugubre de Belfast pour embarquer sur un trois-mâts, direction Sydney et l'Australie, aura un peu de mal à se faire admettre par l'équipage. Un armateur finlandais fut le dernier à tenir le coup. Sur la dunette de ses trois-mâts, ses filles en bottes et cravache à la main avaient pris sa succession.

Coast Guard

Très belle institution américaine, compétente pour tout ce qui touche à la protection des côtes des Etats-Unis, surveillance, police, sauvetage, etc. A sa propre flotte, sa propre aviation, son propre corps d'officiers et d'équipage. Quand en France il y eut le drame du *Torrey Canyon* qui dériva des heures durant avec ses 200 000 tonnes de pétrole brut vers nos côtes, les autorités françaises se renvoyaient les unes sur les autres la responsabilité d'agir : les civils, les militaires, le préfet, l'amiral, etc. Pendant que le capitaine du pétrolier géant discutait à la radio avec son lointain armateur qui discutait avec les compagnies de remorqueurs sur la part de la valeur du navire et de sa cargaison qui leur reviendrait, part augmentant d'heure en heure avec le péril.

Après écoute de toutes les communications, j'avais pensé qu'une autorité unique pour prendre les décisions avec les moyens d'agir, type *US Coast Guard*, pourrait être utile. Je ne suis pas près d'oublier la séance de travail à Matignon présidée par le Premier ministre. Tour à tour, toutes les administrations françaises « compétentes » : les Armées, l'Intérieur, la Gendarmerie, l'Equipement, les Transports, les Ponts et Chaussées, l'Environnement, les Finances (les Douanes), l'Agriculture (pour les estuaires), la Pénitentiaire, pour le transfert des condamnés, que sais-je encore ? Tous et toutes, d'une voix, proclamèrent : *On ne peut toucher à rien*. Bon. Les tribus gauloises sont les tribus gauloises. Comme Vercingétorix, on essaiera de faire de la coordination.

Cœur (Jacques)

Les ministres des Finances qui finissent tués au combat comme amiraux ne sont certainement pas nombreux. Cela devrait suffire à attirer l'attention sur la vie extraordinaire de Jacques Cœur (1395-1456). Les Américains en auraient fait je ne sais combien de films d'aventure.

Fils d'un riche marchand pelletier établi à Bourges. D'abord fondeur de monnaie, condamné pour poids trop légers. Investit avec succès dans les mines. Négociant de génie, crée une société de commerce avec le Levant après un voyage en Syrie (à peu près du même ordre que commercer avec l'Union soviétique dans les temps de la guerre froide). Grand argentier du roi, anobli, envoie son neveu signer un accord avec le sultan du Soudan. Ambassadeur, réussit le tour de force d'être accrédité auprès de deux rivaux. On dit qu'il est l'amant de la maîtresse du roi, Agnès Sorel. Il est son exécuteur testamentaire. Après sa mort, il est accusé de l'avoir empoisonnée. Et, pendant qu'on y est, de trafics interdits multiples. Il a fait l'erreur de ramener d'Orient, pour lui, un jeune esclave... Emprisonné, torturé, il n'avoue rien. Condamné à une énorme amende et à la saisie de tous ses biens, qui sont immenses. Il réussit à s'enfuir en 1454, rejoint Rome et est nommé en 1455 amiral des galères du pape. Tué en 1456 à Chio dans un combat contre les Turcs. Quel roman. Et quel film !

On répète toujours : « A cœur vaillant rien d'impossible. » Il y a mieux. Sa vraie devise était, et j'aurais cité Jacques Cœur rien que pour elle : *« Dire. Faire. Taire. »*

Col bleu

Tenue des matelots français. Est le nom de l'hebdomadaire officiel de la Marine nationale. J'ai eu l'honneur d'en être le correspondant attitré. Et puis on a rajeuni les cadres.

Compagnie des Indes

Les grandes compagnies de commerce et de colonisation sont une invention anglaise. Dès 1556, est fondée la compagnie en participation dite « des marchands aventuriers ».

En 1579, la Compagnie du Nord de l'Amérique. En 1600, celle des Indes orientales. Royaume dans le royaume, empire dans l'Empire, elle finit par céder la place à la couronne britannique. Mais elle avait assuré l'emprise anglaise sur un bon quart de la planète.

Les Hollandais, grands marins, grands commerçants, n'attendirent pas longtemps pour suivre. La Compagnie des Indes orientales date de 1602. Le Cap, Ceylan, la Malaisie, l'Indonésie... Avec pour but le monopole du commerce des épices. L'étalon poivre valait l'étalon or. Après d'énormes bénéfices, tout périclita, par trop de dispersion, de rivalité, de gain, on ne sait, et la couronne des Pays-Bas prit la succession.

En France, les tentatives ne manquèrent pas pour regrouper quelques initiatives locales et familiales : Les Cent Associés, la Compagnie de Saint-Christophe, des Iles de l'Amérique, de la France équinoxale (la Guyane). Colbert voulut mettre de l'ordre : Compagnie des Indes occidentales et des Indes orientales, à monopole. La France perdit tout.

Compas

C'est le nom maritime de la boussole. Aiguille aimantée indiquant le nord, placée sur un pivot et posée sur une feuille circulaire appelée *rose des vents*. Divisé d'abord en 32 rhumbs ou quarts de 11°15', ce qui paraissait suffisant comme précision. Toute l'histoire de la boussole manque de précision.

On lui attribue simultanément plusieurs origines : la Chine, plus de mille ans avant notre ère, à cause d'un mythique « char montre sud » qui guidait les convois et armées de l'empereur. (En Chine, le sud est la direction magique, pas le nord.) En tout cas, au XIIe siècle, la boussole est clairement citée dans une expédition navale contre la Corée.

Mais, à la même époque, elle est aussi utilisée par les Persans, par les Arabes, par les habitants d'Amalfi, puissante cité maritime et commerçante d'Italie avant Pise, Venise et Gênes. Qui a commencé ? Une superbe statue de bronze est érigée sur le quai d'Amalfi en l'honneur de Flavio Giola, l'inventeur. Malheureusement, Flavio Giola n'a jamais existé. Il est une sorte d'ingénieur Popov de la boussole. Peu importe. En 1110, les marins d'Amalfi connaissaient « les chemins de la mer et du ciel », et ce sont sans doute eux qui ont eu l'idée, sinon de la rose des vents, de monter l'aiguille aimantée sur un pivot. Les savants en discutent encore, et toutes les grandes inventions, dont le magnétisme, ont de nombreux pères. Le mot « aimant » est utilisé en même temps en Chine et en Méditerranée. Est-il permis de rappeler seulement qu'il signifie : *pierre qui aime ?*

L'habitude de se diriger principalement par le sens

du vent et de la mer va être révolutionnée. Mais au moins autant par l'invention du gouvernail d'étambot, plus sûr et facile à manier que l'aviron de poupe. Et qui a inventé le gouvernail d'étambot ?

Quand je naviguais très jeune, je n'avais d'autre instrument qu'un compas portable dans sa petite boîte (*bossola* en italien). Sur un voilier léger, il ne faut pas l'avoir à l'œil en permanence. L'œil se fatigue et la main à la barre a de mauvais réflexes. Le sens du vent et de la mer restent les repères fondamentaux, même s'il faut les contrôler de temps en temps. Utiliser plusieurs étoiles la nuit, elles naviguent aussi et changent de place. Le Compas est d'ailleurs le nom d'une constellation australe. C'est beau, un compas, la nuit.

Conrad (Joseph)

Ecrivain anglais d'origine polonaise, Theodore, Joseph, Konrad Korzeniowski (1857-1924).

A dix-sept ans, il s'est engagé comme matelot à Marseille. Après trois ans dans la marine marchande française, il entre dans la marine anglaise où il passera par tous les grades, jusqu'à capitaine, en naviguant sur tous les océans, surtout en Asie. A trente-huit ans, il écrit un premier roman, *La Folie Altmayer*, dont le succès le conduit à changer de carrière et à devenir romancier. Invention littéraire et souvenirs vécus sont indissociables. Comment quelques jours d'escale à Bornéo seront magnifiés à jamais dans *Lord Jim* ! Auteur aussi d'admirables nouvelles : *Jeunesse*, *La Fin du rouleau*, *Au cœur des ténèbres*... qui en font non seulement le plus grand des écrivains de mer, mais aussi un auteur toujours totalement actuel. Si on lit sa correspondance privée, on a l'impression que son œuvre le déçoit amèrement. Il parle de « mélasse stupide », trouve *Lord Jim* deux fois trop long... C'est clair : pour lui, raconter la mer ne vaut pas la mer.

Le dictionnaire Larousse, dans ses éditions anciennes résolument laïc, républicain, et surtout anglophobe, accepte de lui reconnaître « une puissance d'évocation analogue par moments à celle de Loti ». Seigneur... Je cite pour le plaisir trois définitions de mon vieux Larousse :

Francophile : qui aime la France.

Germanophile : favorable à l'Allemagne.

Anglophile : partisan de l'Angleterre.

On ne va pas faire l'éloge d'un Polonais qui a choisi l'Angleterre, non ?

La plus belle description de tempête ne se trouve pas dans *Typhon*, mais dans *Le Nègre du Narcisse*. Il s'agit d'un voilier, pas d'un cargo. Conrad regrette les grands voiliers. Il les trouve plus *vivants*. Et sans doute les seuls à mériter qu'un bateau, en anglais, soit du féminin. Conrad n'a pas hésité à écrire : « Un navire doit être traité en connaissance de cause : il faut en user avec une considération compréhensive à l'égard du mystère de sa nature féminine. »

On peut se demander pourquoi il a quitté Marseille, la marine et la langue françaises, pour choisir la marine anglaise et l'anglais. Une de ses nouvelles, *Tremolino*, donnerait une clé, et plusieurs critiques y ont vu un semi-aveu. Il aurait personnellement joué un rôle, en Corse, dans une sombre histoire de naufrage volontaire et de règlement de comptes, dont certains côtés rappellent l'aventure du *Combinatie* à la grande époque de la bande de Tanger et du trafic des blondes. Un navire volontairement jeté à la côte : *la faute*. La faute d'un moment qu'il faut une vie, ou plutôt une autre vie, pour racheter. Lord Jim. Sa tentative de suicide qui suivit n'est pas contestée, puis le départ pour Londres. Oui, une autre vie. Tout est dans *Tremolino*.

On trouvera cette nouvelle dans le recueil *Le Miroir de la mer*, qui est consacré à ses vingt ans de profession maritime, une autobiographie assez retouchée, avec une dizaine d'autres nouvelles peu connues (*Overdue, The Grip of the Land, The Faithful River, Emblems of Hope, The Character of the Foe, The Fine Art*, etc.). Kipling admirait particulièrement celle qui s'appelle *Gouverneurs de l'Est et de l'Ouest*, superbe titre pour un texte consacré aux grands vents. *Tremolino* est la dernière, la conclusion.

Et pourquoi avoir quitté la mer pour écrire ? Conrad affirme : « L'aimer n'est pas bien. » Phrase étonnante entre toutes. La mer est trop rusée, brutale, sournoise, inconstante, inhumaine. Et il n'a aimé qu'elle. Il faut lire *Le Miroir de la mer*, qui n'est pas le chef-d'œuvre de Conrad, parce que c'est l'image de la vie en mer, sachant que tout miroir qui reflète, déforme. Sur le rôle du capitaine et la façon de commander (même si son expérience personnelle du commandement est courte) ; sur la *Partance* et l'*Atterrage*, qui sont deux tableaux à la fois techniques et littéraires des grands moments d'une traversée, sur le naufrage et l'abandon de navire, la vie à bord, le danger, la lassitude, les nuages, l'expérience, les hommes, le temps long ou mauvais, la boisson, les ports, l'Orient..., un mot s'impose : un *rituel*. La mer est un office, une célébration.

Il paraît qu'une fois ordonné prêtre, même en ayant quitté les ordres, on le reste. Conrad continue à dire la messe de la mer. Lord Jim a changé de vie, pas d'état. « Il a été l'un des nôtres » reste le plus grand compliment qu'il espérait de ses pairs. Mais écrire sur la mer est pour Conrad une sorte de galvaudage plutôt indigne. En parlant de ses plus grandes œuvres, il les déclare aussi *rubbish*, ce que l'éditeur français traduit par « camelote ». Le terme qui paraîtrait le plus approprié est « foutaises ». Mais quand on a, comme dans « Le bateau ivre » de Rimbaud, *« vu quelquefois ce que l'homme a cru voir »*, quand on a un peu connu un monde, la mer ou un autre, et qu'on parle de ce qu'on a vécu, et encore plus de ce qu'on a aimé, n'est-ce pas forcément *rubbish* et seulement *rubbish* ?

Cook (James)

Pauvre, destiné à être commis d'épicerie, Cook s'engage à quatorze ans comme mousse sur un navire charbonnier. Il gagne ses grades un à un, participe à la guerre de Sept Ans en Amérique, second capitaine à vingt-trois ans, apprend les mathématiques, l'hydrographie et l'astronomie, dépose un mémoire sur une éclipse du soleil qui attire l'attention de la Royal Society.

Un phénomène astronomique exceptionnel allait être visible, selon les calculs du grand astronome Halley, dans l'hémisphère Sud entre le 3 et le 4 juin 1769 : le passage de Vénus devant le soleil. Wallis venait de rentrer émerveillé de l'île du Roi-George

(Tahiti), quand la Royal Society proposa d'y établir un observatoire de campagne pour observer l'éclipse dans les meilleures conditions. Elle proposa Alexander Dalrymple pour diriger l'expédition. Actionnaire de l'East Indian Company, cartographe, hydrographe, historien des découvertes, membre de la Royal Society, son prestige était immense. Sa vision – d'ailleurs fausse – de l'hémisphère austral faisait autorité. Pétri de prétentions, Dalrymple exigea d'être nommé capitaine de vaisseau. Le premier lord de l'Amirauté se remettait à peine de sa suffocation à la simple suggestion de nommer un civil capitaine de vaisseau, quand l'amiral Palliser proposa le nom de Cook.

Le lieutenant de vaisseau Cook innova en tout, dès le choix de son *Endeavour*, un charbonnier de 29 mètres, trapu, solide et spacieux, préféré aux frégates qu'il pensait trop fragiles pour un tel service. Cook conservait la responsabilité des observations astronomiques, mais son état-major scientifique était dirigé par le plus étonnant des chefs de mission, véritable sponsor de l'expédition : Joseph Banks était fat et arrogant, dans la meilleure tradition des fils de bonne famille britanniques. Il partait faire le tour du monde flanqué de quatre valets et de deux lévriers comme il serait allé en week-end en Ecosse tirer le grouse. C'était aussi, à vingt-cinq ans, un authentique savant dont la notoriété sera universelle. Sauf l'intelligence, tout séparait Cook et Banks. Ils s'entendirent à merveille.

L'*Endeavour* appareille le 26 août 1768 de Plymouth pour l'île du Roi-George où il mouille en baie de Matavaï le 13 avril 1769. Un séjour de trois mois permet pour la première fois d'étudier sérieusement la faune et la flore, mais aussi les mœurs et les coutumes des Tahitiens. Et des Tahitiennes.

Vénus passa comme prévu devant le soleil, dans une providentielle trouée d'un ciel chargé de nuages de tempête. C'était bien le moins dans cette île où elle était reine. Lorsque l'*Endeavour* mit sous voiles à la mi-juillet, la moitié de son équipage était atteint de syphilis. Cook baptisa l'archipel îles de la Société, en l'honneur de la Royal Society, et piqua vers le sud. Une instruction secrète à n'ouvrir qu'après le départ de l'île du Roi-George lui ordonnait en effet d'aller reconnaître, jusqu'au 40e parallèle sud, le continent qui devait s'y trouver d'après Dalrymple. L'*Endeavour* ne rencontra aucune terre jusqu'au début d'octobre où elle toucha la Nouvelle-Zélande. Sa reconnaissance et son hydrographie presque complètes occupèrent l'expédition pendant six mois.

Les Anglais abordèrent le 28 avril en Nouvelle-Hollande dans une baie assez riche en plantes inconnues pour mériter le nom resté fameux de baie Botanique : *Botany Bay*. Un peu plus au nord, une seconde baie profonde, non explorée, fut baptisée Port Jackson et deviendra le site de Sydney.

Le retour de l'expédition, le 13 juillet 1771, déchaîna un grand enthousiasme dans toute l'Angleterre. Le bilan scientifique était exceptionnel dans de nombreux domaines. En revanche, si la théorie du continent austral résistait mal aux observations des voyageurs, elle n'était pas absolument réfutée. Ayant déjà en tête un nouvel itinéraire et des idées sur la façon de protéger l'équipage contre les maladies, Cook était prêt à repartir. Ce deuxième voyage semblait d'autant plus nécessaire que des initiatives de la France se manifestaient vers les mers du Sud.

Le tout jeune commandant Cook obtint de l'Amirauté deux nouveaux charbonniers de Withby, identiques à l'*Endeavour* à bout de bord. L'*Adventure* et la *Resolution* furent soigneusement préparées à Plymouth, mieux armées, dotées d'embarcations de secours, approvisionnées en choucroute et en vivres propres à prévenir le scorbut. On renonça à Banks dont les besoins exprimés en serviteurs, en collaborateurs et en matériel posaient trop de problèmes. Pour la première fois dans l'histoire des découvertes, l'expédition reçut un garde-temps, la montre K1 de Kendall, réplique de la fameuse H4 de Harrison. Un an après son premier retour, Cook mit à la voile le 11 juillet 1772 pour le Pacifique sud. Il prit la route inverse de la précédente ; il entendait en effet faire le tour du monde à la plus haute latitude possible pour vérifier l'existence d'un continent austral là où elle restait envisageable. Comme toujours à l'époque, l'équipage comprenait une équipe de scientifiques.

Quinze jours après avoir quitté le Cap où elles ont relâché, la *Resolution* et l'*Adventure* atteignent le 60e parallèle. Elles naviguent dès lors dans la brume, à travers les icebergs, franchissant pour la première fois dans l'Histoire le cercle polaire antarctique le 17 janvier 1773 et atteignant la latitude 67°15' sud. Constatant que la barrière de glace s'épaissit, Cook décide de revenir au nord, et décrit un vaste parcours triangulaire par Tahiti et les îles Tonga (îles des Amis), avant de rejoindre la Nouvelle-Zélande. Les deux navires sont alors définitivement séparés par la tempête. Le commodore Furneaux, commandant l'*Adventure*, rentre prématurément en Angleterre, traumatisé par l'effroyable massacre par les Maoris d'une corvée de dix hommes occupés à ramasser des plantes comestibles. Cook avait piqué de nouveau vers le sud, atteignant le 30 janvier la latitude record de 71°11', en bordure d'un champ de glace illimité.

Mouillant à Spithead le 30 juillet 1775 après trois ans de navigation, Cook avait perdu seulement quatre hommes, et le scorbut n'avait tué personne. Son bilan est magnifique. Cook, lui, le dresse ainsi : *« Si j'ai échoué dans la découverte d'un continent, c'est tout simplement parce qu'il n'existe pas, au moins au bord d'une mer navigable [...]. Il a été possible de préserver la santé d'un équipage aussi nombreux que le nôtre, pendant si longtemps et dans une telle variété de climats. Cela seul suffirait pour justifier ce voyage. »* Herbiers et échantillons, dessins, cartes, collections ethnographiques ouvraient de multiples voies nouvelles. La précision inégalée de la navigation à la montre avait permis de situer très exactement les îles visitées. Ayant pénétré profondément dans l'océan Antarctique, Cook réglait magistralement la querelle sur la nature et l'étendue de la Terre australe. Elle n'existait pas, sinon à l'intérieur du cercle polaire, et ne pouvait donc présenter le moindre intérêt. Son zèle et son talent furent récompensés par une promotion au grade de capitaine de vaisseau, une audience royale et une élection à la Royal Society.

Les lords de l'Amirauté crurent bien faire en lui offrant un poste honorifique à l'hôpital des invalides de Greenwich. Un an plus tard, il reprenait la mer pour le Pacifique avec la *Resolution* et le *Discovery*. Le programme général du voyage comprenait la visite des archipels familiers, mais fixait une nouvelle zone d'exploration : le Pacifique nord. Le mythique passage du Nord-Ouest au nord du Canada était le but. Au moment de l'appareillage, les colons d'Amérique déclarèrent leur indépendance après plusieurs années de révolte. La France se rallia aux insurgés. Louis XVI ordonna à la flotte qui se préparait à combattre les Anglais de considérer les navires de Cook, en cas de rencontre, comme ceux d'un neutre bienfaiteur de l'humanité. La troisième expédition anglaise appareilla de Plymouth le 12 juillet 1776. Lors d'une escale à Tahiti, Cook fut convié à assister à un sacrifice humain qui acheva de le persuader que le Tahitien était loin d'être le bon sauvage de Rousseau.

Il se dirige alors vers le nord pour exécuter son programme scientifique. Les îles Sandwich (îles Hawaii) sont découvertes le 20 janvier, puis les côtes du Canada et de l'Alaska depuis Nootka dans l'île de Vancouver jusqu'aux Aléoutiennes. Le pays est baptisé New Albion. Pénétrant dans le détroit de Behring en août 1778, les navires reconnaissent la Sibérie et l'Alaska, avant d'être arrêtés par les glaces à la latitude de 70°44'. Puisque, si le passage existait, il n'était pas praticable en cette saison, Cook décide de descendre hiverner aux îles Sandwich pour attendre l'été suivant. Son arrivée à Maui puis à Hawaii déclenche une vague de ferveur mystique, car on le prend pour Lono, dieu de la paix et de l'abondance, de retour suivant les prédictions sous une forme humaine, à bord d'étranges machines à voyager. Le 14 février 1779, après un faux départ, des incidents de plus en plus inquiétants provoquent une tension qui éclate comme un orage. Cook avait commis des fautes qui allaient lui coûter la vie : il avait refusé la nourriture sacrée que lui offraient les prêtres, il est revenu mouiller dans une baie où il avait déjà séjourné et qui se trouvait à ce titre frappée de tabou. A la suite d'un vol mineur, il décide une expédition punitive. Alors qu'il tentait de ramener le calme, il est mortellement blessé, puis déchiqueté dans une sorte d'exorcisme collectif. On vénéra les restes du navigateur à Hawaii jusqu'aux interdictions des rites païens par les missionnaires américains du XIXe siècle.

Coq

Sur un navire, le chef cuisinier. Le mot vient du germanique *(Koch)*, comme beaucoup de termes marins, directement ou par les langues nordiques ou le néerlandais.

Cordage

Selon notre maître Gruss : « *Combinaison de substances filamenteuses telles que le chanvre, l'abaca, etc., transformés en fils de caret et tordus en torons ; commis ensemble, ils forment un cordage. En suivant l'ordre de grosseur, les petits cordages prennent les dénominations suivantes : fil à voile, lusin, merlin, bitord, ligne, ralingue, quarantenier. Voir ces mots.* »

C'est cela, la science. Une définition mystérieuse renvoie à d'autres, qui renvoient à d'autres... Pour un non-spécialiste, il suffit de savoir ceci :

— il n'y a pas de corde à bord, sauf celle de la cloche ;

— tout cordage a un nom correspondant à une fonction. Les drisses servent à hisser. Les écoutes à border ou choquer les voiles. Les bras à les orienter. Les balancines à soutenir. Les aussières à amarrer.

Rien de commun avec les étais, haubans, galhaubans, manœuvres non courantes, qui tiennent la mâture. Les bastaques sont entre deux genres, ce qui ne veut pas dire qu'elles l'ont mauvais. C'est un hauban supplémentaire à itague fixé vers l'arrière. Itague ? Arrêtons là. La science n'a pas de fin.

La plus belle histoire de cordage est celle de l'érection d'un obélisque antique monumental sur la place Saint-Pierre à Rome. Il n'y a pas d'autres moyens que des cordages, réas, poulies, caliornes, etc. L'opération est si délicate pour amener l'obélisque à la verticale à sa place que le pape a interdit tout cri, tout commentaire, tout mot sous peine de mort. Foule immense. Silence absolu. Les cabestans tournent. Et, au moment le plus dangereux, quand l'obélisque est à l'angle de 45° où il risque le plus de se fracasser, consternation, on est à bout de cordage, on ne peut pas le redresser davantage. Silence. Dans la foule, un ancien marin crie : *« Mouillez les câbles ! »* Les câbles mouillés se raccourcissent et l'obélisque lentement remonte un peu et, enfin, son poids aidant, se met en place. Le marin non seulement ne sera pas puni de mort, mais recevra le privilège de vendre du buis bénit le jour des Rameaux à la sortie de l'église Saint-Pierre. Privilège héréditaire et toujours en vigueur. Pour l'érection d'obélisque, demander aux arsenaux de la Marine nationale.

A Rochefort, où il y a aussi d'autres musées de la Marine très intéressants, la Corderie est un superbe bâtiment du XVIIe siècle. Il est surprenant – et émouvant – de voir à quel point les architectes de l'époque pouvaient construire beau pour des bâtiments « utilitaires ». Les Invalides, à Paris, en sont un autre exemple. On rêve.

Cordouan

Phare à l'entrée de la Gironde. Le plus ancien des phares français encore en service. Tout y a commencé, comme partout ailleurs pour aider les navires en mer, par un ermite entretenant un feu en haut d'une modeste tour. Pharos, à l'entrée d'Alexandrie, est si exceptionnel qu'il reste l'une des sept merveilles du monde et donne son nom à tous ceux qui le suivront.

Cordouan, « le roi des phares et le phare des rois », a été construit à la fin du XVIe siècle et au début du XVIIe. L'architecte génial ou fou, comme on voudra, décide d'établir au milieu de la mer non pas une tour, mais un petit palais vertical, avec pilastres, colonnes, tympans, rinceaux et feuilles d'acanthe, qui vont du style Renaissance au style classique. Avec logement pour les gardiens, magasins pour les provisions,

appartements pour le roi s'il vient à passer, et pour ses officiers le cas échéant. Une chapelle pour le cas où il souhaiterait se recueillir. Et, bien sûr, tout en haut, la lanterne qui signale la passe, dangereuse, vers Bordeaux. A propos de la Corderie, je viens de rappeler cette fantastique capacité des architectes anciens à refuser que l'utile soit laid...

Le phare de Cordouan a été avec Notre-Dame de Paris, en 1862, *le premier bâtiment français à être classé monument historique.* Aujourd'hui raccourci, puis rehaussé, hauteur du foyer à 60, 30 mètres. Portée du secteur blanc : 23 milles nautiques. Du secteur rouge : 19 milles. Du secteur vert : 19 milles.

Coromandel

Ce joli nom de côte, celle de l'est de l'Inde, désigne une laque à paravent. La France avait pu y garder Pondichéry, parce que ce n'était pas un bon port. L'Empire anglais des mers avait pour loi absolue de ne jamais laisser un bon port à la France. (Ainsi nous fut laissée l'île de la Réunion qui, à la différence de l'île Maurice, n'avait aucun bon port naturel.) Il semble que nos voisins d'outre-Manche n'aient jamais digéré la reprise de Calais.

La côte ouest de l'Inde dite des Malabars a, chez nous, laissé son nom à un genre de costauds.

Corsaires

Soyons précis. Il y a des corsaires, des flibustiers, des pirates. On l'a dit : ce n'est pas la même catégorie socioprofessionnelle. Les corsaires sont des marins (alors que les flibustiers attaquent autant à terre qu'en mer). Ils sont des officiers reconnus par les marines officielles et ont des « lettres de course », ou « lettres de marque », qui les autorisent à attaquer en temps de guerre tous les navires des pays ennemis, surtout les navires marchands. Détruire la flotte de commerce de l'adversaire a toujours été un objectif militaire prioritaire. Un corsaire capturé doit être traité comme un prisonnier de guerre. En principe...

Les relations entre les gouvernements, la loi, et les corsaires, flibustiers, pirates n'ont jamais été fixes ni claires. Les spécialistes du double jeu (ou triple) sont les Anglais. Les Hollandais qui sont des négociants remarquables inventeront « le commerce au bout de la pique » pour briser le monopole économique espagnol sur le Nouveau Monde.

A la différence des flibustiers, qui vivent sur place à la Jamaïque pour les Anglais, à la Tortue et Saint-Domingue pour les Français, et sont plus bandits que marins, les corsaires ont pour port d'attache un port dans leur pays d'origine. Ils quittent Falmouth, Dieppe, Dunkerque, Saint-Malo, pour un raid ou une campagne, et reviennent avec leurs prises « à la maison ». Ils sont censés partager avec leurs armateur et actionnaires, et avec le Trésor public. D'où contestations, procès, camouflages, etc. La France a eu tant d'excellents corsaires – Duguay-Trouin, Jean Bart, Forbin, Surcouf... – parce que le tempérament national individualiste y poussait, certes, mais aussi parce que, pour tous les ministères des Finances qui n'ont pas cessé de gouverner ce pays, c'était l'idéal : le budget n'avait à payer ni la construction du bateau (crédits d'investissement), ni la solde des officiers et équipages (crédits de fonctionnement). Au contraire, cela *rapportait.* Le loto.

Historiquement, ce sont les Normands protestants au service de Jean Ango qui donnent le signal au début du XVIe siècle. Ils ont peu de carrière à espérer en France, ils se lancent dans la course au large. Tous ne sont pas les réprouvés qu'on a dit : parmi les plus grands noms de l'aristocratie française, il y a de nombreux protestants. Sous Louis XIV, Abraham Duquesne, peut-être le meilleur de tous nos marins, aura les plus hautes responsabilités. Quel vent souffle le plus fort : la religion ou le sang normand ? Les deux poussent à traverser l'Atlantique.

J'ai déjà raconté (voir *Ango*) la première attaque contre le galion aux jaguars et le fantastique trésor rapporté à Dieppe par Fleury. Deux très grands corsaires français vont prendre la suite. On les connaît peu, à cause notamment de leurs fins incertaines. L'un s'appelle François Le Clerc, normand bien sûr, mais tout le monde l'a surnommé *Jambe de bois* : en anglais, en hollandais, en espagnol, dans toutes les langues de la Manche, de l'Océan, de la Caraïbe. Il est d'un courage extraordinaire, et le roi de France, Henri II, l'anoblira.

Le Clerc, dit Jambe de bois, va prendre Saint-Domingue que les Espagnols appellent Hispaniola. Il capture la capitale, qui ne s'appelle pas encore Port-au-Prince mais est déjà une ville assez importante. Et qui sera pillée intégralement. Un précédent est créé les corsaires peuvent donc aussi attaquer à terre. Morgan, le prince de la flibuste, s'en souviendra. Plutôt qu'attendre les navires espagnols chargés d'or et d'argent, mieux vaut enlever à l'abordage les villes espagnols autant chargées de trésors. Au moins, on sait à l'avance où elles sont.

Un des lieutenants de Le Clerc, Jacques Le Sore, normand et protestant aussi, va attaquer et prendre La Havane. Qui aujourd'hui en France sait que nos marins ont un jour conquis La Havane ? A deux cents contre toute une ville.

La Havane est le point de concentration des richesses fabuleuses du Nouveau Monde, de la côte caraïbe mais aussi de la côte pacifique et même des Philippines ! Personne ne peut croire que la ville si puissante, si bien fortifiée, soit prenable. Ce sont de bonnes conditions pour un corsaire pour attaquer. Personne ne peut encore moins penser qu'un bateau tout seul essaye de prendre la ville. Invraisemblable ? Totalement. C'est bien ce que je disais. Une occasion unique. Le Sore jette l'ancre et avec deux cents soldats débarque, tambour battant, drapeau fleur-de-lys du roi de France déployé en tête. Et ils marchent à l'assaut. Les premières défenses fortifiées tombent dans la stupéfaction. Ensuite, on se réveille derrière les remparts. Duel d'artillerie.

Le Sore somme le gouverneur espagnol de se rendre. Le gouverneur dit : « Jamais. Je tiens cette ville du roi d'Espagne, je ne la rendrai qu'au roi d'Espagne. » Des prisonniers sont faits de part et d'autre. Ensuite la version espagnole et la version française ne concordent plus. Il y a eu une trêve pour discuter, sans aucun doute. La trêve a été trahie, mais par qui ? Les Espagnols vont fusiller un certain nombre de

Français qui sont dans leurs mains, les Français, fous furieux, fusillent tous les Espagnols prisonniers. Le combat vire à la boucherie.

Les Espagnols envoient en renfort des esclaves noirs et des Indiens armés de pierres et de couteaux – pas de fusils, on ne donne pas de fusils à des nègres et des Indiens – qui attaquent dans la nuit les troupes françaises. Les troupes françaises répliquent en brûlant l'hôpital, y compris les blessés, brûlant la prison, brûlant la ville. Et finalement Le Sore prend La Havane.

Il restera dix-huit jours, le temps d'amasser le plus grand butin possible. Puis il repartira pour d'autres campagnes, ne laissant derrière lui ni garnison, ni comptoir, ni colonie. Rien. Les corsaires prennent et s'en vont. Au revoir, ou plutôt adieu.

L'expédition victorieuse de Le Sore va d'autant plus déchaîner la fureur des Espagnols qu'il ajoutera à la bataille militaire une guerre de religion. Soyons clairs : la guerre de religion fait déjà rage en Europe. Il se trouve que la plupart des corsaires français, je l'ai dit, sont protestants et qu'ils y vont d'autant plus de bon cœur contre le roi d'Espagne que le roi d'Espagne est l'ennemi du roi de France, mais il est aussi le symbole de la monarchie catholique et l'ennemi de l'Angleterre et de la reine d'Angleterre qui, elle, est le symbole du pouvoir protestant.

Le Sore capture un vaisseau espagnol où il trouve un important butin religieux. Il laisse faire une sorte de mascarade anticatholique avec des statues de saints, des images pieuses de la Vierge et des ornements sacerdotaux. Elle servira la propagande espagnole beaucoup plus qu'on ne peut l'imaginer aujourd'hui. La guerre entre deux nations pour la richesse prend une autre dimension. Les Espagnols considèrent maintenant qu'ils n'ont plus en face d'eux des marins du roi de France, mais des bandits sacrilèges. La sorte de courtoisie, parfois même de chevalerie, qu'il y avait au début, disparaît. On pend. Et du côté des corsaires français on tue, on torture, on vole. « Où est l'or de l'empereur ? » Et ils coupent le nez de leurs prisonniers espagnols en disant : « Comme ça tu vas éternuer ton or plus facilement – à tes souhaits ! »

L'or et le sang. La Caraïbe qui est la mer de la fortune, de la richesse, où toutes les nations européennes se battent entre elles, devient pour près de deux siècles la mer de la mort.

Les corsaires français vont d'ailleurs disparaître. La maison brûle. Ils rentrent chez eux. Le Sore, pris entre trop de dilemmes, se met sans doute à son propre compte. Il sera en fait l'un des premiers flibustiers. Pirate peut-être. Il semble qu'il ait fini pendu.

En France les guerres de religion se déchaînent, retenant toute l'attention, toute l'énergie. Au grand siècle des découvertes et de la fondation des empires, la France sera absente. Absente ou en retard. Les Français se battent entre eux. Quand ce n'est pas pour la religion, c'est pour le pouvoir et l'argent entre le roi et la haute noblesse. La Fronde. Malgré tous les déchirements internes, le roi de France, Henri II, a quand même repris Calais que les Anglais tenaient depuis la guerre de Cent Ans. Très belle opération militaire, poursuivie et consolidée par Henri III.

Les Anglais ne supportent pas que les Français leur aient repris Calais. Mais au lieu de reprendre Calais que les Français ont bien fortifié et sont absolument décidés à défendre, les Anglais ont une idée. Ils prennent Le Havre. Le Havre qui est le nouveau port de l'Atlantique, de commerce et de guerre, que François Ier a créé. Et ils proposent aux Français : « On vous rend Le Havre, mais vous nous rendez Calais. »

Typique. Plus tard, nous prendrons Minorque dans les Baléares. Alors les Anglais prendront Belle-Ile sur la côte bretonne. Les Anglais considèrent que toute île dans la Méditerranée leur appartient. Ils s'emparent de Belle-Ile et ils disent : « On vous rend Belle-Ile si vous nous rendez Minorque. » On s'exécute parce qu'on ne peut évidemment pas laisser Belle-Ile aux mains des Anglais. Nous, nous ne savons pas faire. Jamais nous ne reprendrons les îles Anglo-Normandes : Jersey, Guernesey, Aurigny qui sont pratiquement enclavées dans les eaux territoriales françaises, entre la Normandie et la Bretagne.

Les Anglais donc occupent Le Havre. Le sieur Le Clerc, noble homme, change de camp. Puisque la reine d'Angleterre est la souveraine des réformés et représente l'espoir des protestants de toute l'Europe, il se met à la disposition des ennemis du roi de France. L'amiral anglais le recommande à la reine qui lui octroie une pension. Mais, on ne sait pas très bien pourquoi, la reine n'a pas envie de se servir de ce corsaire français Jambe de bois, trop passionné. Elle veut bien le payer, mais pas beaucoup. Parce qu'il a changé de camp et qu'elle se dit qu'un jour il risque de recommencer ? Parce qu'elle a ses propres corsaires fidèles, ses excellents « chiens de mer », et qu'elle n'a pas besoin de ceux des autres ? Le Clerc, gentilhomme de fortune, ne reviendra pas en France. Il disparaît dans une opération de course, pour qui, on ne sait, au large des Açores.

La première page française des corsaires est terminée, sans établissement durable dans la Caraïbe. La France hésite entre les Antilles, la Floride, la côte est des Etats-Unis dont Verrazano a pris possession pour nous, le sud du Brésil. La France hésite et perd.

Les Hollandais prendront la suite, grands marins et grands commerçants. Le commerce dans la Caraïbe est contrôlé par l'Etat espagnol qui touche un impôt sur tout ce qu'on achète et tout ce qu'on vend, à l'aller ou au retour. Le budget espagnol en vit. Le monopole comme partout et toujours provoque le marché noir et la fraude. On qualifie ce commerce d'*interlope*, mot anglais qui veut dire *intrus*, « qui ne devrait pas être là ». Les contrebandiers proposent aux populations des riches villes qui se sont installées sur toute la côte les mêmes marchandises que le monopole espagnol leur vend, mais à 30 ou 40 pour cent moins cher. Les haches, les outils, les tissus, les instruments, les couteaux, du papier, du verre. Tout.

Bien sûr, les populations détestent le monopole et ont très envie de payer moins cher. Encore leur faut-il sauver un peu la face. Si la police espagnole intervient en demandant : « Mais où avez-vous acheté ces outils ? » il faut pouvoir répondre : « Nous, on ne voulait pas acheter. On sait bien que c'est interdit. Mais les Hollandais nous menaçaient avec leurs arquebuses, leurs mousquets, leurs piques. Ils disaient qu'ils allaient violer nos femmes, qu'ils allaient brûler nos maisons. » *Commerce au bout de la pique.*

Les Hollandais sont aussi de grands marins. Schouten a le record de prises en un an, plus de soixante vaisseaux espagnols. Un autre corsaire hollandais fera mieux encore, Heyn. Il capturera l'escadre espagnole, la ramènera aux Pays-Bas à Amsterdam. Le butin est tel qu'il couvrira le budget de guerre de la Hollande pendant un an. Heyn est célèbre. On lui élèvera des statues. Il n'a demandé que sa solde d'officier de marine – rien d'autre –, pas un sou de plus.

A peu près en même temps que les Hollandais, les corsaires anglais passent à l'action. Aucune nation maritime ne peut admettre d'être exclue du « testament d'Adam ».

Le premier est commerçant et corsaire, Oxenham. Il a été négrier d'abord, puis il est passé au commerce interlope en violant le monopole espagnol. Il a l'idée de franchir à pied – il n'y a pas d'autre moyen – l'isthme de Panama et de passer dans le Pacifique qui est une mer uniquement espagnole. Evidemment il n'a pas de bateau. Une poignée d'hommes, marins ou soldats, l'accompagnent.

Les galions espagnols qui viennent du Pérou ou du Chili retrouvent à Panamá ceux qui arrivent des Philippines, des Moluques, chargés des richesses de l'Orient. Des convois de mules leur font traverser l'isthme. D'autres galions les chargent dans la Caraïbe et les emportent vers l'Europe. Fabuleux trafic. Oxenham est tout seul sur sa plage, les pieds dans l'eau du Pacifique. Il regarde les Indiens qui construisent des pirogues. Il construit quelques pirogues comme les Indiens. Avec les pirogues, il attaque des barques. Avec les barques, il attaque les bateaux. Avec les bateaux, il attaque les vaisseaux. Après avoir créé dans le Pacifique son escadre de corsaires, il n'a plus qu'à se poster sur la route qui va du Pérou à Acapulco, port de débarquement des richesses du Pérou et de Manille, et attaquer les galions chargés d'or. Il va faire une course de trop. Pris par les Espagnols, il sera pendu. Le Pacifique est leur domaine et ils considèrent que la guerre n'a pas été déclarée dans le Pacifique, donc Oxenham est un pirate, pas un corsaire. Mais son idée ne sera pas oubliée : aller voir derrière l'isthme comment est ce Pacifique.

Drake prendra la suite d'Oxenham. Drake est un très grand marin. Avec cinq navires à lui, son escadre (et l'accord de la reine), il franchit le détroit de Magellan, remonte la côte de l'Amérique, attaque les convois au large du Pérou, puis traverse l'océan Pacifique. Il apprend, note, explore l'Extrême-Orient. Puis il traverse l'océan Indien, passe le cap de Bonne-Espérance et revient dans l'Atlantique. Tour du monde à la voile.

Et il attaque dans la Caraïbe les villes espagnoles : Carthagène, Veracruz. Soit il s'en empare, soit il les rançonne. Il rapporte beaucoup, beaucoup d'or à la reine d'Angleterre qui est directement intéressée à ses gains comme plusieurs nobles personnes de la Cour. Prendre des actions de sociétés de corsaires rapporte. Investissement à risque : on peut tout perdre mais on peut gagner 300 à 600 pour cent.

L'ambassadeur d'Espagne proteste vigoureusement auprès de la reine en affirmant que Drake est un pirate, qu'il faut le condamner à mort. Ensuite, scène de cinéma. La reine fait savoir qu'elle se rendra sur le navire amiral de Drake et y invite l'ambassadeur d'Espagne. L'ambassadeur pense qu'il a convaincu la reine.

Sur le pont du navire de Drake, la reine en robe de gala, couverte de pierres précieuses, dit à Drake : « Francis Drake, donnez-moi votre épée. » Francis Drake tend son épée à la reine. La reine lui dit : « Francis Drake, mettez-vous à genoux », et Francis Drake se met à genoux. Et tout le monde, y compris l'ambassadeur d'Espagne, pense : « Elle ne va tout de même pas le décapiter elle-même ? » Mais la reine ne décapite pas Francis Drake. Elle lui touche l'épaule du plat de l'épée et lui dit : « Relevez-vous, sir Francis Drake. » Elle l'a anobli. Et elle l'embrasse. L'ambassadeur n'est pas content. La vie diplomatique n'est pas facile tous les jours.

Et sir Francis Drake, anobli, repart avec une escadre de près de vingt bateaux pour semer la terreur dans la mer des Caraïbes, dont six bateaux directement financés par la reine d'Angleterre elle-même. Elle les aime vraiment, ses « chiens de mer ». Drake essaie d'envahir Panamá. Echec. Mais il fait presque mieux. Aidé par Guillaume Le Testut, un pilote français, normand bien évidemment, il capture à Panamá le convoi de huit cents mules, chargées des trésors du Pacifique, qui traverse l'isthme vers la mer Caraïbe et l'Atlantique. Il ne s'arrête pas. C'est le problème des corsaires, des flibustiers et des pirates, la course est une drogue. Il met le siège devant une autre ville. Lui et Hawkins, qui a été son associé et un peu son maître, mourront de fièvre jaune ou de dysenterie dans la forêt.

Parce qu'il n'y a pas que les Espagnols comme adversaires, il y a la jungle. Les bêtes féroces. Les Indiens qui ne sont pas soumis qu'on appelle les Indiens bravos et qui attaquent sans qu'on les voie. Dans la jungle épuisante, dévorés par les moustiques, les hommes avancent avec leurs armures, leurs mousquets, leurs hallebardes quand, sans bruit, une flèche traverse l'espace et, au défaut de la cuirasse, à la gorge, tue un homme à côté de vous. Le sang et l'or.

Au XIXe siècle, Nicolas Lafitte tentera de recréer la course, la flibuste, les Frères de la Côte. Ce personnage historique qui sauve La Nouvelle-Orléans contre les Anglais, investit dans les chemins de fer le butin qu'il n'a pas caché dans les sables, financera sans doute la première édition du *Manifeste* de Karl Marx et, dit-on, conseillera Lincoln dans la suppression de l'esclavage. Il est célèbre aux Etats-Unis. Je lui ai consacré un roman, *La Désirade*. Je n'ai pas eu beaucoup à inventer.

Lafitte est le corsaire des temps modernes. Ce n'est pas le dernier. Au XXe siècle, lors de la Première Guerre mondiale, les Allemands relancèrent la guerre de course. Avec un grand voilier, le *See Adler*, et le capitaine comte Felix von Lückner. Si un navire de guerre s'approche, il se transforme en paisible commerçant neutre. La femme du capitaine, un jeune matelot travesti, offre un doigt de madère à l'équipage de contrôle. Ou alors, il organise, tous canons masqués, un bal à bord. Il y a aussi un vapeur corsaire célèbre, l'*Emden*, dont le commandant Müller est un « gentleman ». A deux, ils vont couler un énorme tonnage allié pendant plusieurs années. Il n'y a pas de radars, pas d'observation aérienne au-dessus des océans. Avant d'envoyer par le fond un navire de commerce, ils commencent par abattre son mât TSF. Chaque fois, passagers et équipages, évacués en bon ordre, ne tariront pas de louanges sur les corsaires. L'*Emden* a beau passer de l'Atlantique à l'océan Indien, il finira par être rattrapé. Un navire de guerre australien le coulera devant les îles Cocos. Ma grand-mère, qui avait fait plusieurs fois le trajet Australie-Angleterre pendant la Première Guerre mondiale, se souvenait de la terreur des capitaines à l'idée de voir surgir à l'horizon la silhouette de l'*Emden*, et les passagers étaient priés fermement de participer à la veille. Le *See Adler*, qui avait relâché dans un atoll écarté de la Polynésie française, sera détruit par une sorte de raz de marée.

Le mot corsaire – encore une fois à ne pas confondre avec flibustier ou pirate – a eu un grand succès littéraire. Le poète anglais Byron a donné ce titre à ce qu'il considérait comme l'une de ses grandes œuvres, dont Stendhal « raffolait ». Puis-je un instant tirer de l'oubli un opéra-comique en trois actes de La Chabeaudière, musique de Dalayrac ? *Le Corsaire rouge*, roman de Fenimore Cooper ? *Le Corsaire*, musique d'Adolphe Adam, ballet pantomime ? *Le Corsaire noir*, opérette en trois actes, paroles et musique de Jacques Offenbach ? Ce n'était qu'un instant.

Quant aux films avec Errol Flynn ou autres, ils font partie des classiques du cinéma. Comme le mot corsaire fait partie du vocabulaire amoureux de la mer.

Corse

La plus belle île de la Méditerranée et peut-être du monde. L'intérieur est superbe, les côtes admirables, même si à l'ouest, au vent dominant, rares sont les bons abris. Mais que les criques sont émouvantes de beauté. L'eau, les rochers, les odeurs du maquis... Il faut encore savoir les découvrir.

J'ai sur mon petit bateau qui avait l'avantage de très peu caler – en venant à la voile de Saint-Tropez – débarqué pour la première fois en Corse, il y a près de cinquante ans, à Fornali, en face de Saint-Florent. La maîtresse de maison m'avait demandé d'écrire quelque chose sur son Livre d'or. C'est le tribut bar-

bare dû aux maîtresses de maison. Il me semble avoir écrit un quatrain. Quelque chose comme :

En jetant l'ancre ici j'ai trouvé le bonheur
Dans ces eaux où je viens pour la première fois
Nelson perdit un œil, Bombard perdit du poids
Je n'ai laissé que de mon cœur.

Et je suis revenu, à la voile.

Coryphène

Sorte de grande dorade aux couleurs étincelantes de métal qu'on peut prendre à la traîne dans toutes les mers chaudes. Absolument délicieux.

Course

Les corsaires pratiquaient la « guerre de course ». Aujourd'hui, la course c'est la compétition en mer. Longtemps je m'en suis tenu à l'écart. Je trouvais déjà si beau de naviguer au mieux de la mer et du vent. De profiter du bruit de l'eau contre la coque et du plein harmonieux des voiles. De voir apparaître au loin une terre là où elle devait être suivant le cap. Vivre et survivre en mer me satisfaisaient pleinement. En plus, l'idée de se servir de la mer comme d'un anneau de vitesse pour battre les autres me paraissait un peu malsaine, voire dangereuse : et si la mer se vexait ? Très modestement j'étais plus proche de Moitessier que de Tabarly. J'étais un *croiseur*.

Quand on a touché à la drogue, on ne quitte plus la drogue. Du jour où j'ai participé à une compétition, je n'ai plus rêvé que de compétition. De l'émotion du départ. Les dix minutes, les cinq minutes, la minute. Quand on franchit la ligne de départ, l'inconnu, le mystère est devant. Chaque course est une aventure dans l'inconnu. Même en plein midi, on entre dans la nuit. L'arrivée, si on gagne, est le plein soleil.

Quand j'ai commencé à courir, je n'ai plus arrêté. Avec Edward Heath sur son bateau, le *Morning Cloud II*. A Palma de Majorque, deux championnats de course au large et quelques autres coupes. Un Cowes-Dinard sur *Révolution*. Le président de la République m'avait dit en me voyant quitter une réunion de chefs d'Etat pour aller à Cowes : « La seule excuse sera de gagner. » Des étapes multiples du tour de France à la voile, dont quelques triangles où je n'étais pas le plus mauvais. Une régate à Rio de Janeiro... Une course dans la Baltique, d'Helsinki à Stockholm. La navigation (dite « nav ») est quasiment mon métier ; la barre sous spi, ma spécialité. Quel bonheur de courir. Les aides à la navigation étaient encore interdites en compétition de voile, il n'y avait pas de radar, et je me souviens comme si c'était maintenant de l'aube en course : la mer déserte, délavée, blanche. Personne. Personne sur 360° d'horizon. Les autres concurrents sont devant, loin devant ? Ou derrière ? Parfois une saute de vent, repérée par l'inclinaison d'une fumée, ou la renverse heureuse du courant, permet au dernier d'être premier. La drogue de la course au large, c'est la *surprise*.

D'où vient, sur l'eau, l'idée de chercher à être le plus rapide, le meilleur, pas pour se battre en temps de guerre, pas pour apporter le thé ou le blé ou le coton le premier au commerce. Non, juste pour le plaisir d'avoir trouvé la bonne allure, le bon réglage de voiles, la bonne option de route. Pas la bonne : la meilleure. Les premiers organisateurs de courses, les premiers yachtmen, ce sont les Hollandais. D'où le nom de yacht, qui est à eux. Les Anglais suivirent. On a encore le règlement d'une compétition vers les années 1830 : *« Il est rappelé aux distingués membres du club qu'il est interdit de couper à coups de hache le gréement des honorables concurrents. »* Dans toute compétition, la guerre n'est quand même jamais loin.

Pourquoi n'existe-t-il pas de championnat du monde de voile, avec un classement comme pour le tennis ou le golf ? Parce que la voile, c'est dix, cent sports différents. Rien à voir entre un triangle olympique et une transatlantique en solitaire. Rien à voir entre la coupe de l'America, élitiste, et le Vendée Globe, grande épreuve spectaculaire d'endurance et d'audace. Les bateaux ne sont pas les mêmes, les règles, les conditions, la mer non plus. Reste la qualité des hommes : avant de gagner l'America's Cup, Peter Blake avait gagné la Withbread, l'une des grandes courses à la voile en équipage autour du monde.

Le public français – qui a peu d'éducation maritime – s'intéresse parfois un peu trop aux photos de catastrophes et oublie que le but de toute compétition est de franchir la ligne d'arrivée. Quant à la télévision française, s'il n'y a pas de Français qui gagne, c'est simple, elle n'en parle pas. Il faut, pour être honnête, expliquer que, à la différence de l'athlétisme ou du rugby qui donnent naturellement des images aussi superbes qu'émouvantes, filmer une compétition marine est très difficile techniquement, et la commenter de façon vivante et intelligible, encore moins facile. Il faut beaucoup de connaissance réelle, tout en évitant le jargon de la profession. Si le public ne connaît pas les règles, il ne peut pas apprécier. L'America's Cup se gagne aussi autour du tapis vert des avocats en poussant l'autre à la faute.

Alors, si la voile reste mystérieuse, il faut parler des hommes. C'est un bon sujet. Tous ceux qui ont fait le Vendée Globe sont des personnages. Parlier est encore mieux, un modèle. Il y a en fait de nombreuses façons de perdre à la mer ; mais aussi de nombreuses façons de gagner.

J'aurais aimé créer une Europa's Cup, qui n'aurait pas été seulement courue en Europe, il y en a d'autres, mais un duel entre continents, l'Europe sélectionnant par des duels successifs son meilleur équipage de course au large, et jetant un défi à l'Amérique, pour commencer. La coupe au gagnant, et l'organisation, sur la mer de son choix, de la revanche. A mon âge, je ne peux plus espérer participer, et je suis sans doute le seul skipper qui m'accepterait encore à son bord. Je peux au moins donner des départs.

Crowhurst (Daniel)

1969, Golden Globe, première course en solitaire autour du monde sans escale. Parmi les partants, des vedettes de la voile, le Français Moitessier, l'Anglais Know-Johnson. D'autres. Et un « amateur », Daniel Crowhurst qui a fait quelques compétitions locales, avec un trimaran qu'il a plus ou moins bricolé lui-même et qui s'appelle du nom bizarre de *Teignmouth Electron*. Soit. La suite est comme une nouvelle de Conrad.

A l'époque, il n'y a pas de balise argos qui permette de situer la position des coureurs. Chaque concurrent, chaque jour, fait un point astro et le communique au comité de course à Londres. Le parcours est toujours le même. Il faut descendre l'Atlantique, passer par le cap de Bonne-Espérance, traverser l'océan Indien dans les quarantièmes rugissants, dépasser l'Australie et la Nouvelle-Zélande, traverser le Pacifique, passer le cap Horn (dans le bon sens, d'ouest en est) et remonter l'Atlantique pour l'arrivée en Angleterre. Crowhurst constate, ce qui est évident, qu'il aura à faire deux fois l'Atlantique, une fois à la descente et une fois à la remontée. C'est trop bête. Et s'il attendait tranquillement au Brésil ou ailleurs que la course autour du monde se déroule sans lui, et quand elle reviendra dans l'Atlantique, il la reprendra tout naturellement...

Assez fantastique escroquerie, qui exige comme toujours imagination, calcul, sang-froid. Départ, sans problème, devant la presse et les autorités. Bonne chance à tous, y compris les moins célèbres. Descente de l'Atlantique. Crowhurst a décidé de s'arrêter sur une côte peu fréquentée à l'écart des routes (il racontera aux habitants que personne ne doit savoir qu'il est là, c'est un pari). Depuis plusieurs jours, il a préparé son coup en émettant de plus en plus difficilement pour donner son point. C'est lui-même bien sûr qui sabote son émetteur pour pouvoir annoncer, dans les gargouillis, les coupures, les sons incompréhensibles, qu'il craint de ne plus pouvoir communiquer pendant le reste de la compétition, mais qu'il continue. Ces ennuis de radio, sur de petits voiliers sans source d'énergie importante, ne sont pas si surprenants à l'époque. Crowhurst donne son dernier point, annonce qu'il risque de ne plus pouvoir émettre, mais qu'il continue. Message reçu. Bon vent, Crowhurst.

Dans sa retraite brésilienne, il bronze, se baigne, médite, bricole. Sa radio, qui marche très bien, lui permet de suivre la course et les places des différents concurrents. Quand, après deux mois, la course revient et passe le cap Horn, il est prêt. Il attend que le premier, le Français Moitessier, largement en tête, soit déjà remonté assez haut dans l'Atlantique. Bruits divers, sifflements, brouillages. Voilà, formidable, il a enfin réussi à réparer son émetteur et il peut donner son point. Modeste, il se place loin derrière Moitessier.

Et puis, triomphe et catastrophe. Moitessier abandonne la course. Dans un message lancé à un chalutier au large du cap de Bonne-Espérance, il explique qu'il n'a aucune envie de subir les cérémonies de la victoire à Londres, aucune envie de voir ses semblables, aucune envie des plaisirs de la terre. Il continue. Mais pas vers la ligne d'arrivée. Pour un nouveau demi-tour du monde, vers le Pacifique et sa retraite de Tahiti. Qui est en tête, en temps, désormais ? Crowhurst.

En Angleterre, on lui prépare une réception triomphale. Un « amateur » qui gagne, cela plaît énormément. La presse s'emballe, publie tout ce qu'elle peut trouver sur lui, interviewe sa vieille tante, la concierge, ses camarades de collège. La reine le recevra, il sera fait sir... C'est trop pour Crowhurst. Sa formidable escroquerie n'avait pour but qu'une place honorable. Pas la gloire. La défection de Moitessier a tout changé. Crowhurst est vaincu par sa victoire.

On va retrouver son trimaran, voile battant, seul au milieu de l'Atlantique. Personne à bord. La *Mary-*

Céleste n'est pas loin, et toutes les étranges histoires de navires déserts avec potage encore chaud servi dans le carré, tous les mystères de la mer réapparaissent. Mais on trouvera le journal de bord, le faux dressé minutieusement pendant la longue escale pour tromper le comité de course à l'arrivée, et le vrai, qui est celui du faux qu'il a inventé. Il se doute aussi que sa merveilleuse aventure fera l'objet d'un contrôle plus serré en raison de son succès plus éclatant. Le père de la course en solitaire, sir Francis Chichester, a déjà exprimé un doute. Crowhurst a peur. Peur de lui, des autres, du monde. Peur de sa fausse victoire. Il se laisse tomber à l'eau. Il disparaît vraiment.

Cyclone

Tempête produite par le mouvement circulaire du vent tournant autour d'un centre de dépression avec une vitesse croissante. Dans le sens des aiguilles d'une montre dans l'hémisphère Nord, en sens inverse dans l'hémisphère Sud. Dans *La Désirade*, j'ai voulu raconter : deux chapitres sur un ouragan en mer. On n'oublie pas le ciel noir et l'énorme barre nuageuse blanche et sale qui bouche l'horizon.

Alors que le vent peut dépasser 200 kilomètres à l'heure, le cyclone lui-même se déplace relativement lentement, dix à vingt nœuds, ce qui permet maintenant de le suivre de près et de prévoir un peu son parcours. Les instructions sont de garder une route de fuite avec un angle précis. Le tracé général est toujours plus ou moins le même, naissance dans les régions tropicales, course à l'ouest vers les Antilles, bifurcation vers le nord et, en fin de parcours, le nord-est. Les services soviétiques ont longtemps accusé les Américains d'avoir, avec des explosions en haute altitude, détourné un cyclone vers Cuba pour y détruire la récolte de sucre. J'avais transmis le message, j'ai transmis la réponse : « Le régime de M. Castro suffit largement à expliquer toute récolte catastrophique. »

Des ligues féministes américaines avaient violemment protesté contre le fait que la météo donnait toujours aux cyclones des prénoms féminins, Helga, Betty, etc. Désormais, on alterne. Une de ces catastrophes naturelles sur deux a donc un prénom masculin, Alfred ou Max. Soit. Cyclone en français était un nom féminin, une cyclone, la cyclone. Le Littré est formel. Qui, depuis M. Littré, a trahi ?

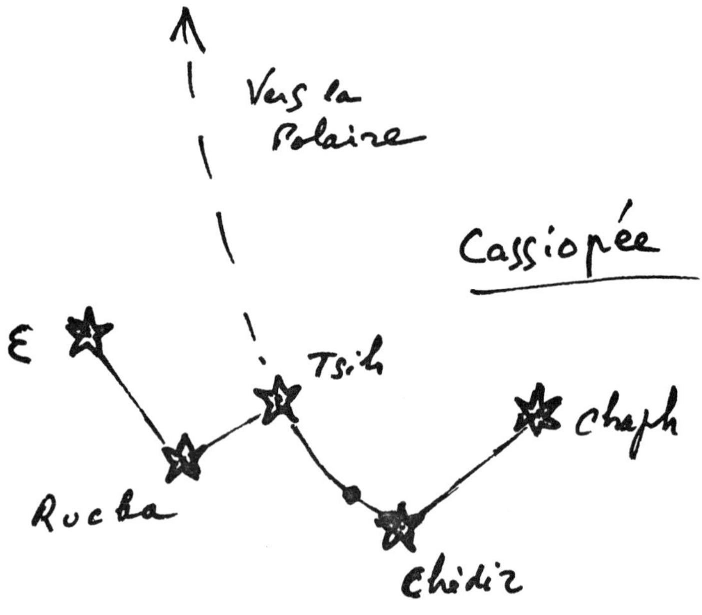

d

D

Quatrième lettre du code international des signaux. Vocal : Delta. Ex-Désiré. En morse : un trait, deux points. Envoyé seul signifie : « *Ne me gênez pas, je manœuvre avec difficulté.* »

Dauphin

Un navire en cet équipage
Non loin d'Athène fit naufrage.
Sans les dauphins tout eût péri.
Cet animal est fort ami
De notre espèce ; en son histoire
Pline le dit : il faut le croire.

Jean de La Fontaine,
livre VI, fable VII.

Cétacé particulièrement amical et joueur. C'est le compagnon du navigateur. Avec l'ancre, le symbole de l'univers marin, hérité de l'Antiquité. Ce qui arrête et ce qui est libre. Le dauphin est de nos jours un emblème de l'écologie. Les anciens ne le considéraient pas tout à fait comme un animal et racontaient ses interventions pour sauver des marins en détresse. Aujourd'hui encore, il n'est pas possible d'avoir navigué sans avoir entendu des anecdotes de dauphins indiquant des écueils à qui allait droit dessus ou guidant vers la bonne passe le navigateur perdu. L'éléphant appartient à la même catégorie, mi-homme mi-animal, et j'ai habité chez une intéressante population où les éléphants étaient invités à toutes les fêtes importantes. Un éléphant qui a trop bu, gris si j'ose dire, est un voisin de banquet qui n'est pas sans péril.

Le dauphin ne boit pas et est très courtois. Les Arabes l'appellent Abou Salam, le « père salut », en

considérant comme des courbettes de politesse ses sauts répétés. Le dauphin parle avec les autres dauphins, et les services secrets s'efforcent de déchiffrer leur langage. Toutes les marines du monde, en effet, ont essayé de former et recruter les dauphins pour des opérations de franchissement de barrages sous-marins et de destruction de bâtiments adverses. Les dauphins, qui ont de la bonne humeur, résistent.

Il y a quarante ans, en Mauritanie, j'ai raconté l'accord de coopération entre dauphins et nomades imraghen que j'ai retrouvé ensuite chez plusieurs bons auteurs. Les Imraghen sont une tribu noire, vraisemblablement survivants d'un convoi d'esclaves que ses maîtres arabes avaient abandonné ou dont les navigateurs hollandais – le banc d'Arguin et la côte de Mauritanie étaient leur domaine – avaient manqué le rendez-vous. Perdus dans un monde totalement inconnu et hostile, entre l'océan Atlantique d'un côté et le Sahara de l'autre, ils ont survécu en nomadisant sur trois cents kilomètres de long et trente mètres de large, de la laisse de haute mer au sommet de la première dune. Pour l'eau, ils disposent en cercle des pierres plates et récoltent à l'aube la rosée. Pour la nourriture, le poisson.

Ils savent fabriquer des filets avec les bouts de textiles et de cordages rejetés par l'Océan. Face à eux, la terrible barre africaine de l'Atlantique. Ils nagent dans la mer en tirant leur filet en demi-cercle jusqu'à la barre. Le chef de la tribu, sur le sommet de la dune, appelle les dauphins d'un chant étrange et guttural, riche en ultrasons. Les dauphins accourent, sautent dans les vagues, et poussent les bancs de poissons dans les filets. Les Imraghens les tirent à terre et partagent avec les dauphins. Ainsi ont-ils survécu en toute amitié entre océan et désert.

Le dauphin a toujours été lié aux enfants. Souvent il est représenté depuis l'Antiquité avec un enfant sur le dos. En France, l'héritier du roi était appelé le Dauphin. Le Dauphin est aussi une discrète constellation du ciel boréal, entre l'Aigle et le Cygne. L'astronomie s'est toujours complètement fichue des classements biologiques.

Débarquement

Opération navale et militaire. La plus grande de tous les temps, le 6 juin 1944, le débarquement allié sur les côtes de Normandie.

En plus du courage de ces jeunes gens se jetant à l'eau face au tir ennemi, le débarquement a été réussi grâce à deux coups de génie des Anglais. D'abord, faire croire aux Allemands – au prix de combien de vies – qu'il ne s'agissait en Normandie que d'une diversion et que le « vrai » débarquement aurait lieu dans le Pas-de-Calais. Résultat : une division blindée SS, la Leib Standart, retardée de quinze jours en Belgique (mais les bombardements alliés, les sabotages par la résistance eurent aussi leur effet). Ensuite, l'idée due à lord Mountbatten, d'« amener le port avec nous ». Tous les experts militaires refusaient la côte du Calvados parce qu'elle n'a pas de port. Une armée débarquée plus que toute autre a d'immenses besoins de matériel, de munitions, de carburant, d'équipements, de vivres. Les ports étaient dans le Pas-de-Calais. Les Alliés apporteront à la remorque un port artificiel à Arromanches.

Debout

Veut dire non pas vertical, mais face à, contre. Exemple : *debout au vent.* Il n'y a d'ailleurs pas tant de contradiction. Etre debout est une façon de faire face.

Déferler

Se dit d'une lame lorsqu'elle brise en roulant sur elle-même. Et d'une voile lorsqu'on lâche les rubans qui la tenaient serrée et qu'elle se déploie. La vague et la voile. Qui est la métaphore de qui ?

Deneb

Etoile, dix-neuvième par l'éclat, plutôt jaune, alpha de la constellation de la Croix du Cygne. Ascension droite 20 h 40 mn. Déclinaison 43°1' nord.

Derelicts

Epaves flottant au ras de l'eau, dérivant suivant le vent et les courants, et qui présentent un grand danger pour la navigation. Toutes les marines de guerre sont équipées pour les chasser et les couler. Mais c'est un genre particulièrement sournois de bateau fantôme.

Ils sont des milliers et causent des naufrages multiples et le plus souvent inexpliqués.

Le *Marlborough*, de Glasgow, est porté disparu en janvier 1890 après avoir quitté la Nouvelle-Zélande pour l'Angleterre. Equipage excellent, très bon capitaine. Aucune raison, aucune nouvelle. En octobre 1913, vingt-quatre ans plus tard, un navire au large de la Terre de Feu aperçoit un grand trois-mâts qui paraissait encalminé. A bord, les mâts, les voiles, les agrès, le pont, tout était vert. Vert d'une immense moisissure. C'était le *Marlborough*. A la barre, un squelette encore habillé de débris de vêtements verts. Trois autres squelettes verts étendus sur la dunette, dix autres dans le poste d'équipage, six encore dans le carré. Verts, comme le bateau. Famine ? Epidémie ? On ne saura jamais. Pas plus qu'on ne pourra tracer sur aucune carte la navigation qui pendant vingt-quatre ans l'entraîna sous ses haillons de voile à faire et refaire le tour du monde.

Certaines de ces épaves semblent avoir contre les bateaux normaux une sorte de haine personnelle, de rage de vengeance. Histoires véritables du *Rescue* et du *Frigorifique*.

Le 27 juillet 1861, dans le détroit de Hudson entre le Labrador et la terre de Baffin, l'équipage du baleinier *George Henry* distingue avec effroi à deux milles à peine une coque noire hérissée de tronçons de mâts – qui dérive vers lui. L'effroi tient à ce qu'ils avaient vu – ou cru voir –, ce navire, le *Rescue*, couler devant eux huit mois auparavant. Le *George Henry* qui recherchait des traces de l'explorateur Franklin, disparu depuis des années, avait pris avec lui ce bateau rescapé de plusieurs expéditions polaires. Au cours d'un violent coup de vent sur la côte du Groenland, ses ancres avaient chassé, l'équipage l'avait abandonné, chacun avait pu le voir jeté à la côte, brisé. Et il était là flottant, et semblant même être dirigé à la barre d'une main ferme. Le lendemain à l'aube, le *Rescue* avait de nouveau disparu. Mais le 27 juillet, la vigie signalait « Navire devant » et criait le *Rescue !* La tempête l'aura déséchoué, dit le capitaine. Puis rééchoué ? Puis re-déséchoué ? Tout est possible. L'épave disparaît. Le *George Henry* jette l'ancre à l'abri. Dans la nuit, le *Rescue* apparaît de nouveau éclairé par la lune et met le cap sur lui comme pour l'éventrer. Panique à bord. Mais le derelict, à dix mètres à peine du navire, s'écarte et disparaît dans l'obscurité. Le 28 juillet, appareillage du *George Henry*. Au soir, nouvelle alerte. Le *Rescue* est devant eux. En fait, il tourne autour d'eux. Le capitaine décide d'abandonner les lieux de pêche. Victoire d'un fantôme.

1884. Un épais brouillard noie la chaussée de Sein. Le hasard a choisi deux victimes : un charbonnier anglais qui se rend de Cardiff à La Rochelle. Un français, le *Frigorifique*, qui est le premier navire équipé pour la conservation par le froid. Cornes de brume. Machines au ralenti. Un écho devant ? Le *Frigorifique* lance trois coups de sirène. Marche à trois nœuds. Silence. Et, à tribord, la silhouette noire d'un navire qui l'aborde, le charbonnier anglais. Large brèche, l'eau envahit les machines, ordre d'évacuer à bord du français. L'équipage est transféré sur le bateau abordeur, le *Rumney*. Le *Frigorifique*, qui gîtait de plus en plus, en train de couler, disparaît dans la brume. A bord du *Rumney*, chacun se détend après l'épreuve. Les marins sont formels : « On ne coule pas deux fois dans la même journée. » Mais de nouveau, la silhouette dans la brume : le *Frigorifique*. A cinquante mètres du *Rumney*. Il gîte, mais marche toujours, une de ses cheminées fume. Le *Rumney* l'évite de justesse. La brume s'épaissit. Le *Rumney* accélère un peu pour être plus manœuvrant. Une clameur part du pont. Encore le *Frigorifique !* Et qui fonce sur le *Rumney* et, malgré toutes les manœuvres, l'éperonne. Au tour du *Rumney* de couler ! Les deux équipages se retrouvent dans les chaloupes, à l'aviron, dans le raz de Sein.

Les deux capitaines arrivent à la conclusion que le *Frigorifique* est finalement un meilleur moyen de gagner la côte. Comme il fait de grands cercles autour de ses victimes, on va bien croiser sa route. Gagné. Le voilà de nouveau. Son hélice tourne. La barre semble bloquée. Des chaloupes arrivent à le toucher, des hommes montent à bord, mais il semble que le *Frigorifique* ait jugé que le jeu avait assez duré. En quelques minutes, il disparaît en coulant cette fois pour de bon.

Ce ne sont pas des histoires du passé. Des derelicts qui attaquent, il y en a toujours. Les pétroliers abandonnés qui déversent leurs milliers de tonnes sur nos côtes sont une des formes modernes de l'agression. Il y a quelques années, un très gros pétrolier sous pavillon de complaisance dérivait ainsi vers les côtes anglaises après évacuation de l'équipage. Les avaries, la tempête, empêchaient toute solution de remorquage. L'esprit marin britannique trouva la réponse. Des commandos de la Navy furent déposés par hélicoptère sur la poupe qui émergeait. Très courte cérémonie, en quelques secondes ils affalent le pavillon panaméen, costaricain, chypriote, peu importe, et hissent à sa place le pavillon de la Marine marchande du Royaume-Uni de Grande-Bretagne et d'Irlande du Nord. Les hélicoptères les treuillent de nouveau. Les 200 000 tonnes de brut qui menaçaient les côtes anglaises appartiennent maintenant à la flotte de Sa Majesté. Et Sa Majesté fait ce qu'elle veut de sa flotte. Un navire de guerre attend. Au signal, il ouvre le feu au canon sur le pétrolier, faisant exploser et brûler la cargaison en pleine mer, pour parer tout danger de pollution pour quiconque.

Face à une telle action, je pense parfois à ce qu'aurait pu être la réaction des autorités françaises et les notes des services juridiques de tous nos départements ministériels intéressés ! La peur, la panique, oui, à l'idée de prendre une telle décision. Le spectacle d'une forêt de parapluies. Le parapluie n'est pas un équipement maritime.

Détroits

Comme les grands caps marquent l'imaginaire maritime du monde, les détroits fameux en sont la route obligatoire : Magellan, Malacca, Behring, Bass, Gibraltar, Pas-de-Calais, les détroits danois, Dardanelles et Bosphore. Ces deux derniers, dans les livres de classe on les appelait même « les Détroits », et la question des Détroits était la question de cours classique. Le sort de la paix en dépendait, ainsi que le succès au baccalauréat. La gloire des détroits est-elle passée ? Magellan n'est pas une grande route de circulation : 580 kilomètres de falaises noires mangées de lichen et d'embruns secoués par les vents furibonds qui tombent des crêtes. Bass, entre Australie et

Tasmanie, est surtout connu des concurrents des courses autour du monde à la voile. Behring n'a pas tenu les promesses – et le rêve – d'un grand passage au nord entre Atlantique et Pacifique. Certes, tirer des bords entre Afrique et Asie pour passer Gibraltar, tirer des bords entre Asie et Europe pour remonter le Bosphore, il est difficile d'y être insensible. La petite ville de Malacca, style hollandais ancien, a gardé beaucoup de charme. Dans ses eaux glauques, entre océan Indien et mer de Chine, défilent tous les navires de l'Extrême-Orient. Les pirates veillent.

Le Pas-de-Calais voit, comme sur des rails, passer plus de cinquante mille bateaux par an. En compétition de voile, j'ai appris sur *Révolution* à couper le rail dans le remous des hélices des immenses porte-containers hauts comme des immeubles. Plus on est près, plus le cône de déventement est réduit.

Dimension maritime

Celle de la France. La France a eu de très grands marins que je cite seulement au passage (il existe d'excellentes biographies), Jean Bart, le « rustre » au coup d'œil de génie, Cassard, Forbin, Duguay-Trouin qui multiplia les prises et les duels victorieux, Duquesne peut-être le meilleur, Suffren le grand professionnel de la mer, Surcouf, Dumont d'Urville et tous les autres. La France a connu des victoires en mer (Béveziers n'est même pas cité dans le Robert des noms propres, ni Chesapeake Bay qui eut pourtant un rôle essentiel dans l'indépendance des Etats-Unis). La France a eu de grands ministres de la

Marine : Colbert, Choiseul, Georges Leygue ; mais elle n'a toujours pas conscience d'avoir une dimension maritime. Jacqueline Tabarly, lors des obsèques d'Eric, devait le regretter de façon bouleversante.

Je n'ai jamais cessé de lutter pour qu'il n'en soit pas ainsi. Certains milieux parisiens ne comprenaient même pas pourquoi les marins s'opposaient au déménagement de leur musée du Palais de Chaillot. Lieu de mémoire, lieu symbolique, combien y ont vu naître leur vocation, comme les scientifiques amenés enfants par leurs parents au palais de la Découverte ? J'ai entendu : « Les marins n'ont qu'à aller au bord de la mer. »

Autre exemple, qui est resté plus discret. A chaque changement de majorité, l'Administration avait coutume de proposer au nouveau pouvoir l'abandon des îles Eparses. Les Eparses sont situées dans l'océan Indien, pour l'île Tromelin ; dans le canal de Mozambique, pour les Glorieuses, Juan de Nova, Europe, Bassos de India. Il s'agit d'atolls déserts peuplés des seuls cocotiers qui ne coûtent rien. Ils avaient fait l'objet d'un vague contentieux international, l'un étant réclamé par l'île Maurice, les autres par Madagascar. Il y a longtemps que les Nations unies ont oublié Bassos de India et les autres. Mais peu importe. Un fonctionnaire obscur d'un service dit compétent tenait à classer le dossier en les abandonnant. Le danger devenant précis en 1981, j'ai fait prévenir le président Mitterrand directement par l'un de ses amis et conseillers, Paul Guimard. Les îles Eparses n'ont pas été abandonnées. Chacune représente en principe une zone de 200 milles nautiques. Un jour viendra où la puissance en ce monde résidera dans les zones nautiques. Aujourd'hui nous voyons l'intérêt de ne pas avoir abandonné les Kerguelen. Mais quand, au XIXe siècle, les Anglais nous demandèrent l'autorisation d'y établir un dépôt de charbon, aucune autorité à Paris ne se souvenait que cet archipel nous appartenait !

Pourquoi, oui pourquoi cette absence de dimension maritime, alors qu'on affirmait aux écoliers français que nous étions le « pays des quatre mers » et que nous avions 3 000 kilomètres de côtes ? Cela ne se dit plus ? Il est vrai que tout avait très mal commencé. Avec Jules César.

*

En 58 avant notre ère, César est nommé proconsul de la Gaule cisalpine et de la province romaine. Il a trouvé son terrain de gloire et l'occasion, l'instrument de la prise du pouvoir absolu. Il bat les Helvètes, bat Arioviste, bat les Suèves, bat les Belges. Mais il a conscience qu'il ne pourra jamais établir totalement sa loi en Gaule s'il ne détruit pas tout lien avec la Grande-Bretagne, maison mère du celtisme dont les druides les plus sacrés siégeaient sans doute dans l'île d'Anglesey, entre pays de Galles et Irlande. Il faut couper les relations maritimes de la Gaule pour tenir la Gaule. Et il n'y a qu'un seul peuple maritime chez les Celtes, les Vénètes. Il faut donc anéantir les Vénètes.

C'est l'opération militaire la mieux préparée de César. Les Vénètes vivent en mer. En cas de danger, les familles, femmes et enfants, se réfugient sur les bateaux. Il faut détruire les bateaux, avec les familles. Ce sera le premier affrontement entre les galères – marine méditerranéenne mécanique dont la force est l'aviron – et la voile de la marine vénète. César fait relever soigneusement par ses lieutenants la *météo* sur les côtes du Morbihan. A quel mois, à quelles heures de la journée, avec quelle fréquence existe-t-il des chutes de vent, des calmes plats ? qui feront perdre sa force à la marine vénète. Suivent la provocation diplomatique, les manœuvres guerrières. Les Vénètes entrent en sécession et se réfugient sur leur flotte. Les galères de César ont été remontées sur place. Quand le vent est complètement tombé, elles attaquent une marine immobilisée : d'autant mieux que des canots romains très légers et très rapides, des sortes de torpilleurs, ont longé les lourds bateaux vénètes et, avec des faux, coupé leurs agrès. Les Vénètes, incapables de faire face, de se défendre, de fuir, sont massacrés sur leurs navires. Toute la population. Un cas de génocide à proprement parler.

Il n'y a plus de marins en Gaule. Il y aura les Basques (mais ils sont un peu à part), les Normands et les Malouins.

Les Bretons emboîteront le pas plus tard. Il faudra que Colbert – ordonnance du 22 septembre 1668 – invente l'inscription maritime avec ses charges de service à la mer et ses avantages sociaux particuliers pour que la France retrouve de nombreux et grands marins. A un moment, il faudra quand même des charpentiers de marine hollandais. A un moment, des pêcheurs de baleine américains. Souvent, des marins et capitaines de l'ordre de Malte (c'est un rendu pour un prêté, beaucoup sont français) quand l'ordre de Malte était encore une puissance maritime. On peut rêver *de* la mer. On ne bricole pas *avec* la mer.

Ce n'est pas une affaire de défauts du Sud contre vertus du Nord. De catholiques contre protestants.

Pise, Gênes, Venise et toute l'Italie des cités libres ont navigué, découvert, établi des comptoirs pour des siècles. Les Espagnols, les Portugais ont inventé le monde. Nous, il faudra qu'on loue Verrazano, un Florentin. Des historiens et sociologues font remarquer que, pendant trois ou quatre siècles en France, toute l'ambition, toute l'énergie de ceux qui avaient argent et talent étaient consacrées à acheter une charge de fonctionnaire héréditaire et ne plus payer d'impôt. Tout en mettant un « de » devant leur nom. Qu'il y ait eu dans ces conditions des marins et des explorateurs français, et de grands, relève du miracle. Il est permis non pas seulement de souhaiter le miracle, mais de l'aider.

Dominique (la)

Pourquoi citer, de toutes les Antilles, seulement celle-là ? Nommée ainsi par Christophe Colomb lui-même parce qu'il l'a découverte un dimanche de novembre 1493, lors de son deuxième voyage. Sans doute restée la plus vierge. Les Français s'y établirent, comme un relais normal entre Guadeloupe et Martinique. Les Anglais ne tolérèrent pas, bien sûr. Un siècle de luttes n'assura la domination ni des uns ni des autres : les Indiens locaux, particulièrement guerriers, restaient le principal arbitre en exterminant les uns et les autres à égalité. En 1748, trêve. Et même collaboration pour repousser les Indiens dans les grandes forêts intérieures. La France perd la Dominique avec son empire au traité de Paris en 1763. Les colons français s'accrocheront jusqu'en

1805. Il en reste, comme partout, des noms de lieux chantants : Pointe-Rosalie, Pointe-Mulâtre, Petite-Savane, Cachacrou, la Soufrière et la capitale, Roseau. Ainsi que le créole local, à base de français.

Les Indiens caraïbes survivants ont été regroupés sur la côte au Vent dans une réserve d'environ deux mille hectares. Ils sont un millier, mais dont la moitié est fortement métissée de sang noir. Leur reine reçoit le touriste de passage. Il y a trente ans, seule la côte sous le Vent présentait quelques bons abris et des escales. Au nord, la baie du Prince-Rupert, face au village de Portsmouth, était un superbe mouillage dans un paysage de paradis tropical. On remontait « la rivière indienne » en dinghy ou dans une barque locale, en pleine jungle sur plusieurs kilomètres. Mais depuis tant d'années, je ne sais où en sont les dévastations de la spéculation immobilière. Les guides signalent seulement les progrès de l'insécurité dans les Antilles qui ne permettent plus de laisser un bateau sans garde à bord.

Le « comité d'accueil » traditionnel offre ou le plus souvent impose souvenirs, fruits, services.

L'autre mouillage, fameux, est au sud la baie de la Soufrière. Très spectaculaire avec pitons et cocotiers, mais des fonds à pic qui ne facilitent pas l'opération. Les pêcheurs y avaient gardé une tradition d'accueil sympathique au marin étranger. C'était d'ailleurs le cas de toute la Dominique, quand je l'ai découverte, assez longtemps après Christophe Colomb...

Dugong

Genre de sérénidé voisin des lamantins, dit le dictionnaire. Une sorte de gros phoque qui se nourrit d'herbes marines et vit dans les estuaires tropicaux. Il n'aurait pas sa place ici s'il n'était pas, le lecteur attentif l'aura remarqué, de la race des *sérénidés*, qui est celle des sirènes.

Longtemps on lui attribua un chant délicieux et triste, comme à son cousin le lamantin. Longtemps les apparitions de sa bonne face ronde aux gros yeux semblèrent humaines, même si le dugong, y compris femelle, a plutôt des moustaches. Longtemps on remarqua ses seins. Tous les poètes en rimaient. On en captura, qu'on installa dans des fontaines dont les enfants avaient interdiction de s'approcher. Pourquoi essayer de cacher que je suis resté un enfant ?

Case et pirogue Dayak de Borneo

e

E

Cinquième lettre du code international des signaux. Vocal : Echo. Ex-Eugène. En morse : un point. Le pavillon envoyé seul signifie : *« Je viens sur tribord. »*

Eau

On a le droit d'aimer la mer et de ne pas aimer l'eau de mer. Je signale la différence entre les expressions :

— faire de l'eau, qui est faire sa provision d'eau douce, et

— faire eau, qui est se remplir d'eau, autrement dit couler.

Ecliptique

Plan incliné de 23°26' dans lequel le centre de la terre tourne autour du soleil. Telle est la vérité astronomique : notre planète est bancale, ou de guingois, ou de travers, comme on voudra. A d'autres de tirer les conséquences historiques ou morales de cette constatation scientifique.

Aux intersections de l'écliptique avec l'équateur correspondent les équinoxes, le jour égal à la nuit. Le point vernal fait le tour du ciel en 25,785 ans, rétrogradant chaque année d'environ 50''26. D'où il résulte que le pôle Boréal (Nord) n'est pas toujours à la même place, ni les équinoxes d'ailleurs, ce qu'on appelle la précession des équinoxes. Ces indications n'ont en rien pour but de démoraliser l'habitant de la Terre et le navigateur débutant, en soulignant l'instabilité de toutes choses et leur relativité.

Il faut savoir quand même que sans inclinaison de la terre sur le plan de l'écliptique, il n'y aurait ni saisons ni climats. D'où l'idée qui s'imposa à un esprit logique comme celui de Jules Verne d'attribuer à un personnage, M. Barbicane, richissime citoyen américain, l'idée de *redresser la Terre* sur le plan de l'écliptique. Du bon sens, non ? Un énorme canon, au bon endroit et à la bonne date, créerait par son recul le choc nécessaire (puis-je rappeler que, près de cent soixante ans avant la Nasa, Jules Verne avait situé au cap Canaveral le départ de ses astronautes ?).

Et d'en tirer toutes les conséquences. La Terre une fois redressée, les glaces du pôle Nord fondent. Sous les glaces le continent arctique (on y croyait alors) fond. Une énorme spéculation immobilière, minière, diplomatique, stratégique peut s'ouvrir. Elle s'ouvre à l'américaine. C'est le mondialisme. Le livre de Jules Verne s'appelle *Barbicane ou l'achat du Pôle.*

Ecole de guerre navale

Institution centenaire où j'ai eu l'honneur de prononcer la dernière leçon, les pouvoirs publics ayant décidé sa fermeture pour des motifs d'économie et de rationalisation. Le thème de cette dernière leçon était « Liberté et responsabilité ».

Ecume

« Sorte de mousse blanchâtre qui se forme à la surface des liquides agités. L'écume de la mer. L'écume du pot au feu. » Littré n'a pas lu Rimbaud.

J'aurais voulu montrer aux enfants ces dorades
Du fond bleu, ces poissons d'or, ces poissons chantants.
Des écumes de jour ont bercé mes dérades
Et d'ineffables vents m'ont ailé par instants.

L'amiral sir Francis Beaufort (1774-1857) l'a bien noté. Autant le léger couronnement blanc et frisé des petites crêtes qui se lèvent à force 3 ou 4 est joli et donne à la mer un côté allègre, autant quand écume et embruns se mélangent, mer et ciel, on souhaite être ailleurs. En fuite devant la mer et le vent, par très gros temps, il ne faut d'ailleurs jamais regarder la mer en arrière. D'abord cela provoque des coups de barre involontaires et n'est pas bon pour maintenir l'axe du navire dans celui des vagues. Et puis pourquoi se faire peur ?

L'écume a quelquefois un caractère amical. Par mer calme, elle prévient : haut-fond, écueil, récif, barre. Encore une fois l'oreille souvent compte plus que l'œil, et le grondement de la mer qui roule sur le corail prévient le navigateur. Sauf s'il est au vent du récif, ce qui coûta sa goélette à un ami du Pacifique. La nuit, la barre blanche se voit, mais parfois trop tard. Elle peut être comme un mur.

Il y a longtemps, dans une île de l'archipel Toscan qui est un volcan ouvert d'un côté, j'ai été pris par une tornade qui me jetait à la côte. Artimon, foc, je laisse porter vers la côte pour prendre de l'erre, et changement de bord cap au large. L'eau blanche du ressac sur la falaise est venue bouillonner jusqu'à l'hiloire du cockpit. L'été dernier, coup de vent très violent (force 10, contrôlé par le sémaphore de Pertusato, mon anémomètre étant bloqué à cinquante-cinq nœuds), après avoir franchi les bouches de Bonifacio en ramenant un bateau de Sardaigne, j'ai cru bon de relâcher à Porto-Vecchio. Le vent prenait le golfe dans l'axe devant nous. Un mur blanc, la mer arrachée, barrait le fond du golfe. Lof pour lof, et vite la pleine mer, plus au nord, le calme. On m'avait appris quand j'étais très jeune à distinguer l'eau blanche, peu dangereuse quand elle bouillonne sous l'étrave et même embarque, et l'eau verte qui n'est pas l'écume, qui est la mer elle-même. Quand elle monte à bord, c'est une autre histoire.

L'écume de mer était la matière de pipes très appréciées des vieux marins. En fait, une variété blanche et légère de magnésite, pétrie et bouillie dans du lait. Sans doute celle du capitaine Haddock en était-elle, Hergé n'ayant jamais rien laissé au hasard.

Un écumeur de mer, en revanche, a mauvaise réputation. C'est un pirate. Que les mots sont compliqués.

Effet Coriolis

Coriolis, Gustave, Gaspard (1792-1843), est un grand savant français, auteur du théorème de mécanique dit de Coriolis, concernant l'accélération dans les mouvements composés. Il avait très longtemps étudié les réactions des boules de billard. Il eut l'idée d'appliquer ses constatations à la terre elle-même. Est-ce que le fait qu'elle tourne dans un sens et pas dans l'autre pourrait expliquer les grands courants des océans et les grands vents d'est en ouest, dont l'alizé ? Réponse, oui. Soit :

$$\text{Force de déviation} = 2\,\omega\,V \sin A$$

Où ω est la vitesse angulaire de rotation de la terre, V la vitesse du vent, A la latitude du lieu.

Ce qui m'a toujours stupéfié avec l'effet Coriolis, c'est qu'il ait fallu attendre autant de siècles et de millénaires pour se demander si le fait de tourner dans un sens n'avait pas des conséquences, quelles qu'elles soient. Cette remarque ouvre la porte à des interrogations cosmiques et philosophiques sans fin. Vivons-nous tous les jours sans nous poser une question absolument fondamentale dont il nous arrivera de dire : mais c'était évident, bien sûr. Le fait de marcher sur ses pieds et pas sur la tête ? La différence entre homme et femme ? La proportion de la mer par rapport aux terres émergées ? Le bien et le mal ? Je ne sais. Je m'interroge. Et, je ne le cache pas, je m'inquiète.

Emmerdement

Quand cela va mal sur un bateau, cela va vite très mal. Une première faute, une légère avarie poussent à l'énervement, puis à l'inquiétude. La nuit vient et, avec la nuit, le froid. Il aurait fallu rentrer de la toile plus tôt. On confond deux chiffres. La bassine de la soupe est renversée. Le clapet des w-c fonctionne à l'envers et pompe à bord au lieu de chasser. L'eau monte dans la cale. Le vent forcit en refusant.

Sous forme scientifique, on peut dire : *en mer, les emmerdements d'abord s'additionnent, ensuite ils se multiplient.* Cette formule arithmétique est parfois appelée « loi de Deniau ».

Empenneler

Opération qui consiste à mouiller une ancre principale avec une autre quelques brasses en arrière sur la même chaîne (ce qui suppose un bout spécial pour la remonter rapidement si nécessaire). Cette deuxième ancre, par son poids, force la chaîne de la première à rester au fond, posée à plat, augmentant ainsi considérablement l'enracinement et la force de résistance. C'est clair ? Me demander si ce n'est pas clair. Mais dans la plupart des mouillages forains où le vent souffle d'un côté et de l'autre jusqu'à faire lâcher les

affourchages, c'est la garantie d'une nuit tranquille. Bonne nuit.

Epave

Coque d'un navire naufragé, ou tout objet abandonné à la mer ou jeté à la côte. Vient du bas latin : « effrayé, écarté par la peur ». Egaré. Les épaves qui flottent et se déplacent sont les derelicts. Les autres, échouées, sont marquées sur les cartes marines par une silhouette noire de navire à demi coulé dont l'étrave pointe vers le ciel. Ou, si elles ne sont plus un danger pour la navigation, parce que trop profondes, par une sorte d'arête de poisson. Le paysage maritime est tapissé d'épaves. Le syndicat du tourisme d'Ouessant en a fait un thème de publicité. Mais la côte des Etats-Unis en est riche aussi. Aux navires perdus par fortune de mer, chavirés, jetés sur les récifs, incendiés, coulés, s'ajoutent tous les naufrages de guerre.

Un navire abandonné est juridiquement une épave.

Mais s'il reste à bord un équipage ou même un seul marin, le pourcentage, la valeur de prise pour le sauveteur sera différent.

Les cas célèbres ne manquent pas. Celui du *Tourny*, abandonné en pleine tempête en Méditerranée. Le capitaine a donné l'ordre d'évacuer. Un transport de passage recueille l'équipage. Il manque un matelot, Denis, mais on pense qu'il a été enlevé par une lame. Chacun croit que le *Tourny* va couler rapidement. Mais cinq jours plus tard, la vigie d'un autre transport, l'*Isère*, signale le bateau à la dérive. L'*Isère* s'approche pour passer une aussière et prendre en remorque. A la stupéfaction de son équipage, il y a un homme encore à bord. Un oublié ? Un fou ? Non, il fait signe de la main qu'il ne souhaite pas être sauvé. Le gros temps empêche le remorquage et l'*Isère* abandonne. Des jours et des nuits passent.

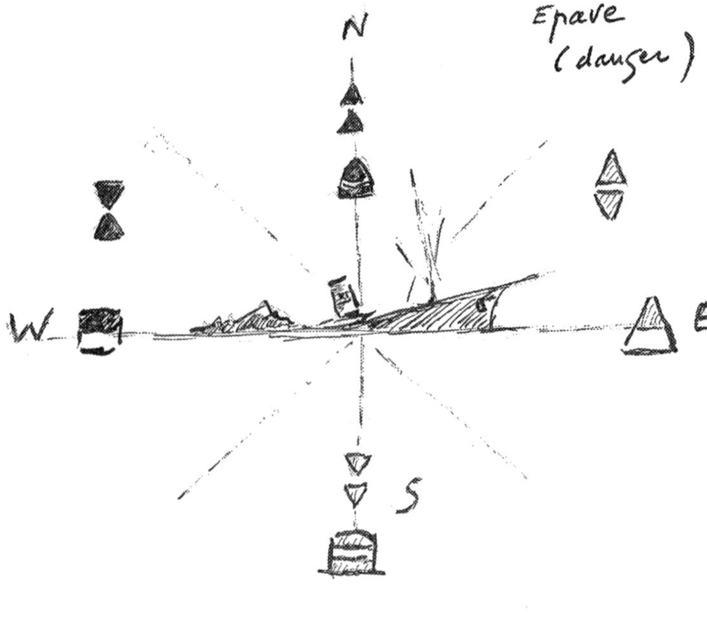

Un cargo anglais, le *Syrian Prince*, rencontre aussi le *Tourny* – qui n'a pas coulé –, toujours à la dérive, et réussit à le prendre en remorque. Le matelot Denis refuse d'être sauvé et reste à bord. Il connaissait le droit maritime. L'armateur du *Syrian Prince* réclamera le tiers de la valeur du *Tourny*. Le matelot entêté et solitaire plaidera et gagnera. Le *Tourny* n'était pas juridiquement une épave.

Carlsen ! Le capitaine courageux ! Le monde entier a parlé de ce commandant d'un *victory ship*, le *Flying Enterprise*, qui fut pris dans une épouvantable tempête le 28 décembre 1951, à plus de 400 milles nautiques des côtes anglaises. Des SOS, le même jour dans le secteur, il y en a eu beaucoup. Le pétrolier norvégien *Oestbar* a été coupé en deux par la violence de la mer. L'avant flotte encore avec neuf hommes et une femme à bord. L'arrière de son côté, avec quatre marins (tous seront sauvés). SOS. Le *Flying Enterprise* a sa coque fendue et est « engagé » (couché par le vent et la mer sans pouvoir se redresser). Tout l'équipage et les passagers, cinquante-deux personnes, vont être évacués dans des circonstances dramatiques : un pétrolier voisin « file de l'huile », tous se jettent dans l'océan un moment calmé, les chaloupes les récupèrent un à un – miracle. Mais, surprise, le capitaine, lui, n'a pas quitté son navire. Des photos le montreront agrippé à la coque à demi renversée. Une opération gigantesque de sauvetage est engagée, avec le meilleur des remorqueurs anglais de haute mer. Des jours et des nuits de lutte dans la tempête qui ne faiblit pas. Envoi de câble. Sans succès cinq fois. Carlsen doit garder pour s'agripper au pont une main pour lui. L'autre, ce n'est pas assez pour tourner le cordage. Le maître d'équipage du remorqueur, Dancy, un jeune homme de vingt-sept ans, réussira malgré l'océan en fureur à sauter à bord de l'épave et à aider Carlsen. A deux mains, c'est mieux. Mais la remorque casse dans la Manche, le *Flying Enterprise* coule, Carlsen et Dancy se jettent à la mer et seront sauvés. Histoire si spectaculaire que beaucoup se demanderont ce que pouvait bien transporter ce cargo pour susciter un tel héroïsme. Un transport militaire américain, puis un destroyer ne quitteront pas les lieux avant le naufrage final.

Certaines épaves en effet sont des trésors. *La Méduse* portait en pièces d'or le budget de la colonie du Sénégal. D'autres navires, la paie des soldats de l'armée des Indes, le produit des chercheurs d'or de Californie, du Klondyke ou d'Australie, les lingots de la Banque d'Angleterre. D'autres, en métaux rares, tungstène, molybdène, etc., une fortune, coulés par la tempête ou les sous-marins : des centaines, des milliers. Sans oublier les galions espagnols ou portugais. Naufrages dont au moins deux sur trois n'arrivaient pas par fortune de mer. La liste des huit cents épaves connues, aux chargements mirifiques, fait rêver les plongeurs.

Le paquebot français *Antilles* s'était cassé sur un haut-fond au large de l'île Moustique, peut-être d'avoir voulu regarder de trop près la princesse Margaret en vacances. L'épave est restée très longtemps accessible. Le défi était de plonger en descendant par l'étroit monte-charge qui allait de la cale aux cuisines, pour remonter les bouteilles de champagne. Cela dura le temps que durent les bouchons. Mais d'autres épaves sont plus prestigieuses, dont le *Titanic*, qui rejoignent dans le rêve maritime les héros disparus de l'Atlantide. Et d'autres cimetières.

« Pitoyables épaves, bas mâts et mâts de hune, basses vergues énormes, bordages de navires, carcasses de vaisseaux et squelettes de marins. Un caprice du courant oriental avait balayé ces débris en un seul endroit, triste témoignage de l'effort humain épuisé, de marins vaincus par l'impitoyable mer... » Ainsi raconte Shakelton quand, après la destruction de l'*Endurance* et 800 milles nautiques en barque à travers une des mers les plus terribles du monde, il aborde en Géorgie du Sud, quelque part entre le cap Horn et l'Antarctique. *« Les grèves étaient jonchées de débris de navires roulés par l'océan. Parmi les débris de bordés, de barils, de portes, de ponts, une petite coque de voilier intacte : un jouet d'enfant. ».* Quel drame de la mer ? Quelle disparition ? Nulle part un nom, une histoire, une vie. Le mystère et le silence.

Eperlans

Fut une des gloires de la gastronomie française honorée spécialement par Brillat-Savarin, aujourd'hui bien oubliée. Ci-après, la recette d'Alexandre Dumas lui même :

« L'éperlan est un des poissons les plus délicats que l'on puisse manger.

« Eperlans à l'anglaise. Mettez deux cuillerées d'huile dans une casserole, du sel et du poivre, la moitié d'un citron coupé en tranches dont vous aurez ôté la peau et les pépins ; ajoutez-y deux verres de vin blanc, autant d'eau que de vin ; faites bouillir cet assaisonnement environ un quart d'heure, mettez-y

vos éperlans après les avoir vidés, écaillés et bien essuyés ; faites-les cuire, égouttez-les, saucez-les avec la sauce ci-après indiquée.

*« Faites blanchir une gousse d'ail, pilez-la avec le dos de votre couteau, mettez-la dans une casserole avec du persil et des ciboules bien hachés, et deux verres de vin de Champagne, faites bouillir votre sauce cinq minutes, ajoutez-y un pain de beurre manié avec de la farine et un autre sans être manié, du sel et une pincée de gros poivre, faites lier votre sauce et, sa cuisson faite, ajoutez-y un jus de citron, goûtez et servez » (*Alexandre Dumas, *Mon dictionnaire de cuisine).*

Escale

A l'origine, port de la Méditerranée orientale où l'on relâchait pour faire du commerce. On disait « Echelles du Levant ». Aujourd'hui, tout port où une navigation s'arrête entre celui de départ et celui de destination. Et si la destination n'est autre que les escales ? Cela s'appelle la plaisance ou la croisière et devient l'un des plaisirs de la mer.

Il ne faut pas dans les escales rechercher seulement les petites criques désertes et pittoresques. L'arrivée à New York (que j'ai faite sur le *Queen Mary*, le fleuron de la Cunard d'avant-guerre) est un grand moment maritime où ne manquent ni le ballet des remorqueurs ni le paysage grandiose de Manhattan. Hambourg, vu par la mer (de terre on ne voit rien, pas plus qu'à Rotterdam ou Anvers, des kilomètres de docks fermés écartant tout badaud), est impressionnant. Là encore, un nom qui chante, des grues immenses, un bruit de fond de sirènes, un grand paysage maritime. Et Stockholm dans son archipel, et Saint-Pétersbourg avec ses quais aux palais italiens vert amande et jaune ? Et Naples, et Rio, même si la brume du beau temps et de la pollution y cache souvent le Vésuve et le Pain de Sucre ? Et Venise, oui Venise, où j'ai embarqué sur une frégate française chargée du contrôle de l'Adriatique pendant les événements de Yougoslavie, frégate mouillée à quai au débouché du Grand Canal en face de la Giudecca. Peut-on rêver davantage ?

Parfois le réveil est dur. Une compétition de voile très connue comportait une étape Venise-Malte. Comme il n'était pas question de donner le départ dans la lagune où, à part un mince chenal dragué, il n'y a pas d'eau, la ligne était dehors, après les passes du Lido, dans l'Adriatique. Le fond de l'Adriatique a un penchant pour les temps maussades et lourds, visibilité *discreta*, comme on dit si joliment en italien, mais forte houle résiduelle ou annonciatrice, c'est toute la question, de sérieux coups de vent. Il y avait plus de deux mètres de creux. Les organisateurs avaient loué un vaporetto de Venise, à fond plat. En quelques coups de roulis, un à gauche un à droite, les tables dressées, verres, assiettes, couverts, le buffet somptueux, les pyramides de langoustines sauces diverses, les brochettes variées, les salades mixtes, les entremets du chef, tout avait valsé. Le plancher du bateau était couvert d'une nappe de 5 centimètres de nourriture qui se déplaçait bord sur bord. Peu d'invités résistèrent.

On peut chercher au contraire les mouillages obscurs et délicieux. J'ai un jour, pour une croisière en

Grèce, pris systématiquement comme escales les îles *dont le nom n'était pas mentionné dans le guide*. La navigation redevenait une découverte. Plusieurs d'entre elles étaient désertes, sauf un berger qui gardait des chèvres, des moutons, des ruches. Ces îles appartiennent aux moines du mont Athos qui interdisent toute présence féminine, y compris animale, dans leur république autonome. Mais il faut bien vivre. Pour être quand même fournis en lait, fromage, miel, des bergers gardaient ces îles inconnues dans l'odeur du myrte, du thym, du romarin.

Pour le plaisir des criques désertes et silencieuses, on peut aussi, sans aucun sado-masochisme, en Méditerranée occidentale jeter l'ancre à la voile, paix et eau claire, dans le réseau des îles-pénitenciers italiennes. A condition de ne pas débarquer d'avirons — aide à l'évasion et délit majeur ! Dans le Pacifique, des centaines d'atolls sur des routes écartées n'ont pas encore été gâchés. Dans l'océan Indien, des îles au ras de l'eau par gros temps disparaissent sous la mer. Aux Seychelles, la Digue, île de charme, est toujours desservie depuis Praslin par un courrier à la voile. Aux Antilles, surtout à la mauvaise saison (l'été), le plaisancier peut se payer le luxe d'être à peu près seul au mouillage. Il y en a tant de célèbres, des Grenadines aux îles Vierges, vers le Venezuela l'admirable îlot de Los Testigos, un phare, une dune de sable blanc, quatre cocotiers. Après Los Roques, Los Aires. Et comme est resté plaisant même le mouillage du *Marigot* à Sainte-Lucie où une escadre anglaise avait échappé à la marine française lancée à sa poursuite. Dans le fond du mouillage, derrière une pointe couverte de cocotiers, le commandant anglais avait fait attacher des palmes en haut de tous ses mâts. Et les poursuivants ne virent que les palmes.

Mais qui peut être sûr du lendemain et même d'hier ? La première fois que j'ai été en Grèce, je me suis fait embarquer sur un boutre à destination d'Eleusis. Il me semblait impossible d'imaginer un nom plus évocateur et une arrivée plus solennelle. Ouiche. Eleusis s'appelle aujourd'hui Lefsina et est le port pétrolier d'Athènes, connu aussi pour ses cimenteries. Même mésaventure en Sicile où, fidèle adepte de Pythagore, je ne résiste pas à la tentation de faire escale à Port Empédocle. Aïe ! C'est le port d'exportation du soufre sicilien. La mer était jaune, les quais étaient jaunes, le bateau tout de suite fut jaune.

Le temps qui passe peut aussi tromper. Une admirable crique ronde en Turquie où les pins ombrageaient la mer est devenue un bruyant club de vacances. Même déception au sud de Minorque, accaparé par le circuit allemand de tourisme. Aux Antilles néerlandaises, une plage de cocotiers penchés sur sable blanc comme on en rêve est devenue un gigantesque hôtel pour Américains. Cachés dans les palmes, des haut-parleurs diffusent vingt-quatre heures sur vingt-quatre la bande-son du bruit des cigales. Coupée par les appels *telephone call* : « Mr. Witchbroom of Chicago, Mr. Witchbroom of Chicago. » Et l'enregistrement du bruit des cigales reprend.

Hélas ! Si un endroit est très beau, il est sans doute connu. Et si un mouillage n'est pas fréquenté, c'est que d'une façon ou d'une autre il n'est pas si bon. La solitude a toujours un prix.

Mes mouillages préférés, je ne les dirai quand même pas.

Esquif

Du mot haut-allemand qui a donné *ship* en anglais. Poétique pour embarcation. En français est toujours frêle.

Estran

Espace de la côte entre la laisse de basse mer et celle de haute mer. M. Gruss précise qu'il s'agit d'une forme dialectale propre aux riverains de la Manche. Soit. Je l'aime.

La mer vit, et la côte vit. A marée basse, les enfants courent sur le sable humide, pêchent la crevette dans les trous de rochers, poursuivent pelle à la main les coquillages plus rapides qu'eux. De grands pieux verts de mousse et d'algues retiennent des mulets et des poulpes. On peut retourner des pierres pour faire détaler les crabes. A marée haute, les châteaux forts si fièrement construits sont rongés vague après vague. Une mer sans marées, donc sans estran, manquera toujours d'âme. Il n'y a pas d'être vivant sans respiration.

Estrope

Terme utilisé de façon très diverse. Ceinture en cordage ou bande de fer ajustée dans les rainures d'une poulie, d'un cap de mouton, etc. Mais comme élingue et erse, s'applique indifféremment à un morceau de cordage équipé par les deux bouts. Le lecteur pourra s'en servir pour hisser à bord une élinguée, ou, s'il préfère, une palanquée. Il est libre.

Estuaire

La mer à la rencontre de la terre, et la terre qui l'accueille les bras ouverts ? Pas si simple. L'entrée de la Gironde est particulièrement difficile. Je ne parle pas de la rivière d'Etel. Barre, mascarets, bancs qui se déplacent, ce sont souvent les dangers de la mer et ceux de la terre qui s'additionnent. Mais le plus souvent aussi, quels beaux paysages ! La découverte du monde a commencé par celle des estuaires.

Explorateur

Tout marin est un explorateur. Certes, le monde est cartographié, nommé, classé. Mais dans les cinq marines que le musée de la Marine à Paris a mission de représenter, il ne faut pas oublier la marine scientifique, d'autant moins que la dimension de la profondeur est un domaine nouveau, et où les Français sont bons.

Si on me demandait à quelle époque j'aurais voulu vivre, certainement je répondrais à celle des grandes découvertes. A dix-huit ans, j'étais membre du club des explorateurs après être passé par le musée de l'Homme. Mais il s'agissait de prendre en note des rites et coutumes, pas d'être le premier aux sources du Nil. D'ailleurs, le principal professeur, André Leroy-Gourhan, m'avait conseillé d'abandonner la profession d'ethnologue. « Vous vous battez vingt ans pour avoir les crédits d'*une* mission. Et après, pendant vingt ans, vous la commenterez. Non, si vous aimez les voyages, faites donc ce nouveau concours dont on parle, l'ENA. Il y aura sûrement davantage de possibilités. » Déjà, à Ginette, le si respecté professeur de maths m'avait *déconseillé* de faire l'Ecole navale « si j'aimais la mer ». L'après-guerre n'avait pas le moral.

f

F

Sixième lettre du code international des signaux. Vocal : Fox-trot. Ex-François. En morse : deux points, un trait, un point. Dans le langage des pavillons alphabétiques, envoyé isolément, veut dire : *« Je suis désemparé. Communiquez avec moi. »* Pourrait être arboré, semble-t-il, en tête de mât par une grande partie de notre monde.

Fantôme

Le bateau fantôme le plus célèbre est *Le Hollandais volant*. Voici ce qu'on en racontait sur le gaillard d'avant.

« Y avait autrefois, et y a bien longtemps de ça, un capitaine de navire qui ne croyait à saints, à Dieu ni

autres. C'était un-n-Hollandais, qu'on dit, je ne sais pas de quelle ville ; mais ça n' fait rien à la chose. Il partit un jour pour aller dans le Sud, tout allit ben jusqu'à la hauteur du cap Bonne-Espérance ; mais là, y reçut un coup de vent ; quel vent que je vous dirai ? de ce vent qui décornerait des bœufs, de ce vent qui arrache les vieux arbres et les maisons quand il s'y met. Le navire était en grand danger ; tout le monde disait au capitaine : "Capitaine, faut relâcher ; nous sommes perdus si vous vous obstinez à rester à la mer ; nous mourirons infailliblement, et y n'y a pas à bord d'aumônier pour nous absoudre." Le capitaine riait de ces peurs de l'équipage et des passagers ; y chantait, le scélérat, des chansons horribles, à faire tomber cent fois le tonnerre sur sa mâture. Il fumait tranquillement sa pipe et buvait de la bière comme s'il aurait été assis à une table d'un cabaret d'Anvers. Ses gens le tourmentaient pour relâcher, et tant plus qu'y le priaient, tant plus qu'y s'obstinait à rester toutes voiles dehors.

« Donc le capitaine se moquait de la tempête, des avis des matelots, des pleurs des passagères. Alors un nuage s'ouvra et une grande figure descenda sur le gaillard d'arrière du bâtiment. On dit que cette figure, c'était le Père Eternel. Tout le monde eut peur ; le capitaine continua à fumer sa pipe ; il ne leva pas même son bonnet quand la figure lui adressit la parole.

« "Capitaine, qu'elle lui dit, dit-y, t'es-t-un entêté.

« — Et vous un malhonnête, que le capitaine lui réponda ; f... moi la paix ; je ne vous demande rien ; allez-vous-en vite d'ici, ou je vous brûle la cervelle".

« Le grand vieux ne répliquait rien, il haussit les épaules. Alors le capitaine sautit sur un de ses pisto-

lets, l'armit et ajustit la figure des nuages. Le coup, au lieu de blesser l'homme à la barbe blanche, percit la main du capitaine ; ça l'embêta un peu, vous pouvez le croire. Il se leva pour aller porter un coup de poing dans la figure du vieillard ; mais son bras retombit frappé d'une paralysie. Oh ! ma foi alors, il se metta dans une colère, jurant, sacrant comme un impie et appelant le bon Dieu je ne sais pas comment !

« La grande figure lui dit pour lors : "T'es-t-un maudit, le ciel te condamne à naviguer toujours, sans jamais pouvoir relâcher, ni mouiller, ni te mettre à l'abri dans une rade ou un port quelconque. Tu n'auras plus ni bière ni tabac ; tu boiras du fiel à tous tes repas, tu mâcheras du fer rouge pour toute chique ; ton mousse aura des cornes au front, le museau d'un tigre et la peau plus rude que celle d'un chien de mer.

« "Tu seras-t-éternellement de quart, et tu ne pourras pas t'endormir. Et puisque tu aimes à tourmenter les marins, tu les tourmenteras."

« Le capitaine sourit.

« "Car tu seras le diable de la mer ; tu couriras sans cesse par toutes les latitudes ; tu n'auras jamais de repos ni de beau temps ; t'auras pour brise la tempête ; la vue de ton navire qui voltigera jusqu'à la fin des siècles, au milieu des orages de l'Oxcéan, portera malheur à ceux ou celles qui l'apercevront."

« Amen, *donc ! que cria le capitaine, en riant à gorge déployée. »*

*

Le bateau fantôme est différent de l'épave échouée à la côte, différent du derelict qui en flottant entre deux eaux menace la navigation. Sa caractéristique : *il ne devrait pas exister*. Et pourtant, les témoignages abondent. Des centaines de cas. Des centaines de témoins. On croit avoir vu un bateau. On a lu son nom. On a vu son équipage. On a reconnu un frère disparu en mer depuis quatre ans. On a entendu, enregistré un SOS. Et rien. Rien. Un rêve ou un cauchemar ? Un souvenir ou une sorte de transmission de pensée dans le temps et l'espace ? Ou un pressentiment ? Il y a tant d'exemples, dont beaucoup d'actuels, qui ne remontent pas à la marine à voile quand le rhum faisait partie des rations ordinaires (et extraordinaires) ou que l'équipage se distrayait de vieux contes à faire peur comme *Le Hollandais volant*.

Le *Khosrou* est un cargo qui fait le cabotage le long des côtes de l'Inde. Navire sérieux, équipage solide. Le capitaine, peut-être un peu taciturne. Le long de la côte de Coromandel, une nuit, l'homme de quart signala, très loin, des lueurs qui ressemblaient à des fusées de détresse. Le *Khosrou* mit le cap sur les lumières, força de vitesse. Mais à mesure qu'il avançait, les fusées paraissaient toujours aussi loin. Après plusieurs heures de cette vaine poursuite, le capitaine donna l'ordre de reprendre la route. Incident noté au journal de bord. Explication : sans doute un lointain orage ou des éclairs de chaleur.

« Le *Khosrou* repartit de Bombay le 17 décembre 1936. Pendant un jour, il navigua de conserve avec un autre cargo, le *Mainuyo*. Le 22 décembre, le lieutenant G.E. Robinson prend son quart à minuit. Il est à peu près 1 heure du matin quand il croit apercevoir une lueur entre le navire et la côte orientale de Ceylan. Un phare ? Impossible. Il n'y en a pas dans ce secteur. La lueur passe peu à peu derrière le *Khosrou*.

Si elle appartient à un navire, celui-ci doit marcher très lentement.

2 heures du matin, bruits de pas précipités, le lieutenant Robinson se retourne : c'est le commandant en pyjama, l'air hagard. Il crie : « Nous risquons de nous échouer. Sondez ! » Robinson est interloqué. La carte porte des fonds de 700 à 800 mètres. Le commandant réitère l'ordre. On sonde : 50 mètres seulement. De façon inexplicable, on avait fait fausse route. Robinson donna un nouveau cap qui écartait de la terre, et il réduisit la vitesse. Le commandant, silencieux, était resté sur la passerelle et scrutait l'horizon avec ses jumelles. Comment avait-il su ?

Dans la matinée, message radio. Le *Mainuyo*, qui naviguait de conserve avec le *Khosrou* au départ de Calcutta, s'est échoué sur un haut-fond des Grandes Basses. Juste à l'endroit où, à 2 heures du matin, le commandant taciturne avait surgi sur la passerelle et donné l'ordre de sonder... Il avait fait un rêve, un cauchemar plutôt, d'un navire qui s'échouait...

Le 5 janvier 1937, le *Khosrou* approche de Ceylan. Brume dense sur la mer. Robinson de nouveau est de quart. De nouveau le commandant surgit : « Stoppez les machines ! » Le lieutenant Robinson hésite à exécuter cet ordre stupéfiant. Le commandant se jette sur le chadburn et fait stopper. La brume, le silence, la nuit. Et alors on entend, à peine, le bruit très étouffé d'une sirène. Le commandant fait donner la sirène du *Khosrou*. L'autre sirène répond. Dialogue de fantômes qui ne permet pas de situer un navire par rapport à l'autre. La peur. Puis un grand cargo, 100 mètres de long, sort de la brume et défile le long du *Khosrou*. L'abordage, et le naufrage, sont évités à quelques mètres. Le commandant du *Khosrou* lit le nom du cargo croisé : le *Tricolour*. A l'aube, plus trace d'aucun navire sur la mer. Un mauvais rêve évanoui.

Le 5 janvier 1931, six ans auparavant, jour pour jour, un cargo norvégien de 6 200 tonnes avait pris feu de façon inexpliquée au même endroit et avait été évacué par la totalité de l'équipage et des passagers : le *Tricolour*. Etait-ce lui qui était revenu sur les lieux du drame ? Ou le souvenir de ce drame, bien connu de tous les marins de la région, dont le commandant du *Khosrou*, qui avait servi de signal d'alerte, comme un pressentiment ? Il arrive à la mer de porter des bruits étranges.

Au large du Chili, erre encore, du temps des cap-horniers, le *Calenche*, navire fantôme du révolté Benavides, qui fut fusillé, mais survécut en se laissant dévorer par les corbeaux sous les yeux du peloton d'exécution, leva une armée de forbans et d'Indiens, se construisit une marine et une artillerie en récupérant de vieux navires, en taillant les uniformes dans de vieilles voiles, finalement fut pris, pendu et exposé, tête et mains coupées.

Fardage

Tout ce qui se trouve au-dessus de la flottaison, excepté la coque lisse elle-même. Concerne surtout les accessoires et les superstructures trop importantes qui donnent prise au vent et déséquilibrent le bateau : *un fardage excessif.*

Le langage courant souvent a recours à des vocabulaires techniques. On serait étonné du nombre d'expressions ou de mots français qui viennent de la vénerie... Je m'étonne que fardage ne soit pas passé dans le vocabulaire, par exemple économique et financier, celui des entreprises notamment. Un projet, un budget, une affaire, combien mériteraient ce simple commentaire : *fardage excessif.*

Felouque

Nom d'un type de bateau méditerranéen et oriental, très fin, à deux mâts inclinés vers l'avant et voiles à antennes. Les triangles de ces voiles à antennes ressemblent aux « focs qui picorent » du *Cimetière marin* de Paul Valéry. Ces gréements locaux si évocateurs et qui illustraient si joliment les mers, ce sont eux qui sont au cimetière.

Femmes

La tradition maritime est misogyne. *Les femmes font peur*. On les appelait : *le lest du diable*. J'ai cité la note du livre de bord de Dampier au cap Horn, rappelant qu'il ne faut pas en parler en mer. Pour le pirate Roberts, très élégant, une femme amenée à bord entraînait une seule sanction, la pendaison. (Maintenant certains disent que c'était une femme travestie.) Et pourtant, c'est par la piraterie qu'elles prirent leur rang parmi les marins. Parce qu'il existe une autre tradition, celle de *reine des pirates*. Dans la Méditerranée antique, Rome dut mener deux guerres pour venir à bout de celle qui régnait sur les côtes de l'Adriatique et de la Turquie. En France, Jeanne de Beaufort au XIVe siècle, dont le mari avait été exécuté pour rébellion contre le roi, jura de le venger et prit la mer comme d'autres prennent le maquis. Pendant dix ans, avec une escadre de rebelles comme elle, elle écuma les côtes de la Bretagne et tint tête à toutes les expéditions punitives.

Enfin capturée, elle était enceinte, et le droit ne permettait pas de condamner à mort un enfant innocent à naître. Elle réussit à s'enfuir, son bébé dans les bras.

C'est ce qui sauvera, quatre siècles plus tard, une autre femme pirate célèbre, Mary Read. Mais commençons par Ann Bonny. A la fin du XVIIe siècle,

Ann Bonny est la fille d'un honorable négociant de la Jamaïque, plutôt riche et considéré. Un bourgeois. Elle lui dit un jour : « Papa, je vais me marier. Je vais épouser un matelot ». Déjà, cela ne plaît pas à son père qui pense qu'elle pourrait épouser un magistrat, un autre négociant, un officier, quelqu'un d'un peu plus chic et bien placé. Non, « je vais épouser un matelot ». Et son père est encore plus ennuyé parce qu'il sait que le matelot est embarqué sur un bateau pirate. Il sait tout, le père négociant. Même les notables, même le pouvoir officiel prennent parfois des parts dans des opérations très douteuses. Cela peut rapporter du 300 pour cent. Ainsi, de temps en temps, le père d'Ann Bonny fait un placement à risque. Si sa fille épouse un pirate, c'est la catastrophe, collusion publique, le scandale, tout s'effondre. Alors il fait tout pour l'empêcher, mais sa fille a du caractère. C'est clair. Et elle épouse son pirate.

Elle ne va pas rester longtemps avec lui parce qu'elle tombe amoureuse du maître d'équipage, du bosco, de son pirate de mari. Ce bosco, poussé d'ailleurs par Ann Bonny qui a beaucoup d'ambition, va devenir le célèbre Rackham le Rouge, aussi connu que Barbe-Noire et le Capitaine Kidd, une sorte d'amiral des pirates. Salut les amateurs de Tintin et *Le Secret de la Licorne* ! Ils font équipe Ann et lui. Elle abat donc sa part de travail exactement comme un membre de l'équipage. Personne ne s'aperçoit que c'est une femme. Simplement de temps en temps elle disparaît avec le maître d'équipage – Rackham – qui va prendre d'ailleurs la tête de la flotte.

Un jour ils capturent un vaisseau marchand. Mais ils manquent d'équipage et la Navy pourchasse les pirates. Le recrutement devient de plus en plus difficile. Sur le bateau capturé, un jeune homme, très sympathique, propose : « Eh bien moi, je suis prêt à m'engager avec vous. » Dans les scénarios, on n'oserait pas inventer cela ; cela, c'est que le jeune homme est aussi une femme déguisée, Mary Read. Elle a toujours été une espèce de garçon manqué. Sa mère aurait perdu un fils. Ensuite elle aurait eut une aventure hors mariage et cette fille. Elle aurait décidé, pour des histoires d'héritage et de procès, de faire passer cette fille née d'un adultère comme son fils légitime qui était mort. Invraisemblable ? Je n'y peux rien. C'est l'histoire. Dès sa naissance, la fille est habillée en garçon. On lui parle comme à un garçon. On lui dit qu'elle est un garçon. Et assez longtemps, elle le croit. Elle va d'ailleurs s'engager comme soldat, faire la campagne des Flandres dans une unité militaire, puis elle revient et elle part pour une autre aventure. Elle est passagère sur un bateau, qui est donc capturé par Rackham le Rouge, elle se dit « du côté des pirates, c'est peut être mieux ».

Nouvelle péripétie. Les deux filles, déguisées en garçons, tombent amoureuses l'une de l'autre, chacune sachant bien évidemment qu'elle-même est une femme mais croyant que l'autre est un garçon ! C'est mieux en tout cas que dans les romans... Quand elles s'en aperçoivent, elles décident de rester solidaires dans un amour commun pour Rackham le Rouge... Si on ne veut pas y croire, on se trompe.

L'une des deux filles doit régler une affaire d'honneur avec un énorme pirate qui est un colosse d'une force et d'une violence terribles. Pour protéger Ann Bonny qui n'est pas très forte, Mary Read, qui a été soldat, décide : « Je prends le duel à ta place. » C'est permis chez les pirates. Le duel est à la fois au pistolet et au sabre. Elle a beaucoup plus de métier que le pirate. Ce ne sont pas de grands soldats, les pirates. Ils ont simplement la violence et l'audace pour eux. Elle tue ce colosse devant lequel tout le monde tremblait. Son prestige de matelot est au plus haut. Il ne cesse encore d'augmenter, et les attaques de navires se multiplient. Très souvent, c'est Ann Bonny qui fixe la tactique. Alors qu'elles sont bloquées dans une rade, et qu'il y a encore manque de marins, les deux filles décident d'attirer l'équipage du navire chargé de les poursuivre. Elles envoient un émissaire sur le navire de la marine de guerre en proposant des fruits, du rhum, etc. Venez donc à bord. Aimable invitation. Une partie de l'équipage vient à bord. Dans la nuit, les pirates coupent les ancres à coups de hache. Un petit vent de terre s'est levé et hop le bateau disparaît. Les malheureux invités n'ont plus qu'à dessaouler à bord. Il faudra bien qu'ils fassent pirates comme les autres.

Chaque fois qu'il faut de l'audace et de l'invention, c'est Ann Bonny qui décide. Chaque fois qu'il faut payer de sa personne en montant à l'assaut, c'est Mary Read qui est la première en ligne. Mais cela ne peut pas durer. La marine anglaise est en chasse. En une seule année, deux cent trente pirates seront pendus. Eux vont être capturés parce que l'équipage de Rackham le Rouge a bu trop de rhum pour fêter on ne sait quoi et est incapable de se battre. Les pirates d'ailleurs n'ont jamais fait le poids face à des marins et des soldats de carrière – ils se rendent tout de suite. Il n'y a que deux pirates qui se battent jusqu'à la fin pour protéger Rackham le Rouge : c'est seulement en prison qu'on s'apercevra que ce sont des femmes.

Elles sont condamnées à être pendues. On raconte qu'Ann Bonny, au moment où Rackham le Rouge monte à l'échafaud, lui crie : « Tu vas périr comme un chien, toi qui n'as pas su te battre comme un homme. » Ann Bonny ne sera pas exécutée. Son père est un notable, et intervient. La peine de mort ne sera pas appliquée. Pour Mary Read non plus parce qu'elle est enceinte, peut-être de Rackham le Rouge. Un bébé à naître n'est pas coupable. Elle va disparaître. On n'entendra plus jamais parler des deux femmes pirates les plus célèbres de l'Histoire.

Il y a eu, il y a encore d'autres femmes pirates. En Extrême-Orient. C'est une grande spécialité de la mer de Chine. Les pirates les plus célèbres qui ont des escadres de centaines de bateaux sont des femmes. Entre les deux guerres dans le détroit de Formose, une reine des pirates avait pris la succession de son mari. Elle réussissait encore mieux dans le métier. On disait qu'elle portait des tuniques de soie merveilleuses et qu'elle offrait le thé le plus exquis. Et aussi qu'en cas d'insoumission elle était le bourreau le plus terrible. Mais sa flotte de vieilles jonques a été anéantie par une escadre de torpilleurs japonais.

Pendant la dernière guerre mondiale, une nouvelle reine pirate fut contactée par les services secrets américains et apportera son aide aux Alliés contre les Japonais. Elle répondait au nom charmant de « Lady Two Guns ». Jamais en Extrême-Orient les femmes pirates n'ont cherché à cacher qu'elles étaient des femmes. Sans doute les Orientaux ont-ils un sens qui nous fait défaut. Lors du tour du monde de Bougainville, un des savants, Commerson, avait embarqué avec lui un valet-secrétaire qui était en fait une jeune femme de ses amies. Elle était habillée en matelot et était traitée comme un matelot. Pendant des mois et des mois de voyage, personne ne s'aperçut de rien. Mais dès l'ancre jetée à Tahiti, tous les Tahitiens s'esclaffèrent en la montrant du doigt. A eux, on ne la faisait pas. La Nature.

La tradition des flibustiers (qui ne veut voir de femmes qu'aux escales), n'a jamais dominé toutes les mers. Au contraire, chez les Nordiques et les Hollandais, le capitaine avait presque toujours sa femme à bord. C'était aussi le cas sur les grands voiliers de l'armement Bordes, et on connaît plusieurs exemples où, le capitaine ayant été emporté par la mer dans le gros temps, c'est sa femme qui prend le commandement avec naturel et autorité.

*

Aujourd'hui, où très officiellement les femmes sont embarquées dans les équipages de la Marine nationale, pilotent des hélicoptères et gagnent leurs grades sans problèmes, peut-on dire que tout machisme a disparu des mers ? Ou encore que la rivalité entre les femmes et les bateaux a disparu, comme le chant des sirènes, ces bateaux dont Conrad a écrit qu'il « fallait être particulièrement attentif à leur caractère féminin » ?

La compétition a donné l'exemple. Il n'y avait pas beaucoup de femmes à bord, du temps d'Eric Tabarly. Quand il y en eut une, elle provoqua une quasi-mutinerie, mais pour un très bon motif. Un exemplaire de *La mer est ronde* était si malmené qu'elle décida de le relier pour le sauver. Seule les femmes sont soigneuses. Elle demanda à l'équipage de découper dans un vieux spi qui ne servait jamais le rectangle de toile nécessaire. Eric, quelques jours plus tard, décida de faire envoyer ce spi-là, oui celui-là et pas un autre...

Maintenant, il est admis que les femmes sont de grands skippers, en équipage ou en solitaire. Florence Arthaud, Isabelle Autissier, Catherine Chabaud, Eleen Mac Arthur en ont apporté toutes les preuves. La révolution technique de la voile de compétition et la transformation du matériel, grâce à quoi les efforts de gros bras ne sont plus indispensables (sauf catastrophe), permettent à des coureurs d'une autre structure de gagner, hommes et femmes. C'est la volonté, l'influx nerveux, la tête, le cœur qui comptent.

Il serait peut-être temps que, dans les compétitions olympiques de voile où la France est absente des palmarès depuis plusieurs années, les autorités attachent plus d'importance à la participation des femmes.

Pour la plaisance, cela va de soi. La plaisance, comme le mariage, reste la meilleure occasion de se connaître et éventuellement de se brouiller.

C'est vrai qu'une fois, il y a longtemps, j'ai embarqué une passagère qui a dit au départ : « J'aimerais tant qu'on ait une tempête. » J'ai pensé à la débarquer à l'instant. Je ne l'ai pas fait. Et puis on l'a eue, cette tempête, et alors ?

Feux

Très jolis et très utiles, les feux en mer. Rouges, verts, blancs. A éclats, occultations, scintillements, fixes... pour les phares et balises. Vert à tribord, rouge à babord, blanc en tête de mât pour ceux qui naviguent. Différents si en route ou au mouillage. Si en pêche. Si en « pêche aux bœufs », au chalut, à deux de front. En mer, tout est signal et langage. Un feu de bateau aperçu de nuit, il faut immédiatement prendre au compas son relèvement. Ensuite, si le relèvement reste le même, c'est qu'on est sur une *route de collision*. A veiller et manœuvrer.

Figure de proue (ou figure d'avant)

Représentation en bois sculpté d'une figure humaine, d'un personnage historique, d'un dieu, d'un animal fantastique, que l'usage plaçait à l'avant d'un navire, sous le beaupré, et qui souvent rappelait le nom du navire. Ce sont ces formes de sirènes qui

entraînèrent pendant des siècles les bateaux à la découverte des continents et à l'abordage des adversaires. Elles furent supprimées, pourquoi ? mystères de l'Administration, par un décret de 1785. Comme déraisonnables. Erreur. Il n'y a pas de progrès sans une chimère en tête.

Un cuirassé français, le *Brennus*, lancé en 1890, est sans doute le dernier vaisseau à avoir porté une figure de proue, représentant un chef gaulois casqué.

Flambard

— Petit voilier de pêche au libouret ou au chalut des côtes de la Manche.

— Ancien argot maritime. Homme téméraire, se portant toujours en avant pour le combat et le plaisir, les racontant trop volontiers.

Flibuste, Flibustiers

Entre les corsaires et les pirates. Un peu corsaires, beaucoup pirates. Mais ne confondons pas. Les corsaires sont des marins qui se battent pour le roi et pour eux-mêmes. Les flibustiers se battent pour eux-mêmes, même s'il arrive que le roi à court d'équipage passe contrat avec eux. Morgan, prince des flibustiers, servit aussi la couronne anglaise en attaquant les Espagnols, en apportant beaucoup d'or à Londres, et en fut récompensé en étant nommé lieutenant gouverneur de la Jamaïque, chargé de la lutte antiflibustiers. Jean Bernard Louis de Saint-Jean, baron de Pontis, officier de Louis XIV, recruta plusieurs milliers de flibustiers français pour attaquer la ville espagnole fameuse pour son opulence et ses remparts, Carthagène des Indes. Après prise de la ville et rançon, l'amiral eut un problème avec ses alliés de la flibuste. Ils trouvèrent leur part insuffisante et repartirent seuls à l'assaut, nouvelle mise à sac, tortures, nouvelle rançon. Leur nom vient du hollandais et veut dire « butin libre ».

Les corsaires ont un port d'attache en Europe, où ils rapportent leurs prises. Les flibustiers, les Anglais à la Jamaïque, les Français à l'île de la Tortue, ne quittent pas la Caraïbe. Ils n'ont que des escales, des comptoirs, des bases. Fils faillis, cadets déshérités, ecclésiastiques défroqués, domestiques voleurs (le vol domestique est puni de mort), militaires déserteurs, criminels échappés à la roue ou au gibet, ils sont, a-t-on écrit, *le fumier du monde*. Parfois ils fuient seulement le régime odieux des « engagés » et la discipline brutale des flottes de guerre. Leur tenue est proche de celle de leurs amis boucaniers qu'ils retrouvent avant toute expédition pour s'approvisionner : des hardes de cuir, un pantalon court de toile. Ils ont inventé le foulard de soie serré sur la tête. Quand un boulet fait éclater la coque d'un navire, des échardes de bois volent de tous côtés comme des flèches et sont plus dangereuses que les boulets eux-mêmes. Elles glissent sur les foulards de soie qui font partie de l'uniforme, comme les anneaux d'oreille, les chaînes d'or, les bagues.

Pourquoi tous ces bijoux avec des haillons ? Parce que le meilleur porte-monnaie de l'homme, c'est l'homme lui-même. Les grands enterrent leur trésor sur des îles désertes ou les cachent dans la quille d'un bateau qu'ils coulent à marée basse. Le secret sera bien gardé. Mais le « simple » flibustier, si l'on peut dire, n'a qu'une façon de garder son trésor, c'est de le porter sur lui. S'il meurt au combat, le trésor revient à son matelot. Puisque tout flibustier est « amateloté », et partage tout avec un autre flibustier.

Le plus étonnant peut-être est l'énormité des fortunes que vont se constituer les flibustiers de la Caraïbe, en prenant d'assaut plutôt les villes que les galions. Les villes espagnoles du XVIIe siècle, enrichies par l'exploitation des Indes, sont comme des coffres-forts, et les flibustiers sont plus bandits que soldats et plus soldats que marins. Ils vont prendre Maracaïbo, La Vera Cruz, Nombre de Dios, et même, avec Morgan, à la tête d'une flotte de plusieurs dizaines de bateaux et d'une armée de plus de mille hommes, Panamá. Dix jours de marche dans la jungle hostile. Les flibustiers, en avançant, capturent, torturent, tuent. La terreur est la plus sûre de leurs armes. Les Espagnols lanceront contre eux sans succès leur noble cavalerie qui ne rencontrera que le vide. Puis deux mille taureaux qui s'affoleront et se disperseront sous les coups de mousquets. Morgan a l'habitude, pour dresser les échelles d'assaut contre les remparts des villes qu'il attaque, de mettre en première ligne, devant ses hommes, des femmes et des religieux prisonniers : technique du bouclier humain.

Panamá capitulera. Le sac de la ville dure plus de quinze jours. Les églises sont pillées et dévastées. Partout, les flibustiers mettent à la torture civils et militaires, laïcs et religieux, pour faire avouer « où est l'or ». Oexmelin, qui est témoin de toutes ces horreurs, les raconte de sa plume de bon médecin-chirurgien, comme s'il rendait compte d'une appendicite. Liste des tortures en usage et que les flibustiers pratiquent : la cale humide, l'estrapade, la pendaison par les parties génitales, le bûcher, l'écorchement, etc. Mais la pire de toutes est une invention des flibustiers eux-mêmes. Elle s'appelle « la nage à sec ». Oexmelin l'a vue pratiquer sur un vieillard dénoncé par un esclave comme étant riche. On attache le prisonnier à quatre pieux par des cordes tendues, aux chevilles et aux poignets, à un mètre du sol. Quand il a ainsi tout le corps en extension, on le fouette, on le frappe à coups de bâton. C'est le corps entier qui vibre. Et la douleur intense irradie jusqu'aux bouts des doigts. S'il ne dit pas assez vite où est son or, on allume un feu sous lui, mais c'est en plus. Le vrai supplice, ce sont les coups violents sur un corps en totale extension, « la nage à sec ». Les flibustiers veulent de l'or, encore plus d'or. Les femmes, comme le note calmement Oexmelin à la prise de Panamá, « peuvent payer avec quelque chose qui ne leur coûte pas d'argent ».

Les femmes, c'est surtout à terre, au retour. Morgan tombera amoureux d'une belle captive espagnole, mais puisqu'elle se refuse à lui comme au diable, il en tirera rançon la plus forte possible... La folie de l'or et du sang court dans les veines des flibustiers. La terreur fait partie de leur méthode de guerre à tous. La nationalité, la religion n'y changent rien, qu'ils soient protestants ou catholiques, anglais ou français. Oexmelin note que la différence réside dans le choix des textes religieux, *Magnificat, Cantique de Zacharie*, lus lors des repas, ainsi que le menu préféré : la cuisine anglaise reste la cuisine anglaise.

Certains se signalent quand même par leur sauvagerie. Ils boivent le sang des prisonniers, leur arrachent le cœur. Ils font des concours de vitesse d'exécution au sabre. Jean Nau, dit l'Olonnais, comme tant d'autres a été séduit par un contrat pour les îles, et s'est retrouvé traité comme un chien d'esclave. Sans autre solution que la fuite dans ce monde vaste et nouveau pour y vivre, comme un chien libre et fou, la flibuste. Legrand avait servi d'exemple, en capturant en haute mer un vaisseau espagnol. Jean Nau va créer un nouvel exemple en prenant une ville, Maracaïbo, très riche, très bien défendue, avec quelques centaines d'hommes décidés à tout : c'est-à-dire à faire fortune tout de suite. De Graff, Grammont, Roc le Brésilien, Michel le Basque, feront concours de violences et de richesses. Oui, « libre butin ». Mais pour l'Olonnais, la chance va tourner. Le dernier navire espagnol qu'il a pris n'était chargé que de fer et de papier ! Errant sur mer ou dans la jungle, il finira capturé par les Indiens dans une embuscade, assommé, dépecé, mangé. Sans laisser de trésor.

Morgan le Gallois demeure sans conteste le plus grand. Après avoir conquis et pillé tout ce qui comptait dans la Caraïbe espagnole, avoir été nommé gouverneur et siégé lui-même dans un palais, il subira l'amertume de sa vie : Oexmelin, le chroniqueur de la flibuste dont le livre est un succès fantastique, raconte qu'après Panamá, Morgan a volé une partie du butin. Or, chaque flibustier, c'est une règle absolue des Frères de la Côte, doit porter au butin commun tout ce qu'il a pris. Oexemelin a vu Morgan garder pour lui les pièces d'or (ce qui est le plus facile à utiliser) et ne mettre dans le compte commun que les pierres précieuses, objets du culte, œuvres d'art, beaucoup plus difficiles à écouler. Pour un flibustier, c'est une trahison. Morgan multiplie à Amsterdam, Londres, Paris, partout où Oexmelin est publié, les procès en diffamation ! Ce sont les premiers de l'histoire littéraire... Il est quand même assez piquant que le plus grand flibustier de tous les temps, responsable de tant de meurtres et de vols, finisse sa vie en plaidant qu'il n'a pas abusivement mis de côté quelques sacs de « pièces de huit »...

Son honneur est en jeu. A la tête des Frères de la Côte, il n'est que le successeur du fondateur génial, Mansfeld. C'est lui dont il faudrait écrire la biographie, d'autant plus passionnante qu'on n'en sait pas grand-chose. Un corsaire hollandais sans doute, ancien négrier, ancien « commerçant au bout de la pique » qui a su fédérer tous ces individus écumeurs de terre et de mer, non par des lois écrites, mais par un code encore plus strict de solidarité. Matelotage, élections des capitaines, primes de risque, indemnités de blessures, tout cela existait plus ou moins ici où là. Mansfeld fait de cet antimonde, un monde. De ce refus de la société, une association plus forte que la société. Qu'en reste-t-il trois siècle plus tard ?

C'est l'un des plus grands étonnements de la flibuste. Elle a conquis des millions et des millions. Or, diamants, perles, objets du culte en pierres précieuses. Des fortunes fabuleuses. Des trésors enfouis dans les sables. Mais la plus grande part était dépensée en quelques jours, en quelques semaines, à la Jamaïque ou à la Tortue. L'alcool, le jeu, les femmes. Il ne reste ni maison, ni établissement, ni colonie. Rien. Même le palais de Morgan à la Jamaïque, détruit par un raz de marée, est retourné à la mer sans qu'on puisse le situer exactement. Si ce n'est pas la mer qui reprend son bien, c'est le jeu.

« Vent-en-Panne » est un flibustier qui a amassé en plusieurs campagnes un joli magot. Il décide d'« arrêter », mais arrêter, ça se fête. Et à la fête, il joue, et au jeu il perd tout. Il n'a pas d'autre solution que de s'engager comme serveur dans le cabaret où il a tout perdu. Il refait bientôt, avec la flibuste, une autre fortune. Cette fois, plus sage, il décide de s'embarquer pour l'Europe à La Barbade. Dernière tournée à terre. Dernier verre dans un cabaret. Il trouve – les joueurs invétérés se flairent entre eux comme des chiens – un partenaire passionné qui est un très riche Juif d'origine brésilienne. (Ce sont les Juifs brésiliens qui ont introduit la canne à sucre aux Antilles et la façon de la traiter.) Vent-en-Panne gagne successivement tout ce que ce riche planteur a sur lui, y compris sa chaîne de montre. Puis son moulin à sucre. Puis sa récolte de canne. Puis sa maison, ses esclaves, et même son bateau qui attend au port de charger ! Le jour va poindre. Vent-en-Panne se lève : il est temps pour lui de rejoindre son bord. Adieu la Caraïbe. Qui dit alors : « Une dernière ? Quitte ou double » ? Peu importe. Il reperd tout, tout ce qu'il a gagné cette nuit-là, et tout ce qu'il avait pu amasser avant. Il n'a plus de quoi prendre le bateau. Il se retrouve de nouveau serveur de cabaret.

Survivent des noms fameux, Morgan et les autres. Reste un lieu célèbre, l'île de la Tortue. Un îlot rugueux au nord de Saint-Domingue où Français, Espagnols, Anglais s'entretueront, qui sera la base, l'escale, le comptoir préféré des flibustiers. Là, avant toute expédition, on charge les bateaux en viande boucanée, on recrute ses équipages, on élit ses capitaines pour le prochain sac. Là, les survivants dépensent très vite en fumée l'or qu'ils ont volé si vite.

Demeure le souvenir d'un rêve d'une autre vie : liberté, égalité, fraternité. La République française aurait dû dresser un autel à Mansfeld. Les flibustiers ont inventé la première forme de solidarité sociale : la charte-partie signée avant toute expédition, qui fixe les parts suivant le rôle de chacun, matelot, soldat, cuisinier, capitaine, chirurgien. Parce qu'il y a un chirurgien dans chaque expédition, ce que les armées régulières attendront très longtemps. Ils amputent un peu vite sans doute. Mais les flibustiers à jambe de bois ou manchots ne se plaignent pas. Ils ont été soignés et indemnisés très sérieusement. Tant pour un œil, tant pour un bras. C'est dans la charte signée. C'est dans le contrat social. Et le cuisinier a une part supplémentaire, parce que la qualité de la nourriture à bord est une condition essentielle du moral des équipages. Voir la *Bounty* et le cuirassé *Potemkine.*

Les exploits valent aussi des parts supplémentaires : avoir fait sauter la *Sainte-Barbe*, décroché le pavillon, passé le rempart le premier. Payables en or ou en esclaves.

Et la démocratie ? Le capitaine, avant chaque expédition, est élu. A tout moment, il peut être dégradé par un vote. Souvent on le « marronne » : laissé sur une île déserte avec un peu d'eau et de poudre à fusil. Parfois on vient le rechercher. Finalement, l'équipage aura jugé qu'il n'était pas si mauvais.

Libre butin, c'est leur nom. Egalité, leur souci ombrageux. Un seul exemple qu'il serait intéressant de transposer aujourd'hui : aux flibustiers sont servis, par groupes de sept, deux repas par jour, à 10 heures et à 16. Si l'un d'eux a le sentiment que son voisin – même si son voisin est le capitaine – est mieux servi que lui, il a le droit d'échanger immédiatement les portions.

Flot

Nom de la marée montante, d'une bien plus grande qualité littéraire. « *Le flot qui l'apporta recule épouvanté...* » (Racine). Le contraire est le jusant.

Fortune

— Fortune de mer : toute perte ou avarie qui peut arriver en mer à un navire ou sa cargaison sans être imputable à l'équipage ou son capitaine. N'est jamais favorable.

— Fortune carrée. Voile qui se grée par très gros temps pour des allures de fuite ou la cape. Tout gréement installé avec les moyens du bord pour remplacer ce qui a été détruit ou emporté par la mer.

— Un très beau roman de Kessel, qui se passe en mer Rouge (et met en scène Henry de Monfreid comme l'un des personnages), s'appelle *Fortune carrée.*

France

Grand paquebot français qui dut être vendu à la Norvège, un conflit syndical l'ayant immobilisé.

Frégate

Un bien joli nom, pour un navire à trois mâts et à carène fine, juste en dessous du vaisseau. Bâtiment d'éclairage, de recherche, de transmission. En 1942, les Anglais reprendront le nom pour des bâtiments d'escorte anti-sous-marine, d'un tonnage supérieur à la corvette.

Quand j'étais plus jeune, j'entendais dire d'une femme : « Belle comme une frégate. »

Fuite

Allure d'un bateau qui par gros temps fuit dans le sens de la mer et du vent. Naturel ? Facile ? Ses dangers ont déjà été signalés à l'article de la cape. Le risque est de sancir. Il faut donc de très près contrôler la vitesse en fuite. Vito-Dumas a tout dit sur le sujet. Il m'est arrivé de passer des heures à trouver la bonne longueur de bout à filer par l'arrière, avec boucle, sans boucle, avec nœuds. Les ancres flottantes, souvent recommandées par les livres théoriques, peuvent être dangereuses dans la mesure où elles rappellent trop. Si le bout ne suffit pas, un seau crevé n'est pas mal.

Avoir dans sa bibliothèque maritime, avec Vito-Dumas bien sûr, *Ouragan sur le Caine*, de Herman Wouk. Les bateaux changent, pas la mer.

g

G

Septième lettre du code international des signaux. Vocal : Golf. Ex-Gaston. En morse : deux traits, un point. Envoyé seul : *« J'ai besoin d'un pilote. »* Ou, de la part d'un bateau de pêche . *« Attention, je relève mes filets. »*

Galère

Bâtiment de l'Antiquité, propulsé à l'aviron avec voile auxiliaire. C'est le navire – quels que soient la forme et le nombre de rameurs – des Phéniciens qui ont fait le tour de l'Afrique, des Grecs de Marseille qui ont exploré l'Islande ou la Norvège, d'Antoine et Cléopâtre qui y ont promené leurs amours (la défaite historique d'Actium, gigantesque combat de cen-

taines de galères, est due en partie au fait que la galère royale de Cléopâtre s'esquive en pleine bataille). Marine mécanique, c'est la flotte traditionnelle de Méditerranée, mer où on ne peut pas compter sur le vent : il y en a trop ou pas assez, et qui ne prévient pas. La bataille de Lépante entre les marines de tous les pays chrétiens (sauf la France) et la marine turque pour la suprématie navale en Méditerranée est aussi un affrontement de galères qui s'éperonnent ou se prennent à l'abordage. Mais au XVIIIe siècle, la marine à voile du Ponant va surclasser celle à l'aviron du Levant, notamment par la puissance de l'artillerie. Les galères n'avaient que quelques pièces de chasse à l'avant et il leur fallait des équipages trop nombreux, deux cent cinquante soldats et marins, deux cent cinquante « galériens » rameurs, la chiourme, menée au fouet et au tambour, enchaînée à ses bancs. Marine à part, elle avait son vocabulaire à part. Un câble se disait une « gume », et filer un câble « columer la gume ». On ne disait pas ancre, mais fer. Pas écoute, mais exotte. Pas mât, arbre. Tout ceci est oublié. Reste un mot : *galère.*

Comment a-t-il survécu à travers les siècles pour être l'une des expressions les plus actuelles de la jeunesse, pour désigner tout ce qui peut poser problème, difficultés, tracas ? *C'est la galère.* Avec le verbe : galérer.

Galice

Partie nord-ouest de l'Espagne, région de tradition celtique, bien connue par le port militaire de la Corogne, le cap Finisterre, le pèlerinage à Saint-Jacques-de-Compostelle. Même si la mer y est difficile (j'ai rencontré au cap Finisterre l'alliance ennemie de la brume épaisse et du très mauvais temps – normalement c'est l'un ou l'autre) les escales valent le voyage, et pas seulement Vigo célèbre pour ses galions perdus... Des petits ports sûrs, chaleureux, où se reposer le temps d'une soupe chaude et de quitter son ciré.

Galion

Un peu l'inverse de la galère : navire à voile, avec un rang de rameurs en moteur auxiliaire. Le rang de rameurs fut peu à peu abandonné avec les progrès de la voile au XVIe siècle, et les galions, lourds vaisseaux très fortement armés en artillerie, seront pendant plus de deux cents ans les navires de transport des richesses espagnoles ou portugaises des Indes. On dit galère pour tout ce qui va mal. On pourrait dire galion pour tout ce qui est fortuné, heureux, aubaine. *C'est galion.*

Gars de la marine (C'est nous les)

Chanson connue des années trente, dans les disques préférés de la famille Perrin à Granville, avec l'admirable « Mon légionnaire » de Piaf et l'invraisemblable « Mimile » de Maurice Chevalier. Il ne faudrait pas beaucoup me pousser pour que je les chante.

Gibraltar

Ce nom arabe donné à une base anglaise en terre espagnole est aussi celui d'un détroit très spectaculaire pour le navigateur. La Méditerranée et l'Océan, le Levant et le Ponant, ce sont vraiment deux mondes différents. En passant de l'un à l'autre dans les courants et les tourbillons, on voit les poissons changer, les oiseaux changer, l'eau changer, le vent changer. Et on comprend que les colonnes d'Hercule aient marqué la fin de *leur* monde pour les géographes et les marins de l'Antiquité. Après venait la peur. Il faudra des siècles pour la vaincre.

Goélette

Peut-être le plus joli gréement de la marine à voile. Sûr et rapide, très manœuvrant. Deux mâts, dont le plus grand vers l'arrière, celui d'avant s'appelant la misaine et portant parfois un hunier carré (brick-goélette). Les Anglais et les Américains l'appellent *schooner*.

Goncourt

L'académie Goncourt a manifesté très tôt son intérêt pour le roman maritime français en couronnant en 1905 Claude Farrère pour *Les Civilisés*, drame sentimental à Saigon lors d'une guerre navale franco-anglaise... Farrère était marqué pour l'aventure littéraire : étant jeune enseigne à bord du *Bayard* en 1897 en baie d'Along, il avait eu l'honneur exceptionnel d'envoyer aux autorités de la République la dépêche officielle annonçant que l'amiral et son état-major avaient vu le Grand Serpent de Mer.

L'académie Goncourt devait couronner encore en 1912 *Les Filles de la pluie* d'André Savigon, roman qui a pour cadre Ouessant. Et en 1913 *Le Peuple de la mer*, de Marc Elder, récit réaliste de la rude vie des marins-pêcheurs de Noirmoutiers. Il y avait sûrement un marin dans le jury.

Gouvernail, Gouverner

Le gouvernail d'étambot, plan mobile à l'arrière et dans l'axe du navire qui permet de modifier la marche d'un côté ou de l'autre, est un outil essentiel de la navigation. Ce mot, qui veut dire diriger, remonte aux Grecs. L'invention, tardive, a remplacé l'aviron de poupe. Je ne résiste pas au plaisir de donner la description du dictionnaire :

« Se compose d'un safran sur lequel agissent les filets liquides et d'une mèche servant d'axe traversant la membrure dans le trou de la jaumière. Il repose par un talon ferré sur une savate ou semelle fortement fixée à la quille, et est fixé à l'étambot au moyen d'aiguillots et de femelots. La mèche se termine à la partie supérieure par la tête et le piton de cervelle, dans lequel croche le palan de manœuvre... »

J'espère que ces quelques indications suffiront au lecteur pour qu'il apprécie la complexité du gouvernail et donc la subtilité de l'art de gouverner...

Gouverner un bateau, au sens de le diriger, et gouverner les hommes, le mot est le même. Affronter la mer, ses aléas et ses mystères, en allant où l'on veut, est l'un des plus vieux problèmes du monde, jamais tout à fait résolu. Pour la politique, les progrès depuis la Grèce ne sont pas plus nets, c'est le moins qu'on puisse dire. Mais l'expression « à la barre » a beaucoup de succès.

Les hommes politiques et les journalistes ne savent pas que sur un bâtiment de la marine ce n'est pas le commandant qui tient la barre, mais un matelot à une ficelle. « La barre 10 à gauche » et il met la barre 10 à gauche. Je me souviens de l'énervement du capitaine du *France*, superbe paquebot destiné à l'Atlantique, lors de sa première sortie à grand spectacle. Les photographes de presse voulaient absolument le photographier à la barre, ce qu'il trouvait plutôt ridicule et tout à fait inférieur à sa condition. En revanche, j'ai connu des grands champions de voile qui ne quittaient pas la barre, même s'ils n'étaient pas les meilleurs, pour bien montrer au public qu'ils étaient le patron. Peter Blake, depuis sir Peter Blake et si tragiquement disparu, lors de la coupe de l'America ne touchait pas à la barre. Barrer est une spécialité. La sienne, en tant que skipper, était plutôt chef d'orchestre. La comparaison entre gouvernail et gouvernant est pleine d'enseignements.

J'ai assisté à la création (ou plutôt la résurrection : on n'invente que ce qui avait été oublié) d'un mot :

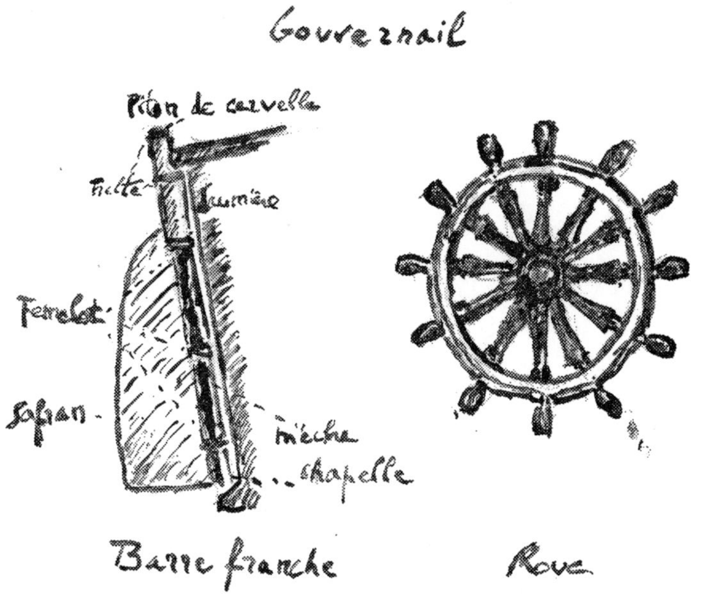

gouvernance. Sous l'Ancien Régime, il désignait les juridictions ordinaires de Lille, Douai, Arras et Béthune. Totalement oublié. Un soir, avec Léopold Senghor, président de la République du Sénégal, grand lettré et ami, j'emploie les expressions du langage politique courant en France, dont : « Matignon » pour désigner un rouage essentiel du pouvoir. « Matignon » n'est pas le Premier ministre lui-même, en personne, mais l'ensemble de ses conseillers et services et leur opinion, leur autorité collective qui, sous la sienne propre, siègent à Matignon. Vous entendrez souvent : « Matignon pense que... » ou « A Matignon, l'avis est un peu différent... » C'est à la fois précis et vague, directif et irresponsable. Le monde moderne, quoi. Senghor m'explique que son Etat manque d'adresses célèbres et de palais dorés, l'« Elysée », le « Quai d'Orsay », etc., pour répondre aux besoins sémantiques de l'Etat moderne. Il faut un mot nouveau. Il invente donc « gouvernance ».

Grand géant Grand-Sourcil

Récit d'un mousse de Saint-Cast en 1880. Le chat noir qui parle est plein de sagesse, comme le chien dans *Les Sept Dormants d'Ephèse*. Quand j'étais enfant à Planguenounal à côté de Lamballe, on m'avait appris à ne pas entrer la nuit de Noël dans l'écurie. C'était la nuit où les animaux parlaient entre eux. Si on les comprenait, on devenait si sage qu'on ne comprenait plus les hommes.

« Il était une fois un cordonnier qui avait un garçon ; il n'était pas bien riche, et quand son fils fut grand il lui dit :

« "Il faut tâcher de t'embarquer pour gagner ta vie.

« — Cela me va", répondit le fils du cordonnier.

« Avec un bateau chargé de vivres, les voilà partis avec bon vent ; ils arrivèrent au pays des mines d'or et entrèrent dans une baie dont on ne voyait pas la fin : elle avait plus de deux cents lieues de long. Quand ils s'arrêtèrent près du rivage, ils entendirent les bêtes qui hurlaient à faire trembler ; puis l'une d'elles donna un coup de sifflet et aussitôt elles se turent. Le roi des bêtes s'avança et dit :

« "Qui est le capitaine ?

« — C'est moi, répondit le fils du cordonnier.

« — Il faut donner des vivres pour rassasier toutes mes bêtes, ou nous allons vous dévorer."

« Elles étaient sur le rivage, prêtes à sauter à bord. Le capitaine fit débarquer des provisions en quantité, et quand les bêtes eurent mangé tout leur soûl, elles disparurent dans la forêt.

« Le roi des bêtes dit au capitaine :

« "Maintenant tu peux faire ton chargement ; mais il faut qu'il reste un homme auprès des mines d'or ; tous les navires qui sont venus ici en ont laissé un."

« On tira à la courte paille, le capitaine comme les autres, et c'est lui qui prit la plus courte.

« Il mit dans sa poche une petite boussole, emporta des vivres tant qu'il put, et on le débarqua à terre. Le navire partit, chargé d'or, sous le commandement du second.

« Le capitaine entra dans la forêt ; il marcha longtemps mais, quand vint la nuit, il n'en était pas

encore sorti. Il se dit : "Où vais-je me coucher pour ne pas être dévoré par les bêtes féroces ?"

« Il regarda de tous côtés, et vit un arbre qui lui sembla commode : il grimpa dedans et s'installa sur les branches de manière à ne pas tomber s'il s'endormait ; mais il ne ferma pas l'œil de la nuit ; il aperçut une lumière à travers l'épaisseur des bois, et il pensa : "Il faut qu'il y ait là quelque maison."

« Au point du jour, il descendit de son arbre, marcha vers l'ouest, marcha vers l'ouest, et découvrit une grande porte qui était ouverte. Quand il fut sur le seuil, il vit un vaste foyer, et auprès un gros chat noir qui se chauffait.

« "Bonjour, dit-il.

« — Bonjour, répondit le chat.

« — Tiens, dit-il, les chats parlent dans ce pays-ci.

« — Ah ! malheureux, s'écria le chat, tu es dans la maison du grand géant Grand-Sourcil, il est sorcier, et il sait déjà que tu es ici."

« Le capitaine se chauffa un peu, et dit au chat noir :

« "Est-ce qu'il n'y aurait pas moyen de lui échapper, mon pauvre chat ?

« — Si, fourre-toi sous la table, il ne te verra pas.

« — Tu me donneras à manger ?

« — Oui, oui", répondit le chat.

« Le grand géant Grand-Sourcil arrive ; il avait des sourcils qui lui tombaient jusqu'aux pieds, et, quand il voulait regarder ou manger, il était obligé de les écarter de ses yeux.

« Il se mit à table et se versa un verre de vin ; mais, pendant qu'il posait la bouteille, le capitaine prit le verre, et après avoir bu, le remit sur la table. Le géant se versa un second verre, que le capitaine

prit encore. “Tiens, dit Grand-Sourcil, il paraît que je verse à côté.”

« Il se versa pour la troisième fois à boire, mais le verre fut encore vidé. “Ah ! dit-il. Il y a quelqu’un ici.”

« Le géant releva ses sourcils et aperçut le capitaine sous la table.

« “Ah ! c’est toi, brigand, qui bois mon vin ! je vais te manger.”

« Il le prit dans sa main et se mit à le tâter :

« “Ah ! tu n’es guère gras ! mais cela ne fait rien ; avant de te tuer je vais finir mon dîner.”

« Pendant que le géant mangeait, le capitaine se mit à lui parler de l’Europe et des voyages qu’il avait faits. Cela amusait le géant qui lui dit :

« “Tiens, tu n’es pas bête, toi ; je ne te mangerai pas : tu resteras avec moi, et tu seras mon domestique. Viens voir mon château.

« — Ah ! s’écria le capitaine, comme vous avez un beau château !

« — Oui, répondit le géant, qui était glorieux ; tu n’en as pas vu de pareil dans ton pays. Voici ce que tu auras à faire : tu aideras le chat à me préparer à manger, et tu iras chercher du bois pour la cuisine.”

« Avant de partir du château pour rester dehors pendant le cœur du jour suivant son habitude, il donna au jeune homme toutes les clefs de ses chambres ; mais il lui en montra une en lui disant :

« “Si tu vas dans la chambre que celle-ci ouvre, tu seras mangé.”

« Quand le géant Grand-Sourcil fut parti, le capitaine se mit à visiter les chambres, et, quand il les eut toutes vues, il se trouva à la porte de celle qui lui était interdite : “Ma foi, se dit-il, j’ai visité les autres ; il faut que je voie aussi celle-là.”

« Il ouvrit la porte et ne vit dans la chambre qu'une table sur laquelle était une vieille bague :

« "Malheureux, lui dit une voix, que viens-tu faire ici ?

« — Où es-tu, toi qui me parles ? répondit le capitaine qui ne voyait personne ; n'y a-t-il aucun moyen de me sauver ?

« — Si, dit la bague, mets-moi à ton doigt, et, quand tu désireras quelque chose, tu diras : Par la vertu de ma petite bague, que cela soit."

« Le capitaine mit la bague à son doigt ; il descendit à la cuisine et donna une poignée de main au chat noir ; puis il dit : "Par la vertu de ma petit bague, je voudrais être à Marseille, mon pays natal."

« Aussitôt il se sentit soulevé dans les airs, et en moins de deux heures, il fut à Marseille. Il se promena dans la ville, puis il vint à penser qu'il n'avait ni maison ni argent.

« "Par la vertu de ma petite bague, qu'ici soit construit le plus beau château qu'on ait jamais vu, et qu'il soit garni de tout ce qu'on peut désirer."

« Aussitôt il vit devant lui un château, beau comme le palais d'un roi ; il y entra et vit que rien n'y manquait ; les armoires étaient bien garnies, les tables dressées, et les broches tournaient toutes seules dans la cuisine. Il eut des domestiques, et se mit à vivre comme un seigneur.

« "Ah ! disait-il en se frottant les mains, me voici à mon affaire."

« Il se maria, et, comme il n'avait plus besoin de sa bague, il la laissait souvent dans son château.

« Mais laissons un moment le capitaine, et revenons au pays des mines d'or.

« Quand le grand géant Grand-Sourcil vit que sa

bague était enlevée, il se mit en colère, et jura à faire trembler : "Ah ! le maudit capitaine, il m'a attrapé, mais je l'attraperai à mon tour."

« Il se coupa les sourcils pour y voir plus clair, et il se mit à voyager. Il allait de ville en ville, et en passant dans les rues, il criait : "Qui veut changer de vieilles bagues pour des neuves ?"

« Il finit par arriver à Marseille un jour que le capitaine était à la chasse, et il criait par les rues : "Qui veut changer de vieilles bagues pour des neuves ?"

« La servante de la femme du capitaine l'entendit, elle dit à sa maîtresse :

« "Voilà un homme qui donne des bagues neuves pour des vieilles ; il y en a une qui est tout usée, si vous voulez je vais appeler le marchand et la changer contre une neuve."

Quand le grand géant vit la bague, il ne se sentait pas de joie ; il donna deux bagues neuves en échange, puis il la mit à son doigt et, dès qu'il fut sorti, il dit :

« "Par la vertu de ma petite bague, je veux que ce château soit brisé en mille pièces."

A l'instant il s'écroula, et la femme du capitaine fut écrasée par les débris.

« Quand le capitaine revint, il trouva son château tout en ruines, et il pensa que le grand géant Grand-Sourcil avait repris la bague.

« Il alla chez un armateur, et il lui demanda un navire pour aller au pays des mines d'or. Quand il y arriva, il donna à manger au roi des bêtes et à ses sujets, et, son chargement fait, il dit à l'équipage : "Il n'est pas besoin de tirer à la courte paille, c'est moi qui vais rester."

« Il arriva au milieu du jour au château du grand

géant Grand-Sourcil, et trouva le chat noir qui se chauffait.

« “Ah ! mon pauvre capitaine, lui dit celui-ci, cette fois ton affaire est claire, si le géant t’attrape, il va te manger.

« — Comment ferai-je pour me sauver ?

« — Tu vas te mettre sous la table. Ce géant garde maintenant la bague dans sa bouche pour ne pas la perdre. Quand il se mettra à manger je laisserai tomber une crotte dans sa soupe ; il la trouvera si mauvaise qu’il vomira aussitôt et rendra la bague. Tu t’en empareras et tu diras : Par la vertu de ma petite bague, que je sois enlevé en l’air avec le chat ; *car si je restais ici, il me dévorerait.”*

« Le capitaine se cacha sous la table ; voilà le grand géant Grand-Sourcil arrivé ; il se mit à manger sa soupe ; mais la crotte du chat lui fit tant de répugnance qu’il ne put s’empêcher de vomir.

« Le capitaine se saisit de la bague, et il se hâta de dire : “Par la vertu de ma petite bague, que je sois enlevé avec le chat et transporté à Marseille.”

« Aussitôt ils s’enlevèrent tous les deux dans les airs et, en deux heures, ils furent à Marseille. Alors le capitaine dit : “Par la vertu de ma petite bague, je veux le plus beau château qu’on ait jamais vu.”

« Il eut un château plus beau que le premier, et il se remaria.

« Il ne laissa plus sa bague traîner dans les coins ; mais il resta à vivre avec sa femme et le chat noir, et s’ils ne sont pas morts, ils vivent encore. »

Grande Ourse

Ce sont les deux étoiles des gardes Mérak et Dubké de la Grande Ourse qui permettent de déterminer la Polaire. Les anciens y ont longtemps attaché autant d'importance qu'à la Polaire elle-même, étoile principale de la constellation de la Petite Ourse. Les gardes permettent de voir le ciel tourner.

Longtemps on a appelé le nord Septentrion, ce qui signifie en latin : les sept bœufs de labour, la Grande Ourse (ou chariot) comprenant sept étoiles.

Granville

« Le Monaco du Nord », dit le slogan touristique. Comme je ne connaissais pas Monaco, je ne pouvais pas comparer et j'ai passé une partie de mon enfance dans le bonheur entre Granville et Lamballe. Saint-Malo était quelque chose comme La Mecque vers laquelle les croyants se tournent pour prier. Les flèches des cathédrales, Coutance, Cancale, servaient d'amers. Le flot et le jusant rythmaient les vacances. On courait sur l'estran après les crabes. Dans l'anse de Regnéville, le patron du *Gloire à Dieu* jetait les filets au retour de trois jours de pêche peu fructueux autour des Casquets, pour prendre des mulets, poisson peu cher mais qui paierait l'essence. D'ailleurs tout se faisait à la voile et on ne mettait le moteur que pour le retour, s'il fallait arriver à quai plus vite pour vendre mieux. Les marins-pêcheurs n'aimaient pas beaucoup les « plaisanciers » qui allaient sur la mer sans y être obligés pour gagner leur chienne de vie. Je me souviens d'en avoir vu corriger un, récupéré accroché à sa quille dans la déroute ; la volée de horions pouvait être jugée salutaire pour le rétablissement de la circulation sanguine chez un baigneur frigorifié.

Tout ce que je connais, je l'ai appris dans ces eaux difficiles où le marnage peut atteindre 9 mètres, où les courants dépassent 6 nœuds, et où par beau temps on voit comme un torrent dans la mer qui couche les bouées. Et on calcule cap, dérive, marée, horaire, pour ne pas se trouver à vent contre marée dans le raz Blanchard, quand la haute mer devient si creuse qu'elle déferle comme sur une plage.

A vingt-cinq ans, en ayant assez de me souffler dans les mains pour les réchauffer, je suis passé à la Méditerranée qui n'est pas facile non plus, mais où on sèche plus vite. Ensuite, je n'ai plus aimé que les océans. Mais je dois tout à la Manche et à mon oncle Yves Perrin, grand marin qui n'expliquait pas mais qui montrait. La meilleure façon d'apprendre à faire, c'est de voir faire. Je lui dois aussi le dialogue en exergue de *La mer est ronde*, entre un oncle cavalier et un oncle marin.

« L'oncle cavalier. – Moi, je monte mon cheval deux fois par semaine, toute l'année. Alors que toi, ton bateau, c'est une petite fortune à acheter, une autre fortune à entretenir, et tu t'en sers un mois par an.

« L'oncle marin. – Non, douze mois. Les onze autres mois, j'en rêve. »

Gréement

Mâts, vergues, voiles, manœuvres dormantes (haubans) et courantes (drisses, écoutes, bras...). Sur un trois-mâts de la belle époque, il y a quinze noms de mâts différents et cinquante-sept noms de manœuvres, sans compter les voiles elles-mêmes, en partant du bas par la plus grande, jusqu'en haut la plus petite : focs, huniers, perroquets, cacatois, perruche, perroquet de fougue... Et les bonnettes, en plus à bout de vergues. Et la voile Ha-ha, sous le beaupré, qui ne sert pas à grand-chose... Le progrès, dit-on, c'est la simplification. L'électronique de bord est moins compliquée.

Le gréement, mâts et voilure, définissait aussi la catégorie du bateau. Sloop, cotre, yawl, ketch, goélette, brick... Les bateaux de pêche avaient leurs silhouettes : lougre, plate, bisquine, picoteux, sinagot de la Manche et de l'Océan, tartanes de la Méditerranée, trabacolo de l'Adriatique... Comme ceux de toutes les mers exotiques : sandale, boutre, zaroug, dahabieh de la mer Rouge et de l'océan Indien, sampan, praos du Pacifique, lanche de l'Orénoque... Il y en a cent autres. Il y en avait...

Grenade et Grenadines

Baptisée *Conception* par Christophe Colomb. Prise par les Anglais en 1609 et appelée Gre-nayda. Les Indiens caraïbes chassent les Anglais après en avoir mangé un bon nombre. Les Français, plus avisés, négocient avec les Caribs leur installation contre verroterie, couteaux, miroirs et bouteilles d'alcool. Du classique.

Après l'ivresse, les Caribs reprennent la lutte. Les Français résistent, attaquent. Les derniers guerriers sautent dans le vide, d'une falaise appelée depuis « morne des Sauteurs ». L'île est cédée aux Anglais en 1783. Ce qu'il reste de la présence française ? Quelques noms.

Aujourd'hui, après avoir été riche en épices, l'île a été si agitée de soubresauts politiques violents, intervention cubaine, intervention américaine, que les plaisanciers l'avaient fuie. Alors que la Grenade a de superbes mouillages, difficiles, mais sans doute les meilleurs abris anticyclones de la région. En dehors de Tobago Cays, célèbre et très fréquenté à la bonne saison (hiver), ronde des îles autour de la Grenade : Cariacou, île du Diamant, île Ronde, les Tantes, les Sisters, île aux Cailles, Green Island, Sandy Island, Lesera Island, Port-Halifax, Saint-Georges, Grande-Anse, Blue Bay, Prickley Bay, Hardman Bay, Hog Island, Calivery Island, Port Egmond (le meilleur abri anticyclone de toutes les Antilles), Calivery Harbour, etc. Cocotiers et sables blanc : paradis. Prendre toujours la météo, tenir compte des courants, ne pas se frotter à la mafia. Excellents guides anglais et français de croisière aux Editions maritimes et d'outre-mer notamment.

Groix, île de

N'a pas perdu son caractère insulaire malgré la proximité du continent et la disparition de la grande flotte des thoniers qui furent jusqu'à trois cents à Port-Tudy. Accès franc du nord-ouest au nord. Je ne vais pas remplacer les Instructions nautiques. Juste signaler Port-Saint-Nicolas, sur la côte sud, le plus calme et le plus beau. Mais toute beauté a son prix, et les mouillages ne font pas exception. Port-Saint-Nicolas n'est protégé que des vents de terre, et si la brise ou la houle tournent au sud, dérader d'urgence. C'est le tarif à payer.

Guinée

Pour le meilleur et pour le pire, fait partie du patrimoine nautique. Désigne à la fois :

— une cotonnade, le plus souvent de couleur bleue utilisée dans les échanges des trafiquants avec les populations côtières d'Afrique ;

— cette côte d'Afrique qui va aujourd'hui du Liberia au Cameroun, entre le cap des Palmes et le delta du Niger, le ventre creux du continent ;

— une pièce d'or.

Gulf Stream

Quand j'étais enfant, dans la propriété des cousins à Granville, la Croix du Lude, il y avait quatre palmiers. Ils étaient pour moi des objets de vénération. Pourquoi, comment, des palmiers à Granville ? Les aînés répondaient d'un air savant : le Gulf Stream. Vaste courant chaud de l'Atlantique Nord que je considérais donc comme une sorte de divinité barbue et bénéfique.

Découvert dès 1513 par l'Espagnol Alaminos. Ses eaux partent de la zone tropicale, se renforcent dans le golfe du Mexique (d'où son nom), traverse l'Atlantique, touche les côtes d'Europe en Bretagne, en Irlande, jusqu'à la Norvège. Le prince Galitzine en 1901 l'avait suivi au-delà du cap Nord dans l'Arctique. Quatre à cinq nœuds au départ dans le canal de Floride, moins d'un nœud à l'arrivée. Benjamin Franklin, qui l'avait étudié, avait trouvé la façon de détecter pour un navire s'il était *dans* le Gulf Stream ou en dehors. Parce que rien n'apparaît en pleine mer. Simple et génial : tremper dans l'eau un thermomètre. L'écart de température est d'un à deux degrés au moins, beaucoup plus net que toute évaluation du courant lui-même. Franklin avait caché sa découverte le temps de la guerre d'Indépendance. Avec un thermomètre, les troupes anglaises du roi George auraient gagné une semaine, en restant en dehors du Gulf Stream, pour amener des renforts contre les insurgés américains. Secret-défense.

h

H

Huitième lettre du code international des signaux. Vocal : Hotel. Ex-Henri. En morse : quatre points. Envoyé seul : « *J'ai un pilote à bord.* »

Hache

La hache d'abordage a été pendant des siècles l'arme de la marine. Elle avait d'un côté un tranchant, comme toutes les haches, mais de l'autre, côté manche, une pointe en fer. Pour attaquer un navire de haut bord à trois rangs de canons, très souvent à partir d'un bateau beaucoup plus petit et bas sur l'eau (voir le *Renard* de Surcouf), les corsaires, flibustiers, pirates, plantaient dans le flanc de la coque de l'ennemi les haches par la pointe pour en faire une échelle.

Hache d'honneur. « Il sera décerné des récompenses nationales aux guerriers qui auront rendu des services éclatants en combattant pour la République... », proclame l'article 87 de la constitution de l'an VIII qui établit le Consulat.

Avec Bonaparte en Italie et en attendant la Légion d'honneur qu'il aura bien du mal à imposer, la remise de telles armes d'honneur s'est multipliée et l'usage en sera codifié au cours de la campagne d'Egypte. Fusils et sabres-briquets pour les grenadiers et soldats, pistolets d'honneur pour les officiers, baguettes pour les tambours, fouets d'honneur pour les conducteurs du train d'artillerie... Un décret de l'an X ajoutera à la liste des *haches d'abordage d'honneur pour les marins*. Elles étaient portées soit à hauteur du troisième bouton, soit sur le baudrier du sabre.

A titre honorifique, j'ai une hallebarde devant ma porte. Il y a longtemps que le matelot qui devrait la tenir a été remplacé par deux clous-crochets en cuivre.

Hambourg

Pour tout marin, un nom de cinéma (comme Anvers ou Valparaiso). Grand port, grande ville, les sirènes des navires, la pluie sur le bitume, Sankt Pauli. Tête de ligne de la Hamburg-Amerika Line. Le portugais pour le Brésil y était davantage enseigné que le français. La fondatrice avec Lübeck en 1188 de la Ligue hanséatique. Napoléon en fit le chef-lieu du département des Bouches-de-l'Elbe. Le département est bien oublié, mais les bouches de l'Elbe sont restées aujourd'hui le premier port non seulement de l'Allemagne, mais de Prague et de l'Europe centrale.

Hanse

Association de villes libres, maritimes et commerçantes fondée au XIIe siècle par Lübeck et Hambourg en Allemagne du Nord, Londres en Angleterre, Visby dans l'île de Gotland en Suède, Bruges en Flandres, Bergen en Norvège, Novgorod en Russie. La Hanse comprendra jusqu'à soixante-dix villes, dont Cologne sur le Rhin, Francfort sur l'Oder, Riga dans les pays baltes et des comptoirs sans nombres en Italie. Gouvernée par une diète. Ces négociants bourgeois ont été aussi puissants que les rois et empereurs pendant quatre siècles, les faisant même parfois céder (notamment le roi du Danemark qui prétendait contrôler ses détroits). La guerre de Trente Ans et l'apparition d'Etats nationaux à la vocation maritime forte au XVIe siècle, Angleterre et Pays-Bas, vont mettre fin à leur règne. Parfois, quand on médite sur cet exemple de liberté et de prospérité gérées et défendues en commun, on peut se dire que l'Europe est derrière nous.

Il y eut au Moyen Age une Hanse parisienne qui avait le monopole des transports par eau de Mantes jusqu'aux ponts de la ville. Son prévôt était le maire de Paris, ses armes sont encore celles de Paris. Ses privilèges ne furent abolis qu'en 1672, pour être remplacés par un impôt d'Etat. Rien à voir avec la Hanse des pays du Nord.

Haute mer

Très belle expression qui n'est pas seulement le contraire de basse mer. Non, c'est le large par rapport à la côte. La définition se complique de considérations juridiques sur la souveraineté qui était de trois milles de la côte, est maintenant de douze, mais avec une zone d'intérêt économique de deux cents. Elle est encore différente de l'adjectif « hauturier » qui, dans la marine marchande, a son sens particulier. Le critère était que la navigation ne pouvait plus se faire par relèvements d'amers, mais seulement par point astronomique. Il reste que la mer du large, la mer libre, est dite haute.

Hélice

Du grec *elissein*, enrouler. Application de la vis sans fin d'Archimède à la propulsion des navires puis des avions. Le premier bâtiment à hélice est en Angleterre l'*Archimède* en 1838, en France l'aviso *Corse* en 1841.

Une invention se juge à son utilité, certes. Aussi à sa beauté. Le dessin d'une hélice est à la fois naturel, on le trouve dans les coquillages, dans les végétaux, dans le programme génétique humain, et de la plus pure abstraction mathématique. Mais entre la vis sans fin, connue depuis le IIIe siècle avant notre ère, et l'application mécanique à la marine, plus de vingt siècles. Les croquis de Léonard de Vinci où on peut lire l'hélicoptère, le char d'assaut, le sous-marin sont riches en vis sans fin d'Archimède. Que lui a-t-il manqué pour découvrir l'hélice ? L'énergie. Une source nouvelle d'énergie qui ne soit pas humaine ou animale. Ce qui est le plus évident n'est pas toujours ce qui est découvert. A titre de comparaison, le cheval est domestiqué depuis le néolithique. Il faudra attendre le début du XIIe siècle pour découvrir que la force du cheval n'est pas de tirer avec le poitrail, mais par les épaules. Le collier d'attelage, le harnais, va multiplier par deux les capacités des transports et permettre le grand essor urbain des XIIe et XIIIe siècles.

Même si Frédéric Sauvage en 1837 dessine l'hélice ; si le *Francis-Ogden* du Suédois Ericsson, à vapeur et hélice, a remonté la Tamise à huit nœuds en 1836, si Swithe en Angleterre l'adapte à la navigation maritime en 1839, c'est un autre mécanisme de propulsion qui va d'abord l'emporter : celui de nos moulins au fil de l'eau, la roue ! Le rustique précède le simple. Le fameux paquebot *Great Eastern*, 1853, 200 mètres de long, des milliers de mètres carrés de voiles, des milliers de passagers, sur lequel Jules Verne traversera l'Atlantique, a été d'abord un bateau à *roues à aubes*. Si aujourd'hui on appelle familièrement un moteur auxiliaire le « moulin », c'est peut-être un hommage tardif.

Henri le Navigateur

Prince portugais (1394-1460), troisième fils du roi João Ier, qui a fondé à Sagres, à la pointe sud-ouest de l'Europe, un arsenal et une académie où tout ce qui touchait à la mer, de la construction navale à l'astronomie, était pratiqué, comparé, enseigné. Victoire de l'esprit. Le fondateur et l'animateur du prodigieux essor maritime portugais qui va conduire ce peuple peu nombreux à peine sorti de la domination arabe à découvrir le monde, de Ceuta au Japon, lui-même *n'a jamais navigué.*

Hier, aujourd'hui, demain

A peu près à mi-course de ce dictionnaire amoureux de la mer, je m'interroge. N'ai-je pas trop, dans les mots et les références, privilégié la voile et le passé ? Les grandes découvertes, les gréements anciens, les bastaques ou les galhaubans, les bossoirs et les passavents, à border l'artimon, un vocabulaire comme une langue à part ? Il y a des marines que je ne connais pas. Je n'ai jamais embarqué sur un supertanker. Une seule fois sur un paquebot de plaisance dans les Antilles, où j'étais en charge de l'animation télévisée pour les passagers. Je connais mieux hier qu'aujourd'hui et demain.

Hier doit servir aujourd'hui. A bord d'un porte-container qui navigue sur pilote automatique commandé d'un centre directionnel basé à Rotterdam ou à Chicago, dont l'équipage, réduit à une douzaine, est philippin, le capitaine grec et le pavillon du Liberia, quels sont leurs *mots*, en anglais sans doute ?

Dans la Marine nationale, est-ce le type de commandement qui induit le vocabulaire, l'électronique de combat ou la nature de l'arme nucléaire des sous-marins aux aguets sous la calotte polaire ? Dans l'aéronavale, on a son langage : hibous pour les vols de nuit, chiens jaunes pour les responsables de l'appontage. On dit « à 11 heures » pour désigner l'objectif, et non « dans le 330 ». Les sous-mariniers, eux, détaillent les chiffres : « Au trois, trois, zéro » ! Ils comptent en milliers de mètres. Le vieux M. Larousse disait : « Un dictionnaire sans exemple est un squelette. »

Les problèmes nautiques, route, gros temps, avaries, ont-ils changé avec la taille des navires et le mode de propulsion ? Certes. Mais la tempête reste la tempête, et il n'y a pas que des navires pourris sous pavillon de complaisance qui cassent en mer ou sont jetés sur la côte. Aujourd'hui, statistique des Lloyds, plus de cent bateaux importants par an se perdent par fortune de mer. Un tous les trois jours. Les problèmes techniques et *moraux* du commandement, même s'il y a GPS *(Global Positioning System)* et liaisons directes avec la terre, n'ont pas disparu. Qui, et comment, et pourquoi, va crier l'ordre dramatique : *« Abandon ship ! »* Ma mère et ma grand-mère se souvenaient d'avoir entendu, la gorge serrée, le capitaine d'un paquebot mixte (voile et vapeur) pris dans un typhon lors d'une traversée de l'océan Indien lancer l'ordre « A abattre la mâture ! ». Et tous les passagers, y compris ceux de première classe en habit, se jetaient sur les haches pour couper les haubans... la vie ou la mort. Le capitaine Carlsen, en restant seul à bord, avait donné toute sa dimension au problème. Le chapitre douloureux des passagers clandestins, simple épisode romanesque dans le passé, n'est pas près d'être fermé. La piraterie, qu'on croyait disparue à jamais, sévit dramatiquement, chaque jour un peu plus, mer de Chine, Philippines, Caraïbe, golfe de Guinée. *« Mayday, Mayday, we are attacked by pirats »*, je l'ai entendu de mes oreilles en rade de Singapour. Les pirates attaquent par l'arrière en route, par la chaîne d'ancre, au mouillage (même un bateau de la marine de guerre soviétique, dans le détroit de Malacca), comme au temps de Barbenoire et de Rackham le Rouge. Personne n'est à l'abri. Faut-il se battre ou se rendre ?

J'ai beaucoup étonné une promotion de Navale à bord de la *Jeanne* en essayant de lui expliquer qu'en plus des « gesticulations » nucléaires et des contre-mesures électroniques, les questions humaines et politiques à traiter personnellement ne disparaîtraient pas. Notre monde est devenu si incertain, l'adversaire si divers, les distinctions traditionnelles, paix et guerre, civil et militaire, front et arrière... si aléatoires que la mer réserve aux hommes de mer surprises et responsabilités. Je l'ai vu personnellement en mer de Chine. La marine n'est plus à voile. L'océan reste l'océan. Les hommes, des hommes.

Les tonnages et les techniques évoluent sans cesse. Ce sont les *moyens* de la puissance. L'Histoire reste, avec ses leçons. La géographie reste, avec ses caps et ses détroits. L'an 2000 a vu des ouragans dévastateurs qui ont pris au dépourvu tous les systèmes d'alerte. Le temps qui passe est moins fort que le temps qu'il fait.

Le dieu de la mer, Poséidon, a mauvais caractère. Irascible, susceptible, coléreux. Son sceptre, le trident, avec lequel il calme ou déchaîne les flots, est, avec l'ancre et le dauphin, le symbole du monde maritime. Les Anciens croyaient que les continents étaient posés sur la mer et que les tempêtes au large provoquaient les éruptions et autres catastrophes naturelles loin des côtes. Les Ethiopiens pensaient comme les Grecs. Poséidon n'est pas seulement le souverain des dauphins, mais aussi des chevaux et des taureaux. Tout ce qui est fort, libre, puissant lui appartient. N'oublions pas que Poséidon est *le frère aîné* de Zeus, dieu des dieux, et qu'il est le roi non seulement des mers, mais *des terres qui tremblent.*

L'épouse de Poséidon est Amphitrite, petite-fille du Titan Océan. Coureur invétéré, il l'a trompée avec plus de divinités, de nymphes et de créatures diverses que tout l'Olympe réuni, laissant une progéniture innombrable et peuplant le ciel d'enfants naturels : pour les protéger, il les transformait en étoiles. Il est le seul à avoir aimé la gorgone Méduse. Il est le roi des amours impossibles et des transformations terrifiantes. Les Mystères, c'est encore lui. Déméter s'était muée en jument pour lui échapper, mais Poséidon prit la forme d'un étalon. De cette union naquit une fille, la déesse Desponia, dont personne ne peut dire le vrai nom, mais seulement ce surnom qui signifie : *la maîtresse.*

Demain, comme hier, comme aujourd'hui, qui domine la mer dominera la terre. Nous avions mis le président Habib Bourguiba, père de l'indépendance de la Tunisie, en prison pour nationalisme à Marseille. En novembre 1942, les Allemands envahirent la zone libre, le libérèrent en tant que « victime de l'impérialisme français », mais Hitler eut l'idée de l'« offrir » à son allié Mussolini, le Duce ayant toujours eu des vues sur la Tunisie particulièrement. Mussolini lui proposa de le ramener à Tunis, avec en cadeau l'indépendance de son pays. Bourguiba m'a raconté qu'il avait hésité. Dire oui, c'était gagner dix ans sur le processus d'indépendance. Personne ne pourrait revenir en arrière. Mais entrer à Tunis sur un cheval blanc fourni par l'Italie fasciste posait un problème. Il s'est alors demandé, m'a-t-il confié : « Quel est le personnage de l'Histoire que j'admire le plus au monde ? Napoléon. Napoléon a été finalement vaincu. Pourquoi ? *Parce qu'il ne dominait pas la mer.* Hitler et Mussolini ne dominent pas la mer. Ils seront vaincus. Donc c'est non. » Et en quelque sorte dans la foulée, il me récita le poème de Victor Hugo. *« Waterloo, Waterloo, morne plaine... »*

Homme à la mer

Le plus dramatique des accidents. Personne n'a osé revendiquer la formule : « un homme qui tombe à la mer n'a pas sa place à bord ». Tomber à la mer et voir impuissant son bateau s'éloigner doit dépasser, en souffrance bien des tortures.

A la voile, au portant, dans les cinquantièmes rugissants et hurlants, la récupération est un tour de force puisqu'il faut être capable de remonter au vent contre la mer, sans passer sur sa barre, pour se mettre à la cape et avoir une chance – une sur combien ? – de sauvetage. La procédure théorique existe. La pratique est nécessaire. L'examen de navigation que j'ai subi pour devenir membre d'un club anglais de voile était essentiellement la manœuvre de l'homme à la mer. Le moniteur embarquait et, sans prévenir, jetait une bouée à la mer pour voir comment, et en combien de temps, le barreur, après le « 8 » réglementaire, venait mourir doucement sur l'objectif. L'océan le plus déchaîné peut aider. On connaît le cas d'une lame énorme qui couvre le bateau et enlève un marin sur le pont, et une lame suivante, aussi énorme qui le redépose à bord ! Dès que le cri retentit, « un homme à la mer ! », il faut désigner un membre de l'équipage *qui ne le quittera plus des yeux*, tout en jetant par-dessus bord tout ce qu'on a sous la main, et qui flotte, bouées ou coussins pour marquer la zone. Le bouton du GPS qui inscrit automatiquement la longitude et la latitude, à quelques dizaines de mètres près, peut rendre ces vieilles leçons obsolètes, sauf si on a oublié de l'enclencher ou s'il y a panne de courant...

Ailleurs j'ai raconté plusieurs cas d'hommes tombés à la mer et qui ont été sauvés par un extraordinaire mélange de calcul, d'énergie, de chance, de victoire sur le désespoir. Sur un bateau français de compétition qui n'est plus en course, un homme tombe à la mer. Branle-bas de combat, toutes les procédures sont mises en œuvre. Il n'y a pas encore d'alarme GPS. La nuit vient. Impossible de retrouver le camarade. Le skipper multiplie les calculs, les manœuvres. Rien. La nuit se passe, et la journée qui suit. Le soir tombe. La mer est calme. Rien. Le skipper abandonne. Un des équipiers dit : « Il y a un drôle de nuage, là-bas. Une colonne blanche. Comme une trombe. » Le skipper prend ses jumelles. « On vire de bord. Le moteur à fond. Droit dessus. » C'était une colonne d'oiseaux de mer qui tournoyaient au-dessus du naufragé pour se jeter sur lui dès qu'il se laisserait aller. Les oiseaux de mer n'ont jamais été très bien vus des marins de la marine en bois. Ils avaient la réputation d'attaquer par les yeux les hommes à la mer. Pour une fois...

Hoquet de la mer

Phénomène constaté parfois de la mer du Nord au golfe du Bengale et sur les côtes américaines : détonations sourdes, brumes très locales, formations temporaires de dômes d'eau. Pas d'explication, en tout cas aucune de vraiment convaincante. Microséisme, gaz volcanique, échos d'ondes diverses... Nos amis belges lui donnent le nom pittoresque de *Mistpouf.*

Hugo Victor (1802-1885)

« Qu'allez-vous faire à Jersey en exil ?
— Regarder l'Océan. »

Superbe. L'Océan bien sûr ne se voit pas des îles Anglo-Normandes. Regarder seulement la mer aurait paru un peu plat à l'auteur. Pas à son niveau. « Le plus grand poète français, hélas ! » dira un de ses confrères. Non – Mais peut-être le plus grand musicien. A écouter. La symphonie est aussi un genre littéraire.

Hydre

On peut s'étonner qu'il y ait deux constellations appelées Hydre, une femelle et une mâle. L'Hydre mâle se situe entre le Grand Nuage de Magellan et le Petit Nuage de Magellan. Ce voisinage n'a pas dû être favorable aux accouplements... Il n'y a pas d'Hydre enfant.

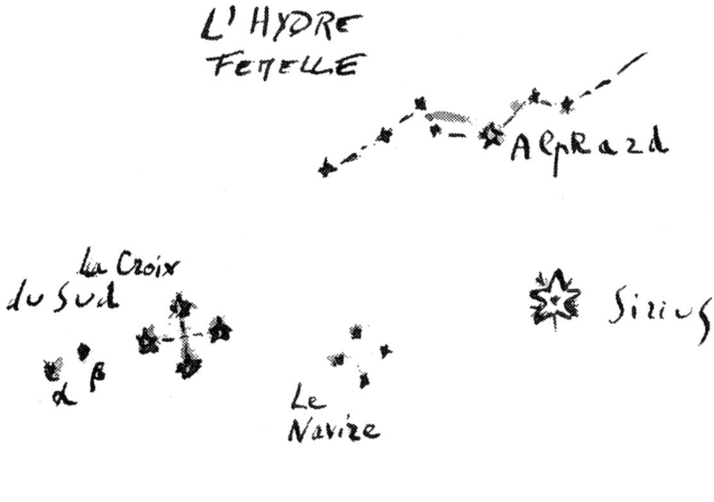

i

I

Neuvième lettre du code international des signaux. Vocal : India. Ex-Isidore. En morse : deux points. Envoyé seul : *« Je viens sur babord. »*

Iceberg

Masses détachées des glaciers de l'Arctique et de l'Antarctique qui peuvent faire 50 mètres de haut et 250 mètres de profondeur et, qui constituent un danger majeur pour la navigation (ligne rouge sur les *pilot charts* de l'Atlantique). Le *Titanic*, ce gigantesque paquebot « insubmersible » et ses quinze cents victimes, la nuit du 15 au 16 avril 1912, en est le plus célèbre exemple.

Les glaces flottantes plus petites, aussi redoutables

pour les bateaux notamment les concurrents de tours du monde qui descendent très au sud de l'océan Indien, sont appelées des *growlers*. Autrefois les navigateurs français disaient des « bourguignons ». Pourquoi ? Je ne sais pas. Les *hummocks* sont des amas de *floes* pressés les uns contre les autres par le vent, la mer, les courants. Les *floes* sont des plaques de glace arrachées à la banquise, etc. Tous à éviter. Si on ne voit pas les icebergs, on les sent. Ils ont une odeur. Encore faut-il être sous le vent. On pourrait peut-être dire « le nez marin », et pas seulement le pied. Seul saint Brandan, avec les yeux de l'âme, en rencontrant un iceberg avait pu y voir une île belle comme une cathédrale de cristal.

Iles

Au premier rang de l'imaginaire maritime. Toutes les îles sont « au trésor », et pas seulement pour Stevenson. Toutes les îles sont mystérieuses, et pas seulement pour Jules Verne. Le bonheur est une île au loin. Les notaires et les marchands de biens vous diront que de toutes les propriétés ce sont celles les plus demandées. Mais aussi celles qui changent le plus souvent de main : *vivre comme un îlien est plus difficile que de désirer une île.*

Elles sont l'escale du rêve, de l'or, de la gloire. Les Hespérides, les « nymphes du couchant », gardaient, aidées par un dragon, le jardin fabuleux aux pommes d'or qui donnaient l'immortalité. Après les colonnes d'Hercule, le détroit de Gibraltar, loin, très loin, là où le soleil disparaît dans la mer. On identifia les Canaries avec les îles Fortunées que les géographes anciens plaçaient aussi quelque part à l'ouest dans l'Océan. D'ailleurs, bien avant la découverte de l'Amérique par Christophe Colomb, les géographes avaient semé l'Atlantique d'îles mystérieuses, certaines accueillantes, d'autres terribles, et qui étaient comme les avant-postes d'une frontière inconnue, les

escales d'une destination qui n'existait pas encore. Parfois elles apparaissaient ou disparaissaient. Des monstres pouvaient y dévorer les navigateurs trop audacieux. Des femmes au corps parfumé les accueillir, et telle Circé dans son île, en faire leurs esclaves.

Ce phénomène des îles qu'on voit, puis qu'on ne voit plus, a toujours existé. Les annales maritimes du XXe siècle n'en manquent pas avec relevés très précis. Alexandre Dumas en a tiré une nouvelle hilarante où le royaume de Naples et la British Navy se disputent une terre inconnue au milieu de la Méditerranée. Elle aura le bon goût de disparaître avant de provoquer une vraie guerre. Tous les participants seront quand même hautement décorés. Mirages ? Masses de bois et d'arbres arrachés à la côte ? Phénomène volcanique ? Qui sait... Au milieu de l'Atlantique, les anciens plaçaient sans hésiter Saint-Brandon, Antilia, Brazil, dont les celtisants disent que le nom n'a rien à voir avec le bois médicinal et tinctorial qui fit la fortune de l'Amérique du Sud portugaise mais vient de Breizh. Aux îles de l'Ouest se trouvait le royaume des morts. Dans celles du Nord, celui des mauvais génies. Vers le sud, plus on s'approchait de l'équateur – nos anciens croyaient que l'or se formait dans la terre par la chaleur du soleil – plus les chances de trouver l'or, l'Eldorado, augmentaient.

Le bonheur, la fortune, la gloire. Rien ne vaut un archipel pour le tourisme nautique. Il y en a de si célèbres. Tahiti et les îles de la Société dans le Pacifique, les Petites Antilles dans la Caraïbe, Madère et les Canaries dans l'Atlantique, Maurice, les Seychelles, les Maldives dans l'océan Indien, les Baléares, Capri. Les Cyclades en Méditerranée. Pourquoi ? Parce que le rêve est toujours en forme d'île.

Même si le rêve trop partagé n'est plus tout à fait un rêve.

Loin des foules il existe un archipel merveilleux, dans la Baltique, les îles Äland entre Suède et Finlande, à l'entrée du golfe de Botnie, 18° de longitude est, 60° de latitude nord. 6 500 îles et îlots. 23 595 habitants. Environ 3,6 par île en moyenne. Des rochers de granit poli. Quelques sapins, parfois solitaires, accrochés on ne sait comment, perchés sur la mer. Une cabane blanche. Une estacade en bois plus longue que l'îlot. Une barque au mouillage. Mais pour celui qui passe au large, une image de sérénité, de silence, de paix maritime.

A l'autre extrême de la planète, presque aux antipodes, entre Nouvelle-Guinée et Nouvelles-Hébrides, les îles Salomon. 10° de latitude sud, 160° de longitude est. Ce qu'il y a de plus noir comme archipel noir. Du temps de nos grands-pères, c'était encore une terre mystérieuse et hostile, peuplée de Mélanésiens farouchement cannibales et que seuls fréquentaient des trafiquants blancs dont les goélettes venaient ramasser le coprah et surtout négocier avec les rois de la côte l'embauche de milliers de travailleurs pour les plantations du Queensland en Australie. Jack London, dans les *Contes des mers du Sud*, les a mieux décrites que tous les géographes et historiens. Massacres, trahisons, aventures de mer et de terre, du sang et des perles. Notamment Malaïta, la plus effroyable. L'histoire du Canaque travailleur forcé, livré par son roi, qui est prolongé de « contrat » en contrat par un patron haineux qui l'écorchera vif avec un gant en peau de requin ; combien d'années il attendra pour l'écorcher à son tour, retrouver sa liberté, et devenir roi lui aussi. L'histoire de la dent de cachalot, cadeau si rare, si noble, que si on l'accepte on est tenu de donner en échange tout ce que celui qui l'a donné voudra. Et comment en conséquence un pasteur blanc, aussi enthousiaste que naïf, va finir rôti dans le four du potentat local. Et l'histoire du vieux chasseur aveugle qui tue à l'oreille ses ennemis rampant vers lui dans la jungle. C'est aussi l'une des plus belles histoires d'animaux que je connaisse : celle d'un chien, *Jerry dans l'île*.

J'ai choisi d'évoquer les îles Salomon pas seulement parce qu'elles sont inconnues du tourisme, mais pour leur nom. Ce n'est pas celui d'un navigateur hollandais ou d'un gouverneur allemand. Non, c'est le nom du roi de l'Ancien Testament, celui du jugement de Salomon et de la reine de Saba. Et pourquoi au cœur ténébreux du Pacifique ? A cause des mines du roi Salomon. Sur leurs caravelles, les découvreurs des mondes sont guidés par les étoiles et quelques mythes qui ont franchi les siècles : l'Atlantide, le Prêtre Jean, royaume ami derrière l'Islam, le pays d'Ophir qui, à l'est et au sud, est celui des mines d'or du roi Salomon. Quand Mendena de Nera découvre cet archipel obscur en 1568, il fabule, comme le fera Kerguelen avec la France australe deux cents ans plus tard. Au lieu de décrire ces rivages mangés de forêts impénétrables et peuplés de populations hostiles, il prétend avoir abordé aux îles Fortunées, aux Hespérides, aux fabuleuses mines d'or du roi Salomon lui-même. Et il nomme les îles : Salomon. Que le nom donné crée la réalité. Il raconte ce qu'on avait envie d'entendre à Manille comme à Madrid. Sa veuve, la jeune et douce Isabelle, qui ne l'est pas tellement, va s'échapper de cet enfer avec le cercueil de son mari et son amant pour pilote. Elle en rajoutera encore sur les mines du Sage de l'Ecriture. Quel film ! Trente ans après, des expéditions seront encore envoyées rapporter l'or. Aucune ne reviendra jamais. La mer, la jungle, les hommes ont fermé leurs tombeaux. Comme ils le fermeront sur La Pérouse, qui lui aussi cherchait les îles Salomon. L'abbé Grégoire, évêque révolutionnaire fameux, écrivit en 1797 un opuscule célébrant les bonheurs de ces îles aux paysages enchanteurs peuplés de « bons sauvages ». L'abbé juge : On y est très loin des horreurs de Robespierre... Il connaissait mieux Robespierre que la Mélanésie.

Comment naît *L'Ile au trésor* ? Stevenson est le mieux placé pour le raconter. Un jour de pluie, il est à la maison et veille sur son beau-fils, écolier qui fait ses devoirs. Il s'ennuie. Pour se distraire, il dessine une carte. Puis l'idée le prend de donner des noms à ses caps, ses baies, ses abords. Des noms imagés qui chantent les tropiques ou la flibuste. Et quand les noms de lieux sont donnés, il passe aux hommes, aux personnages. John Silver, le pirate à la jambe de bois. Le rêve crée la réalité. « On dirait... », disent les enfants dans leurs jeux. On dirait qu'il aurait sur l'épaule un perroquet qui répéterait « pièce de huit, pièce de huit », la monnaie d'or des conquérants espagnols. On dirait que dans l'île il y aurait un trésor. On dirait que le narrateur serait d'ailleurs un enfant qui aurait entendu les comploteurs, caché dans un tonneau de pommes. Que dans le coffre du capitaine, on aurait trouvé...

Les îles Cocos, à 350 milles marins du Costa Rica. Le 15 mars 1845, un capitaine de goélette espagnol recueillit un naufragé épuisé et délirant qui n'était plus capable de prononcer qu'un seul mot : trésor. Quand il revint à lui, il dit son nom, Keating, et nia avoir parlé de trésor. Keating mentait. Il l'avait trouvé la veille de son naufrage. Grâce à une vieille carte donnant son emplacement exact. Avec des associés à Terre-Neuve, il avait monté une expédition spéciale pour venir le prendre. Comme dans *L'Ile au trésor* se pose le problème du partage. Son équipage en veut trop. Keating cherche à fuir avec l'or. Il coule. Mais la plus grosse part du trésor reste aux Cocos. 1896, quarante et un ans plus tard. Un navire de guerre anglais est mouillé devant l'île. Le capitaine Schrapnel, commandant du *Haugty*, cherche à retrouver le trésor, à son compte. L'Amirauté fronce le sourcil. Schrapnel démissionne et repart aux Cocos. Mais l'île est maintenant surpeuplée de chercheurs de trésor qui se battent entre eux. Juste avant la dernière guerre mondiale, on estimait leur nombre à une centaine. Si quelqu'un a trouvé, il n'en a rien dit. Le trésor attend toujours.

Toutes les îles sont « au trésor ». Le Pacifique, l'océan Indien, l'Atlantique. L'île de Tristan du Cumha. L'île désolée de la Trinidad à plus de 600 milles de Rio de Janeiro, cache celui du pillage d'églises péruviennes en 1820. Quand Knight grée un yacht, *L'Alerte*, une centaine d'associés se proposent. Knight en choisit neuf, et, le 20 novembre 1889, mouille dans la seule baie de l'île sauvage. Il a la carte. Il conduit les travaux. La première grotte au trésor est vide. La deuxième grotte au trésor, vide elle aussi. A la troisième, Knight comprend qu'il n'était pas le premier.

J'ai connu à Tahiti, à Papeete, où les histoires de trésor ne manquent pas non plus, un notaire fort compétent qui avait acheté un atoll où la tradition situait un trésor, loué les services d'un radiesthésiste allemand, acheté un bulldozer grand modèle et qui, pendant des années, n'a cessé de faire des trous plus coûteux les uns que les autres. L'île au trésor est un rêve qui n'est pas près de mourir.

Les îles sont des escales merveilleuses où trouver non seulement l'or, mais la puissance et la gloire. Devenir roi.

Telle est l'histoire du matelot Joseph Kabris, prisonnier des Anglais lors des guerres de la Révolution, embarqué sur un baleinier pour échapper aux pontons de la Navy en 1796. Son bateau coula devant l'archipel de Mendoza. Avec un autre matelot, Roberts, ils nagèrent accrochés à un espar jusqu'à une plage brûlante où ils s'écroulèrent de fatigue. Quand ils se réveillèrent, ils crurent d'abord être les victimes d'un cauchemar : des Noirs, le visage et le corps peints, les entouraient en riant. C'est clair, ils allaient être mangés. Enfermé dans une case, Kabris reçut la visite du roi local, puis d'une jeune femme au crâne rasé qui l'examinèrent longuement. Deux jours plus tard, on le revêtait d'ornements, on chantait, on dansait autour de lui. On fêtait son sacrifice ? Non, son mariage. Avec la fille du roi, celle qui avait le crâne rasé.

Il s'adaptera à toutes les coutumes locales, notamment être intégralement tatoué. Il se montrera si vaillant dans les guerres contre les autres tribus que son beau-père le choisira comme successeur. Deux ans après son naufrage, le matelot Joseph Kabris régnait à la satisfaction générale sur les îles Nuka-Hiva dans les Marquises.

En 1804, deux navires russes mouillèrent à Nuka-Hiva avec l'explorateur Krusenstern.

Kabris (qui avait changé son nom en Kabrili, plus

local) fit les honneurs de son royaume. Tout en promettant de revenir avec les richesses de la France, il partit avec Krusenstern qui le débarqua en Russie à Cronstadt, port militaire de Saint-Pétersbourg en 1806. Il comptait être reçu par le tsar. De vaines démarches en faux espoirs, il va traîner misérablement jusqu'en 1817 pour enfin être rapatrié à Calais. Il reprend confiance, s'habille en roi de Nuka-Hiva et demande à être reçu par Louis XVIII. Bon prince, Louis XVIII lui accorde audience. Mais ses ministres ne s'intéressent en rien à l'avenir des îles Marquises. Triste fin : Joseph Kabris, pour survivre, va se vendre à un cirque ambulant qui exhibera nu « le roi tatoué ». Le roi tatoué mourra rapidement de pneumonie. Et de tristesse.

La nouvelle de Kipling, *L'homme qui voulut être roi* – peut-être la plus belle de toutes les nouvelles –, se passait dans les montagnes de l'Afghanistan. Mais tous les océans connurent aussi des « hommes qui voulaient être rois ». Parfois subsistait dans une île à l'écart le mythe religieux de l'étranger de couleur blanche qui apporterait puissance et prospérité. Parfois l'étranger jouait simplement de son habileté, de sa compétence technique, de son astuce. Un Français devint l'amant de la reine de Madagascar – et quasi-roi de l'île –, ayant séduit la souveraine notamment par ses qualités de prestidigitateur. « La main qui montre empêche de voir celle qui prend », avait écrit le grand Robert Houdin. Les spécialistes de la science politique n'ont peut-être pas consacré assez d'attention à cette aventure malgache.

A la fin du XIXe siècle, un autre Français décida de créer son royaume au loin aux îles de la Nouvelle-Bretagne, entre les Salomon et la Nouvelle-Guinée.

Tout débute par une petite annonce dans la presse en juillet 1877 : « *Colonie libre de Port-Breton.* Terre à cinq francs l'hectare. Fortune rapide. » Et on souscrit ! Le fondateur de cette nouvelle colonie si prometteuse est Charles Marie Bonaventure du Breuil, marquis de Rays, un passionné des îles. Il a déjà établi des comptoirs de Madagascar à l'Indochine, sans succès. Il lui reste le manoir familial au fond du Finistère. La Nouvelle-Bretagne (quel nom prédestiné !), découverte par Bougainville, appartient en principe à la France (qui ne fera jamais valoir ses droits). Le marquis très monarchiste et très pieux a toujours rêvé de régner sur une vaste population dans l'Ordre, la Morale, le Travail. Mais comment s'assurer de cette population ? En l'amenant avec soi. Dans une île, bien sûr. Aux souscripteurs on montre les images d'une foule évangélisée, une rade qui accueille de nombreux navires, une ville éclairée par le soleil levant : tous les symboles de la paix et de la prospérité. Avec quelques phrases de langue locale utile pour le nouvel arrivant : *« Mouaourou koro malaoukou »*, qui veut dire : « Bonjour mon ami. » Cela marche. Sept cent mille francs-or de souscription et de nombreux volontaires.

Le gouvernement français s'inquiète : serait-ce un appel illicite de fonds ? Le marquis met le navire des émigrants sous pavillon américain et le fait partir de Hollande. Petits problèmes à côté de ceux de l'arrivée. En effet, le spectacle n'a rien à voir avec les mirages de la propagande. Une désolation torride.

Quand le bateau repart chercher du matériel en Australie, soixante colons décident de réembarquer et d'abandonner cette

Terre aimée avant que connue
Nouvelle France, pays d'or.

Un mois plus tard, rien ne pousse, tout est sinistre, nouveau départ par un brick de passage. Et, le 25 août, le capitaine lui-même profite d'une goélette anglaise pour gagner l'Australie. De Port-Breton il ne reste que quelques cases abandonnées. Le rêve a duré du 16 janvier 1880 au 15 août de la même année.

Ensuite, ce ne seront à Paris que démêlés juridiques et opérations de presse. Le marquis dénonce un complot contre la Morale et le Progrès. Il est le nouveau Christophe Colomb, celui de la France en Mélanésie. Les souscripteurs tiennent bon : vingt mille. Nouveau bateau, nouvelle arrivée de volontaires. Nouveau désespoir. Les derniers fidèles du roi abandonnent, définitivement. Le marquis de Rays sera condamné en 1884 à quatre ans de prison et trois mille francs d'amende. Le rêve est cher.

Le paradis n'est plus ce qu'il était. Entre les deux guerres, dans les années 30, un couple allemand quitte Berlin pour s'établir dans l'une des îles désertes de l'archipel des Galapagos, Floreana, ancien repaire de pirates. Leur idée est de jouer les Adam et Eve dans l'Eden retrouvé. Adam, qui avait décidé d'être nu, s'aperçoit très vite que l'appétit des moustiques en est violemment excité.

En mai 1934, le paysage du paradis se complique un peu. La baronne de Wagner, rescapée des années folles de Montparnasse, débarque à Floreana avec deux acolytes aux rôles assez indéterminés. La baronne a décidé de créer un complexe immobilier de luxe sur le thème du retour intégral à la nature. Publicité de luxe elle aussi. Mais sur une île, tout pose problème. L'eau, la construction, les vivres... sans oublier les moustiques ! Souscripteurs et clients tardent. La baronne décide de changer de genre : désormais elle propose la liberté sexuelle absolue. Une préédition de Sun, Sea, Sex. Les quelques yachts tournant autour de Floreana, avec des touristes à jumelles, ne suffisent pas à faire bouillir la marmite. Querelles, drames, mystères, meurtres. Chaloupe abandonnée. La baronne de Wagner disparaît. Ce scénario a viré au drame.

En plein XXe siècle, j'ai connu en naviguant dans le Pacifique une aventure que Kipling et London n'auraient pas dédaignée. L'archipel des Nouvelles-Hébrides (aujourd'hui le Vanuatu) était encore un condominium franco-britannique. Compromis diplomatique qui n'excluait pas la rivalité de règle entre coloniaux anglais et français sur le terrain. A l'abri des forêts, la population avait gardé la plupart de ses coutumes. Un mouvement, *« Nagriamel »*, si mes souvenirs sont bons, avait décidé de ne *pas voir* les Blancs. Les regards passaient au travers d'eux comme s'ils n'existaient pas. Troublante expérience quand vous en êtes l'objet. Mais un peu partout subsistait encore le culte de « John Frum », appelé aussi « cargo cult » : la conviction née des événements de la dernière guerre mondiale que la fortune viendrait du ciel, parachutée par des étrangers blancs. Pour les attirer, on dessinait avec des pierres des avions sur le sol.

Un de nos compatriotes, Corse établi à Lyon, qui n'était pas aviateur mais un bon amateur de tir au pistolet et avait des ennuis avec la police débarque dans une des Nouvelles-Hébrides, Tana. Son habileté au tir suscite l'admiration, notamment sa capacité à mettre dans la cible en lui tournant le dos. Les autorités anglaises et françaises ne s'inquiètent pas. Mais le prestige de cet ami venu de loin augmenta si vite que les populations de Tana le choisirent pour roi. Tout aurait pu se passer dans l'indifférence amusée du monde si le nouveau roi, prenant ses fonctions au sérieux, n'avait proclamé l'indépendance de l'île. Là encore, s'il avait été discret... Mais non ! il envoya une lettre au général de Gaulle, président de la République française, et une autre à la reine Elizabeth, souveraine du Royaume-Uni de Grande-Bretagne et d'Irlande du Nord, pour leur signaler conjointement qu'il avait proclamé l'indépendance de Tana et était tout disposé à un échange d'ambassadeurs. Comme tous les rois et chefs d'Etat sont censés être cousins, il signa : « Votre parent attentionné. »

Les Anglais ne réagirent pas. L'empire des Indes, qu'ils tenaient avec soixante-quinze mille hommes alors que les Indes avaient plus de trois cent cinquante millions d'habitants, leur avait donné une grande expérience des fantasmes de ce monde et des délires humains. « L'homme qui voulut être roi », ils l'avaient lu dans Kipling, ils avaient connu la même histoire en Malaisie, en Birmanie, à la frontière de l'Afghanistan, au Tibet, à Bornéo. Il n'y avait qu'à attendre. L'histoire s'effacerait d'elle-même. Mais l'administration française n'a pas la même sagesse : ce sont des juristes. Un texte est un texte. Les mots commandent. Cette indépendance proclamée était contraire aux conventions internationales (traité anglo-français de 1920) et aux règlements existants. Pour rétablir l'ordre juridique et administratif, il fut décidé d'envoyer dans cette île perdue un fort contingent de gendarmes de la Nouvelle-Calédonie.

L'affrontement risquait d'être sanglant. D'un côté

les gendarmes. De l'autre la population mobilisée autour de son roi : guerriers armés d'arcs et de flèches, de lances, de casse-têtes. Instant d'intense émotion. Il aurait suffi d'un mot, d'un geste pour que ce fût le massacre. Mais le roi céda pour la paix de son peuple, et se rendit aux gendarmes. L'administration française avait gagné. Quelques années plus tard, l'indépendance sera accordée, à *toutes* les Nouvelles-Hébrides. Oui, il n'y avait qu'à attendre.

*

Certains ont survécu dans la solitude totale d'une île : Selkirk, le modèle de Robinson Crusoé, Serrano, Fernao Lopez, John Jewitt, Daniel Foss, Timmins qui se réfugia sur un atoll désert après le naufrage de son bateau en 1914 et ne fut recueilli que onze ans plus tard en 1925. Des Japonais isolés, tout seuls dans la jungle d'îles perdues, continuèrent la guerre longtemps après la capitulation.

Toute île a son génie. Dans l'Atlantique Sud, Sainte-Hélène, découverte en 1502 par Joao da Nova Castella, eut longtemps son « monstre ». Les navigateurs portugais de passage, à l'aller et au retour des Indes par le cap de Bonne-Espérance, racontaient qu'ils avaient aperçu à terre une silhouette horrible. Des cheveux hirsutes, une face effrayante, inhumaine. Elle apparaissait un instant derrière un rocher et disparaissait tout de suite, comme apeurée par tout contact avec les navires de passage. Mais, en même temps, le « monstre » déposait à leur intention, sur la plage, de l'eau, des fruits, de la viande fraîche, tout ce que les équipages pouvaient espérer d'une escale.

Cela dura des années. Un jour, un capitaine portugais décida d'en savoir plus. On captura le monstre qui, en pleurant, raconta son aventure. Matelot puis négociant, il avait fait partie de la colonisation des Indes à Goa sous les ordres d'Albuquerque. Pour faciliter des contacts locaux, il s'était converti à l'islam. Le châtiment avait suivi, brutal : rembarquement pour le Portugal, nez et oreilles coupées. Au passage à Sainte-Hélène, il s'était enfui, honteux de retrouver Lisbonne en mutilé, objet de risée, forcé de mendier sa vie. Depuis, il continuait à fuir les hommes mais cherchait discrètement à les aider. Par pitié, qu'on le laisse dans sa solitude à Sainte-Hélène.

Finalement il accepta de revenir à Lisbonne où il fut reçu par le roi lui-même avec sympathie et honneurs. Mais il n'exprima qu'un souhait : être débarqué de nouveau à Sainte-Hélène pour y finir ses jours. En offrant discrètement aux navigateurs de passage de l'eau, des fruits, de la viande fraîche. « Le monstre de l'île » était un bon génie.

Iphigénie

Princesse grecque, fille du roi Agamemnon. Son père décida de la sacrifier aux dieux pour que le vent devienne favorable et lui permette de sortir du port d'Aulis. Tragédie de Jean Racine, opéra de Gluck, etc.

Si j'étais universitaire, j'écrirais une thèse sur les rapports de la littérature antique avec les questions de construction navale. Les bateaux grecs n'avaient ni quille, ni gouvernail d'étambot, et ils ne pouvaient donc pas remonter au près contre le vent, ce que d'ailleurs les dieux interdisaient.

Irlandaise

Prendre des ris à l'irlandaise. Ariser, c'est réduire la voile quand le vent est trop fort et que l'excès de toile rend le bateau non manœuvrable et dangereux à la barre. Autrefois, manœuvre de réduction de la voile sur elle-même à fixer par des garcettes, qui exige du métier, d'autant plus qu'elle est exécutée normalement par gros temps. Même avec les systèmes modernes d'enroulement, parfois, si on a attendu trop longtemps, la pression du vent est si forte qu'il est impossible de baisser la voile. Une seule solution qui m'a une fois sauvé la vie : avec un bon couteau, tailler dans la voile de larges coupures qui la soulageront. Vive l'Irlande.

j

J

Dixième lettre du code international des signaux. Vocal : Juliett. Ex-Joseph. En morse : un point, trois traits. Envoyé seul : *« J'ai un incendie à bord et je transporte des marchandises dangereuses. Tenez-vous à distance. »*

Java

N'est pas seulement une danse chaloupée et une virée plutôt chaude et bruyante. Désigne aussi l'île de l'Indonésie, actuellement plus de cent millions d'habitants, qui fut le grand centre des échanges avec l'Europe et les autres pays d'Extrême-Orient. Les négociants installés à Java contrôlaient l'accès aux îles des épices, Ternate, Tidore, Banda, Amton. En direction du nord et du nord-est, avec l'Annam et la Chine dont ils rapportaient le thé, les soieries, la porcelaine. A l'ouest par le détroit de Malacca, vers la Malaisie et l'Inde. Marco Polo écrivait en 1292 : *« La richesse de l'île est au-dessus de toute évaluation. »* En 1510, les Portugais, après les Arabes, débarquent. Dès 1596, les Hollandais cherchent à prendre la place, ce qui sera fait un siècle plus tard. Ils pratiquent une politique systématique de protectorat sur les souverains locaux qui sont obligés par traité de fournir chaque année les épices, en quantité et à prix fixes. Mieux que les mines d'or du roi Salomon.

Le passage de ce nom propre à l'argot n'est pas évident.

Jodelle Etienne (1532-1573)

Comme un qui s'est perdu en la forêt profonde
Loin de chemin, d'orée, et d'adresse, et de gens ;
Comme un qui en la mer grosse d'horribles vents
Se voit presque engloutir des grands vagues de l'onde.

Comme un qui erre aux champs lorsque la nuit au monde
Ravit toute clarté ; j'avais perdu longtemps
Voie, route et lumière, et presque avec le sens
Perdu longtemps l'objet où mon bonheur se fonde.

Mais quand on voit, ces maux ayant fini leur tour,
Aux bois, en mer, aux champs, le bout, le port, le jour,
Ce bien présent plus grand que son mal on vient croire.

Moi donc qui est tout tel en votre absence été

J'oublie en revoyant votre heureuse clarté
Forêt, tourmente, et nuit, longue, orageuse, et noire.

Jonque

Type de navire d'Extrême-Orient, Chine et Japon, à plusieurs mâts, arrière élevé, voiles lattées. Ce gréement a tenté plusieurs fois des Occidentaux par sa facilité à prendre des ris, comme on roule un store vers le haut.

A tenté aussi les jeunes gens français épris d'aventure. La silhouette d'une jonque, si typique de l'exotisme tropical, illustrait les affiches du recrutement militaire : « Engagez-vous – rengagez-vous dans les troupes coloniales. » Troupes coloniales a été un temps le nom des troupes de Marine.

Jusant

Marée descendante. Les mots du langage maritime sont quand même plus beaux que ceux du vocabulaire courant. Le jusant est le contraire du flot.

k

K

Onzième lettre du code international des signaux. Vocal : Kilo. Ex-Kleber. En morse : trait, point, trait. Envoyé seul : *« Je désire entrer en communication avec vous ou vous invite à transmettre. »*

Keraban

Keraban le têtu. Roman de Jules Verne, nautique par son prétexte. Un riche citoyen turc d'Istanbul a son bureau pour ses affaires sur la rive d'Europe, son palais privé sur la rive d'Asie. Il rentre chez lui où il donne une fête, mais a la surprise de constater que le passeur a augmenté ses prix : le sultan a mis une taxe nouvelle pour la traversée du Bosphore. Keraban refuse de payer cet impôt abusif. Il rentrera chez lui, mais en faisant le tour de la mer Noire par la Bulgarie, la Roumanie, la Bessarabie, l'Ukraine, la Crimée, les différents pays du Caucase et enfin l'Anatolie. La fête aura un peu de retard.

Kersauson, Olivier de

Un ami. Et un marin. Je l'ai admiré notamment quand, deux fois parti pour battre le record du *Jules-Verne*, il a décidé après plusieurs jours de mer de revenir, considérant que la météo ne lui laissait pas de chance de gagner. La facilité aurait été de continuer. Le courage était de voir la réalité et d'en tirer les conséquences. On peut imaginer les ricanements de la classe. Il est reparti une troisième fois et a gagné.

Il m'a aussi fait hoqueter de rire à bord. J'espère que, à *hoquet*, il aura apprécié : *Mistpouf.*

KETCH

Ketch

Gréement à deux mâts, le mât arrière plus petit s'appelant l'artimon, que j'aime particulièrement. Une voilure divisée est plus facile à manœuvrer. Un ketch garde plus naturellement la cape. Malheureusement, les architectes navals français sont *contre.*

Kidd, William, dit le Capitaine

Pirate anglais fameux (v. 1645-1701), pendu à Londres. Au départ, il est recruté pour la lutte antipirates. Puis, comme d'autres officiers, il se laisse tenter par l'aventure à son compte personnel. Il a de riches et importants personnages dans ses relations, qui ont sans doute pris des parts dans ses gains. Ce n'est pas une nouveauté. Capturé, il se croit intouchable. Son procès va déclencher une « affaire », comme on dirait maintenant, avec intervention politique, malentendus, double jeu, exploitation publique, etc., entre le pouvoir et l'opposition parlementaire. Finalement, il ne sera condamné que pour le meurtre d'un membre de son propre équipage à qui il avait jeté un tabouret à la tête dans un moment d'énervement... Jusqu'en marchant à la potence, il croira encore que ses puissants amis interviendront et qu'il échappera au supplice.

Des trésors cachés dans les plages et les grottes lui sont attribués un peu partout.

l

L

Douzième lettre du code international des signaux. Vocal : Lima. Ex-Louis. En morse : un point, un trait, deux points. Envoyé seul : *« Stoppez votre navire immédiatement. »*

Lame

La lame est une forte vague déferlante. Par gros temps et tempête, on ne parle plus de vagues mais de lames. Elle peuvent avoir quinze mètres de haut. Des rencontres d'ondes, des mouvements sismiques peuvent produire des lames de fond d'une manière inattendue. On appelle en anglais *green waves* des vagues très hautes qui ne sont pas dans le sens général de la mer mais le plus souvent à angle droit. Elles sont particulièrement dangereuses pour un bateau en le prenant par le travers. D'habitude on en compte trois qui se suivent. Homère parlait déjà des « escaliers de la mer ».

La Pérouse

La Pérouse (1741-1788) reçoit de Louis XVI, le souverain français qui s'est le plus intéressé à la géographie et à la découverte, mission d'explorer le Pacifique tout en précisant les méthodes de calcul de point et la cartographie, sans oublier les aspects économiques et politiques : commerce des peaux et bases navales. L'expédition est sans doute la mieux préparée qui soit. Sur les flûtes *La Boussole* et *L'Astrolabe*, trois ans de vivres. Cent douze hommes sur la première – marins, soldats, savants –, cent quatorze sur la seconde. A chaque escale importante, La Pérouse envoie son journal de bord. M. de Lesseps (oncle de celui du canal de Suez), interprète de russe, débarque au Kamtchatka pour l'apporter à Versailles à travers toute l'Asie. Il y a un côté « grand reporter » chez La Pérouse qui écrit vite, bien, net. Dans un des plus beaux paysages du globe, La Pérouse crée « Port-des-Français » sur la côte nord-ouest de l'Amérique. Sans lendemain. Les Indiens attaquent. Escale de rêve chez le gouverneur espagnol des deux Californies. La Pérouse s'occupe des équipages. Une pluie permet de laver les chemises des matelots. Les officiers en emportaient plusieurs dizaines, les matelots une, nid à vermine et source d'épidémies. Mais il fallait économiser l'eau douce.

On ne se rend plus compte aujourd'hui – avec l'image de carte postale touristique du Pacifique – des risques que couraient les navigateurs en entrant en contact avec des habitants particulièrement guerriers et tout à fait cannibales. La Pérouse perd son second, Fleuriot de Langle, et un savant, physicien et naturaliste, Lamanon, tués avec une dizaine de matelots.

Ce qui est arrivé au capitaine Cook arrivera à La Pérouse. Après l'escale d'Australie, à Botany Bay, plus de nouvelles. Les expéditions de recherches vont se succéder sans résultats mais avec leur lot de malheurs. Plusieurs commandants meurent. Il faudra attendre 1827, soit *trente-neuf ans plus tard*, pour qu'un capitaine anglais, Dillon, et le Français Dumont d'Urville, en 1828, sur la base de traditions orales, puissent localiser le lieu du naufrage : Vanikoro, aux îles Salomon, celles qui portent le nom du roi de l'Ancien Testament à la sagesse et aux trésors infinis. En 1999, une expédition retrouva quelques objets très significatifs et émouvants, une fourchette gravée, un sifflet de manœuvre, un louis d'or, des balles de mousquet, une ancre, des médailles. Le drame a bien eu lieu ici. Mais comment ? Des hommes ont-ils survécu au naufrage, construit un fort, tenté de repartir par la mer, succombé aux attaques des « naturels » ? Mystère. De La Pérouse il reste le souvenir d'un marin particulièrement éclairé, le nom d'un détroit entre Japon et Sakhaline, et ces quelques bricoles qui ont échappé au sable, au sel, au temps.

Laptot

Nom donné aux matelots noirs qui servaient de façon régulière sur les bâtiments français en Afrique. A ne pas confondre avec Kroumen, Africains spécialisés dans le passage de la barre en pirogue pour le service des escales.

Lascar

Nom donné aux matelots indiens qui servaient de façon régulière sur les bâtiments français d'Orient et Extrême-Orient. Passé dans le langage courant avec un autre sens. Les mots mènent une vie indépendante.

Latitude

La latitude géographique d'un lieu est la hauteur du pôle en ce lieu. Se calcule par la hauteur du soleil ou d'une étoile, la Polaire, au-dessus de l'horizon, et se compte en degrés, minutes, secondes. Permet de définir sur quel *parallèle*, nord ou sud, par rapport à l'Equateur, on se situe. La latitude est l'un des deux éléments du point, l'autre étant la longitude. C'est à ce propos que je suis intervenu pour la première fois à l'Académie française (les jeunes doivent attendre un certain délai avant d'exprimer une opinion) afin de rappeler qu'il s'agissait d'un angle, et même d'un dièdre, c'est-à-dire l'angle de deux plans.

Il y a mille ans, les Polynésiens et les Vikings traversaient les océans sans faire aucun point astronomique. Pour garder la latitude, il suffisait en pratique de conserver le même angle par rapport à la mer et aux vents dominants. J'ai cité la « pierre de soleil » dont se servait, en plus, les Northmen. Mais la première méthode naturelle de calcul est la main de l'homme. La main ouverte, à bout de bras, est calée sur l'horizon et vous regardez si la polaire est au-dessus de la paume, ou est cachée par la paume. Suivant la réponse, vous êtes trop descendus en latitude ou trop montés. La même mesure se faisait aussi à bras tendu avec le pouce. L'astronomie n'est pas une exception. Toutes les mesures ont pour origine le corps humain : le pied, la coudée, la brasse. Le pied et la brasse (*fathom*) sont toujours utilisés sur les cartes marines anglaises.

La hauteur de l'étoile Polaire avait un inconvénient : elle ne pouvait être observée que la nuit, et

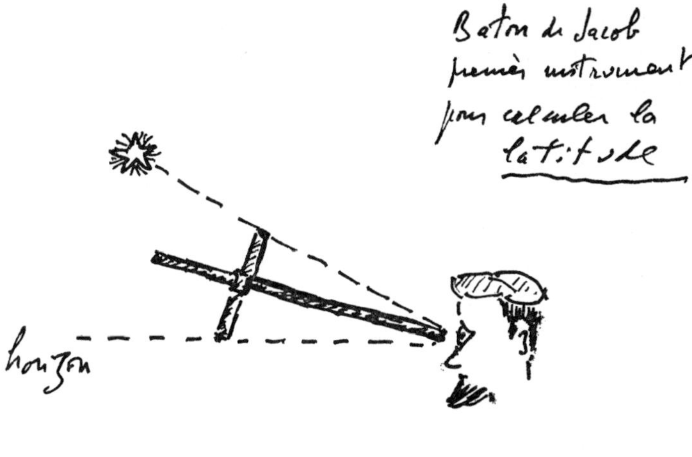

pas dans l'hémisphère Sud où aucune étoile ne possède ses qualités.

Le progrès est venu avec le calcul de la hauteur du soleil grâce à Martin de Benhain, astronome du roi Jean II de Portugal vers 1485, et à un instrument très simple en bois permettant de calculer l'angle où vous voyez le soleil par rapport à l'horizontale, le bâton de David. Après, au cours des siècles, on en arrivera au sextant. La méridienne, hauteur du soleil à midi, reste l'observation essentielle de tout point astronomique encore aujourd'hui. La latitude n'a jamais été vraiment un problème.

Léviathan

Animal marin monstrueux, symbole du monde, du mal, de l'ennemi. Peut dévorer hommes et bateaux. Règne aux Enfers sur l'un des quatre points cardinaux, le sud (alors que les monstres marins peuplent d'ordinaire les mers du Nord). L'un des deux géants de la création dont le combat avec l'autre géant, Béhémoth, marquera la fin des temps. « La terreur marche devant lui. » Mais ce monstre lui-même a peur d'un tout petit poisson, comme un ver, accroché à ses ouïes. Le nom de ce tout petit poisson est secret, ne vous en servez qu'avec discrétion : *Kilbith*.

Hobbes, le grand philosophe anglais, a appelé Léviathan la force nécessaire de l'Etat au-dessus des hommes qui, par sa toute-puissance, peut leur apporter l'ordre social et la paix. Seule la mer immense pouvait porter un tel message. Mais n'oublions pas celui du petit ver accroché à ses ouïes : l'Etat, comme tous les monstres, a peur lui aussi. La peur peut avoir peur.

Libre

A propos de la mer, il est difficile d'éviter les mots « liberté » et « évasion ». Les marins savent bien qu'il y a peu de lieux qui comporte autant de contraintes qu'un navire en mer. Revenons à des définitions précises. La mer dite libre est celle qui n'est pas prise par les glaces.

Licorne

Animal fabuleux qui n'est pas seulement terrestre mais aussi marin. Sur terre, symbole de virginité, de courage, d'indépendance (il ne peut être capturé vivant), il orne les armes les plus nobles et la tapisserie de Cluny, si belle, si mystérieuse. Pline l'Ancien, Aristote l'ont décrit, quoique en hésitant sur sa taille. La corne de près de trois mètres de long donnée par le calife de Bagdad Haroun al-Raschid à l'empereur Charlemagne, aussi au musée de Cluny, est-elle terrestre ou marine ?

Le narval hante les mers et l'imagination inquiète des marins des grandes découvertes. Il n'est pas blanc, et les jeunes filles vierges ne l'enchantent pas. Il peut de son rostre tuer une baleine ou percer la coque d'un navire. Nous en avons sa description par le moine franciscain André Thevet (1516-1592) qui effectua deux grands voyages maritimes, l'un en Méditerranée, l'autre au Brésil, en tant qu'aumônier de l'expédition de Villegagnon. En 1575, il publie une cosmographie universelle où le bon sauvage n'est pas si bon et où la licorne de mer, appelée aussi Vtelif, présente un corps de poisson à écailles gigantesques, une tête de baleine aux dents pointues, des nageoires comme des ailerons de dragon et une scie sur le front. Un monstre. Ceux qui ne croiraient pas à son existence sont priés de se reporter aux œuvres de Tintin : *Le Secret de la Licorne.* Le capitaine Haddock n'a pas pu se tromper sur le nom d'un bateau.

Ligne

En mer, ce mot a plusieurs sens.

Au commerce, relations régulières entre deux ports : la ligne de l'Amérique. En pêche : ligne de fond. En construction navale : ligne de flottaison. En formation de guerre : ligne de file. En général, cordage long et mince : ligne de loch, ligne de sonde. Mais le plus spectaculaire, c'est *la ligne*, l'équateur lui-même. Le passage de la ligne, de temps immémoriaux, est une cérémonie burlesque traditionnelle – avec travestissements, bains forcés, hommage au dieu de la mer – qui répondait à la peur de passer dans un autre monde, l'hémisphère Sud.

En 1939, l'opinion anglaise telle qu'elle apparaissait dans le courrier des lecteurs du vénérable *Times* était passionnée par deux problèmes :

– *Est-ce que les poissons dorment ?*

– *Est-ce que le petit tourbillon qui se forme au fond de la baignoire quand on la vide change de sens en passant la ligne ?* Des gentlemen se payaient le voyage en paquebot au Brésil ou en Australie pour vérifier si oui ou si non. Les analystes d'Hitler en avaient conclu que les Anglais étaient complètement dégénérés et ne se défendraient pas. De l'influence des trous de vidange et de l'effet Coriolis sur la politique mondiale.

Lion

Constellation écliptique (le Petit Lion, lui, est une constellation boréale) à la forme en crinière très reconnaissable. Regulus, vingtième sur la liste de brillance, 10 h 05 pour l'ascension droite, 12°2' de déclinaison nord, en est le cœur.

Le ciel est une étonnante ménagerie, pleine d'animaux domestiques ou sauvages. Il n'y a pas que les Ourses, grande et petite. A croire que Noé continue à naviguer là-haut.

Littérature

A quoi reconnaît-on le succès d'une œuvre littéraire ? A ce que ses personnages sont devenus des êtres vivants qui ont plus de réalité que beaucoup d'habitants de la planète. Rastignac existe. Don Juan existe. Sherlock Holmes, dont on visite l'appartement avec ses objets familiers comme un musée, existe. Question : quels sont les personnages les plus célèbres de la littérature maritime de langue française ? Réponse : le capitaine Nemo, de Jules Verne, et le capitaine Haddock, l'ami de Tintin, de Hergé.

La mer est un grand sujet littéraire. Presque tous les auteurs français, certains de façon surprenante, se sont essayés à écrire sur la mer, tentés par ce monde à part, immense et contradictoire, à la fois symbole de liberté mais aussi prison, de début et de fin, de vie et de mort. Avec sa langue, ses hommes, ses lois.

Les plus grands, je l'ai dit, sont de langue anglaise. Conrad, London, Melville. Et tous ces auteurs moins connus, jeunes gens qui, au XXe siècle encore, s'engageaient à bord des clippers comme simple matelots, le temps d'un voyage et de l'expérience d'une autre vie. Les Français, moins marins, privilégient la tempête en tant que spectacle de la nature. Dans la mer, ce sont les symboles qui comptent pour eux. L'aspect technique leur échappe souvent. Sauf à Rabelais, premier auteur français à décrire une tempête, qui se lance dans un délire verbal hilarant, une sorte de « à la manière de... » du langage naval, avec tous les mots qui lui passent par la tête pour le bonheur des mots.

« — Courage, amis, dit le pilote, le courant est refoulé. A la voile du mât de hune. Hisse, hisse. Aux petites voiles de contre-misaine. Le câble au cabestan ! Vire, vire, vire. La main à la drisse. Hisse, hisse, hisse. Dresse la barre du gouvernail. Tiens fort le garant. Pare les amures. Pare les écoutes. Pare les écoutes. Pare les boulines. Amure à babord. La barre du gouvernail au vent. Serre l'écoute de tribord, fils de pute ! ("Tu es bien aise, homme de bien, dit Frère Jean au matelot, d'avoir des nouvelles de ta mère.") Viens au lof ! Près du vent ; mais à pleines voiles. Haut la barre. ("Elle est haute", répondaient les matelots.) Coupe la route, le cap à l'entrée du port ! Que l'on amure les bonnettes. Hisse, hisse. »

Passons la description de la tempête dans le *Télémaque* de Fénelon. Les « classiques » français sont peu marins. Lesage écrit le premier roman maritime français, en 1732, entre *Le Diable boiteux* et *Gil Blas*, *Les Aventures du chevalier de Beauchesne*, récit picaresque. Les aventures d'un jeune flibustier de bonne famille où ne manquent ni les manœuvres, ni les abordages, ni les amours. On pille, on vole, on séduit. Lesage connaît Oexmelin et s'en sert. On peut préférer Oexmelin en direct. Et pour le style français du XVIIIe siècle, Bougainville : *« L'air qu'on respire, les chants, la danse presque toujours accompagnée de postures lascives, tout rappelle à chaque instant les douceurs de l'amour, tout crie de s'y livrer. »*

On peut relire aussi Bernardin de Saint-Pierre, premier récit d'une tempête vécue. Il avait eu l'idée de faire jouer du violon pour atténuer les rigueurs de la vie des équipages. Et de fonder une « poste nautique » entre Europe et Amérique par des bouteilles confiées aux courants marins. C'est l'entrée en littérature de « la bouteille à la mer » qui n'est pas près d'en sortir.

« Jamais Dieu ne m'a plus troublé de sa grandeur que dans ces nuits où j'avais l'immensité sur ma tête et l'immensité sous mes pieds. » A l'aller vers l'Amérique, le vicomte François-René de Chateaubriand prend un bain de mer, manque d'être pris par les vagues et les requins. Au retour, il est de peu épargné par les éléments déchaînés entre Jersey et Aurigny. Aurore et couchant, éclairs et tonnerre, calmes inquiétants, horizon disparu, lumières du soleil roses et vertes, levant et zénith, silence et grondements terrifiants, aucune description ne manque entre péril et espoir. Chateaubriand ou le survivant prodigieux. Il

était parti pour le Nouveau Monde afin de réaliser un des plus vieux rêves maritimes et scientifiques : découvrir le passage du Nord-Ouest, entre Atlantique et Pacifique (voir *Passage du Nord-Ouest*). Il revient avec le romantisme.

Avant les mystères de Paris, les mystères de la mer. Eugène Sue, médecin auxiliaire de la Marine, a assisté à la bataille de Navarin. Il rêve d'être un Fenimore Cooper français. L'auteur américain remporte un énorme succès non seulement avec les Indiens de la plaine, mais avec *Le Corsaire rouge*, *L'Ecumeur des mers*, *Les Lions de mer*. Il écrit *Kernok*, aventures d'un pirate qui va de massacres en amours. C'est encore du Lesage, mais en plus maritime. La critique parisienne est enthousiaste. Le pirate est à la mode.

Beaucoup d'autres auteurs français se lancent, si je peux dire, à la mer. Vigny, Lamartine, Mérimée, George Sand, Michelet ! La mer est un décor grandiose dont la tempête est toujours la peinture préférée. Et parmi les gens de mer, le corsaire ou pirate qui est une sorte de Mousquetaire ou de Mandrin bien français. Les rapports avec la réalité sont faibles. Même Alexandre Dumas, qui adore la croisière et les îles, tombe dans le piège. *La Frégate « L'Espérance »* n'est pas son meilleur roman. Victor Hugo, lui, conversera avec l'Océan par l'intermédiaire d'une table tournante. 22 et 23 avril 1854.

« Veux-tu, avant de commencer, nous dire ton nom ?

– Oui.

– Parle.

– Ton voisin.

– Qu'entends-tu par là ?

– L'Océan. »

Victor Hugo lui demande de composer *La Marseillaise* de la révolution future. Et l'Océan accepte !

« Comment veux-tu appeler ton morceau de musique ?

– Mon bruit.

– De quel nom doit-il s'appeler pour ceux qui doivent le chanter ?

– La Tonnante. »

Le lendemain, le dialogue reprend.

« Es-tu l'Océan ?

– Oui. »

Et l'Océan dicte son hymne. Celui-ci, transposé pour une flûte, le seul instrument de musique dont disposent les assistants, ne donne rien. Hugo propose de changer la clé de *sol* en clé de *fa*. Il insiste :

« Qui dit peu veut beaucoup. La mer est l'art. L'azur est l'idée. La goutte d'eau est le miroir de l'acte immense. Le fil de la lame de l'Océan est la corde de la grande lyre. Les antres de la mer sont les oreilles toujours ouvertes devant le musicien qui chante toujours. L'immensité est pleine d'oiseaux qui se posent sur le puissant orgue de Dieu comme des strophes sublimes. La mer fait la musique. Le ciel fait les paroles. »

Soit. Le plus grand auteur maritime français, c'est quand même Jules Verne. Ce n'est pas par hasard si les Américains donnèrent à leur premier sous-marin nucléaire le nom de *Nautilus*, celui du vaisseau du Capitaine Nemo. La fiction, mère de la réalité. Jules Verne n'a pas seulement voulu s'embarquer sur un navire quand il était lycéen à Nantes, pas seulement écrit *20 000 lieues sous les mers*. On a calculé que les trois quarts de son œuvre ont pour décor ou thème la mer, la même proportion qu'ont les océans sur

notre planète ! *Les Naufragés du Chancellor, Un capitaine de quinze ans, Les Enfants du capitaine Grant, Le Rayon vert, Deux ans de vacances, L'Epave du Cynthia, Face au drapeau, Les Aventures de Jean-Marie Cabidoulin*, etc., et j'allais oublier le premier, *Les Aventures du capitaine Hatteras*. Tout le monde se souvient du dernier défi dans *Le Tour du monde en 80 jours* : Phileas Fogg a manqué de quarante-cinq minutes le départ du paquebot de ligne pour traverser l'Atlantique. Il s'embarque sur un autre navire, l'*Henrietta*, dont il suborne l'équipage à prix d'or pour le détourner vers l'Angleterre, et fait brûler les mâts, les meubles, le pont, afin d'alimenter la chaudière. La victoire ultime de Phileas Fogg est un combat maritime.

Souvent on vous pose la question : quels sont vos romans préférés ? Pour moi, il y aura toujours dans la liste *L'Ile mystérieuse*. Je ne vais pas vous la raconter, sinon pour vous rappeler que vous y trouvez la clé des *Enfants du capitaine Grant* et de *20 000 lieues sous les mers*.

Dans *Voyage au centre de la terre*, qui bien sûr paraît le moins maritime de tous, que découvrent les explorateurs à la fin, au milieu de notre planète ? La mer. « *Qui eût jamais imaginé dans cette écorce terrestre un océan véritable, avec ses flux et ses reflux, avec ses brises et ses tempêtes ?* »

Officiellement, si l'on peut dire, nos grands auteurs marins sont Pierre Loti et Claude Farrère. J'ai déjà cité Claude Farrère à propos du Goncourt et du Grand Serpent de Mer. Loti, lui, est le seul lieutenant de vaisseau en activité élu à l'Académie française. « *L'étendue était remplie des bruits légers de l'eau, toujours bruissante à l'infini mais d'une manière contenue presque et silencieuse ; elle rendait un son puissant et insaisissable, comme ferait un orchestre de milliers de cordes que les archets frôleraient à peine et avec un grand mystère.* » C'est un violoniste maritime. Il est tout à fait démodé. Un jour un metteur en scène trouvera qu'*Aziadé* est un bon scénario.

Il ne faut pas oublier deux très bons auteurs français de mer : Roger Vercel (*Remorques*) et Edouard Peisson (*Parti de Liverpool, A l'est de l'éden*). Paul Chack, avec *Marins au combat*, a enchanté notre jeunesse. Et les livres des grands navigateurs, avec mention spéciale à *Slocum*, premier tour du monde en solitaire à la voile, qui peut se lire et se relire sans cesse, les mémoires, d'Alain Gerbault à Moitessier. Henry de Monfreid, romancier personnage de roman, venu aussi tard à la mer qu'à la littérature, fut une passion familiale. On se l'arrachait.

Un bon choix de livres à bord est une nécessité. Un éditeur devrait composer la bibliothèque idéale du marin : *Lord Jim, Typhon, Les Mutinés de l'« Elseneur »*, ceux qui viennent d'être cités, et les autres, y compris les contemporains, en format acceptable par un équipet.

Livarde

En Méditerranée, la livarde se nomme baleston. Un dictionnaire se doit d'abord d'être utile.

Lof, Lofer

Mot d'origine scandinave (danois) et hollandaise. Remonter au vent. Serrer le vent de plus près. L'un de ces mots du langage de la voile qui exprime un commandement et une série de manœuvres coordonnées, la barre dessous, border les écoutes, etc.

Lof pour lof, virer vent arrière, plus rapide mais exige des précautions dans le passage d'un bord sur l'autre qui peut être violent.

Partir au lof, danger, sous spi spécialement, de trop serrer le vent et de passer sur sa barre, le spi donnant à contre et devant être abattu en catastrophe.

Loin : la peur, l'amour, la mort

La passion du plus lointain, avant d'être enseignée par Nietzsche, a hanté le cœur de tous les hommes. Qu'y a-t-il derrière la forêt, la colline, le fleuve, la mer ? Comment y sont les femmes, celles qu'on ne connaît pas et qui font rêver ? L'aventure y a quelle couleur ? L'étranger, c'est l'étrange, et l'étrange est magnifique. La fièvre qui saisit l'Occident à la fin du Moyen Age n'est pas seulement celle de l'or à conquérir et de la foi à répandre. Elle s'appelle *partir*. Elle s'appelle *loin*.

Malgré la peur. Le monde finit et on tombe à côté, la tempête est comme un gigantesque démon, la mer brûle vers l'équateur. A terre d'autres monstres mi-hommes, mi-bêtes vous attendent pour vous dévorer. Les peuplades au loin sont toutes étonnantes. Le géographe note entre deux croquis d'arbre à pain ou de lémuriens bizarres que les habitants de cette île ont des têtes de chien, d'autres des ailes comme les sélénites, d'autres, très petits, *« ont des oreilles si longues qu'elles leur descendent jusqu'aux pieds, et s'ils veulent reposer, l'une leur sert de couche et l'autre de couverture »*. C'est Magellan lui-même qui les a rencontrés. Jusqu'aux explorateurs du siècle des Lumières, les Patagons sont des géants immenses, l'Amazonie est peuplée de fières amazones, des sauvages ont un œil unique sur le front. Ils sont cannibales. Aller au loin, c'est s'émerveiller et c'est craindre.

Il est vrai que les habitants des nouveaux mondes sont pour la plupart anthropophages. Les Indiens d'Amérique, les Noirs du golfe de Guinée, les Polynésiens et les Canaques du Pacifique. J'ai raconté comment la découverte de « la grande volte du large » permettant dans l'Atlantique le retour, donc le départ, était liée à la peur d'être mangé par les tribus de la côte africaine. Le risque d'être mangé crée chez nos marins les plus audacieux et les plus endurcis une véritable terreur qui n'est pas seulement physique : cette digestion de votre être par un autre atteint sans doute l'âme et la détruit. Découvrir, c'est vaincre la mer et les cannibales.

Les hommes vous mangent mais vous offrent leurs femmes. Les rapports des marins avec les femmes n'ont jamais été simples. S'il est dangereux d'en parler, on peut les chanter : la femme inaccessible, jeune fille belle, riche et bien née, la femme trompeuse et voleuse, qu'elle soit épouse ou servante d'auberge. Les marins ont peur des femmes. De celles qui sont trop près. Ils rêvent de celles du lointain, nues, offertes, à la peau douce et dont le langage est inconnu. Les journaux de bord, très minutieusement, racontent les épisodes fantastiques de ces amours. Les femmes qui par centaines se lancent à l'assaut d'un navire aux Philippines, et le capitaine doit tendre des filets tout autour du bateau pour protéger son équipage de leurs charmes : une immense volière flottante. Les femmes que leurs pères donnent en cadeau

aux navigateurs étrangers à Tahiti et dans toutes les mers du Sud et qu'on ne saurait refuser. Pigafetta, l'écrivain de Magellan, remarquait : *« Elles nous aiment trop. »*

Quand le prince local ordonne à ses épouses « nues, avec des cheveux long et noirs », de danser avec ces Blancs qui sont comme des dieux, qui ne rêverait d'avoir été de l'expédition ? Qui ne rêverait de ces créatures qui ne songent qu'à plaire et dont on a « très délicatement ouvert la nature depuis l'âge de six ans », qui demandent seulement à être prises, et ne s'expriment que par des gestes d'amour... Loin, c'est l'aventure, la découverte, la conquête ? Celles des femmes aussi et de raffinements qu'on n'imagine pas sous nos cieux européens. Pigafetta note encore : *« A Java, les hommes se cousent une petite clochette au bout de leur vit. Ainsi font-ils la cour à leurs belles qui les entendent, descendent de chez elles, et ils prennent leur plaisir ensemble. Parce que les femmes ont une grande délectation à sentir dedans leur nature sonner les sonnettes. »* L'érotisme est au bout du voyage.

L'érotisme et la mort. La Pérouse, avant de disparaître lui-même, a raconté comment douze de ses marins qui n'ont pas résisté aux avances des habitantes des îles Samoa ont été massacrés. Le plaisir et le risque se confondent, la peur de mourir et le désir d'aimer. Découvrir l'Amérique, ou le Brésil, ou l'Océanie, c'est refuser les limites ; quelle est la dernière limite ? Accepter de jouer sa vie. Aller à l'autre bout de la terre est rencontrer sa mort. Les îles lointaines pourraient toutes s'appeler Samarkand.

Il n'y a pas d'aventure sans danger, tous ceux qui sont tentés de courir au loin le savent ou le sentent.

Même s'ils devront se battre contre la mort. Surtout s'ils se battront. Enfin, voilà l'adversaire à leur taille, la gueuse du combat final. La liste des disparus est impressionnante.

Diaz, naufragé au cap de Bonne-Espérance.

Magellan, tué aux Philippines.

Valdivia, supplicié par les Indiens de la côte chilienne.

Davis, égorgé par des pirates à Malacca.

Hudson, abandonné aux glaces de l'Arctique.

Marion, massacré en Nouvelle-Zélande.

Cook, poignardé et dépecé aux îles Hawaï.

La Pérouse, disparu en Mélanésie.

Entrecasteaux, enseveli en mer près de Java.

Le Dr Charcot, naufragé au large de l'Islande.

Alain Gerbault, mort on ne sait trop comment en Indonésie.

Et il y en a tant d'autres. Accidents, naufrages, fortunes de toutes sortes.

La mer au loin... Est-il permis d'ajouter à cette liste les noms de deux très grands marins de notre époque, et qui tous les deux ont été des amis ?

Eric Tabarly, disparu en mer d'Irlande.

Peter Blake, assassiné par des pirates à l'embouchure de l'Amazone.

Il n'y a pas de « belle mort », expression assez inconsidérée du langage courant. Toute mort est stupide, haineuse, inadmissible, scandaleuse, qu'elle soit par gros ou beau temps, à terre ou au large, par la mer ou par le couteau. Mais il y a des belles vies qui lui sont un défi.

London (Jack)

Fils naturel (1876-1916) d'un astrologue et d'une spirite, dit-on. Pirate, garde-côte, pêcheur de phoques, chercheur d'or, vagabond, fermier, navigateur, écrivain... Maître de la glace et du soleil, il est aussi souverain dans la description du Grand Nord que dans celle des mers du Sud. Il mélange socialisme, racisme, éloge du monde animal, critique du nôtre, lutte contre le culte du surhomme nietzschéen et glorification quasi nietzschéenne de l'homme seul, dur fort. Un de ses grands romans maritimes, *Le Loup des mers*, illustre cette contradiction. *Les Mutinés de l'« Elseneur »*, passage du cap Horn sur un voilier dont l'équipage est un ramassis de filous et de malades mentaux, est aussi l'école de la vie et de la survie pour un jeune homme trop tendre.

Ce passionné de l'aventure ne gagnera pas la dernière : l'alcool et le désespoir auront le dernier mot.

Longitude

L'autre coordonnée astronomique qui permet de connaître le point, l'endroit où l'on est. C'est un angle, la différence horaire d'un astre du lieu où l'on se situe par rapport au méridien d'origine des longitudes : ce fut l'île de Fer pour les Espagnols, Paris pour les Français ; maintenant celui des Anglais, Greenwich, est universellement admis. En recoupant le parallèle avec le méridien, on sait le point. Des siècles de tâtonnement arrivèrent à cette victoire. Il fallait :

— un appareil de mesure des secteurs célestes ;

— un outil de conservation du temps du méridien d'origine, c'est-à-dire une horloge exacte à moins d'une seconde près, qui résiste aux mouvements des tempêtes, à l'humidité, aux chocs de toutes sortes d'un navire. Pendant des siècles on chercha, à défaut de conserver le temps, à utiliser des angles de route (loxodromie) ou les distances lunaires : la lune fait un tour sidéral en 27 jours 1/3, soit 13°2 par jour. On calcule au sextant sa distance angulaire par rapport à un autre astre. On en déduit l'heure astronomique du lieu. Trop de marge d'erreur. Cette méthode française sera abandonnée. L'Académie des sciences de Londres a ouvert en 1714 un concours très richement doté pour l'horloge qui permettrait de déterminer la longitude ; par variation par rapport à l'heure d'origine. John Harrisson, à partir de 1736, gagnera le prix après que son horloge eut été « testée » par la Navy sur plusieurs traversées mouvementées de l'Atlantique. C'est en 1767 seulement que les horlogers Le Roy (français) et Berthoud (suisse) purent fabriquer les montres adéquates.

L'histoire du calcul de la longitude peut conduire l'amateur de point à deux réflexions :

— Après s'être contenté pendant des siècles de l'*estime* du chemin parcouru (ce que j'ai fait toute ma jeunesse), les navigateurs n'on connu les progrès de la science astronomique que dans la seconde moitié du XVIIIe siècle. Donc, après toutes les grandes découvertes, et après que la carte du monde eut été très largement établie. La science est arrivée après l'expérience, et l'audace avant la connaissance.

— La plus difficile des victoires a été celle de *garder le temps*.

Louvoyage, Louvoyer

Encore un mot maritime d'origine vieux germanique ou scandinave. Si le cap est contre le vent, il n'est pas possible de naviguer en ligne droite pour l'atteindre. Il faut tirer un bord d'un côté puis de l'autre, au près, et s'en rapprocher progressivement. Les bateaux anciens à phares carrés ne remontaient qu'à 60° du vent, d'où les bords interminables face au vent et à la mer pour passer le cap Horn (les progrès de la voile sont tels qu'il n'est pas difficile aujourd'hui de remonter à 30° du vent).

Cette façon d'aller où on veut aller, contre la mer et le vent, en se servant d'eux, est l'une des grandes révolutions de la navigation, liée au gouvernail d'étambot, à la forme des navires, au type de gréement.

Mais, comme toujours, la révolution n'est pas seulement technique. Elle est intellectuelle, spirituelle, religieuse. Aller contre le vent était moralement interdit. Aller contre les éléments, la nature, donc contre Dieu, était un sacrilège puni de mort. Il fallut l'immense prestige d'Andrea Doria (1468-1560), général et amiral génois au service tour à tour du pape, du roi de France François Ier, de l'empereur Charles Quint, pour imposer le louvoyage comme un progrès technique naturel et indiscutable.

Les mots sont étranges ! Le langage politique jusqu'à nos jours a gardé la condamnation morale du louvoyage. En mer, louvoyer est un art. Dans un gouvernement personne ne s'en vante, et l'expression n'est jamais reçue dans un sens favorable...

Lyre

Une belle constellation boréale, dont l'étoile principale est Vega, quatrième en brillance.

m

M

Treizième lettre du code international des signaux. Vocal : Mike. Ex-Marcel. En morse : deux traits. Envoyé seul : *« Mon navire est stoppé et il n'a plus d'erre. »*

Mac

Appellation courante dans la marine anglaise de l'officier mécanicien. Comme tout ce qui est sérieux en ce monde, peut avoir deux origines ou explications :

— abréviation de « machine » ;

— les officiers mécaniciens étant très souvent écossais, familier pour Ecossais.

Maelström

Bras de mer entre les îles Valroe et Mokenesoe, dans l'archipel des Lofoten en Norvège, dont les courants tourbillonnants étaient réputés les plus dangereux du monde. Les Charybde et Scylla du Nord. En fait, un peu moins impressionnants que dans la littérature signée Edgar Poe ou Jules Verne. Pour être précis, ne sont redoutables que par vent du nord-ouest.

Magellan

Premier tour du monde. Dans l'histoire de l'humanité, vaut bien d'avoir marché sur la lune. Cinq ans avant Christophe Colomb, les Portugais doublent le cap de Bonne-Espérance. Dix ans plus tard, ils sont aux Indes. Vers les trésors de l'Orient, la route ouest espagnole bute sur le continent américain. La route sud est portugaise. Magellan pense qu'il est possible d'atteindre les îles aux épices, les Moluques, par une autre route ouest. Derrière l'Amérique il y a un océan, raté par Colomb, aperçu par Balboa. Se fondant sur les travaux des meilleurs astronomes, il pense aussi qu'il est très étroit. Il suffit donc de trouver le passage à travers l'Amérique. Là encore des traditions – ou des affabulations – circulent. Magellan, lui, est sûr. Il propose son projet d'expédition au roi du Portugal. Petit hobereau, il a vaillamment servi sept ans dans les forces portugaises à travers l'océan Indien et jusqu'aux Moluques. Le roi Manuel dit « le Fortuné » l'éconduit. Lisbonne croule sous les richesses du monde. C'est la nouvelle Venise. Pourquoi s'encombrer d'une autre route, même si elle est plus courte que celle qu'il a fallu un siècle pour reconnaître et conquérir, par le sud et l'est, jusqu'au Japon ? Non.

Mais Magellan est autorisé à présenter son projet à un autre souverain. C'est répondre clairement qu'il n'offre aucun intérêt. Il va à Séville et étudie systématiquement les archives de la « maison des Indes », dont les cartes sont tenues secrètes sous peine de mort. Il est conforté dans son jugement. En plus, les Moluques sont bien dans la zone espagnole définie en arbitrage par le pape entre Portugais et Espagnols en 1493. Il suffit maintenant de convaincre le roi d'Espagne. Ce sera le futur Charles Quint. De même que Christophe Colomb, Magellan doit se battre avec les savants. Les grands marins étaient des hommes d'une volonté de fer, mais devaient aussi être assez versés dans toutes les sciences pour l'emporter sur le septicisme des scientifiques officiels. Ils commettaient du moins la même erreur, celle sur les longitudes, qui attribuait au Pacifique, appelé mer Australe, le quart de sa vraie largeur. Le Vénitien Pigafetta, qui sera l'historiographe du premier voyage autour de la terre, dit de Magellan qu'« entre autres vertus il était le plus constant devant l'adversité. Et qu'en art de la mer, il était le plus expert et savant qui fût au monde. Jamais autre n'avait eu tant d'*habileté, de hardiesse et de savoir* ». Je pense souvent à cette définition, « habileté, hardiesse, savoir », comme à celle de tout grand esprit en même temps homme d'action, tout grand capitaine ou chef d'Etat digne de ce nom.

Magellan passe contrat. Il aura droit à un vingtième du revenu des terres qu'il découvrira. C'est la gloire *et* la fortune. Il aura aussi pouvoir de haute justice, autrement dit de condamner à mort. Et il aura à s'en servir. Cinq navires quittent Sanlucar à côté de Cadix le 20 septembre 1519. Les trois capitaines espagnols ne supportent pas l'autorité de cet étranger de rien. Les conditions de vie des équipages vont être épouvantables : biscuits pourris, eau saumâtre (mais deux litres de vin par homme et par jour). Ce qui ne facilite en rien la discipline à bord. Enfin le Brésil. Halte bienvenue chez des Indiens anthropophages, mais qui troquent volontiers *« cinq ou six volailles contre un canif, un couple d'oies contre un peigne »*. Départ vers le sud, alors que tous les équipages grondent. Magellan doit s'arrêter pour hiverner au sud de l'Argentine. C'est là que la mutinerie éclate, menée par les officiers espagnols qui exigent le retour en Europe. Le noble capitaine Mendoza sera tué et son cadavre pendu par les pieds au grand mât de son navire. Le noble capitaine Querada sera, dans les formes, décapité. Le troisième, Cartagena, abandonné sur cette plage déserte. Les problèmes ne sont pas terminés. Un navire coulera. Un autre s'enfuira et on n'aura plus jamais de ses nouvelles. Enfin, une ouverture apparaît dans la côte entre des montagnes sauvages. Pendant un mois, Magellan va louvoyer dans les rafales glacées. Le 28 novembre 1520, Pigafetta peut noter : *« Nous jaillîmes hors du détroit et nous entrâmes en la mer Pacifique. »*

Rien ne va manquer à cet extraordinaire film d'aventure. Le Pacifique est calme, mais désert. Magellan a pris une route trop nord. De nouveau l'eau et les vivres manquent. Il va rater les archipels Heureux pour aborder aux Mariannes après cent dix jours de mer. Les indigènes les *« voleront avec une grande adresse et diligence »*.

Vite, route vers les Philippines. Un esclave de Magellan, Enrique, reconnaît sa langue. Il est le premier homme à avoir fait le tour du monde. Les Moluques sont à l'horizon. La gloire et la fortune sont à portée de la main. Puis-je rappeler que les épices, poivre, cannelle, girofle, gingembre, valent six fois leur poids d'or ? Accords avec les potentats locaux, conflits, rivalités. Pourquoi Magellan veut-il s'en mêler directement ? Qu'a-t-il à gagner dans ces querelles de tribus ? Pourquoi, mais pourquoi, va-t-il à terre donner lui-même une démonstration de combat rapproché à l'occidentale, en cuirasse et morion ? Sous les milliers de flèches et de lances il est massacré avec ses compagnons. Les vaisseaux sont mouillés trop loin pour appuyer de leur artillerie, pas pour perdre le spectacle. L'esclave de Magellan, n'étant plus tenu par la fidélité à son maître, sera le premier à suggérer au roi de l'île d'inviter les officiers des navires survivants à un banquet, où ils seront, à leur tour, massacrés.

Apparaîtra un chef, Juan Sebastien El Cano (c'est aujourd'hui le nom que porte le trois-mâts-école de la marine de guerre espagnole). Le retour en Europe, par l'océan Indien, est un enfer sur un bateau qui prend l'eau. L'équipage, mourant de faim et de soif, finira au Cap-Vert par choisir plutôt la captivité dans les geôles portugaises que l'agonie à bord. Tous avaient juré de garder le secret absolu sur le fait qu'ils revenaient des Moluques après avoir accompli le premier tour du monde par l'est. Il semble qu'ils se soient trahis dans une histoire digne de Jules Verne et Phileas Fogg : *ils ont demandé la date*. Et se sont étonnés qu'on soit un jeudi et non un mercredi !

Enfin libérés, les 18 survivants, 18 sur 265 hommes

au départ, défilent un cierge à la main jusqu'à la cathédrale sous les acclamations du peuple dans Séville pavoisée. Les cloches de toutes les églises sonnent à la volée. La Terre est ronde. Pythagore l'avait dit au VIe siècle avant Jésus-Christ, mais on l'avait un peu oublié.

Mages

Au centre du quadrilatère d'Orion, Bételgeuse, Bellatrix, Rigel, Aljunina, les trois Rois mages (qu'on appelle aussi le baudrier d'Orion) offrent l'alignement le plus droit et le plus brillant du ciel. Eux-mêmes dans l'alignement des Pléiades, Aldebaran dans le Taureau, Sirius dans le Grand Chien. J'ai toujours plaisir à saluer les Rois mages quand leur procession silencieuse passe au-dessus de moi.

Maline

Se disait de la marée la plus haute quand lune et soleil agissaient dans le même sens.

Mallarmé (Stéphane) (1842-1898)

N'est pas évident comme poète maritime ! Et pourtant :

La chair est triste, hélas ! et j'ai lu tous les livres
Fuir ! là-bas, fuir ! Je sens que des oiseaux sont ivres
D'être parmi l'écume inconnue et les cieux !
Rien, ni les vieux jardins reflétés par les yeux
Ne retiendra ce cœur qui dans la mer se trempe,
Ô nuits ! ni la clarté déserte de ma lampe
Sur le vide papier que la blancheur défend
Et ni la jeune femme allaitant son enfant.
Je partirai ! Steamer balançant ta mâture,
Lève l'ancre pour une exotique nature ! [...]
Et, peut-être, les mâts, invitant les orages,
Sont-ils de ceux qu'un vent penche sur les naufrages
Perdus, sans mâts, sans mâts ni fertiles îlots.
Mais, ô mon cœur, entends le chant des matelots.

Malle

Sorte de coffre que l'on emporte en voyage. Puis voiture pour transporter le courrier. Enfin ligne régulière de paquebot (*packet-boat*), la première en liaison avec le chemin de fer, reliant directement Londres aux Indes via Paris, Gênes, Brindisi et le canal de Suez, Aden, Bombay, etc. La « Malle des Indes » reste le plus célèbre des moyens de communication entre l'Occident et l'Orient. Train de luxe rapide, et bal en tenue de soirée au salon des premières. Axe de l'Empire britannique et symbole de sa puissance. On peut en rêver comme de toute la grande époque des paquebots. Ma grand-mère, qui l'avait pratiquée, me rappelait qu'à bord des navires de la Malle des Indes le critère, aux escales, pour faire le tri entre les

« indigènes » autorisés à monter à bord et les autres qui ne l'étaient pas, était la façon de porter sa chemise. Dans le pantalon, permission de monter. Pardessus le pantalon, non.

Est aussi un tour de prestidigitation fameux.

Malte

Ile au centre de la Méditerranée, un rocher aride couronné de la plus belle forteresse du monde. Les plus anciennes ruines connues, temples énormes en blocs cyclopéens qu'on ne peut dater à deux ou trois mille ans près. Trois cent cinquante églises. Le charme des palais silencieux de l'ancienne capitale. La nouvelle capitale, La Valette, porte le nom du grand maître qui, en 1565, la défendit victorieusement contre les Turcs.

L'ordre a été fondé au XIe siècle à Jérusalem. Ordre hospitalier destiné à soigner les malades et protéger les pèlerins. Devenus combattants par la force des choses. A la chute des Lieux saints, les chevaliers s'établirent à Rhodes pour rester « au front », à la différence de leurs grands rivaux les Templiers qui firent fortune en Occident. Ils durent quitter Rhodes sous la pression des Ottomans, et l'empereur Charles Quint, en 1530, leur donna l'archipel de Malte, Gozzo et Comino, plus Tripoli de Barbarie qui n'était pas une sinécure. Contre le tribut annuel d'un faucon. Ceux qui ne connaissent pas l'histoire ont au moins vu Humphrey Bogart dans *Le Faucon maltais*.

Le Grand Siège en 1565, qui dura cinq mois, arrêta la puissance turque : à un contre quatre, les chevaliers et la population locale firent reculer une armée de trente mille hommes soutenue par cent soixante galères. Pour donner une idée du combat, les Turcs commencèrent par décapiter cinq chevaliers qu'ils avaient capturés, et ils crucifièrent les cadavres décapités sur cinq radeaux que le vent poussait jusqu'aux lignes de l'Ordre. Qui répliqua en décapitant tous les prisonniers turcs et en chargeant de leurs têtes les canons des forts.

Le Grand Siège fit plus pour la gloire de l'ordre de Malte que des siècles d'action humanitaire, comme on dirait aujourd'hui. Tous les souverains d'Europe qui eurent à lutter contre les pirates barbaresques eurent recours à ses galères. La France, qui manquait de grands marins, leur emprunta plusieurs capitaines célèbres, dont le bailli de Suffren. Spécialiste de la guerre de course, les chevaliers amassèrent un énorme butin sans parfois vérifier trop scrupuleusement la nature du pavillon qu'ils attaquaient. Mais ils avaient créé le meilleur hôpital d'Europe, la meilleure pharmacie, inventé plusieurs opérations chirurgicales.

Quand Bonaparte, en route pour l'Egypte, captura l'île sans combat, l'Ordre prit quand même la précaution de peindre à la peinture noire les grilles d'or de la cathédrale. Les troupes françaises, en matière de pillage aussi, étaient considérées comme imbattables.

Maltese (Corto)

Aventurier fameux, ancien capitaine d'une marine marchande improbable, féru d'ésotérisme, un peu magicien, grand coureur de beautés métisses, camarade des réprouvés de tous les conflits, homme du lointain et de toujours, aussi mystérieux qu'efficace. Si célèbre que je me suis toujours demandé si c'est Hugo Pratt qui avait inventé Corto Maltese, ou Corto Maltese qui avait inventé Hugo Pratt.

Manœuvre

Tout ce qui implique l'idée de mouvement. Sans aucun caractère péjoratif. Encore un terme où l'assimilation avec le langage courant serait erronée. C'est simplement « utiliser les moyens du navire pour l'adapter aux circonstances de temps, de lieu et d'action en navigation normale comme au combat ». Dans la marine à voile, les « manœuvres dormantes » désignaient tout le système de haubans et étais maintenant les mâts. Les « manœuvres courantes » permettaient d'orienter, border, serrer les voiles. Nous sommes plus sévères avec la politique. Peut-être se méfie-t-on davantage ?

Manche

La mer de son enfance est différente des autres. Si je précise qu'il y a 110 kilomètres nord-sud du cap de La Hague à Avranches par Granville et la plus grande profondeur de la zone littorale française, 172 mètres (à côté d'Aurigny) ; que le Mont-Saint-Michel est une pointe rocheuse devenue insulaire après la gigantesque tempête de l'an 708 ; que de Cancale au cap Fréhel, en passant par Saint-Malo... je n'ajoute pas grand-chose. Même en citant Victor Hugo qui a vécu à Jersey et Guernesey. Mieux vaut lire directement *Les Travailleurs de la mer*.

Mappemonde

Carte représentant le globe terrestre. N'est en rien, comme on le croit souvent, un globe terrestre. Au contraire, c'est la projection d'une sphère sur une surface plane. Les plus anciennes encore conservées datent du xe siècle. L'éloge de la « carte catalane » de 1375 n'est plus à faire. Le problème, en passant de la sphère au plan, est de ne pas déformer les continents. Ce qui est un point, le pôle, dans les projections les plus connues, Mercator, devient égal à l'équateur, et l'étendue de l'Arctique et de l'Antarctique sont grossièrement amplifiées. Tant mieux pour le Canada et la Russie, mais à ne pas utiliser pour la navigation.

Maquereau

Genre de téléostéens, de la famille des scombridés. Pour être plus simple, excellent poisson de nos côtes dont je n'ai jamais compris pourquoi il était plutôt considéré comme de seconde qualité gastronomique ou même sociale. On ne sert pas de maquereau dans un « grand dîner ». Ce racisme surprendra encore plus ceux qui ont pêché un maquereau et l'ont mangé dans l'heure : il est juteux comme un fruit.

L'origine du mot est discutée : pour les Français, vient du vieux germanique, pour les Allemands du vieux français. C'est peut-être en raison de cet aspect douteux qu'il s'applique à une catégorie professionnelle que la morale – et les lois – réprouvent : pour un homme, vivre de la prostitution des femmes. M. Littré précise : *« Maquereau, terme à ne pas employer en bonne compagnie. »*

Pendant que je navigue dans ce genre mauvais, je cite « morue » qui n'est pas plus favorable. Mais qu'est-ce qu'ils ont, les gens, contre les poissons ?

Mare

Ce terme pluvial et champêtre paraît bien déplacé ici. Mais l'appellation de l'océan Atlantique dans le langage familier des Anglais et des Américains est « la mare aux harengs ». Exemple de l'humour, toujours un cran au-dessous, qui est typique du langage maritime et que j'ai déjà signalé à propos du vent. Les Allemands appellent la mer du Nord « le ruisseau ».

Marée

La respiration de la mer. Comme toutes les choses sérieuses en ce monde, elle est largement due à la lune. Pour être honnête, pas seulement : si l'influence du soleil est 1, celle de la lune est 2,2. Je ne pourrais pas dire que ce qui est féminin l'emporte largement sur ce qui est masculin comme j'en ai envie, puisque la langue allemande met le soleil au féminin et la lune au masculin. On m'expliquera peut-être un jour les raisons sémantiques et sociologiques de cette différence. En attendant, vive la lune qui fait que la mer vit.

Les plus fortes marées, dites de vive eau, se produisent aux nouvelles et pleines lunes (je peux souligner *« vive »* ?) et les plus faibles, dites de morte eau, aux premiers et derniers quartiers quand la lune se trouve à angle droit avec le soleil. Tout cela se complique de l'étendue des mers et de la configuration des côtes. Le marnage est trois ou quatre fois plus fort à Saint-Malo qu'à Cherbourg. En mer de Chine, il y a deux marées par jour à Saigon, une seule au Tonkin, de nouveau deux sur la côte de Chine. Pour les coefficients de marée, voir l'almanach du marin breton. Il n'y a de marée sensible en Méditerranée que dans le golfe de Syrte.

L'expression « la marée » pour parler de l'arrivage du poisson, au sens Vatel, n'y a pas sa place. Ce qu'on appelle en cuisine la marée, c'est très exactement le poisson *pris et mangé dans l'intervalle de deux marées*.

Marin

Homme de mer mais aussi bateau très marin (tient bien la mer). Air marin, celui du large. Celui dont j'avais tant besoin en sortant de l'hôpital. Pied marin : ne pas avoir le mal de mer. Que ceux qui ne l'ont pas (le pied) se disent pour se consoler que l'amiral Nelson ne l'avait pas non plus. Vieux marin. Grand marin. Au féminin, marine est une peinture.

Le portrait du marin a profondément changé au cours des siècles. Aujourd'hui il est tout à fait sympathique : être marin-pêcheur, comme mineur de fond, est non seulement un métier mais un état que tous respectent. Toucher le pompon rouge des matelots de la Marine nationale porte bonheur. On revient de loin. Pendant des siècles, les marins furent considérés comme des étrangers à la société, personnages de sac et de corde confondant commerce et banditisme, grand jureurs, grands buveurs, grands chenapans. Et ceux qui n'étaient pas fieffés trousseurs de jupon, avec une femme dans chaque port, étaient réputés résolument homosexuels, dont les plus connus et respectés, Tourville et Suffren. Dans un manuel anglais du XIVe siècle, à l'usage des confesseurs, on peut lire : *« Tu dois savoir qu'une plume suffirait à peine pour écrire les péchés dans lesquels ces gens sont plongés. Non seulement ils tuent les clercs et les laïcs quand ils sont à terre, mais en mer ils se livrent à l'abomination de la piraterie, pillant le bien d'autrui et surtout celui des marchands. En outre, ils sont tous adultères et fornicateurs...* » L'image des Vikings ou Normands venus de la mer n'a pas été oubliée.

La vie à bord a une réputation de brutalité qui n'est

pas fausse. Les châtiments maritimes : fouet à neuf queues, supplice de la cale humide, sont des exemples d'horreur.

Les corsaires et flibustiers du XVIIe siècle ne devaient pas contribuer à améliorer cette image de sanguinaires violents ou de joyeux ivrognes. L'inventaire des caves de Jean Bart et Duguay-Trouin nous laisse rêveur et ferait pâlir d'envie le capitaine Haddock. En fait, il y a une curieuse assimilation du métier, ou plutôt de son élément, la mer, à l'homme, le marin. Les deux font trembler.

La mer est ténébreuse, hostile, terrifiante. On y risque de brûler en allant vers le sud, d'être dévoré par les monstres en allant vers le nord, vers l'ouest ou l'est de tomber à côté de la terre. Finisterrae s'appellent nos caps. La peste avec des dizaines de milliers de morts encore en 1720 a été apportée dans nos ports par un navire. Tous les écrivains, depuis Homère, le diront et rediront. Ceux qui vont en mer ne sont ni vivants ni morts mais « à part ». Ils ont abandonné foyers, familles, lois. Victor Hugo a écrit superbement : *« La mer, c'est dehors. »*

Ce n'est qu'au XVIIIe siècle, grâce à l'esprit éclairé de quelques-uns, Bougainville, La Pérouse, qui ont l'audace de l'explorateur, le sens marin du navigateur, l'esprit scientifique des Lumières et, ce qui ne gâte rien, en plus, une très bonne plume, que l'opinion s'aperçoit peu à peu que la mer est porteuse de culture, de progrès, d'humanisme. C'est un marin, Borda, qui permettra la mise au point du système métrique. Le romantisme ajoutera le grand charme de l'étrange et de l'aventure. Victor Hugo, une symbolique immense. Pierre Loti, quelques coups d'archet. Jules Verne, des personnages toujours vivants. Les fusiliers marins de 14-18, l'héroïsme *aussi* à terre. Les pêcheurs de l'île de Sein (le quart de la France libre en juin 40 !) une page historique de la Résistance... Vive les marins.

Marine (musée de la)

La vocation du musée de la Marine est explicitement dans son règlement de servir la connaissance de nos *cinq* marines. La marine nationale, celle de guerre. La marine marchande ou de commerce. La marine de pêche. La marine scientifique (exploration des océans). La marine de plaisance et de compétition. Au-delà de l'exposition de la plus belle collection de maquettes anciennes qui soit, et qu'il fallait sauver, c'est toute la mer et notre dimension maritime qu'il faut présenter et faire vivre. Bon vent.

Mars

La planète Mars est une tache rougeâtre, ce qui permet de la distinguer facilement : seules trois étoiles rouges ont un éclat comparable, Antarès, Bételgeuse, Aldebaran. Dois-je rappeler que les planètes, elles, ne scintillent pas ?

Mât

Une des plus vieilles chansons à virer rappelait : « C'est sur la mer qu'on met les mâts. » Toutes sortes de mâts, d'artimon, de cacatois, de flèche, de misaine, de fortune ; aujourd'hui de TSF ou de charge. La spécialité et le renom des ingénieurs maritimes étaient le mâtage, ou comment placer sur une coque des mâts de dizaines de mètres de haut, à la seule force des réas, poulies, cabestans et des bras des hommes.

La plus belle place de Paris, la Concorde, anciennement place Louis XV avec statue équestre du Bien-Aimé, était devenue place de la Révolution et la guillotine trônait avec son lot quotidien de victimes. Puis, pour ne pas laisser de vide qu'un parti serait tenté d'occuper, une statue de la liberté, en plâtre, pas chère, y fut érigée... Le roi des Français Louis-Philippe, décida de dresser en son centre un monument « neutre », on dirait aujourd'hui politiquement correct : l'obélisque de Louxor, cadeau du sultan d'Egypte. Ce sont les marins qui furent chargés de l'opération. Des dessins gravés rappellent les principales phases de l'érection et les machines mises en œuvre, palans et autres. Chaque fois que vous passerez place de la Concorde, pensez en regardant l'obélisque qu'il s'agit d'une sorte de grand mât.

Méditerranée

Bien que n'en étant pas originaire, j'ai lutté contre les appréciations peu flatteuses concernant son caractère maritime du style : « Ce n'est pas une vraie mer », définition du pêcheur marseillais : « C'est le mari de la femme qui va chercher le poisson à la gare », « Sainte Vierge, protégez les marins qui sont au port, les autres qu'ils se démerdent », dit avec l'« assent » bien sûr.

Parce qu'il y a du soleil on croit qu'il y fait toujours beau. Non. Mer à part, certes, mais mer capricieuse et d'une grande violence exigeant parfois plus de qualités maritimes que l'océan. Elle ne prévient pas. L'empereur Charles Quint a fait, à propos de ses dangers, l'une des plus belles remarques maritimes que je connaisse : *« Il n'y a que deux bons ports en Méditerranée, Carthagène et le mois de juin. »*

J'ai navigué à la voile sur mon petit yawl *Laërtes*, pendant plus de dix ans, de la mer Noire à la Libye, de Chypre à Gibraltar, de la Turquie à l'archipel toscan en passant par Tunis et la Sicile. J'ai rencontré de vrais pêcheurs et de grands marins. Lorsque je quittais la Sardaigne cap sur les Baléares sur mon bateau précédent, encore plus petit, sans cockpit étanche, sans « commodités », 43 centimètres de franc bord au-dessus de l'eau, le jour se levait à peine dans la baie de Porto Conte. Le ciel était blanc pâle, la mer aussi. Sans une ride, irréelle. Un pêcheur manchot remontait ses filets. Nous nous croisons. Bonjour. Bonjour. Quel temps allais-je avoir ? Du portant ? etc. Il me demande si j'ai des provisions d'eau douce. Je réponds, en pensant aux bouteilles, pas aux bidons : « Pour deux jours. » Nous étions assez loin l'un de l'autre. Il lâcha l'aviron et, de son unique main, leva quatre doigts. J'ai mis quatre jours.

Mer

Couvre 70,8 % de la surface du globe, soit 361,3 millions de kilomètres carrés. Elle se pare de toutes les couleurs : blanche, rouge, jaune... Quand j'avais reçu l'autorisation de me rendre à la voile en Crimée, l'ambassadeur d'URSS m'avait prévenu : « Attention. Mer Noire, ce n'est pas la couleur. Cela veut dire mauvais, très mauvais... » Toutes les profondeurs, toutes les marées, tous les courants, tous les archipels, toutes les escales. Attention ! La composition de l'eau de mer ne comporte que 30 % de chlorure de sodium, autrement dit sel, mais aussi du magnésium, du calcium, du fluor, de l'iode, du cithium, du zinc, du molybdène, du thorium, etc. Ne pas être tenté de cuire ses nouilles à l'eau de mer pour économiser l'eau douce à bord. Voilà comment on bouzille des spaghettis.

La mer ou le plaisir des cinq sens. La vue : je ne connais pas de plus beau paysage que 360° d'horizon, toujours changeant, qu'il soit amical ou inquiétant, clair ou obscur, avec tous les reflets de gris, de vert, de bleu, de noir, et jusqu'aux crinières blanches échevelées des vagues qui galopent à la poursuite du sillage. Le toucher, bois, cordages, une main pour toi, une pour le bateau. L'odorat, pour l'air du large qui se sent autant qu'il s'écoute, et l'odeur de chaque bateau, suint, mazout, saumure... Le goût pour le goût de la mer, le sel sur les lèvres. L'ouïe. Le bruit de la brise qui adonne dans les voiles. Le bruit du vent dans les voiles, du gréement qui chante, de l'eau contre la coque qui me permet de dire, de ma couchette, si le vent a gagné 10° ou si le barreur rêvasse.

Une impératrice de Chine avait une telle passion pour le bruit de la soie qu'on déchire que, pour satisfaire son caprice, une époque entière de la peinture sur soie de l'empire a été sacrifiée. Elle aurait aimé au portant le bruit de la mer contre la coque.

Méridien

— Céleste : grand cercle passant par la ligne des pôles célestes et le zénith d'un lieu.

— Géographique : demi-grand cercle joignant les pôles terrestres et passant par ce lieu (le méridien magnétique est différent puisque le pôle magnétique est différent).

Le calcul du méridien terrestre, vaste entreprise scientifique qui occupera les meilleurs esprits du XVIIIe siècle et de nombreuses missions en Scandinavie et en Amérique centrale, servit à définir la longueur du mètre. Le système métrique, fondé par la loi du 18 germinal an III, a de nombreux pères : l'abbé Jean Picard, le Hollandais Huyghens, et bien sûr, Jean-Charles de Borda dont le nom est toujours porté par l'Ecole navale. La commission de l'Assemblée nationale constituante qui relança en 1790 les derniers travaux de mesures le fit sur proposition de Talleyrand : oui, le prince de Talleyrand, évêque célébrant le 14 Juillet au Champ-de-Mars la messe à l'Etre suprême, ministre des Affaires étrangères qui servira quatre ou cinq régimes. Le vice peut avoir de bonnes idées de calcul.

Mille

La soixantième partie d'un degré de grand cercle, soit 1 852 mètres. L'encablure, utilisée pour les courtes distances, est le dixième du mille, soit un peu moins de 200 mètres. La brasse, utilisée pour les profondeurs, est en principe la centième partie du mille, soit à peu près 1,85 mètre. Dans le langage courant, on dit « un nautique » pour distinguer le mille marin du mille terrestre anglo-saxon.

Minquiers

Les négociateurs français du traité de Paris en 1258, par lequel l'Angleterre renonçait au duché de Normandie, avaient oublié les îles « anglo-normandes ». C'est dire si la dimension maritime a toujours manqué à nos autorités. Il restait un doute sur les Minquiers, vaste plateau rocheux entre Jersey et Chausey. Dans les années 50, un jugement de la Cour internationale de La Haye a débouté la France de toute prétention. Le texte de la plaidoirie officielle française est mauvais, un pathos juridique pénible, et le juge français de la Cour avait lui-même voté contre la France. Le bruit court encore à Granville et Saint-Malo que le ministère « vendit » les Minquiers aux Anglais contre un vote favorable aux Nations unies sur la question algérienne.

Mistral

Vent violent de secteur nord de la Méditerranée occidentale. Je l'ai vu décaper la mer en copeaux d'écume comme un rabot. Ce vent du nord prend d'autres noms ailleurs : meltem en mer Egée, bora dans l'Adriatique, etc. Méchant parce que soudain. Et local : à vingt-cinq milles de l'endroit où il souffle il peut y avoir temps calme. D'où l'incertitude des prévisions météorologiques en Méditerranée, ce qui pose des problèmes juridiques aux organisateurs de compétitions de voile. Le fait qu'il durerait 3,6 ou 9 jours n'est que billevesées de faux retraités de la marine pour touristes de passage.

Mixte

Paquebot qui embarque à la fois des passagers et des marchandises, comme c'était le plus souvent le cas sur les grandes lignes d'Extrême-Orient. N'a rien à voir avec le fait que les passagers pouvaient être des messieurs et des dames. Si mon grand-père et ma grand-mère qui s'étaient connus en Australie et avaient décidé de se marier à Londres prirent à Sidney *chacun un bateau différent* pour l'Angleterre, ce n'est pas en raison du règlement de la compagnie mais du seul respect des convenances qui voulaient que le fiancé et la fiancée ne dorment pas sous le même toit...

Longtemps, et jusqu'à la Première Guerre mondiale, les long-courriers et même les bateaux de guerre étaient aussi mixtes sous un autre sens : à voile et à vapeur.

Mocco ou Moko

Marin méditerranéen. N'est pas toujours employé favorablement, sauf, bien sûr, si le rôle est joué par Jean Gabin. Certain naviguants de l'Océan et de la Manche trouvent parfois à s'employer en Méditerranée, notamment comme marins de yachts de plaisance. On dit qu'ils cumulent les défauts attribués aux Marseillais et aux Bretons. On les appelle des *Kermoccos*.

Molière

N'est pas un auteur typiquement maritime. On n'en connaît que l'exclamation désolée : « Mais qu'allait-il faire dans cette galère ? »

Mollir ou Mou

Aucune connotation défavorable. Est seulement le contraire de forcir pour le vent ou la mer, de raidir pour un cordage, une manœuvre, une aussière.

Embraque le mou est l'un des commandements élémentaires de la vie à bord.

Monfreid, Henry de

Navigateur, aventurier, écrivain basé à Obock et Djibouti. Il aura dans sa vie – venu tard à la mer – trafiqué d'à peu près tout, dont les armes et la drogue. Il multiplie les procès avec l'administration française, les provocations diverses, les investissements à risques et les difficultés avec les Anglais qui le soupçonnent d'être un agent secret italien. N'est venu que tard aussi à la littérature, devant le succès d'un reportage que lui avait consacré une journaliste américaine. Un personnage peut être difficile à supporter dans la vie courante, mais qui raconte superbement. Dans la bibliothèque de tout marin. Premier titre : *Les Secrets de la mer Rouge*.

Monstres

La mer, pour nos lointains parents, était peuplée de monstres. Les rivages marins sont ceux de l'enfer et en portent les noms. Hydres, Léviathan, Kraken, poulpes géants et créatures à la peau écaillée, aux dents longues, s'attaquent aux navires avec férocité.

Inspiré par les descriptions de l'évêque suédois Olaüs Magnus en 1539, notamment celle du Grand Serpent de mer qui sévit au large de Bergen, Sébastien Munster met en bonne place les monstres marins dans le livre III de sa *Cosmographie*, ouvrage célèbre dans toute l'Europe. Autour d'une très exacte carte d'Islande sont gravés leurs portraits et des lettres A, B, C, D, E, etc., permettant leur identification aisée :

du calmar à collerette de flammes à la baleine à tête de rhinocéros. J'ai déjà parlé du Vtelif, ou licorne de mer.

Pourquoi tant de monstres marins ?

— parce que la mer est terreur ;

— parce qu'il n'est pas mauvais d'écarter les rivaux des routes de la fortune ;

— parce que, entre les terres et les îles, même en rajoutant quelques-unes qui n'existent pas, il y a de la place, trop de place. Les phacochères à ailerons de requins occupent l'espace. C'est joli, colorié, et les atlas sont aussi des œuvres d'art.

Morne

Nom, dans les Antilles, d'un sommet notable et isolé qui peut servir d'amer.

Mort

Tour mort. Autour d'une bitte ou d'un winch se dit d'un cordage qui n'est pas fixé par un nœud. Je ne connais pas de tour vif.

Mousse

Ces enfants subissaient à bord un traitement très dur, souvent épouvantable. Façon de leur apprendre le métier, disait-on. Ce vieux bourlingueur de Blaise Cendrars a écrit que le moment le plus émouvant de sa vie fut de voir à Hambourg les larmes d'un mousse de quatorze ans qui allait embarquer pour la première fois.

Moussons

Vents périodiques de la mer de Chine et de l'océan Indien soufflant alternativement dans une direction puis dans la direction opposée. La puissance des navigateurs arabes, entre Afrique et Asie, se fondait sur la science de la mousson. La littérature lui doit aussi beaucoup.

Musique

Bernardin de Saint-Pierre avait raison. La musique en mer a des vertus (vertu veut dire force et courage), aussi agréables que nécessaires. En traversant l'Atlantique, je ne conseille pas les symphonies à grand orchestre. L'Océan est là pour ça. En revanche la voix humaine, notamment la voix féminine, s'impose de façon bouleversante au milieu de ce qu'on appelle les éléments. Aria du *Messie* de Haendel : *Rejoyce greatly*.

n

N

Quatorzième lettre du code international des signaux. Vocal : November. Ex-Nicolas. En morse : un trait, un point. Envoyé seul : « *Non.* »

Nadir

Point le plus bas de la révolution d'un astre. Le contraire de zénith. Mais autant zénith est utilisé dans le langage courant, autant nadir est ignoré.

Naufrage

Certains naufrages sont restés tristement célèbres : le *Titanic* et ses passagers de première classe en tenue de soirée, son orchestre qui joue des valses lentes, le mystère du bateau proche dont on a vu les feux et qui ne se porte pas au secours. *Drummond Castle* en mer d'Iroise, retour des Indes, dernière soirée à bord avant l'Angleterre, robes longues et uniformes, pas un survivant, et la reine Victoria offrira un clocher aux pêcheurs de Sein et de Molène qui ont passé la nuit à tenter un sauvetage. Plus littéraire, celui de Paul et Virginie à l'île Maurice. Plus religieux, celui de saint Paul à l'île de Malte : saint Paul convertira l'épouse et la fille du gouverneur romain. Ce seront les premiers chrétiens de l'Histoire.

Il y a tant de naufrages. Les Lloyds de Londres en comptent près d'un par jour. La cloche de *La Lutine*, disparue avec plus d'un million de livres sterling en or (dont un dixième récupéré), sonne un coup pour les mauvaises nouvelles maritimes, deux pour les bonnes.

Mauvaises nouvelles : *La Méduse* en 1816 (voir Radeau). *La Sémillante*, aux Lavezzi dans les bouches de Bonifacio par tempête d'ouest : 773 morts (des troupes en renfort pour la guerre de Crimée), aucun survivant. Et le *Lusitania*, en mer d'Irlande, et le *Georges Philipar*, dans l'océan Indien, le *Pourquoi pas ?* de Charcot au large de l'Islande, le *Normandie* dans le port de New York, saboté par la Mafia. Et les navires coulés pendant la dernière guerre, 2 275 navires alliés, civils et militaires, 1 100 navires allemands dont 781 sous-marins ! Le plus grand cimetière gît au fond des mers. Un poète arabe du IXe siècle a écrit : *« Quand tu marches sur cette terre, marche doucement, elle est faite de morts. »* Comment doit-on naviguer ?

Navigation

Le dictionnaire Gruss distingue la navigation observée ou astronomique par calcul de la latitude et de la longitude, et la navigation estimée : par le compas qui donne le cap après correction de la déclinaison et de la déviation, le loch qui donne la vitesse, la sonde qui indique profondeur et nature des fonds. Les amers, s'il y en a. Pendant des années, avant d'être initié aux joies de la navigation « astro » et à balancer au sextant le soleil sur l'horizon par Marc Darnois dans le Pacifique, je n'avais qu'un modeste compas portable dans une petite boîte. Pour la vitesse, je l'estimais à vue, à un demi-nœud près, et pour plus de précision je trempais ma main dans l'eau qui n'était pas loin... La dérive, en fonction du vent et de la mer, à l'estime aussi. L'apprécier, comme le cap et la vitesse, occupait de longues heures à la barre. Je suis toujours arrivé là où je voulais. La chance que j'ai eue si longtemps tient à cette formule arithmétique : *les erreurs de sens contraire s'annulent.*

Le sextant faisait partie des plaisirs de la navigation « astro ». L'instrument en soi est si beau avec ses cercles de cuivre, ses oculaires, ses écrans, ses arcs de mesure. Et si mystérieux. Les tables H0240 (inventées par les Américains au pire moment de la guerre sous-marine pour former rapidement des capitaines quand ils lançaient un *liberty ship* par jour) et les calculs d'apothicaires qui prenaient bien une demi-heure ajoutaient au charme de ces procédures magiques pour le passager embarqué qui s'inquiétait de savoir sur la carte « où on était ». Il y a toujours eu de bons calculateurs de point, et de mauvais. Je ne citerai pas les noms des mauvais. Mais dans les meilleurs, celui de Moitessier qui passait pour un rêveur. Rêver n'est pas rêvasser.

Les techniques modernes par satellite ont beaucoup simplifié la vie du navigateur. Le GPS nous donne le point à tout moment et en tous lieux, à quelques dizaines de mètres près. Plus de calculs, un bouton. Plus de problème de jour ou de nuit, de brume, de ciel sans étoile et de soleil qui n'apparaît pas. Des traceurs vous donnent à bord sur écran l'endroit où vous êtes, la route à suivre, la vitesse réelle (par rapport au fond et non à la surface de la mer), le temps encore à naviguer pour arriver à l'objectif que vous avez fixé : *way point*. La carte météo s'éclaire à la demande. Un routeur dans ses bureaux à terre peut vous analyser enseignements, risques, et en tirer quelques conseils pratiques sur votre cap et l'utilité d'aller dormir un bon coup avant le gros temps qui s'annonce. De tout façon, le bateau est sur pilote automatique. Dans la Manche, le convoi des énormes tankers et porte-containers est radioguidé depuis Ouessant. Et pourtant. Si la mer s'insurge et se lève, c'est la mer qui commandera. On l'a vu pour les accidents et naufrages les plus récents.

Lors d'une traversée de l'Atlantique je me suis fait prendre à contre par un grain violent. Il y en avait quatre en même temps visibles sur l'écran radar ! Le catamaran a culé et les deux coques où sont logés les moteurs auxiliaires se sont enfoncées dans le vaste creux de l'Atlantique. Toute l'électricité – et l'électronique – ont sauté. Je n'étais plus qu'à trois jours des Antilles. Une vieille pratique de la Manche, la gonio, m'a permis de tracer le premier « chapeau de gendarme » de ma position avec un transistor sur les stations de musique caraïbe des différentes îles, puis de le préciser jusqu'à un point quasi parfait (j'ai conservé pieusement la carte). La musique à bord est toujours utile !

Navire

Terme générique donné aux bâtiments flottants. S'emploie surtout pour des bâtiments importants de guerre ou de commerce. A la pêche, on dit davantage bateau. Mais il y a tant de navires sur la mer et dans les rêves. Navire de guerre, navire de commerce, navire amiral, navire atelier, navire hôpital, etc., et ceux des poètes.

Mon beau navire ô ma mémoire
Avons-nous assez navigué
Sur une onde mauvaise à boire
Avions-nous assez divagué
De la belle aube au triste soir.

Apollinaire.

Noé

Patriarche de la Bible. Le premier capitaine de navire passé à l'Histoire et qui avait déjà, semble-t-il, un point commun avec le capitaine Haddock : ne pas cracher sur les boissons fortes.

L'Arche de Noé s'est, dit-on, échouée après la fin du déluge sur la haute montagne de l'Ararat. Périodiquement, des expéditions en trouvent les restes. J'en doute. L'Arche de Noé a jeté l'ancre dans le ciel nocturne.

Liste des constellations animales qui, au-dessus de nous, ont survécu aux déluges, aux catastrophes cosmiques, aux temps : la Grande Ourse, la Petite Ourse, le Dragon, la Girafe, le Lézard, les Chiens de Chasse, le Cygne, l'Aigle, le Petit Renard, le Dauphin, le Petit Cheval, le Serpent, le Petit Lion, le Lynx, voilà pour les constellations boréales. Pour les constellations écliptiques, ajoutons le Bélier, le Taureau, le Lion, le Scorpion, les Poissons. Sans oublier pour les constellations australes, le Grand Chien, le Petit Chien, la Licorne, le Lièvre, la Colombe, la Baleine, l'Hydre femelle, le Corbeau, le Loup, le Poisson austral, l'Oiseau Indien, la Grue, le Phénix, le Paon, le Toucan, la Dorade, le Poisson Volant, la Mouche, l'Oiseau de Paradis, l'Hydre Mâle, le Caméléon. Quelle ménagerie. La nuit, tous les animaux de la terre, de la mer et du ciel, de la ferme et de la forêt, de la maison et de la légende, naviguent là-haut de conserve. C'est sympathique de leur part, au sortir de l'Arche, d'être restés pour nous tenir compagnie.

Nœud

De même que l'ancre est à la fois un instrument et un symbole de la marine, ainsi les nœuds marins. L'apprentissage de la mer, pour les mousses et novices, se faisait d'abord par les nœuds. A chacun son usage. Les plus utilisés sont le nœud de cabestan, double clé inversée, et le nœud de chaise, le serpent qui sort du puits, tourne autour de l'arbre et rentre dans le puits. J'ai connu sur un quai un artiste qui faisait son nœud de chaise d'une seule main. Mais il y en a des dizaines et dizaines d'autres, nœud en huit ou d'arrêt, gansé ou non, nœud de capucin, nœud de franciscain, nœud de touline, nœud de raban, nœud d'écoute, laguis, nœud d'étalingure, nœud plat, nœud de pendu, nœud de jambe de chien, nœud de gueule de raie... Ils sont si évocateurs de la vie en mer qu'on en fait des petits tableaux encadrés qui vont de pair avec les navires en bouteille. Le plus beau de tous, selon moi, est le *nœud de carrick* pour joindre deux bouts : un entrelac très équilibré, d'un dessin de rosace gothique ou de calligraphie islamique.

Le nœud est aussi l'unité de vitesse en mer. Un nœud veut dire un mille nautique à l'heure. On filait une ligne de loch avec des nœuds et on comptait le nombre de nœuds avec un sablier. Un navire *file* tant de nœuds. Mais on ne le dit que s'il marche bien, pas pour un navire qui se traîne.

Nuage

Un nuage, les instructions nautiques le rappelaient à propos de la formation nébuleuse en forme d'os de seiche qu'on peut voir immobile *au vent* du mont Cinto en Corse par fort mistral, un nuage n'est que *de l'air rendu visible.* En mer, l'air a beaucoup de façons de se rendre visible, jusqu'à ce que, d'ailleurs, on ne voie plus rien du tout...

Il y a d'excellents manuels de météorologie maritime qui expliquent le langage des nuages. Les cirrus isolés filamenteux sont un signe de pluie, s'ils sont très haut ; de vent s'ils sont noirs et peu élevés. Les cirrostratus en bandes parallèles horizontales, étirées, déchiquetées, annoncent un coup de vent. Les cumulus la pluie s'ils sont épais, le beau temps s'ils sont légers et floconneux. Les longs bandeaux des nimbus annoncent la pluie, etc. Mais il ne faudrait pas en tirer la conclusion que, les nuages étant signes de vent ou de pluie, le ciel bleu est celui de beau temps assuré.

Nuit

Déjà la nuit en son parc amassait
Un blanc troupeau d'étoiles vagabondes
Et pour entrer aux cavernes profondes
Fuyant le jour ses noirs chevaux chassaient.

J'aime naviguer de nuit. La mer disparaît. Elle n'est plus qu'une vaste zone obscure à l'horizon, hors du temps et de la carte. C'est le ciel qui devient vivant, une géographie peuplée d'histoires. On navigue d'une constellation à l'autre comme on pourrait le faire d'un archipel à un autre, avec escales. L'œil regarde le ciel. L'ouïe écoute la mer : le bruit de l'eau contre la coque, du vent, des voiles, des agrès. Parfois du navire qui souffre dans ses membrures.

Tout départ en mer, même s'il a eu lieu à midi en plein soleil, est une sorte d'entrée dans la nuit : on quitte la côte, les autres, la chaleur, le monde. Quand la nuit vient, accompagnée d'un léger froid dans le corps et à l'âme, c'est une deuxième nuit qu'il faut traverser. Et si l'on navigue en solitaire, la solitude est une troisième nuit. Honneur aux vainqueurs de la triple solitude.

Noeud
le plus beau : Garrick

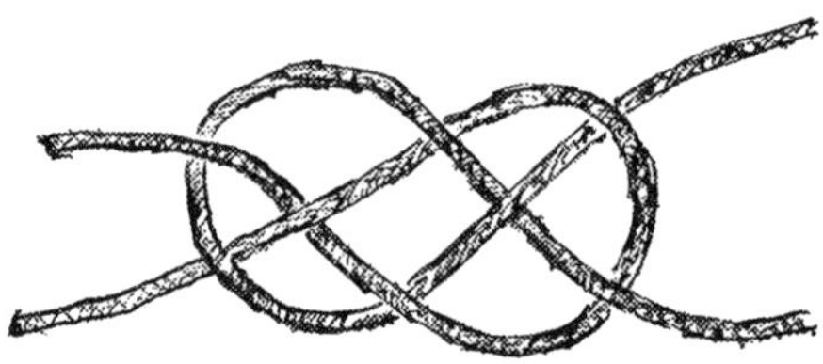

O

O

Quinzième lettre du code international des signaux. Vocal : Oscar. Ex-Oscar. En morse : trois traits. Envoyé seul : *« Un homme à la mer.* »

Oban

Petit port de la côte ouest d'Ecosse qui dessert les Hébrides intérieures aux variétés innombrables de whisky. Sky et Mull (port de plaisance à Tobermory) sont les plus connues. J'ai un faible pour Gigha et son église ruinée du XIIIe siècle, Jura, sauvage à souhait, Ionan l'île sacrée des moines. Saint Colomba y fonda la première abbaye en 563. Quand le continent européen était en proie à la pire obscurité, la lumière venait d'Irlande et d'Ecosse.

Obock

Après l'ouverture du canal de Suez, toutes les puissances navales ont cherché des escales à l'entrée de la mer Rouge pour y placer des dépôts de charbon, indispensables à toute marine, civile ou militaire. La flotte russe, dans son immense périple pour rejoindre les détroits de Corée où les Japonais l'écraseront, ravitaillera à Madagascar. L'Angleterre, la première, a choisi les meilleurs mouillages, ce sera Aden. La France avait jeté son dévolu sur l'île de Perim, mais le commandant français s'en serait vanté après boire et aurait trouvé en y arrivant le pavillon britannique déjà hissé... C'est ce que les Anglais racontent.

Les Italiens, très tôt, seront à Massaouah et Assab sur la côte d'Erythrée. Les Allemands choisissent le tour de l'Afrique : Togo, Cameroun, Namibie, Tanganika. La France a acheté au sultan local la rade d'Obock bien située à l'entrée du Bab el-Mandeb, mais mauvais mouillage plein d'écueils. Le gouverneur Léonce Lagarde, Français trop ignoré, achète Djibouti aussi bien situé mais où le récif de corail peut être la base d'un grand port moderne.

Obock est dominé par la tour de pierre que construisit Soleillet, un négociant français qui y levait chaque matin les couleurs nationales « pour embêter les navires anglais qui passaient au large ». Un correspondant de Rimbaud. Je regrette que ces Français de l'étranger du siècle dernier, assez extraordinaires négociants et aventuriers, avec leurs moustaches, leurs leggins et leur vieux fusils, n'aient donné lieu à aucun portrait, aucune littérature alors que les plus savants et les plus fous consumèrent leur vie dans le superbe décor de la corne de l'Afrique. Quels films les Américains en feraient ! A Obock, la maison de Monfreid, retapée façon bungalow, déçoit, même si sous ses murs il cachait les trésors de la drogue. Le plus émouvant est l'ancien cimetière marin sur une colline au sud du port.

Le trajet de la mer Rouge dans une chaleur étouffante n'était pas supporté par de nombreux passagers à destination de Madagascar et du Tonkin, les deux grandes campagnes coloniales de la IIIe République à la fin du XIXe siècle. Les morts en mer sont de règle, immergés : courte cérémonie. Mais comme tous les bateaux devaient s'arrêter à Obock pour le charbon, les derniers morts étaient débarqués à terre et enterrés un peu à l'écart au-dessus du mouillage. Vastes fosses blanchies à la chaux, stèles avec des listes de noms, les grades, les armes, les âges. Les civils et les militaires, les femmes, les enfants, toute une population française dort ici dans le silence entre le désert et la mer. Parmi les plus beaux cimetières marins du monde, ne pas oublier celui d'Obock.

Océan

Les dictionnaires les plus sérieux réservent des surprises. Le Gruss donne cette première définition : « Petite barque de plaisance à voiles. Utilisée surtout en rivière. » Soyons honnêtes. Il y en a d'autres.

— Océan : l'ensemble des mers. Vient du phénicien. Gravé sur le bouclier d'Achille dans Homère, il est le fleuve entourant la terre. Autant reproduire ici tout Victor Hugo qui disait de lui-même qu'il était

« l'homme Océan ». Simon Leys, le meilleur des juges en littérature, le considère comme le plus grand des écrivains de la mer de langue française. Soit. Dans *Les Travailleurs de la mer*, Hugo se plaint que de nombreux termes maritimes aient disparu (il adore les jargons, les langages techniques). Capeyer, ardent, faire chapelle, être en pantenne. Erreur. Ces mots vivent toujours très bien. On ne saurait faire drame de tout.

Océan signifie l'immensité, la peur, la puissance, le temps.

Ainsi toujours poussés vers de nouveaux rivages
Dans la nuit éternelle emportés sans retour
Ne pourrons-nous jamais sur l'océan des âges
Jeter l'ancre un seul jour !

Mais ce n'est pas du Victor Hugo, c'est du Lamartine. *Le Lac*. Le mot océan est trop vaste pour un dictionnaire, même amoureux. Rien qu'en lisant les citations de Littré, on voit la place de l'Océan dans la littérature française depuis Bossuet et Chateaubriand. Si on parle de la totalité des mers de ce globe et de la divinité, il faut mettre un O majuscule. Si on parle d'une de ses parties, c'est l'adjectif qui a droit à la majuscule : l'océan Atlantique, l'océan Indien.

Quand j'étais enfant, je comprenais bien qu'il s'agissait de noms propres, donc de grandes personnes. L'Atlantique était une vieille dame majestueuse à la forte respiration. Sa couleur préférée était le bleu profond. Parfois elle donnait à ses proches et admirateurs un ruban bleu. L'océan Indien, lui, arborait un beau cuivre doré. Il avait un anneau d'or dans l'oreille. D'ailleurs, tous les océans avaient des bijoux, comme les messieurs d'autrefois et surtout les marins.

Les îles sont les bijoux des océans, bracelets qui tintent à leurs poignets, colliers qui brillent à leur cou. Les plus beaux océans sont ceux qui ont les plus belles îles. L'Atlantique a les Caraïbes, les Canaries, les îles du Cap-Vert, les Açores, les Bermudes, Madère, et, perdues entre les Canaries et Madère, Las Desertas, quelques cailloux sertis du diamant des vagues déferlantes, où se cacherait un trésor. Le Pacifique a des archipels qui dansent avec lui. L'océan Indien demeure mon préféré : Laquedives, Maldives, Seychelles, Amirantes, Glorieuses, Mascareignes, et toutes ces îles au ras de l'eau que les typhons recouvrent et qui font douter de la terre. Et les Nicobar et les Andaman, aux limites de l'Empire indien, qui servaient de pénitencier anglais et qui font douter du temps. Il y a aussi des diamants noirs.

— Océan. Petite île du Pacifique appartenant à l'Etat du Kiribati (ex-Gilbert, Phoenix, etc.) ; s'appelle aujourd'hui Banaba. C'est plus modeste.

Océanographie

La dimension de la profondeur. Nous avons un très vaste domaine maritime qu'il faut garder et mettre en valeur. Ce n'est pas comme marcher sur la lune et conquérir l'espace, mais pas loin. Toujours la troisième dimension. La France compte parmi les meilleurs pour tout ce qui touche à l'exploration des océans. Ingénieurs, plongeurs, etc. On ne cesse d'y découvrir des richesses et de la vie. La voilà, notre Amérique.

Le commandant Cousteau, sans oublier les autres officiers de marine qui l'ont précédé, a créé un mot : « le monde du silence ». On peut créer avec des mots. La science, la découverte, le progrès se nourrissent de mots. Le fond des mers commence à peine à parler. Nos ancêtres y plaçaient des monstres terrifiants : c'est la forme qu'ils donnaient à l'inconnu. Certes, dans l'Antiquité, on s'est intéressé à la mer. L'*Odyssée* est maritime. Tout ce que note Homère sur le vent, les vagues, leur forme, leur couleurs, les courants, les dangers reste juste. Alexandre le Grand s'est fait descendre à quelques mètres de profondeur dans un tonneau de verre pour observer les poissons. Mais le grand livre de l'océanographie ne s'est ouvert qu'en 1866, et c'est un roman : *20 000 lieues sous les mers*. Le mot océanographie, récent et qui ne figure pas dans Littré, date de 1876. Jules Verne a dix ans d'avance sur les savants.

Le public lit *20 000 lieues sous les mers* – avec passion – comme de la science-fiction. Et les commentateurs les plus récents ajouteront : oui, de la fiction, mais aussi de la science ! Qui en 1866 s'intéresse aux fonds sous-marins ? Dès les premières pages, Jules Verne décrit le phénomène de la luminescence, l'un des plus beaux spectacles qu'offre la surface de l'eau. Ces feux d'artifice magiques, dans la vague d'étrave et le sillage, sont dus à la production de lumière par les organismes que Jules Verne énumère très scientifiquement. Et au fur et à mesure de la descente du *Nautilus* vers les abysses et que s'ouvrent les hublots, toutes les espèces de poisson sont successivement décrites, avec leur nom scientifique.

Il prend la peine de distinguer les différentes

manières de nager et donne les particularités de chaque espèce comme, par exemple, l'énorme ventouse des rémoras ou la production d'électricité par les raies-torpilles. Il insiste sur les relations des animaux entre eux, mais surtout il montre l'importance des facteurs du milieu ambiant. C'est déjà de l'écologie, au sens biologique du terme évidemment, presque cent ans avant que cette discipline ne soit reconnue et enseignée tant à l'Université qu'au CNRS. La grande expédition du navire anglais *Challenger* de 1872 à 1876 sillonnera toutes les mers en échantillonnant dans les grands fonds. L'idée sera reprise par le prince Albert Ier de Monaco qui en fera son thème de recherche privilégié lors des explorations menées à bord de ses différents voiliers. Les prodigieuses récoltes justifieront la construction du Musée océanographique à Monaco, l'un des plus beaux du monde, et de l'Institut océanographique à Paris. C'est *après* Jules Verne.

Les scientifiques estimaient que les profondeurs au-delà de 300 mètres étaient azoïques. Pas Jules Verne. Il est curieux de tout ce qui ébranle la science officielle tout en restant à l'affût des moindres détails fournis tant par les pêcheurs que par ses amis savants. Moins spectaculaires que les visions par les hublots du *Nautilus*, on peut retrouver, dispersées dans la narration, des remarques sur la salinité aux embouchures des grands fleuves, l'influence du vent sur la formation des vagues, l'explication du phénomène des marées et la géographie des côtes à marée semi-diurne ou à marée diurne, la chute brutale de la température dès le passage des cent premiers mètres.

Le chapitre sur le Gulf Stream, ce grand courant chaud qui sort du golfe du Mexique et s'étale en la réchauffant sur toute la façade atlantique de l'Europe du Nord, envisage les perturbations qu'engendrait la plus petite modification... Or, c'est aujourd'hui ce qui ressort des tests actuels de modélisation établis par les physiciens et les climatologues en fonction du changement du climat dû à l'effet de serre ! Jules Verne évoque la puissance constructive des coraux au cours des temps géologiques. L'idée du continent perdu resurgit, elle aussi, avec toutes les hypothèses sur le volcanisme sous-marin expliquant la formation de la terre et les fameuses dorsales médio-océaniques.

Au-delà du récit et des péripéties de ces dix mois de navigation, de la description des hommes et de leur caractère, du personnage inoubliable du capitaine Nemo, qui porte le nom choisi par Ulysse pour tromper le cyclope dans l'*Odyssée* d'Homère, c'est vraiment la préface à la science des océans. Un roman à succès.

Odeur

Les continents et les îles ont leur odeur que l'on peut percevoir du large. Hannon, au ve siècle avant Jésus-Christ, avait noté celle de la côte de Guinée en Afrique. Joseph Conrad était enchanté par celle de l'Asie. Bonaparte reconnaissait l'approche de la Corse à celle des cytises. Segalen sentait une « senteur brune » sur Java. Sous le vent des Comores, on peut respirer le parfum de l'ylang-ylang.

Œuvres mortes, œuvres vives

Les œuvres mortes sont sur un navire tout ce qui dépasse la ligne de flottaison, notamment les constructions des dunettes et autrefois leur ornementation. Les œuvres vives sont tout ce qui est immergé sous la ligne de flottaison. C'est un beau symbole. Ce qui est vivant est ce qui est caché. L'âme n'est pas au-dessus mais en dessous.

Officier marinier

Du second maître au major, corps correspondant aux spécialistes qui entouraient les officiers de marine sous l'Ancien Régime, beaucoup de ceux-ci étant nommés en fonction de la naissance et des relations de cour, sans connaissance suffisante de la mer et de ses techniques.

Oléron

La plus grande des îles de notre façade atlantique. Vaut beaucoup mieux que le discret dédain qui l'entoure. Elle est « familiale » avec de « coquettes villas » dans les pins, bref ce n'est ni l'île de Ré ni Saint-Tropez. Mais, fief d'Aliénor d'Aquitaine, elle ne manque pas d'histoire, et c'est heureux qu'en 1372 les Anglais enfin l'abandonnèrent (après avoir emporté tous les registres officiels : on ne sait jamais). Le port de la Cotinière abrite de vrais pêcheurs. Le phare de Chassiron qui date de 1836 a 50 mètres de haut. Les vues sont belles. Les ciels variés. Les huîtres simplement grandioses.

Oman

Ce sultanat de la côte sud-est de la péninsule arabique a été la patrie des meilleurs marins arabes maîtres des alizés et de la mousson qui naviguaient de l'Inde aux Comores. Il reste le plus attachant par ses traditions. Si l'on veut se faire construire un bateau, demander à Mascate ou, mieux encore, à l'antique Sour.

Opale

Nom touristique du rivage de la Manche, de la Somme au Pas de Calais. Beaux éclairages marins.

Orcades

Archipel du nord de l'Ecosse. Coup de cœur. Soixante-dix îles dont dix-huit sont habitées. On ne compte pas les oiseaux et les phoques. La grande rade de Scapa Flow, la meilleure de la mer du Nord, abrite la Royal Navy. Kirkwall, la capitale, a une cathédrale de style roman et gothique primitif, fondée en 1137 !

Au fond de ces îles perdues a régné un Moyen Age rayonnant. On peut voir aussi à Papa Westray la plus ancienne maison de l'âge de pierre connue en Europe. Le bonheur consiste à trouver un bateau, même petit, et, comme dans tout archipel digne de ce nom, d'aller d'île en île. Un mur de pierre fait le tour de North Ronaldsay pour maintenir les moutons sur la plage et qu'ils ne se nourrissent que d'algues : ainsi sera sauvegardé le goût particulier de leur chair.

Orénoque

Fleuve d'Amérique du Sud, long de 3 000 kilomètres, navigable depuis son embouchure sur 700 kilomètres, quatrième débit le plus important du monde. Son delta immense que j'aurais tant aimé avoir découvert, mais c'est un peu tard, est parsemé de centaines de puits de pétrole.

Bien sûr, comme pour tout ce qui touche à la mer, il y a un roman de Jules Verne. Il y en a même deux (*La Jangada — L'Invincible Orénoque*).

Orient

A force de rêver à l'Orient, nous avons créé l'Amérique, Extrême-Occident. Combien et comment avons-nous cherché à l'atteindre, ce point du ciel où le soleil à sa naissance sort de la mer ! En passant par tous les autres points cardinaux, l'ouest, le sud, le nord. A l'est était la source de la lumière, mais aussi de la fortune, du luxe, de la puissance, de la gloire. La soie et les épices. Alexandre le Grand déjà ne s'intéressait qu'à cette course à l'Orient, comme tant de siècles plus tard Napoléon. Le meilleur de Napoléon, c'est peut-être l'expédition d'Egypte avec ses douzaines de savants à dos de dromadaires. Avant lui, les ambassadeurs de Saint Louis et du pape auprès du Khan des Mongols, Marco Polo et ses récits fabuleux, le mythe du Prêtre Jean...

Quel coffre aux trésors, l'Orient. La boussole est-elle un cadeau des Chinois, des Perses ou des Arabes avant d'être une trouvaille italienne ? L'astrolabe, une invention des Persans, des Arabes, des Chinois, avant d'être la nôtre ? Le mouvement des planètes, nos chiffres que nous appelons arabes, la cartographie, qui en est à l'origine : les Indiens, les Chinois, les Arabes, les Persans ? l'Est. La lumière brille toujours à l'est. Le coffre aux trésors n'est pas près d'être vidé. Pas plus que la lampe d'Aladin n'est épuisée, ni les voyages de Sinbad terminés. Il y aura toujours une mille et deuxième nuit. Il y aura toujours un nouveau parfum d'Orient, très vieux mélange de bois de santal, huile de palme, opium, poisson pourri, safran et d'un peu de la boue jaune ou flottent les sampans. Cette odeur qui enchanta le jeune Conrad et Loti, le vieux Jack London, le Dr Segalen et tant d'autres.

Orque ou Epaulard

Cousin très méchant du dauphin. Prouve bien qu'aucune famille n'est parfaite.

Otarie

Nom de code de l'opération de débarquement en Angleterre décidée par Hitler en août 1940. Dans la foulée des victoires qui avaient donné en quelques semaines la domination totale aux Allemands de la Norvège aux Pyrénées, chacun l'attendait. Chalands transporteurs de troupes, planeurs, parachutistes, tous les moyens étaient réunis. Les experts ne donnaient aucune chance à l'Angleterre. Dès septembre de la même année, Hitler abandonnait le projet. Il n'avait pas pu s'assurer la maîtrise du ciel. Au-dessus de Londres la bataille de l'air avait été perdue. Il n'y a pas de maîtrise de la mer, même pour un très court passage, sans maîtrise du ciel.

En revanche, dès la même date, seul face au IIIe Reich, déjà Churchill pensait au débarquement en Europe. Formidable chef d'Etat qui, alors que tout semble perdu, a l'esprit de revanche, voit l'avenir, l'organise. Le débarquement allié du 6 juin 1944 portera le nom de code Overlord.

Ouessant

Une île forte (comme on dit un château fort). L'Océan l'entoure et ne lui fait aucun cadeau. Les maris sont « au commerce », les femmes gouvernent. Pour l'atteindre, il faut passer le Four puis le Tromveur, courant qui peut dépasser 13 kilomètres/heure. Un torrent dans la mer. Les Pierres vertes, les Pierres noires, tous les récifs sont célèbres. Tous les phares aussi : La Jument, Creac'h, le Stiff... C'est le seul comité de tourisme que je connaisse au monde qui distribue, en tant que particularisme local, la carte détaillée des naufrages. La capitale, Lampaul, est située sur une baie ouverte à l'ouest et n'est pas un abri. Mieux vaut le Stiff. Mais si le vent passe du noroit au nord, n'est pas non plus à recommander, et il convient de dérader d'urgence. La vedette qui fait la liaison régulière entre le Conquet et Ouessant par Molène est pilotée par des artistes : elle touche à peine le quai, entre deux crêtes du ressac, le temps pour les passagers de sauter à terre ou à bord, et, moteur à plein, elle est repartie.

Le phare du Stiff a été construit par Vauban en 1695 : deux tours accolées dont une pour l'escalier à vis, 126 marches, l'autre pour le feu. Portée 50 kilomètres. A côté du phare, la nouvelle tour-radar, 140 mètres de haut, commande tout le trafic de la Manche, rail montant, rail descendant, des milliers de bateaux par an, énormes porte-containers, supertankers à destination des plus grands ports d'Europe, Londres, Rotterdam, Anvers, Hambourg. On ne sait quel est le plus impressionnant, cette côte sauvage où le noroit et l'Atlantique viennent s'écraser de plein fouet sur les récifs spectaculaires qu'on appelle *les rochers*, ou cette caravane quasi ininterrompue des monstres modernes de la mer.

Ouvrir

Très joli mot du vocabulaire de la navigation. Se dit quand, à partir de l'alignement de deux amers que l'on avait par le même azimut, deux feux par exemple, en avançant on écarte progressivement l'un de l'autre. Ouvrir, comme une fenêtre.

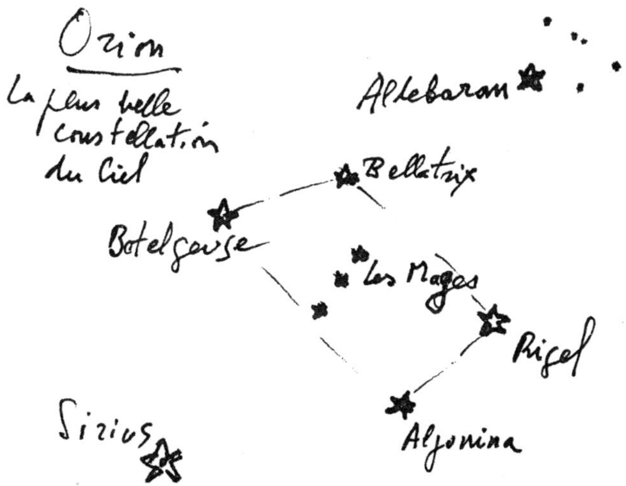

p

P

Seizième lettre du code international des signaux. Vocal : Papa. Ex-Pierre. En morse : un point, deux traits, un point. Envoyé seul : *« Toutes les personnes doivent se présenter à bord, le navire doit prendre la mer. »*

A la mer : *« Vos feux sont éteints ou éclairent mal. »* Est également utilisé pour signaler une position en précisant immédiatement chacun des groupes de quatre chiffres indiquant la latitude et la longitude.

Pacha

Terme familier pour désigner le commandant sur un bâtiment de la Marine nationale. Au commerce on dit plutôt : le vieux. A la pêche : le patron.

Palanquée

Ensemble de marchandises (ou de poissons dans le cas d'un chalut) groupées dans une élingue, à embarquer ou débarquer. Le poids dépend largement de la puissance des treuils et des mâts de charge du navire. A tendance à être utilisée pour dire : beaucoup, une flopée. « Il m'est tombé dessus une palanquée d'incapables... »

Panama (canal du)

Le canal de Panama qui relie l'Atlantique au Pacifique est long de 80,50 kilomètres, large au minimum de 91,40 mètres, profond de 12,50 mètres à 14 mètres. Il est le plus fréquenté du monde. Quatorze mille navires y passent par an dont des bâtiments de 300 000 tonnes. Dès 1534, les Espagnols avaient voulu le réaliser, pour éviter l'immense et périlleux détour par le cap Horn. Les Français de Ferdinand de Lesseps, en 1880, après le succès mondial du canal de Suez, se lancèrent dans l'entreprise. Une erreur de conception, vouloir faire un canal de niveau avec les deux océans (comme à Suez), les difficultés techniques, les coûts gigantesques, la malaria et la fièvre jaune qui tuèrent plus de cinq mille ouvriers en dix ans de travaux firent abandonner le projet et éclater un scandale politique à Paris. Les Américains reprendront le projet en 1903, avec un canal à écluses. Mais c'est sans doute la victoire des médecins contre la fièvre jaune qui a permis celle des ingénieurs.

Paul Gauguin, le peintre, a été en 1887 ouvrier du canal ! Il rêvait de s'installer dans une petite île sauvage, l'île aux fleurs, peuplée de quelques Indiens. L'île le déçut. Poursuivi par la police pour ivresse et pour avoir uriné en public, il sauta dans le premier bateau pour la Martinique. En attendant le Pacifique et les Marquises qui marqueront son œuvre.

Paquebot

Où est-il le temps des paquebots qui traversaient mers et océans pour transporter les passagers et la poste ? J'ai déjà évoqué avec émotion la Malle des Indes, gloire de la P & O, et de ses rivaux de la Cunard et des Messageries Maritimes. Et la lutte transatlantique entre Français (le *Normandie*), Anglais (les deux *Queen*), Allemands... J'ai eu encore la chance de traverser de Cherbourg à New York sur le *Queen Elizabeth* : maîtres d'hôtel de roman, baignoires de

luxe, dîner du commandant plus protocolaire que dans les ambassades, jeux de société quasi débiles, et tous les rites d'une vie sociale avec ses castes, ses codes, ses hypocrisies, ses aventures. Somerset Maugham a admirablement raconté tout cela qui a disparu, tué par l'avion. Mais quelle place dans la littérature ! Tous les grands écrivains européens ou américains qui faisaient le voyage entre New York et le vieux continent, tous les acteurs et actrices célèbres, les virtuoses, les banquiers, les notables de toutes sortes (et quelques escrocs) ont connu la vie de paquebot jusqu'aux années 1960. Sur les longs parcours, vers l'Extrême-Orient, pour Claudel ou Malraux, c'était une autre vie, en plus de la vie, un monde avant un autre monde. Une autre chance pour l'amour.

L'Armand-Béhic (des Messageries Maritimes)
File quatorze nœuds sur l'océan Indien...
Le soleil se couche en des confitures de crimes,
Dans cette mer plate comme avec la main.

— Miss Roseway, qui se rend à Adélaïde,
Vers le Sweet Home au fiancé australien,
Miss Roseway, hélas, n'a cure de mon spleen ;
Sa lorgnette sur les Laquedives, au loin...

— Je vais me préparer – sans entrain ! – pour la fête
De ce soir : sur le pont, lampions, danses, romances
(Je dois accompagner miss Roseway qui quête

— Fort gentiment – pour les familles des marins
Naufragés !) Oh, qu'en une valse lente, ses reins
A mon bras droit, je l'entraîne sans violence

Dans un naufrage où Dieu reconnaîtrait les siens...

Henri Jean-Marie Levet, agent consulaire (1874-1906).

Que viennent faire ici, ces vers ? Valery Larbaud y prenait plaisir, certes. La vraie raison est que mon grand-père était agent maritime pour l'océan Indien. Et que mes arrière-grands-parents étaient australiens, établis à Adélaïde...

Parer

En langage maritime ne veut pas du tout dire « orner », mais éviter. Ou encore « être prêt ». On pare un danger, un écueil, un abordage, mais on pare aussi une manœuvre, pour annoncer qu'on la prépare. Avant tout changement de bord et encore sur les navires d'aujourd'hui, tout commandement devra attendre le signal « paré ».

Passage du Nord-Est

Quand Christophe Colomb découvre l'Amérique et que les Portugais passent le cap de Bonne-Espérance vers les Indes, on peut penser que la grande quête de l'Orient par les Occidentaux est terminée. Est-ce la fin des périls inconnus et des mystères terribles ? Non. La quête de l'Orient continue. La route par l'ouest est espagnole, par le sud portugaise. Dès le XVIe siècle, c'est à qui trouvera une autre route plus courte par le nord, soit au nord de l'Europe pour joindre l'Atlantique au Pacifique, soit au nord de l'Amérique. Plus on tire au nord, d'ailleurs, puisque la terre est ronde, plus la distance doit être réduite. Les Anglais attaquent les premiers, mais les Hollandais ne sont pas loin derrière.

Le club des « marchands aventuriers », dès 1551, envoie Willoughy et Chancellor explorer les côtes de la Laponie. Ils reconnaissent la mer Blanche. Ce qui sera la ville d'Archangelsk est fondé en 1554, la Nouvelle-Zemble est atteinte en 1556. Un Dieppois, Sauvage, publie son *Routier du Grand Nord*. En dehors de l'intérêt du passage libre et beaucoup plus court vers la Chine, les revenus immédiats des peaux et de l'huile sont énormes. Les Hollandais font fortune. Barents y perdra la vie.

Histoire fantastique.

Le 7 septembre 1871, le chasseur de baleines norvégien *Le Solide*, capitaine Ellings Carlsen, mouille son ancre dans les eaux d'une baie située au nord-est de la Nouvelle-Zemble, vers le 76e degré de latitude nord. Carlsen est l'un de ces marins explorateurs qui, à la fin du XIXe siècle, reprennent les tentatives de découverte du célèbre « passage du Nord-Est ». Le rivage devant lequel il se trouve, glacé et désolé, paraît désert. Des matelots du *Solide* descendent à terre pour recueillir de l'eau douce à l'embouchure d'une petite rivière.

C'est alors qu'ils aperçoivent, à quelque distance, une cabane de bois assez grande. Autour de la cabane, personne ; seulement quelques barils vides, et aussi plusieurs amas d'ossements, parfaitement nettoyés. Les Norvégiens reconnaissent des os d'ours et de renards. Ils pénètrent dans la maison de bois et demeurent stupéfaits. Des couchettes sont alignées le long des murs ; ailleurs une table, des coffres, des armoires ; sur les meubles, des plats, des cruches, des cuillères, des bougeoirs, une flûte, ainsi que des instruments de navigation et des livres ; au mur, des armes suspendues, une horloge ; à terre, plusieurs paires de bottes. Tout ce matériel est en bon état, dans l'état où se trouvent des meubles et des objets dont on se sert chaque jour. On a l'impression que les habitants de la cabane viennent de sortir, depuis quelques heures, peut-être pour une chasse ou une exploration aux environs et qu'ils vont revenir d'un instant à l'autre. Angoisse : ces objets que les marins norvégiens ont sous les yeux ne sont pas des objets modernes : ils datent sans aucun doute possible de plusieurs centaines d'années. La cabane est celle qu'avaient édifiée le capitaine hollandais Willem Barents et ses compagnons et dans laquelle ils avaient hiverné d'octobre 1596 à juin 1597, trois siècles plus tôt ! Le froid circumpolaire a parfaitement conservé tous ces objets qui sont aujourd'hui au musée maritime de La Haye.

Willem Barentsz, ou Barents, est né vers 1550 dans l'île de Terschelling. Nous ne savons presque rien de sa vie en dehors de ses trois tentatives de rejoindre la Chine par le nord.

Au cours de sa première expédition, en 1594, Barents vise haut. Il est bientôt arrêté par les glaces. Les organisateurs de la deuxième expédition, voyant l'impossibilité de passer au nord de la Nouvelle-Zemble, se décident pour une route plus au sud : ils arment sept navires dans quatre ports hollandais et les chargent de marchandises susceptibles d'être appréciées par les Orientaux.

Au cours de ces deux expéditions, Barents atteint la côte occidentale de la Nouvelle-Zemble, remontant jusqu'aux 78 degrés de latitude nord, et dont il rapporte un tracé. Les équipages voguent pour la première fois sur des mers envahies par les glaces et, au début, *« ils en furent si surpris qu'ils crurent voir des cygnes »*. Ils trouvent en chemin des colonies de morses, *« monstres marins d'une force terrible »*, affrontent des *« ours hideux et dévoreurs »* et rencontrent le peuple nomade des Samoyèdes *« qu'on tient pour sauvages, quoiqu'ils ne le soient pas, car ils ont beaucoup de bon sens dans leur conduite »*. Certains bâtiments pénètrent dans le détroit du Vaygats que les pêcheurs russes prétendaient *« infranchissable, car il y avait une si grande quantité de baleines et de morses que les vaisseaux ne pouvaient s'en approcher sans périr »*.

Le troisième voyage de Barents était, comme les précédents, subventionné par le gouvernement et les marchands des Provinces-Unies qui désiraient toujours découvrir un passage par le nord, « vers les rivages de Cathay et de la Chine ».

Barents appareilla du *Texel* le 10 mai 1596. Le 5 juin, les premières glaces furent aperçues. Le 9, des hommes à bord d'un canot tuèrent une ourse auprès d'une île inconnue, qui s'appelle depuis l'île aux Ours. Il découvre également l'archipel du Spitzberg qu'il croit être une extension du Groenland. Pour la première fois des voiliers européens atteignent les 80 degrés de latitude nord.

Le 26 août, pour protéger son navire de nombreuses glaces flottantes, il entra dans la baie du port des Glaces. Le *Discovery* ne devait jamais en sortir : *« L'équipage fut forcé, en grand froid, pauvreté et tristesse, de demeurer là tout l'hivers. Le 30 août, les glaçons commencèrent à s'entasser contre le navire avec une neige volante. Le navire fut soulevé, de manière que tout ce qui était auprès et à l'entour commença à craquer et à crever. Il semblait que le navire fût prêt à se crever en mille pièces, chose épouvantable à voir et à ouïr, et à faire dresser les cheveux.* » Ainsi s'exprime De Veer, l'un des compagnons de Barents. Les conditions (hygiène, sécurité, nourriture...) d'un voyage polaire à cette époque supposent un courage difficile à imaginer aujourd'hui.

Barents est un chef intelligent, prévoyant, plein de sollicitude. Il fait débarquer les voiles, les mâts, les armes, les munitions, les provisions. L'équipage construit une maison de bois. Une cheminée dans le toit. Les lits placés le long des murs. Un tonneau servait de baignoire. L'installation fut achevée le 2 octobre. L'expédition ne comptait plus que seize hommes, dont plusieurs étaient malades. A partir du 4 novembre, le soleil ne se leva plus. Les hommes mangeaient les salaisons du bord et, de temps en temps, des renards bleus qu'ils prenaient à l'aide de pièges disposés autour de la cabane. Ils tuaient aussi des ours, au mousquet, en se perchant sur la cheminée comme sur un mirador. Ils utilisaient la peau des ours pour se couvrir, mais ils ne mangeaient pas la chair, la tenant pour « malsaine et empoisonnée ». Cette erreur leur valut de souffrir du scorbut et, pour certains, d'en mourir. Le 13 juin 1597, Barents et ses compagnons s'éloignèrent en chaloupes du port des Glaces, abandonnant le *Discovery*. Celui-ci devait être détruit par les glaces et par la mer.

Les embarcations voyaient souvent leur route barrée par des champs de glace. Il fallait alors les décharger, les déhaler, les remettre à l'eau, les recharger. Le 20 juin, un marin nommé Nicolas Andrieu meurt. « *Ma fin n'est pas loin non plus* », dit Barents. Il examinait une carte marine. Relevant la tête, il ajouta : « *Les forces me manquent.* » Et, presque aussitôt, il expira. Le voyage se poursuivit. Les treize survivants souffraient du scorbut. Ils découvrirent, au cours d'une descente sur le rivage de la Nouvelle-Zemble, des plants de Cochléarias dont les feuilles et les graines comptent parmi les plus puissants antiscorbutiques connus. Ils en mangèrent et guérirent tous en deux jours. Après encore d'autres terribles difficultés, ils atteignirent la baie de Kola où se trouvait un navire hollandais qui les rapatria. Ils rentrèrent à Amsterdam le 1er novembre 1597. Leur patrie les honora comme des héros. C'était il y a quatre siècles...

Les Russes vont prendre le relais, construire des bateaux spéciaux, embaucher des navigateurs aussi audacieux qu'expérimentés. Le Danois Behring découvrira le détroit qui porte son nom. Plus tard encore (en 1879), le baron suédois Eric Nordenskiöld, avec la *Vega*, parviendra enfin à atteindre le Pacifique. En 1932, un brise-glace spécial soviétique, à triple coque, à étrave renforcée pour écraser la banquise, renouvelle l'exploit. Sans lendemain. Quatre siècles d'efforts et de morts furent nécessaires pour franchir le passage du Nord-Est dont on savait depuis longtemps qu'il existait : des baleines harponnées dans le Pacifique étaient retrouvées au Spitzberg, le harpon toujours dans le flanc. Mais on sait maintenant que ce passage n'est pas plus court, en temps, et est plus cher en moyens. Une des plus grandes aventures maritimes du globe est terminée.

Passage du Nord-Ouest

Même épopée extraordinaire, sur des siècles, et semée de squelettes gelés. Dès que Colomb a touché les côtes d'Amérique, Magellan trouvé son détroit à l'extrême sud, tous les rêves des marins, des commerçants, des découvreurs, se reportent au nord. Trouver au nord le passage vers la Chine. Les Anglais avec Cabot, dès 1503-1516. Les Français avec l'Italien Verrazano en 1524, avec Cartier en 1534. Les « marchands aventuriers » de Londres s'entêtent. Frobisher, bon pirate, échoue en 1576, Drake, autre grand pirate et navigateur, en 1578. Davis en 1585, et Hudson en 1609-1611, qui aura une fin tragique : abandonné dans une barque avec son jeune fils de seize ans par son équipage mutiné, il disparaîtra sans aucune trace. Sinon son nom à la baie de Hudson, comme Baffin à la terre de Baffin, comme Barents à la mer de Barents. Imagine-t-on aujourd'hui la somme d'audace et de souffrance que cette quête folle du passage du Nord-Ouest a pu coûter ? La rencontre des Esquimaux, de race mongole, renforçait la certitude que la Chine était là, près, tout près, à portée de la main...

En 1819 et 1825 deux tentatives échouent. En 1831, Ross et son neveu James, de la race des indomptables découvreurs, perdent leur navire le *Victor*, premier vapeur à être utilisé pour trouver le passage. Encore des morts, des disparus. En 1845, l'amirauté britannique décide de « mettre le paquet ». Elle veut « le grand passage ».

Sir John Franklin va commander deux navires qui reviennent d'une épopée glorieuse dans les eaux australes, l'*Erebus* et le *Terror*. Il y a cent soixante hommes à bord, quatre années de vivres, de l'eau chaude pour tous grâce aux machines à vapeur, de la musique, une bibliothèque de plusieurs centaines d'ouvrages et des couverts en argent... « Pas de doute, cette fois, nous devons réussir », pensent les Anglais...

Après une dépêche envoyée depuis les côtes du Groenland puis le compte rendu d'un baleinier qui a bel et bien aperçu l'expédition dans la baie de Baffin, les Britanniques passeront trois hivers sans la moindre nouvelle de Franklin et de ses hommes. Un silence qui va donner lieu aux plus importantes opérations de recherche jamais entreprises.

Pendant dix ans en effet, sous l'instigation de l'Amirauté et de lady Franklin, la fidèle épouse de l'explorateur, près de quarante expéditions polaires vont se succéder dans les eaux arctiques pour tenter de découvrir ce qui s'est passé avec l'*Erebus* et le *Terror*. Un lieutenant français, Joseph René Bellot, partira même en 1851 à la recherche des disparus avant d'être le premier explorateur français arctique à mourir en mer, prisonnier dérivant sur un îlot de glace en compagnie de deux compagnons qui, eux, auront la vie sauve.

C'est au cours de ces nombreuses recherches que la jonction va être faite – terrestre et non maritime – entre les points ultimes atteints par les explorateurs, les uns progressant d'est en ouest, les autres allant de l'Alaska vers le détroit de Baffin, d'ouest en est. Lady Jane espère toujours. Elle a armé son yacht personnel et organisé une souscription internationale. Enfin on sait. Partis en 1845, l'*Erebus* et le *Terror* ont rapidement été bloqués par les glaces dès septembre 1846.

Juin 1847 : mort de Franklin. Quelques mois plus tard, sous le commandement du second Crozier, vingt-trois hommes sont morts de froid. En avril 1848, les deux navires sont abandonnés. Les cent cinq survivants ont tenté de rejoindre la côte mais tous ont péri dans cette dramatique aventure. Tous. Les déclarations des Esquimaux, les campements abandonnés, des documents divers, les ossements humains permettent de reconstituer la lente agonie des hommes de sir John Franklin, morts de froid, de faim, de désespoir, peut-être de honte. La glace a conservé les preuves de cannibalisme. On étouffe. On oublie. D'autres marins de Sa Majesté sont partis à l'assaut du Passage.

Mais c'est un Norvégien célèbre, Amundsen, qui fera le premier la jonction maritime Atlantique-Pacifique par le nord du Canada, de 1903 à 1906. Là encore, la plus grande aventure maritime, qui a duré près de quatre siècles, n'offre pas d'intérêt aujourd'hui. Un pétrolier géant, le *Manhattan*, le franchira en 1969. Pour le principe. Juste pour que tous ces marins ne soient pas morts pour rien.

Pavillon

Ainsi appelle-t-on le drapeau en mer. On ne l'« amène » pas (sauf si on capitule au combat !), on le « rentre ».

Pêche

Le vocabulaire de la pêche est immense. Un livre ne suffirait pas. Les formes de filets, les noms des parties de ces filets, les genres de filets, la façon dont ils sont tramés, ouverts, fermés, à poches, à perches... Et l'immense diversité des sennes. Et le nom du filin, *libau* qui tient le lest au bas du filet. Et les variations régionales. Le *quipot*, pour prendre des maquereaux, est le nom donné à une sorte de *libouret* par les pêcheurs de Boulogne... Arrêtons. Pour le golfe de Gascogne, le *tramail* s'appelle *sadur*. C'est une autre langue.

Chaque région avait aussi ses types de voiliers différents suivant les types de pêche et les usages locaux, abandonnés à pourrir dans les vasières. La revue *Le Chasse-marée* a fait une campagne admirable de protection et rénovation. La liste de leurs noms est une chanson de mer : bisquine, sinago, lougre, pinasse, plate, picoteux...

La pêche elle-même n'a pas cessé d'être classifiée et déclassifiée en zones ou en catégories : la grande pêche étant à Terre-Neuve et en Islande, la pêche au large sur des navires de 25 tonneaux au plus et s'éloignant du port pour soixante-douze heures ou davantage, la pêche côtière, la pêche littorale ; sans oublier la merveilleuse pêche à pied, sur l'estran, *« à condition que le pêcheur n'ait pas d'eau plus haut que la ceinture »*. Il y a autant de lois, règlements, circulaires, que de pêcheurs eux-mêmes.

Mais le plaisir de la pêche résiste. C'est un plaisir qui appartient au marin, tant il est lié à la mer, à sa vie et à ses mystères. Jeter une ligne de traîne ou amorcer une canne, aller sur les bancs, prendre un simple maquereau à Chausey, un bar aux Minquiers, c'est la joie. J'ai commencé mon expérience maritime sur un bateau de pêche à Granville. On pêchait à la canne, au chalut, suivant le temps et l'inspiration, et quand rien n'avait donné, à pied au filet dans l'anse de Régneville. On prenait des chiens de mer, ou roussettes, qu'on appelait le hâ, et qu'on devait retrouver encore sous un autre nom dans la conserverie... Je me suis fait embaucher sur des chalutiers à Fraserburg, au nord de l'Ecosse, ciel de crachin gris, froid pénétrant ; à San Benedetto del Tronto dans l'Adriatique, mer forte et dure ! On allait pêcher par mauvais temps entre les îles dalmates, quand les gardes-côtes yougoslaves ne sortaient pas. Un jour, dans le filet, nous avons pris un requin de plus de trois mètres. Croc dans la gueule, palan autour de la queue, il fut vidé de bout en bout. Et pourtant, il se retournait encore pour essayer d'attraper la jambe d'un matelot une heure après avoir été vidé. Suivant la tradition, on lui avait ouvert l'estomac. Pas de bouteille à la mer, mais les morceaux d'un thon gros comme le poing qui commençaient à être digérés. Fête à bord. L'équipage ne mangeait jamais de thon, poisson cher gardé pour la vente, mais uniquement des soupes de petits poissons blancs sans valeur marchande. Morceaux de thon en direct de l'estomac du requin, huile, vinaigre, sel. La fête, dis-je.

Quand la première palanquée du chalut sort de l'eau, malgré toute la routine et le professionnalisme, les gestes mécaniques, les fonctions établies, les outils en service (des noms, encore des noms...), on ne peut empêcher un peu d'émotion. Attente, succès ou non, grouillement des poissons aux éclats de toutes sortes, dont le premier coup d'œil estime quantité et qualité. Le plaisir de la pêche reste la surprise.

Pégase

Constellation boréale. En anglais : le cheval ailé. Le carré de Pégase bien qu'il ne soit pas carré et qu'un de ses sommets soit l'étoile alpha d'Andromède, fait justement remarquer le capitaine de vaisseau Sizaire, forme avec Mirfak une sorte de fausse Grande Ourse à l'opposé de la vraie et trois fois plus grande qu'elle. Deux côtés du quadrilatère, prolongés, conduisent à la Polaire ; Markab et Schreat, Algenib et Sirrah, qui tracent aussi à peu près le méridien du point origine des Ascensions droites. Mais assez de technique. On ne peut pas rater le carré de Pégase dans le ciel nocturne.

Peintres de la marine

Excellent corps, dont les membres sont nommés par le ministre sur proposition de leurs pairs en raison de leur grand talent. Ils ont droit à l'embarquement sur les navires de guerre. L'institution, bien sûr, remonte à Richelieu et Colbert. Des « peintres du Roi pour les mers », aux « peintres du Département de la Marine », Lebrun, Puget, Van Loo, Vernet, de la Roze, Gudin, etc. Un décret de 1901, un autre de 1920, d'autres de 1953 et 1981 précisent prérogatives, obligations (le port de l'uniforme en temps de guerre, en tout temps « d'une tenue correcte »). Mais leur génie est libre. Suivant leur ancienneté, agréés ou titulaires, ils prennent place au carré des officiers subalternes ou des officiers supérieurs.

J'avais voulu créer la même institution sympathique pour les écrivains de marine. Les auteurs aimant la mer, écrivant sur elle et les gens de mer, auraient pu faire partie d'une association reconnue dans les mêmes conditions. Ils auraient contribué à créer autour de la marine et de la mer une atmosphère de compréhension et d'intérêt – sans propagande – mais qui aurait servi cette dimension maritime qui nous manque tant. Tout était prêt avec le SIRPA, le chef d'état-major de la Marine, le cabinet du ministre de l'époque. Pas de problème politique : l'équilibre entre « bâbordais » et « tribordais » étant naturel. Et puis, rien ne se fit. Les Finances craignaient sans doute par avance une demande de crédit de fonctionnement, de primes d'embarquement, que sais-je, de pension réversible... Les autres institutions maritimes honorables s'inquiétèrent peut-être d'une concurrence qui serait prestigieuse... Le ministre changea, le chef d'état-major changea, le patron du SIRPA mer changea. Cette idée n'aura duré que le temps d'un sillage.

Pen Duick

Eric n'était âgé que de six ans quand son père, Guy Tabarly, acheta le *Pen Duick.* C'était un cotre à la coque noire comme la mésange à la tête noire que les mots bretons *pen duick* signifient. Avec ses 13,60 mètres de long et ses 163 mètres carrés de voiles, le bateau est exceptionnel : il a été construit en 1898 selon les plans du plus grand architecte de l'époque, l'Ecossais William Fife. Tous les étés, le futur vainqueur de la Transat naviguera à son bord le long des côtes bretonnes avec ses parents et sa sœur. Puis la guerre vient, la mésange se met en hivernage dans la vasière de Pen-Foul à Bénodet. Cinq ans passent, le père n'a plus les moyens de la remettre à flot. Il veut vendre *Pen Duick.* Eric s'y oppose et s'engage dans l'aéronavale en Indochine pour payer les frais.

Pen Duick II

1964. Pour remporter la Transat en solitaire, Eric Tabarly imagine le premier déplacement léger en contreplaqué. Il en a crayonné les esquisses avec ses amis, les frères Costantini du chantier naval à La Trinité-sur-Mer. C'est son deuxième bateau ; il le baptisera tout simplement *Pen Duick II.* Le voilier dont la coque à bouchain vif mesure 13,60 mètres pour un poids de 5,4 tonnes, est gréé en ketch. Peu toilé, il peut être mené par un seul homme. Tabarly a « posé » sur le pont une bulle en plexiglas pour observer la mer par mauvais temps. Et à l'intérieur, une selle de Harley-Davidson a été fixée pour lui permettre de cuisiner à son aise. *Pen Duick II* s'aligne à Plymouth, au départ de la Transat anglaise : l'OSTAR. Il y a quinze voiliers dans la course. Malgré une panne de pilote automatique dès le huitième jour de mer, Tabarly ralliera Newport (Rhode Island) après vingt-sept jours et trois heures de navigation. Il entre dans la légende.

Pen Duick III

1966. Tabarly, qui n'a pas beaucoup d'argent, n'a pas d'architecte. Il dessine seul les plans d'une goélette de 17,45 mètres avec laquelle il envisage, quatre années après son premier succès historique, de s'aligner dans la Transat de 1968. Le bateau, construit chez La Perrière, à Lorient, s'inspire assez largement de son prédécesseur *Pen Duick II*. Il innove cependant, avec sa coque en aluminium et sa quille testée en bassin. Sa carène et son étrave en guibre (légère inflexion de la proue) font également sensation. La goélette noire, née pour les courses en équipage, vient chasser, à la manière de Surcouf, sur le terrain des Britanniques. Pour les battre, Tabarly remporte le Fastnet en 1967, le championnat du RORC et Sydney-Hobart la même année. Le voilier, qui n'a jamais participé à l'OSTAR, s'alignera en 1989 aux Sables-d'Olonne, sous le nom de *Cacharel*, avec Jean-François Coste, au départ du premier Vendée Globe Challenge.

Pen Duick IV

1968. Tabarly va offrir aux marins le voilier le plus surprenant de leur génération. L'idée a germé un an auparavant, lors du convoyage en Angleterre d'un trimaran de 12 mètres conçu par le Britannique Dereck Kelsal. Eric est conquis. Et persuadé surtout qu'en course au large, contre de tels voiliers, les monocoques les plus rapides vont avoir du souci à se faire.

C'est décidé. Tabarly et l'architecte André Allègre mettent en chantier le premier grand multicoque de course. Il est en aluminium, mesure un peu plus de 20 mètres de long, est équipé de deux mâts-ailes. Victor Tonnerre, l'ami lorientais, lui a confectionné deux grand-voiles entièrement latées. Achevé dans la précipitation, afin de prendre le départ de la Transat anglaise, le trimaran, dès la première nuit de course, est abordé par un cargo. C'est Alain Colas, à qui Eric Tabarly l'a vendu, qui le mènera à la victoire sur l'Atlantique en 1972. Puis il disparaîtra en 1978, sur le « Rhum ».

Pen Duick V

1969. Pour *participer* à une course en solitaire presque confidentielle, la Transpacific entre San Francisco et Tokyo, réservée aux voiliers de 35 pieds, Tabarly va faire appel à Bigoin et Duvergie pour construire *Pen Duick V*. Ce bateau est celui qui a contribué le plus à l'évolution des techniques dans la course au large, en imposant le ballastage par eau de mer. Les deux ballasts de *Pen Duick V* sont en effet manœuvrés par sept vannes et autorisent le stockage de 500 litres au vent. Le coup d'essai est un coup de maître. En grand vainqueur, Tabarly va courir les 5 700 milles en 39 jours et 15 heures, devançant Jean-Yves Terlain, le deuxième, de... 11 jours. Les organisateurs de la course n'en sont toujours pas revenus.

Pen Duick VI

1973. Eric Tabarly veut participer à la première Whitbread, la course autour du monde en équipage et avec escale. Il veut surtout la remporter. Il fait construire le monocoque *Pen Duick VI* à l'arsenal de Brest. Le voilier dessiné par l'architecte naval André Mauric est conçu pour être mené par une bonne douzaine d'équipiers. C'est un superbe ketch de 22,25 mètres pour 32 tonnes de déplacement qui dispose – autre nouveauté – d'un lest en uranium appauvri et dont le plan de pont et la conception intérieure témoignent de toute l'expérience de son propriétaire. Il commence mal. D'abord un démâtage dans la Whitbread, alors qu'il est largement en tête. Quatre ans plus tard, sur la même course, il sera disqualifié pour un problème de jauge. Mais l'année 1976 sera pour lui et son skipper celle de l'exploit total. A son bord, en 23 jours, Eric Tabarly va signer sa plus belle victoire dans la Transat anglaise en solitaire. Le skipper conforte son image de héros national.

Ensuite, en 79, Eric concevra le *Paul Ricard*, un trimaran à foil de 16,50 mètres pour 7 tonnes, en aluminium. Le bateau a la particularité de posséder deux appendices placés sous les flotteurs qui permettent au voilier, lorsqu'il atteint une vitesse suffisante, de s'élever sur l'eau et de diminuer ainsi, de façon considérable, sa surface mouillée. En 1980, Eric Tabarly pulvérise en 10 jours, 5 heures et 14 minutes, le record de l'Atlantique détenu depuis 1905 par la goélette *Atlantic*. Il ouvre surtout la voie de l'hydroptère et de l'ultra-léger.

La Perle

Etoile qui appartient à une constellation de sept étoiles d'éclat modeste, la Couronne boréale, remarquable par sa forme, couronne, collier, diadème. Un bijou de jeune fille. La plus brillante est Margarita, ou Alphecca, qu'on appelle familièrement « la Perle ». Charmante.

Phare

A un dictionnaire amoureux de la mer, il faudrait déjà adjoindre un guide des étoiles, un dictionnaire de la pêche, l'ensemble des cartes du SHOM, les œuvres de Jules Verne... et un album des phares. L'ami Plisson, peintre de la marine, en a réalisé de superbes.

Il existe une magie des phares. Pharos, à l'entrée

d'Alexandrie, était dans l'Antiquité l'une des Sept Merveilles du monde. Des brasiers allumés par les moines éclairaient les dangers au Moyen Age. Les foyers des naufrageurs aussi, mais pour attirer sur ces dangers. En 1782, Cordouan, à l'entrée de la Gironde, était éclairé par quatre-vingts lampes à mèche plate. On utilisa des lampes à huile de colza, puis à l'huile minérale, pétrole, à partir de 1857. Teulera puis Borda imaginèrent des miroirs polis tournants qui permettaient d'« identifier » le phare. Jusqu'à la révolution apportée par la lentille de Fresnel qui concentre les rayons lumineux en faisceaux.

La construction des phares est une autre histoire fabuleuse. Parfois dix, vingt ans sont nécessaires parce que, sur un écueil battu par les flots, on ne peut travailler qu'à marée basse, et qu'il faut attacher les ouvriers pour qu'ils ne soient pas enlevés par les lames. Le père de Stevenson (*L'Ile au trésor*) était constructeur de phares.

Il y a les constructeurs, et les donateurs. Les phares portent parfois leur nom. Kéréon (blanc et rouge, 2 + 1, à occultation 24 secondes) est celui d'un jeune homme disparu trop tôt et dont la mère voulait que le nom ne soit pas oublié : quelque chose de grand et d'utile, un phare. Eckmül (23 milles de portée, à éclat blanc, 5 secondes), à la pointe de Penmarch, 60 mètres au-dessus du niveau des plus hautes mers, fut érigé en 1892 par la fille du maréchal Davout, prince d'Eckmül.

Aujourd'hui, le plus puissant ne se trouve pas en mer, mais en plein New York mis en service en 1956 à 332 mètres de haut, l'Empire State Building est visible au sol à 130 kilomètres de distance, en vol à 490 kilomètres. Le plus haut est une tour japonaise.

Le plus grand nombre de marches, 392, appartient à l'île Vierge en France, à éclat, blanc, 5 secondes, datant de 1845, reconstruit en 1902, et que connaissent tous les navigateurs de l'Atlantique et de la Manche. Le plus puissant de France, Creac'h, se dresse sur la côte ouest d'Ouessant, deux éclats blancs, 10 secondes, 75 mètres au-dessus de la haute mer, portée plus de 60 kilomètres.

A ses pieds, l'un des plus enchanteurs petits musées de France, le *musée des Phares*. Les lentilles, les combustibles, les constructions : toute la technique et la légende des phares. Pour les marins qui, comme moi, avant le GPS, ont attendu longtemps dans la nuit qu'apparaisse le pinceau d'un feu à la côte, et ont avec émotion compté et recompté les éclats jusqu'au moment où il était possible de dire : blanc, cinq éclats, 30 secondes, dans le 45°, les Casquets, nous sommes là ; ou dans le 120°, 2 éclats blancs, 10 secondes, c'est Revellata, nous sommes ici, un phare gardera toujours sa magie.

Pilote

Officier capable de diriger les navires. Par exemple Sébastien Cabot, un Italien, était Grand Pilote de Castille. Une ordonnance de Colbert, encore lui, réglemente le pilotage, la formation des pilotes, leurs responsabilités. Le mot vient sans doute du vieux hollandais qui voulait dire sonde, sonder. C'est bien ce sens qui a prévalu avec le temps : l'homme des détroits, des entrées dans les ports, de l'approche des côtes.

Tous les grands ports ont pilotage obligatoire. Les canaux aussi. Les autorités anglaises et françaises ont cru, après la nationalisation du canal de Suez par le colonel Nasser, que la navigation y était si difficile que le retrait des pilotes arrêterait tout trafic et serait un moyen de pression sur l'Egypte. Nasser s'est passé des pilotes officiels du Canal. En revanche, pendant la dernière guerre mondiale, le pilote de Bordeaux à qui les Allemands faisaient appel dans l'estuaire de la Garonne, réputé pour ses embûches et dangers, renseignait les Alliés sur les mouvements de la Kriegsmarine.

Le mot est applicable maintenant en tous domaines, piloter un journal, une expérience communale, un projet bancaire... Mais il ne faut pas oublier son origine maritime : sonder. La mer, la terre, l'avenir, l'économie, les hommes, les reins ou les cœurs. Il faut pénétrer et descendre pour savoir. Comme l'âme, la science est en dessous.

Pirate, Piraterie

Jamais la piraterie, qui semblait appartenir au passé, n'a été aussi importante qu'à l'époque du Radar, du GPS, des satellites d'observation !

Il y a toujours eu de nombreux types de piraterie et de pirates. Le record des prises n'appartient pas à l'affreux Barbe-Noire, au célèbre Rackham le Rouge, au douteux Capitaine Kidd qui hésite entre le bon bord et celui du crime. Le record – plus de quatre cents captures ! – est détenu par Roberts qui n'a ni jambe de bois, ni bandeau sur l'œil, ni pavillon à tête de mort. Un homme raffiné, habillé de soie, de satin et de dentelles, portant au cou un collier avec un admirable bijou serti de pierreries, une épée au pommeau enrichi de diamants. Qui aime la musique classique – il embarque même des violonistes et oblige ses équipages de forbans à écouter quatuors et autres variations mélodiques. Bien sûr, il déteste les femmes, et leur présence à bord est punie de mort, mais c'est la règle chez tous les pirates. En revanche, il encourage la religion. Ayant fait prisonnier un pasteur anglican, il veut l'engager comme aumônier permanent. Le pasteur refuse. Roberts va-t-il l'exécuter sur-le-champ ? Roberts est dans l'un de ses jours de clémence, il laisse partir le pasteur en échange de deux objets essentiels trouvés dans ses bagages : *une bible et un tire-bouchon*. Parce que Roberts, si soucieux des bonnes mœurs et qui n'aimait que le thé, n'a pas réussi à interdire l'alcool à bord. Les pirates préfèrent la bouteille. Définitivement.

Voilà un personnage hors du commun mais qui finira quand même tué par une escadre anglaise, et ses hommes seront pendus. Entre eux les pirates appelaient la pendaison : *« bénir la foule avec ses pieds »*. Entre eux, ils se jouaient des sortes de comédies où l'un faisait le juge, l'autre l'accusé, l'un l'avocat, l'autre le prêtre, l'autre encore le riche marchand... La comédie se terminait toujours en tragédie : condamnation à mort. Puis, après avoir joué leur condamnation, ils jouaient leur exécution. Les flibustiers s'étaient créé un monde, avec ses lois et ses règles. Les pirates, eux, n'avaient d'autres lois que celles d'être *contre* le monde, un anti-monde. Avec pour refuge l'or, l'alcool, la dérision.

Dans *La Désirade*, j'ai raconté les aventures du

dernier grand pirate du XIXe siècle, un Français, Laffite, qui fut aussi négrier, corsaire, contrebandier, un héros de la deuxième guerre d'Indépendance américaine contre les Anglais, un romantique créateur d'une ville utopique (mais sa ville idéale tourna vite très mal), un rêveur de liberté et de solidarité qui tenta de ressusciter la flibuste. Le financier, sans doute, de Karl Marx à ses débuts, l'inspirateur, peut-être, de Lincoln à sa fin. Passionné, généreux et le meilleur canonnier de son temps. Un personnage de bande dessinée et de cinéma sans aucun doute. Qui sera tenté ?

Les Lloyds de Londres estiment les cas de piraterie à plusieurs centaines par an. Ils distinguent le vol en mer, au mouillage ou dans un détroit où les navires doivent ralentir et ne peuvent manœuvrer. C'est le fait de petits commandos de moins de dix bandits encagoulés et armés de fusils d'assauts et pistolets mitrailleurs les plus modernes, qui pillent les effets personnels, la caisse du commandant, l'électronique de bord après s'être laissés dériver dans la nuit et le silence, entre 20 heures et 4 heures du matin, jusqu'à aborder l'objectif par l'arrière. Le coup ne dure pas plus d'une demi-heure et l'équipage – s'il ne résiste pas – n'est pas tué. La bande repart ensuite sur ses pirogues ultra rapides. Théâtre d'opérations ? Toutes les mers chaudes du globe avec préférence pour la Caraïbe, la côte d'Afrique, l'entrée de la mer Rouge, la mer de Chine entre Taiwan, les Philippines et l'Indonésie, Malacca. Le dernier cas, dramatique, est l'assassinat de Peter Blake sur la côte brésilienne en décembre 2001. Pour quelques dollars...

Mais la « grande » piraterie, si l'on peut dire, prolifère aussi, avec un niveau record en l'an 2000, selon un rapport du Bureau international maritime : 469 attaques recensées, contre 300 en 1999 et 107 en 1990. 72 marins tués, 99 blessés, 26 disparus. En mer de Chine seule : 75 attaques de pirates. Et ce sont souvent des navires importants qui sont visés. Tout l'équipage est tué, la cargaison disparaît, revendue dans des ports complaisants. Parfois on retrouve le cargo lui-même, maquillé, repeint, avec un nouveau nom, dans une des « zones » de Chine du Sud qui sont les abris de tous les trafics. Les pays riverains, c'est le moins qu'on puisse dire, laissent faire. Comme ils ont étendu leur zone maritime jusqu'à se partager la mer, il n'y a plus de droit international, uniquement des eaux territoriales et du droit national. La piraterie fait partie des usages locaux et du maintien du niveau de vie.

Quand j'ai participé avec la Marine nationale au sauvetage des *boat people* et à une tentative de lutte antipirate en mer de Chine, une spécialiste vietnamienne, présidente de SOS Boat People de Californie, avait été embarquée. Je rappelle que les estimations de l'ONU sont de cinq cent mille disparus en mer de Chine, noyés, assassinés, violés, vendus par les pirates aux réseaux de prostitution.

Cette dame très remarquable – qui avait dû voir elle-même toutes les horreurs – me dit : « On reconnaît les bateaux de pêche qui sont pirates à ce qu'il y a plus de six hommes à bord. La pêche ne permet pas de faire vivre plus de six hommes. Leur port d'attache préféré est Sonkhla. Les plus cruels sont ceux qui sont peints en rouge... » Et nous allons avec les commandos contrôler un chalutier peint en rouge, port d'attache Sonkhla, douze hommes à bord dont le patron en chemise de soie à ramages et triple chaîne d'or au cou. De lui-même, il montre ses cales vides. Il nous attendait. On ne fait pas du contrôle antipirate avec une escadre de guerre mais avec des bateaux pièges.

Plaisance

Joli mot qui désigne ceux qui naviguent pour leur seul plaisir même s'il comprend aussi la compétition. Il n'y a pas de professionnel qui ne soit aussi amateur, au sens de : celui qui aime, je l'ai déjà dit. Tout marin doit avoir à bord dans sa bibliothèque *Rôle de plaisance* de Jacques Perret. Comme tous les trésors, difficile à trouver.

Plaisancier (guide du)

Les statistiques d'accidents en mer – et de sorties des unités de sauvetage – ne cessant de croître, il y a déjà vingt ans j'avais cru bon de rédiger une brochure qui serait remise gratuitement à tout acheteur, ou loueur, de bateau. Pour leur apprendre la mer ? Pour leur apprendre à respecter la mer. Ce texte était une sorte d'introduction à tous les renseignements qu'on peut avoir à bord utilement, sur la réglementation, la météo, les signaux, etc. Une sorte d'avertissement aussi sur le comportement en mer, avec des exemples. La meilleure éducation, c'est l'exemple. Voici la préface.

« *Vous venez d'acheter un bateau... C'est le plus*

beau, puisque c'est le vôtre. Pour la première fois, vous qui ne l'aviez vu qu'au salon nautique, en photo sur un dépliant, dans le magasin d'un concessionnaire ou sur un ber dans un chantier, vous le voyez flotter sagement sur l'onde à son poste d'amarrage. Et vous allez y poser pour la première fois le pied. Posez délicatement ce pied. Et respectez un temps. Je dis respecter, comme on respecte une minute de silence.

« Si vous avez déjà fait le cap Horn en solitaire (et dans le mauvais sens, bien sûr, d'est en ouest), si vous avez été équipier de Tabarly deux saisons (il ne vous a donc pas viré à la fin de la première), si vous naviguez depuis plus de dix ans, que vous avez eu votre compte de vents qui refusent, d'aubes glacées, de sel plein les lèvres, de clapets de pompes de cale qui injectent la mer à bord au lieu de la refouler, de drisses qui pètent en tête de mât, de moteurs qui refusent de démarrer précisément quand on a besoin d'eux, de cousines par alliance qui se renversent sur la cuisse la soupière bouillante...

« Si vous avez eu votre lot aussi de tous les bonheurs de la mer, si vous avez les oreilles encore chantantes du bruit de l'eau contre la coque des jours et des nuits entières, et l'œil ravi de la forme de la voile travaillant à son meilleur, si vous savez empenneler sans hésiter, mettre en fuite quand il convient et à la cape quand il faut, si vous savez crier lofe ou abats, et commander en mer ; et parce que vous aurez vécu en mer, si vous savez surtout vivre en mer : dormir et manger, juger et agir, rêver et ne pas rêver...

« Alors inutile de lire ce guide et surtout sa préface. Elle n'est pas pour vous. Poser l'autre pied (il me semble bien que je vous ai laissé un pied en l'air)

et vaquez à vos occupations du bord. Aérez le compartiment du moteur, rangez la cuisine, hissez un bout de toile, et même larguez les amarres, partez. Bonne route, bon vent.

« Mais si c'est votre premier bateau, ou si encore vous venez de changer de genre et de dimension, passant du moteur à la voile ou du dériveur léger au croiseur habitable, alors continuez à lire. Au moins cette courte phrase : vous venez de prendre une part de liberté. Vous venez de prendre la même part de responsabilité... »

La suite à la demande.

Plume

Autre joli mot pour dire l'écume. Un bateau *« taille dans la plume »*.

Port

Quand on aime la mer, on aime les ports. Chacun, comme un être humain, a son histoire, sa vie, son caractère, ses bons et ses mauvais côtés. Il y en a qui sont plus amis que d'autres, plus jolis, plus sûrs, plus agréables de conversation.

New York, San Fransisco, Londres, Naples, Saint-Pétersbourg, Anvers, Hambourg, sont de grands ports. Mais il faut les voir de la mer. Vers la terre, ils sont protégés de murs de ciment et de barbelés. Dans notre vocabulaire et notre monde, zone franche veut d'abord dire zone interdite.

Je rappelle que tout navire doit porter à sa poupe le nom de son *port d'attache*. C'est un beau nom. La liberté est d'autant plus belle qu'elle n'est pas qu'une errance.

Pot au Noir

Entre le 5° et le 10° nord et le 5° et le 10° sud, zone jadis redoutée des marins et encore des skippers en compétition pour un tour du monde à la voile. Il faut franchir deux fois l'Atlantique, deux fois l'équateur, deux fois le Pot au Noir. Grains violents, calmes absolus, ciel noir et pluies torrentielles, brises folles. Vieux conseil des Portugais du XVe siècle : tirer vers le Brésil à le toucher avant l'équateur, puis, en dessous, repiquer vers le cap de Bonne-Espérance. Une compétition autour du monde peut se perdre ou se gagner dans la façon de dominer le Pot au Noir. Si le moteur a changé la donne, le spectacle de la mer reste le même.

Procyon

Etoile alpha du Petit Chien. Huitième dans l'ordre de brillance, plutôt jaune. Ascension droite : 07 h 36 mn. Déclinaison 5°4' nord. Située entre Procyon et la Chèvre, les Gémeaux avec Castor et Pollux, Castor qui est bleu, Pollux, plus gros, qui est jaune. Il faut beaucoup d'attention au début et un peu d'entraînement pour voir les différences de couleur des étoiles. Après, c'est évident. Ainsi en est-il sans doute des qualités et des défauts des hommes.

Pythéas

Navigateur, savant, astronome et géographe du IVe siècle avant Jésus-Christ, né à Marseille. C'est le premier marin de l'Antiquité, parti à la recherche de l'étain, minerai indispensable à la métallurgie de l'époque, qui reconnaîtra les îles Britanniques. Churchill disait que la découverte de l'Angleterre par Pythéas était plus importante que celle de l'Amérique par Christophe Colomb.

C'est aussi le premier à effectuer un périple en Baltique, à la recherche de l'ambre jaune, matière recherchée autant que l'or. Résine fossilisée transparente, sans doute le magique orichalque, à ne pas confondre avec l'ambre gris, concrétion intestinale des cachalots utile en parfumerie.

Tous les jours, Pythéas fait le point, à midi avec la hauteur du soleil, la nuit avec celle des étoiles. Les Grecs ne savaient se servir que de la Grande Ourse alors que les Phéniciens, plus savants, utilisaient la Petite Ourse plus proche du pôle. Pythéas sera le premier à préciser la direction exacte du pôle céleste par rapport aux constellations.

Parmi ses contributions scientifiques, citons : le pôle Nord. L'angle de 23° de l'obliquité de l'écliptique. Le soleil de minuit et son explication. Le phénomène des marées et son explication. La latitude de Marseille. La banquise. La terre lointaine qu'il appelle Thulé et qui, selon la tradition, est l'Islande. Les anciens appelaient cette région inconnue et effrayante : *« derrière la naissance des vents »*. La longueur de la circonférence de la terre (à quelques kilomètres près...).

Bien sûr, Pythéas connaissait l'enseignement de Pythagore qui savait à peu près tout sur la sphéricité de la Terre, sa rotation, la notion d'équateur céleste, les rapports du Soleil et de la Lune, le calcul des éclipses, et même que Soleil et planètes tournent autour d'un foyer central, Hertia. Les pythagoriciens reconnaissaient avec modestie qu'ils tenaient leur science des prêtres égyptiens et du pharaon Amaris, chef des collèges sacrés. Mais il est le premier à avoir passé les colonnes d'Hercule, à la voile et l'aviron, navigué au nord sans doute jusqu'à la Norvège pour vérifier ses théories astronomiques sur place et contribuer à établir un système du monde. Quand à son retour il raconta le soleil de minuit ou la mer figée de glace, les Grecs ricanèrent. Peut-être lui reprochaient-ils d'avoir l'accent du Midi ? Les savants modernes, dès Laplace (1749-1827), le réhabiliteront. C'est lui qui a fixé l'heure à une vingt-quatrième partie de la journée. Quand vous regardez votre montre, pensez à Pytheás.

q

Q

Dix-septième lettre du code international des signaux. Vocal : Québec. Ex-Quasimodo. En morse : un point, deux traits, un point. Envoyé seul : *« Mon navire est indemne et je demande la libre pratique. »*

Quai

Quand on arrive de mer, le bonheur d'être à quai bien mouillé s'accroît parfois du plaisir de voir les autres s'empêtrer dans leurs manœuvres. Mais la vie de quai heureusement a d'autres plaisirs.

Tout ce qu'on ne peut pas faire à bord. Traîner, faire les cent pas, lécher les vitrines, commander carte en main au restaurant, entrer dans un bar, s'acheter un chapeau panama, rencontrer des inconnus, savourer

l'agrément du soir et les surprises de la nuit. Rencontrer des inconnus m'a quand même valu un soir un joli coup de couteau. On n'a rien sans rien.

Quart

Temps de veille sur un navire, normalement de quatre heures, avant qu'un autre officier de quart ne prenne la relève. Le bon usage voulait, après transmission des instructions de route, que l'on ne les modifie pas tout de suite. Le pilotage automatique des plus gros navires a eu tendance à réduire l'importance de la veille. De nombreux accidents, où des cargos en ont coulé d'autres, ont conduit tous les pays maritimes à signer une convention internationale obligeant à « la veille permanente ». Conséquence : interdiction de principe des compétitions en solitaire !

Lors de la première « Transat » française, la Route du Rhum, l'administration refusait de donner l'autorisation de départ puisqu'il était évident que le quart ne pourrait pas être assuré. Appelé en arbitrage discret entre l'organisateur et le directeur compétent à la marine marchande, un ami, j'ai pu m'appuyer sur la consultation du plus solide club anglais de compétition, le Royal Ocean Racing Club : « Il est tout à fait clair que la navigation en solitaire est strictement interdite. Comme l'adultère. *Mais c'est si bon »* (en français dans le texte). Les Anglais avaient leur propre Transat, celle qu'avait gagnée Tabarly, et personne ne leur avait rien dit. Mais je craignais au départ de Saint-Malo les problèmes de mauvais temps, de brume, dans une circulation maritime qui relève de l'autoroute : trois cents navires par jour. « Démancher », comme on dit localement, n'a jamais été facile. Partir de Brest, pour couper le rail tout de suite dans la journée, n'était plus possible, les arrangements avec Saint-Malo étant pris. Etevenon proposa de convoyer les concurrents jusqu'à la sortie de la Manche. Il n'y a pas de convoyage par gros temps, et la compétition n'a plus de sens. Nous nous mîmes d'accord sur un retard du départ jusqu'à quatre jours si le temps était trop mauvais. Mais cette décision, contraire à l'esprit de la course au large qui veut que ce soit le coureur, et le coureur seul, qui décide de franchir la ligne, devait rester secrète. Ainsi fut fait, et la flotte des solitaires partit à l'heure prévue.

Dans les développements pittoresques de la modernité, une initiative norvégienne a imposé à nos navires de guerre sur chaque passerelle de quart la construction d'un w-c en verre, transparent. Pour que l'homme de veille puisse satisfaire ses besoins naturels sans quitter l'horizon des yeux.

Québec

Québec-Saint-Malo est l'une des transatlantiques connues. Elle commémore la découverte du Saint-Laurent par Jacques Cartier. Après les Normands ce sont les Malouins qui prirent la relève des navigateurs français. Certains dirent qu'ils les avaient même précédés, mais discrètement.

Il y a deux pays au monde à qui nous devons une dette spéciale parce que nous les avons abandonnés : Québec et Liège. Si on parle encore français en dehors de l'Hexagone, c'est grâce à eux.

Quiberon

La baie de Quiberon est l'une des plus belles du littoral français, et d'ailleurs. Fermée à l'ouest par la « côte sauvage » où la grande houle de l'Atlantique s'écrase sur les récifs et les falaises, au sud-ouest par les hauts fonds de la Teignouse. Il y a intérêt à veiller le feu à éclats, blanc et rouge, 4 secondes. Le cuirassé *France* y a coulé en 1922. L'île de Belle-Ile qui porte si bien son nom la protège, puis au sud les îles d'Houat et d'Hoëdic, dont on craint de trop faire la publicité pour ne pas porter atteinte à leur charme. Superbe plan d'eau – idéal pour régates et compétitions. Le golfe du Morbihan s'y ouvre. La Trinité est à côté. Si j'avais à organiser un défi international comme une coupe Europa, c'est là que je voudrais voir courir la première manche.

Quille

La révolution est celle des multicoques. Partant du principe que ce qui freine un bateau de mer, c'est la mer, et plus exactement la surface mouillée, les catamarans et trimarans la réduisent au minimum. Cela fait des bâteaux qui ne sont pas toujours très jolis, parce qu'ils sont aussi larges que longs, mais qui vont deux ou trois fois plus vite. Il faut savoir ce que l'on veut et il y a quand même des bêtes de course superbes.

r

R

Dix-huitième lettre du code international des signaux. Vocal : Roméo. Ex-Raoul. En morse : un point, un trait, un point. Envoyé seul : *« Je n'ai plus d'erre. Vous pouvez passer près de moi avec précaution. »*

Racket

Extorsion de fonds sous la menace. Ce mot d'origine anglaise veut dire *bruit, vacarme.* Ce sont les pirates, et notamment le célèbre Barbe-Noire qui lui ont donné sa place dans un dictionnaire maritime. Entre deux attaques de navires marchands, Barbe-Noire rançonnait les villes de la côte Est d'Amérique. Embossé devant le port, il tirait du canon, faisait pousser des hurlements, descendait à terre quelques braillards. La ville payait pour voir partir les pirates sans autres dommages. Si l'argent est inodore, il n'est pas insonore.

Radar

Mon père, polytechnicien et inventeur, cherchait le radar. Il était parti sur les ondes lumineuses. Ce n'étaient pas les bonnes. Quand les Anglais eurent mis au point au début de la dernière guerre le Radio Detection And Ranging, secret militaire, ils firent raconter que les pilotes de la RAF mangeaient beaucoup de carottes crues pour augmenter leur taux en vitamines A et leur acuité visuelle, notamment la nuit. Je ne sais pas si cette opération de *« delusion »* marcha, mais il est vrai que Goering s'exaspérait : « Comment les Anglais sont-ils toujours là, au bon moment, à nous attendre ? » Quand les Allemands à leur tour découvrirent le radar, la bataille d'Angleterre était déjà perdue.

Le radar installé à bord de bateaux à voile a changé la plaisance comme la compétition. Amenant le bateau de Jacques de Roux de Lorient à La Rochelle en vue de la course en solitaire autour du monde, nous sommes sortis par une visibilité nulle. Purée de pois totale. J'ai fait tout au radar, sans problème. En traversant l'Atlantique, j'avais demandé un radar « couineur » dont l'écho visuel est transformé en son, avec alarme renforcée. La crainte de la collision avec un navire sur pilote automatique, et qui vous coupera en deux sans même vous voir, est pire que celle du mauvais temps pour empêcher de dormir. En plus les radars modernes, même de petits formats, signalent parfaitement les grains.

Radasse

Synonyme pour faubert. J'évite au lecteur d'avoir à se rapporter à faubert : balai de vieux cordages servant à balayer le pont après lavage. N'a donc rien à voir avec l'argot moderne qui désigne (ou désignait, il change si vite) une jeune personne du sexe pas particulièrement attirante. S'il y a un lien, je ne le vois pas. D'ailleurs radasse n'est pas dans le Littré.

Radeau de « *La Méduse* »

Drame de la mer, célèbre pour les Français. On peut constater qu'en matière maritime les Français connaissent surtout les catastrophes : Trafalgar, le Radeau de *La Méduse*, le naufrage de *La Sémillante*... Et encore !

Le 2 juillet 1816, 15 heures. Temps clair, mer belle. Duray de Chaumareix, commandant l'une des plus belles frégates de la flotte française, échoue *La Méduse* sur le banc d'Arguin à 3 nautiques à peine des côtes de Mauritanie. Le comte de Chaumareix n'a pas mis les pieds sur un bateau depuis vingt-cinq ans. C'est un émigré, ami du duc de Richelieu. On l'a nommé chef de l'expédition navale qui doit reprendre le Sénégal restitué par les Anglais. Très susceptible, il refuse d'entendre les avis des autres officiers qui sont sous ses ordres et qui, eux, n'ont pas cessé de naviguer. « La vérité a des galons », dit-on avec ironie dans l'armée. La suite en est une illustration dérisoire et sinistre.

Au bout de six jours de vaine agitation, ordre d'évacuation. Les places manquent. Priorité aux hauts fonctionnaires. Le gouverneur désigné du Sénégal s'attribue un canot de cinquante places pour lui et ses domestiques. Chaumareix, ses officiers et leurs bagages se retrouvent dans l'autre canot de cinquante places. Il subsiste heureusement quelques autres embarcations de moindre importance : les sous-officiers y prennent place les premiers. Il faut bien qu'il y ait quelqu'un pour guider la manœuvre. Montent ensuite des matelots, quelques passagers. Et l'on se rend compte qu'il y a encore 151 personnes à bord de *La Méduse*. Qu'importe. Se doutant tout de même que l'on serait un peu à l'étroit sur les canots de sauvetage, ordre avait été donné de confectionner un radeau destiné à transporter les bagages. Ce radeau à bagages permettra d'accueillir les 151 restants pour franchir les cinq kilomètres qui séparent l'épave de la frégate du rivage. Il suffira de relier le radeau à une chaloupe par un cordage. Ce ne sera pas le grand confort : faute de place, les passagers seront priés de rester immobiles, debout serrés les uns contre les autres. Il y a parmi eux des marins, des soldats, quelques rares officiers, le jeune enseigne de vaisseau Coudin, le capitaine de l'armée Dupont, l'ingénieur Correard qui a dirigé la construction du radeau, le chirurgien Savigny : ceux-là se sont portés volontaires pour en être. Quelques heures durant, même si la mer est agitée, la situation inconfortable, l'espoir subsiste : l'épave de *La Méduse* s'éloigne. Mais soudain, les naufragés découvrent avec effroi que le radeau n'est plus tracté. L'amarre a été tranchée du côté de la chaloupe. Les passagers du radeau appellent au secours, mais les canots disparaissent alors que la nuit tombe, que l'eau monte jusqu'aux genoux, la mer est terrible. Le chirurgien Savigny : *« La nuit* [la deuxième] *survint, le ciel se couvrit de nuages épais ; la mer fut encore plus terrible que la nuit précédente... Ceux qui ne purent gagner le centre du radeau périrent presque tous ; le rapprochement des hommes y était tel que quelques-uns furent étouffés par le poids de leurs camarades qui tombaient sur eux à chaque instant. »* Pour tout ravitaillement, le radeau ne dispose que de quelques tonneaux d'alcool et deux pièces d'eau : *« Les soldats et matelots, se regardant comme perdus, se mirent à boire jusqu'à perdre la raison. Dans cet état, ils portèrent le délire jusqu'à manifester l'intention de se défaire de leurs chefs, et de détruire le radeau en coupant les amarrages qui en unissaient les différentes parties. L'un d'eux s'avança, armé d'une hache, pour exécuter ce dessein ; il commençait déjà à frapper sur les liens ; ce fut le signal de la révolte. »* Sabres et couteaux entrent en action : *« Bientôt le combat devint général : le mât se brisa... Après une heure d'apparente tranquillité, les soldats se soulevèrent de nouveau.... Ils recommencèrent à nous attaquer ; nous les chargeâmes à notre tour, et bientôt le radeau fut jonché de leurs cadavres. »*

Au matin du deuxième jour, 63 passagers sur les 151 manquent déjà à l'appel dont la seule femme à bord du radeau. Mais *« un nouveau malheur nous fut révélé à la naissance du jour. Les rebelles, pendant le tumulte, avaient jeté à la mer deux barriques de vin et les deux seules pièces à eau qu'il y eût sur le radeau...* » Les rescapés ont faim, mais ils souffrent encore plus de la soif sous l'implacable soleil des tropiques. Les jours passent, les hommes meurent. Les survivants les jettent à la mer, mais comme il n'y a pas de courants, les cadavres flottent autour du radeau en continuant à l'accompagner. Un jour, vers les 4 heures de l'après-midi, *« un banc de poissons volants s'engagea sous le radeau... Nous nous précipitâmes sur eux et fîmes une capture considérable, écrit Savigny ; nous en prîmes près de 300...* » On fait cuire les poissons, on en mange avec avidité ; *« mais nous y joignîmes encore de ces viandes sacrilèges que la cuisson avait rendues supportables...* » Savigny ne saurait être plus clair : pour survivre, les rescapés en sont réduits au cannibalisme. Reste la question de la soif que d'aucuns tentent d'apaiser en buvant un mélange d'eau salée et d'urine. Le chirurgien qui prélève sur les cadavres la nourriture destinée aux vivants fait les comptes : *« Le jour nous éclaira pour la sixième fois ; à l'heure du repas, je comptai notre monde, nous n'étions que trente, nous avions perdu cinq de nos fidèles marins.* » Le neuvième jour, ils ne sont plus que 25. Le dixième jour, un navire s'approche, ne les voit pas, s'éloigne. 10 autres hommes meurent ce jour-là. Le douzième jour, il n'y a plus que 15 survivants. Le treizième jour, le vaisseau *L'Argus*, commandé par le capitaine de Parnajon, aperçoit « un objet étrange ». C'est, à défaut de *La Méduse* qu'il recherche, le « radeau des bagages ». 5 des rescapés, épuisés, meurent pendant le sauvetage. Les 10 survivants, parmi lesquels le chirurgien Savigny et l'ingénieur Correard, sont hospitalisés à Saint-Louis du Sénégal. En réalité, ils sont dans un isolement complet car les vrais responsables du drame et ceux qui, au gouvernement, les couvrent, ne veulent pas que cette horrible odyssée soit ébruitée. Mais les marins de *L'Argus*, scandalisés, en parlent à qui veut bien les écouter et... les Anglais qui s'apprêtent à quitter le Sénégal sont tout disposés à recueillir leur témoignage. L'affaire ne pourra pas être étouffée. C'est un scandale.

Le tableau de Géricault (4,91 mètres de haut sur 7,16 mètres de large) empêchera à jamais l'oubli.

Rafiot

Au départ, petite barque avec un bout de voile utilisée dans les ports. Est devenu synonyme de mauvais bateau, en mauvais état. On ne connaît pas de jeune rafiot, il est toujours vieux. Ainsi les mots prennent-ils de l'âge.

Ranger

Passer à très petite distance. On range un môle, un écueil, un autre bâtiment.

Rangiroa

Ile de l'archipel des Tuamotu qui a le plus vaste lagon du Pacifique. La passe entre le lagon et l'océan a donc un courant particulièrement fort : il faut bien, dans le temps des marées, remplir et vider la baignoire. La tradition locale soumet les nouveaux venus à une sorte de rite : se jeter à l'eau à la sortie de la passe par marée montante et, porté par le courant, attraper un pieu à l'entrée dans le lagon. Soit. C'est la première fois que j'ai, en nageant, croisé des requins qui, tranquilles, assistaient au spectacle. Des habitués.

Raoul (appeler)

Expression marine plutôt vulgaire pour dire vomir, dégobiller, dégueuler, gerber. Exemple : « *On était à peine sorti du port, le type se met à appeler Raoul.* »

Rat

Voilà un mot qui a trop de sens : petit rongeur, élève de l'école de danse, terme d'affection (mon petit rat), manquer son coup (le verbe rater), danger (je sens un rat...), très pauvre ou avare, avec beaucoup d'esprit, voleur nocturne d'hôtel, rat de cave, rat de bibliothèque, etc. Connu aussi en mer comme passager de tous les navires, premier embarqué et premier à quitter le bateau. C'est même une expression navale passée dans le langage courant. Ce n'est pas un présage : quand les rats quittent le navire, il est trop tard pour s'inquiéter. Le présage vraiment inquiétant, c'est quand le chat du bord refuse de monter à bord.

Ratafia

Liqueur spiritueuse à ne pas confondre avec tafia. Elle est composée d'eau-de-vie ou de vin, de sucre, de jus de fruit, aromatisée de fleurs pour les plus raffinées. Les auteurs classiques en faisaient une arme de l'arsenal de la séduction : *« Nous avons du ratafia, du chocolat, des confitures... »* En tout cas, boisson particulièrement riche en étymologies : originaire des Indes orientales ? Ou créole ? Mais Leibniz pensait que le mot venait de *rectifié* (alcool rectifié). D'autres estiment que c'était le verre traditionnel qui ratifiait un contrat : *rata fiat* (convention). A la vôtre !

Raz

Détroit, passage resserré où le courant est violent. Dans la Manche, le raz Blanchard, entre les îles anglo-normandes et la côte française. A ne pas prendre vent contre courant : la mer y fait comme des murs qui déferleraient. Même conseil pour le raz de Sein. Le problème est de passer le raz de Sein et le Four dans la même marée en évitant toujours la renverse vent contre courant. Je ne parle pas du

Fromveur, il n'y a pas de raison d'aller le chercher si on n'y est pas obligé.

La pointe du Raz est le promontoire spectaculaire, fin d'un monde, qui termine la Bretagne et l'Europe à l'ouest. Vent, falaise, écueils, mer parfois énorme qui brise. Au loin, par bonne visibilité, l'île de Sein et le phare d'Ar Men (trois éclats blancs, 20 secondes, portée 23 milles). Plus près, le phare de Tevennec (scintillant, blanc et rouge). La nuit, on voit des feux qui dansent. Le jour, si l'on n'a pas le vertige, on peut descendre à l'Enfer de Plogoff. Si on n'a pas le vertige et si on supporte le bruit fracassant.

Reconnaître

S'approcher suffisamment pour pouvoir identifier. C'est une belle définition. On reconnaît un feu, un amer, la terre. Pourquoi pas les hommes.

Requin

Il en existe 356 espèces différentes. Des bleus, des blancs, des gris, des tachetés. Des à collerettes, taureaux, lézards, carpettes, nourrices, chagrins, grogneurs, lutins, taupes, etc. Dont trente-cinq ont attaqué l'homme au moins une fois. Les plus grands – le requin baleine qui peut atteindre 15 mètres et le requin pèlerin, 12 mètres – ne mangent que du plancton. Dangereux, le tigre, le marteau, le blanc, le mako. Mais le bleu, 3 à 6 mètres, peut se vexer facilement. Tout le problème est de savoir qui est inoffensif, qui est paresseux, qui est vindicatif, qui est méchant. Et où ? Au large, ou le long du récif ? Et quand ? A la nuit ou le soir tombant ?

Le sympathique Dr Xavier Maniguet m'avait demandé de présider un comité de soutien aux grands squales dont il admirait la machine à nager. J'ai préféré m'abstenir de cet honneur.

Un excellent guide des poissons tropicaux, qui ne me quitte pas à Tadjoura, affirme que, si les requins attaquent l'homme, c'est toujours la faute de l'homme. Soit. Mais que faire si on rencontre un requin, sans l'avoir en rien cherché ? La réponse est péremptoire et lapidaire : *sortir de l'eau.* C'est vite dit. Certains conseillent de faire beaucoup de bruit, cris et battements de pieds. D'autres affirment : surtout pas. Le bruit les attire. Silence. D'autres recommandent de regarder fermement le requin dans les yeux. Pas facile, il a un œil de chaque côté. Et s'il s'approche, un coup violent sur le nez, qu'il a très sensible. Oui, mais s'il appartient à l'espèce susceptible ? La sagesse est donc : ne pas en rencontrer. Il y a des règles, comme partout.

Sans être chinois, un lecteur amoureux de la mer peut avoir envie de manger du requin. Alexandre Dumas, qui sait tout en gastronomie, propose la recette suivante :

« Ayez quinze estomacs de jeune requins. Mettez-les tremper 24 heures. Egouttez-les, puis faites-les blanchir 20 minutes dans une eau légèrement salée. Egoutez-les de nouveau, passez-les à l'eau fraîche, épongez-les avec une serviette. Foncez ensuite une casserole de bardes de lard et mettez-y vos squales. Ajoutez une feuille de laurier des Indes, deux clous

de girofle, trois tranches de citron sans la peau et les pépins. Mouillez d'une cuillerée à pot de bon consommé de volaille, trois onces de beurre... A cuire à petit feu. Attention que la sauce, réduite, ne soit pas trop pâteuse ! Finissez en dressant en croustade. »

Alexandre Dumas a l'honnêteté de préciser que, même s'il tient la recette du chef des Rothschild, il n'a jamais osé l'essayer personnellement.

Rhum ou tafia

La boisson la plus bue au monde et un élément essentiel de la vie, voire de la survie du marin. La canne à sucre est introduite aux Antilles dès Christophe Colomb. La Guadeloupe possédera jusqu'à trois cent trente moulins. Pas de corsaire, de flibustier, de pirate, sans provision de rhum. Les pirates recrutaient leurs équipages en saoulant au rhum les marins des autres. Parfois le rhum se venge : c'est parce qu'il en a capturé une bonne cargaison que le fameux Rackham le Rouge, qui a trop fêté au rhum l'événement avec son équipage, est incapable de se battre (sauf les deux femmes qui n'ont pas bu, Ann Bonny et Mary Read) et qu'il sera capturé et pendu.

Très longtemps, pas de Royal Navy non plus sans provision de rhum. C'est l'amiral Penn, en 1655, qui instituera la ration quotidienne de rhum à ses marins. L'amiral Vernon lancera le grog et le punch. Le corps de Nelson tué à Trafalgar fut transporté à Londres, selon ses volontés, dans un tonneau de rhum. La garde d'honneur du tonneau ne résista pas au plaisir de se servir. Il en est resté dans la marine anglaise une expression pour dire boire un bon coup discrètement : *« se taper l'amiral »*. Je me souviens du mini-scandale provoqué dans les années 50 par la décision du gouvernement anglais de supprimer leur ration quotidienne de rhum aux matelots de Sa Gracieuse Majesté...

On distingue rhum agricole, produit direct de la distillation du jus de canne à sucre, ramené à 50° d'alcool par adjonction d'eau pure. Le rhum dit industriel, à partir des mélasses, ramené à 44° pour la consommation par adjonction d'eau pure, puis coloré avec du caramel. Le rhum léger, le rhum grand arôme... Et tous les mélanges et cocktails : daïquiri, planteur, punch coco. Je suis sûr qu'un jour le corps médical trouvera que le rhum est non seulement bon contre les refroidissements mais est aussi anticancérigène, antisida, antimaladies cardiaques. Il n'est pas possible qu'un produit comme le rhum soit seulement bon à boire : si on est bon, vraiment bon, on l'est pour tout.

C'est un révérend père dominicain, le père Labat, grand historien des Antilles, qui avait mis au point les alambics pour distiller la canne à sucre. Il n'hésitait pas à écrire *« qu'il est un feu donnant la force aux hommes et la joie aux femmes »*. A l'époque, on appelait le rhum le « tue-diable ». A la santé du père Labat, et, comme on dit dans l'immortelle nouvelle de Conrad, *Jeunesse : « Passez-moi la bouteille de rhum. »*

Rhumb

Angle compris entre deux des trente-deux aires de vent du compas, qu'on appelle aussi rose des vents. Un rhumb, ou quart, égale 11°15'. Il faut bien sûr corriger le rhumb du compas par la déclinaison magnétique pour obtenir le rhumb réel.

Rhumbs

Recueil de notes et pensées de Paul Valéry. Il s'explique lui-même dans une préface sur le choix de ce terme très technique de navigation :

« Pourquoi ce nom sur un recueil d'impressions et d'idées ? Comme l'aiguille du compas demeure assez constante, tandis que la route varie, ainsi peut-on regarder les caprices ou bien les applications successives de notre pensée, les variations de notre attention, les incidents de la vie mentale, les divertissements de notre mémoire, la diversité de nos désirs, de nos émotions et de nos impulsions – comme des écarts définis par contraste avec je ne sais quelle constante dans l'invention profonde et essentielle de l'esprit – sorte de présence à soi-même qui l'oppose à chacun de ses instants. Les remarques et les jugements qui composent ce livre me furent autant d'écarts d'une certaine direction privilégiée de mon esprit : d'où Rhumbs. »

Paul Valéry n'a pas écrit que *Le Cimetière marin*, mais aussi un sonnet appelé *La Mer*. Son premier écrit publié, un poème, l'a été dans la *Revue maritime* de Marseille.

Rigel

Etoile bêta d'Orion. Septième dans l'ordre de brillance du ciel. Ascension droite. 05 h 52 mn. Déclinaison 8°3' sud. J'ai déjà cité la constellation d'Orion et Rigel. Mais avais-je dit qu'elle a une couleur bleu-vert ?

Rimbaud (Arthur)

Poète français (1854-1891), auteur du *Bateau ivre.* Quand Rimbaud, à dix-sept ans, écrit *Le Bateau ivre*, il n'a jamais vu la mer. Il a lu Victor Hugo, des revues d'aventures pour enfant, *Le Magasin pittoresque*, et Jules Verne.

Je sais les cieux crevant en éclairs, et les trombes
Et les ressacs et les courants : je sais le soir,
L'Aube exaltée ainsi qu'un peuple de colombes,
Et j'ai vu quelquefois ce que l'homme a cru voir !

Le dernier vers, célèbre, est attribué par les exégètes à Jules Verne lui-même. On le retrouverait à plusieurs reprises, textuellement, dans *20 000 lieues sous les mers*. J'ai bien dit que Jules Verne était notre plus grand auteur maritime.

Rio de Janeiro

L'une des baies les plus célèbres du monde, avec Naples, Along, la baie Cook à Moorea... Reconnaissons avec un peu de tristesse que les plus beaux décors marins sont déjà connus. Encore faut-il avoir un peu de chance pour en profiter. La baie de Rio, comme celle de Naples, est le plus souvent encombrée d'une brume dont il est difficile de savoir si elle relève de la pollution ou de la latitude, on ne voit rien. Ayant un jour libre, lors d'une visite au Brésil, j'en ai profité pour disputer une compétition de voile dans la baie de Rio sur un bateau prêté par un compatriote amical membre du Yacht Club. Heureusement, il y avait un bon compas à bord.

Peu importe. Les grands spectacles, comme les ruines antiques dont il reste à peine trois colonnes, c'est dans la tête.

Il est permis de se souvenir que la baie de Rio fut découverte en 1502 par Vespucci (il a quand même découvert un peu de l'Amérique !) puis colonisée par les Français au temps du « Secret de la Reine » qui nous voulait propriétaires des Terres du Sud. Chassés par les Portugais qui créèrent la ville vers 1567. Celle-ci fut reprise par Duguay-Trouin en 1711. Sans lendemain. La France australe, c'était aussi dans la tête.

Rio de Oro

Ancienne colonie espagnole de la côte atlantique du Sahara, aujourd'hui intégrée au royaume marocain. Méfions-nous des noms dits propres. Il n'y a au Rio de Oro, ni *rio*, ni *oro*. Seulement le désert et un port, Dahla, ex-villa Cineros, encombré d'écueils.

En allant des Canaries au Rio de Oro à la voile, il m'est arrivé une étrange aventure. De nuit, encore à des dizaines et des dizaines de milles de l'Afrique, j'ai été réveillé par le cri d'alarme du coéquipier de quart : « La côte ! » La mer brisait juste devant nous. On voyait la crête blanche des vagues alors que partout ailleurs la houle était molle. Un long ressac en pleine mer, comme sur un banc ou une barre d'écueils. Après consultation du GPS et de la carte, aucune explication. J'ai quand même donné un coup de barre au sud, par prudence. Puis chacun de nous a oublié cet incident de navigation.

Mais quand j'ai lu que d'autres marins avaient eu la même expérience entre Canaries et Rio de Oro, au même endroit, sans apporter non plus la moindre explication, les souvenirs sont revenus. On était loin du triangle des Bermudes. L'Atlantide qui respirait sous l'Océan ? Ou des bancs de sable temporaires en forme de récifs, dus à des ondes et autres échos mystérieux ?

Risée

Un souffle léger de brise qui fait frémir un moment la surface de l'eau.

Quand le vent et la mer se sourient...

Rose des vents

Figure en forme d'étoile, divisée en trente-deux aires de vent, sur laquelle se déplace l'aiguille aimantée qui indique le nord magnétique. On peut la considérer comme une fleur, la plus belle, et s'arrêter là.

Rose des Vents
et RHUMBS

On peut aussi méditer sur l'invention technique qu'elle a représentée. La première pierre d'aimant (« la pierre qui aime ») date de plus de cinq mille ans. Mais les navigateurs traçaient leur route surtout en fonction des vents dominants qui leur servaient d'orientation. Pendant des siècles, une grande confusion existera entre origine des vents et point astronomique. La rose et ses quarts, ses huitièmes, ses seizièmes, ses trente-deuxièmes est née de cette ambiguïté, et reste comme une œuvre d'art pour initié que l'on peut lire à plusieurs sens.

On peut remarquer aussi, pour rester dans les correspondances pratiques, que la division fondamentale de la rose des vents, le rhumb de 11°15', s'appelle aussi un quart, et que le quart est le nom de la ration de vin ou de rhum fondamentale du matelot.

Roulis (coup de)

Délicieuse opérette maritime de Messager (1853-1929) qui fut un grand succès en son temps. Quand j'étais jeune, on chantait encore ce couplet fameux :

En amour il n'est pas de gra-a-de.
L'important c'est d'avoir vingt ans...

Un député plutôt ridicule qui rêve d'être ministre et doit faire un rapport sur l'état d'esprit des équipages. Un vieux croiseur de guerre, le *Montesquieu*. Son commandant (un cœur d'or sous son air bourru), un jeune enseigne passionné avec un nom breton. Et, bien sûr, la ravissante fille du député qui est du voyage comme secrétaire de son père et dont le cœur (d'or aussi) balance un moment entre celui du commandant et celui de l'enseigne. Rien ne manque ? Si. Une artiste, Sola Myrrhis, embarque abusivement à Alexandrie, elle est l'ex-maîtresse du parlementaire en mission et elle veut entrer à la Comédie-Française. Chacun sait alors que cela dépend uniquement des sentiments personnels des ministres... Duos divers. La ravissante jeune fille choisira le jeune enseigne avec l'accord de son supérieur. Ils s'aiment. Le député – une crise gouvernementale providentielle – deviendra ministre. Sola Myrrhis sera donc de la Comédie-Française. Tout le monde est heureux. Chœur final. Vive la Marine !

S

S

Dix-neuvième lettre du code international des signaux. Vocal : Sierra. Ex-Suzanne. En morse : trois points. Envoyé seul : *« Mes machines sont arrière. »*

Sablier

Les premières horloges (ou orloges) égyptiennes ou grecques sont à eau ou à sable. Le sablier n'est pas seulement le symbole de notre vie mortelle comme dans les gravures de Dürer. Il était un moyen de marquer le temps en mer avant la fin du XVIIIe siècle et l'invention du chronomètre maritime. Avec la ligne de loch, il permettait d'évaluer la vitesse et la distance parcourue, donc à l'estime la longitude. L'objet reste beau parce que simple et fonctionnel. Il y en avait pour marquer l'heure, la demi-heure, le quart d'heure

L'inexactitude pouvait venir des mouvements de la mer mais surtout de la qualité du sable. *« Pour faire le sable à mettre dans les orloges, sciez du marbre, pétrissez la sciure avec du vin, écumez, mettez à bouillir, écumez, faites sécher neuf fois. »* Une vraie recette de cuisine pour Alexandre Dumas. Mais on a utilisé aussi la poudre de coquilles d'œuf. Le plus prisé venait de Venise, mélange de poudre d'étain calciné et de plomb. Il était si fin, si dense, qu'on pouvait l'utiliser dans des sabliers de vingt-quatre heures. Il y avait aussi des sabliers de cinq minutes : c'est celui que proposa en 1789 un député à l'Assemblée nationale pour limiter le temps de parole des orateurs.

Sabord

Ouverture dans le flanc d'un navire. Ne se dénombre que par mille pour le capitaine Haddock.

Sabordage de Toulon

Novembre 1942. Deux ans après Mers el-Kébir (treize cents marins français tués par les Anglais), l'un des épisodes les plus tristes de l'histoire de la marine française. Peut-être le pire, plus de 100 bateaux de guerres dont 3 cuirassés, 7 croiseurs, 12 sous-marins, une flotte superbe comme la France en a eu rarement, va se détruire elle-même. Alors que si elle avait rallié Alger, elle aurait apporté un poids décisif aux Alliés et aurait changé la place de la France à la victoire. Entre l'entrée des troupes allemandes en zone libre et leur entrée dans le périmètre militaire de Toulon, il y a seize jours. Largement le temps de faire chauffer les machines et se préparer au combat. Dans des circonstances comparables, en Italie en 1943, après le retournement du maréchal Badoglio, la flotte italienne de la Spezia forcera le passage au prix de trois bâtiments coulés et gagnera Malte.

Sac

Les marins n'ont pas de valise. Il y a des siècles, comme aujourd'hui, on embarque avec son sac, ou on le pose à terre.

Safran

Nom masculin d'origine inconnue. Partie immergée du gouvernail, plate et mobile, fixée à l'arrière, qui permet par la barre d'orienter la marche du bateau. C'est l'élément déterminant de ce qu'on a appelé le « gouvernail d'étambot » qui va remplacer peu à peu le long aviron à tribord qui servait à diriger. Avec un safran, une quille, des voiles de près et la boussole, la marine est prête pour les grandes découvertes.

Saintes (les)

Merveilleux mouillage au sud de la Guadeloupe. Un classique dans les escales de la Marine nationale.

Saint-Simon (duc de)

Oui, l'auteur des *Mémoires*, si féru de protocole et de noblesse, est l'un des rares écrivains français à avoir eu conscience de « la dimension maritime » de la France, comme élément indispensable de sa puissance et de sa richesse. *« Ainsi l'Angleterre triomphe de notre ineptie. Tandis qu'elle étourdit le monde de ce grand mot de contre-poids et d'équilibre de puissance en Europe, elle a usurpé le plein empire de toutes les mers et de tout commerce. »*

Sampan

A la différence de la jonque, est plutôt un navire de rivière, à voile auxiliaire, mais surtout manié à la

gaffe. Les fumeries d'opium se doivent d'être à bord de sampans.

Sardine

Poisson d'Atlantique et de Méditerranée, mais qui n'est plus, de loin, le plus pêché et consommé. En tête, il y avait le hareng qui fit la fortune des pays nordiques. Il y a aujourd'hui la morue, l'églefin, le lieu noir, le saumon, le maquereau et, bien sûr, le thon. La conserverie française, c'est le thon et, très loin derrière, la sardine. Mais je reste un fanatique de la sardine à l'huile qui est un des meilleurs aliments qu'ait inventés l'humanité depuis le néolithique et le steack d'auroch. L'inventeur de la sardine à l'huile devrait être considéré comme un héros national, avec statues, commémorations, ordre honorifique.

Quelques points d'histoire de la sardine. Celle qui bouche le port de Marseille ? Le nom d'un navire de commerce coulé dans la passe pour empêcher une attaque ennemie en 1793. C'était une erreur, l'amiral anglais envoyait des vivres pour sauver les Marseillais assiégés par les troupes de la République.

Les sardines, il y en a trop ou pas assez. La saison est courte. Les Bretons et les Basques sont de grands pêcheurs de sardine. Strabon (58 av. J-C, 21 ap. J-C) parlait déjà des sardines de Bayonne. Le nombre de conflits entre armateurs et pêcheurs, entre pêcheurs bretons et basques, entre pêcheurs et autorités maritimes, entre Français et Espagnols, etc., en matière de sardine est impressionnant, et on en trouve les traces depuis des siècles. Les femmes bretonnes furent obligées de réduire la taille de leurs coiffes pour travailler à la chaîne dans les sardineries.

Oui, mais c'est si bon. Un mystère : pourquoi appelle-t-on sardines les galons de brigadier ?

Deux gendarmes un beau dimanche
Chevauchaient le long d'un sentier.
L'un portait la sardine blanche,
L'autre le jaune baudrier.

Sargasses (mer des)

Cette immense étendue (six fois la France) entre Antilles et Açores est couverte d'une algue qu'on appelle aussi raisin des tropiques. L'amas et l'enchevêtrement de végétaux, certains longs de plusieurs dizaines de mètres, sont tels que les navires peuvent y être pris comme dans les glaces du Grand Nord ou dans les bras d'une pieuvre géante. En plus c'est une zone de calmes plats. Un faible courant entraîne en rond les bateaux qui semblent ensorcelés. Christophe Colomb a été le premier à décrire la peur qu'elle inspirait. On connaît dans les temps modernes le cas d'un voilier italien prisonnier de la mer des Sargasses pendant plusieurs mois. Il pleut et l'eau douce ne manque pas, ni la nourriture, le poisson abonde. Alain Bombard a souvent expliqué que c'est le désespoir qui tue le marin.

Sauvetage (SNSM)

La traversée de l'Atlantique en solitaire par Bombard, sans vivres et sans eau, avait précisément pour but de démontrer qu'un naufragé peut être sauvé par la seule volonté. La preuve contraire avait été souvent apportée, notamment par la catastrophe du *Pamir*, navire-école allemand. Dans les baleinières, donc hors d'eau, de nombreux cadets n'avaient pas supporté la nuit, le froid, la peur.

Un livre de Paul Chack qui me passionna s'appelait *Survivants prodigieux*. Robert de la Croix, dans ses nombreux ouvrages, a raconté des histoires de sauvetage proprement extraordinaires. Deux bateaux en détresse, que rien ne destinait à se rencontrer, se sauvent l'un l'autre. Mais qui touchera la prime de sauvetage ? On y reviendra. Des marins gagnent des rivages hostiles à la nage, sont adoptés par les aborigènes et, dix-sept ans plus tard, on les retrouve tatoués, un os à travers la cloison nasale, ayant tout oubliés, nom, famille, métier. C'est la nourriture du bord qui peu à peu les ramène au souvenir. Des navires sauvés par des SOS qu'ils n'ont jamais envoyés. Des bâtiments modernes, parfois de plus de 100 000 tonnes, disparus en un instant avec tout leur équipage et dont un ou deux survivants réapparaissent, et chacun s'interroge : explosion, pirates, baraterie, fabulation... Le sauvetage est parfois aussi inexplicable que le naufrage lui-même.

Il faut distinguer : les associations bénévoles de sauvetage, sans but lucratif, dont les canots viennent au secours des bateaux en détresse, pêcheurs ou plaisanciers, par tous les temps, le long de nos côtes ; et les puissantes sociétés de remorquage qui sont rémunérées par une partie de la valeur du navire et de sa cargaison. Chacun son genre. C'est la mer et ses périls qui est commune aux deux.

L'*Adventure* en 1790, très gros cargo, se perd à Newcastle avec tout son équipage, devant une foule impuissante. Un « club de gentlemen » lance un prix pour « bateau de sauvetage ». Trente et un seront construits avant 1803 et sauveront de nombreuses vies. En 1825, première association « pour la préservation des vies humaines en cas de naufrage ». Un drame, sur la côte française, va relancer l'attention. En août 1833, un vaisseau anglais est jeté à la côte en plein jour devant Boulogne. Trois survivants seulement, sur seize hommes d'équipage, cent huit femmes délinquantes et douze enfants condamnés à la déportation en Australie. Là encore, immense public impuissant. La « société humaine de sauvetage » n'a aucun matériel et ne peut que recueillir les corps sur le rivage. Le premier canot de sauvetage français sera à Boulogne. Pendant des années, le modèle sera amélioré, notamment en Angleterre. Un canot de sauvetage n'a droit à ce nom que s'il est :

1) insubmersible ;
2) à vidange automatique de l'eau embarquée ;
3) à redressement spontané.

En France, il faudra un autre drame, en 1855, celui du naufrage de *La Sémillante* sur les rochers des Lavezzi dans les bouches de Bonifacio, 301 marins et 392 soldats noyés, puis l'action d'un peintre de la marine, Gudin, puis la volonté d'un amiral, Rigault de Genouilly, pour que soit créée en 1865 la *Société Centrale de Sauvetage des Naufragés (SCSN)* Voici l'appel qu'il lança :

« Marins sauveteurs,

« En vous rangeant autour de la bannière du sauvetage, en prenant l'engagement de quitter, au premier signal, vos familles et vos bateaux, et d'exposer vos existences pour arracher à la mort vos semblables, vous avez fait preuve, une fois de plus, de cet admirable dévouement qui fait l'honneur des matelots français.

« Mais si vos courages et vos bras sont prêts, presque tous les moyens matériels vous manquent. Ces moyens, une société se fonde en ce moment, pour vous les donner. En votre nom, nous adressons au pays un appel qui ne peut manquer d'être entendu ; car chacun, riche ou pauvre, habitant du littoral, des cités ou des campagnes, voudra, en vous remettant son obole, vous seconder dans votre œuvre de salut...

« Signé : l'amiral de France,
président de la SCSN. »

Etre sauveteur bénévole entraîne le respect et parfois la gloire. La Société a été déclarée d'utilité publique par Napoléon III. Premier canot à Barfleur, puis Saint-Malo, Saint-Jean-de-Luz, Audierne. Avec le temps, tous nos ports sont équipés. Les canots étaient armés à l'aviron, ils seront à vapeur puis à moteur. En 1966, sous la présidence de l'amiral Amman, la SCSN va fusionner avec l'autre grande association de sauveteurs bénévoles : les Hospitaliers Sauveteurs Bretons (HSB) qui avait été fondée en 1873. Je me souviens encore de leurs troncs en forme de barque pour recueillir les dons que j'ai connus dans mon enfance à côté de la caisse des bars, bistrots, restaurants, etc. La nouvelle association, fusionnée, s'appelle la SNSM : *Société Nationale de Sauvetage en Mer*. Elle est toujours sans but lucratif et dépend toujours de nos dons. Deux exemples de ce qui peut être considéré comme l'aventure quotidienne, presque la routine.

Sète, sauvetage de l'équipage d'un chalutier.

« Le 12 février 1999, une tempête de nord-ouest règne en Méditerranée et sur le Golfe du Lion, force 9 à 10, souvent plus sous les rafales.

« A 16 heures 33, la sirène du sémaphore retentit.

« Six minutes plus tard, le canot SNS Patron Marius Oliveri appareille. Un chalutier sétois le Régina Maris, *victime d'une voie d'eau importante, demande assistance immédiate. Il se trouve à 12 milles dans le sud du port de Sète. Il y a 5 hommes à bord.*

« Dès la sortie du port, nous rencontrons une mer grosse. Cependant, nous naviguons à 17 nœuds, mer de travers arrière. Nous sommes en contact avec le Régina Maris *et trois autres chalutiers de Sète, le* Stéphane Cardone *le* Franck David *et le* Paul Di Malo.

« Alors que nous nous dirigeons dans sa direction, le Régina Maris *cesse d'émettre. Les chalutiers signalent la perte de l'écho sur leur écran radar. A 17 heures 24, nous sommes sur zone. Des paquets de mer réduisent la visibilité.*

« A 17 heures 46, nous repérons les 5 naufragés qui sont groupés dans l'eau, maintenus à la surface par leur brassière. L'un d'eux semble décédé.

« La manœuvre d'accostage est délicate, mais réussie. Les naufragés sont à la limite de la résistance physique, ne peuvent plus bouger, souffrant d'hypothermie.

« Sept minutes se sont écoulées pour cette récupération. Nous mettons en route sur Sète et cette fois, cap à la lame avec des creux de 4 à 5 mètres.

« A 19 heures nous sommes à Sète. »

Plouguerneau, quinze personnes sauvées.

« Le 7 juin 2000, alors que le canot pneumatique de la station est en opération pour le compte de l'association des plaisanciers locaux, le CROSS Corsen *et les gardiens du phare de l'Ile Vierge signalent qu'une barge de plaisance vient de chavirer près du phare et qu'un certain nombre de personnes sont réfugiées sur un îlot rocheux.*

« Nous faisons route immédiatement vers la position indiquée et sommes sur zone un quart d'heure plus tard. Nous apercevons les personnes, avec leurs brassières, réfugiées en haut des rochers.

« Après nous être approchés au maximum, les plongeurs se jettent à l'eau. Quinze personnes sont là : dix enfants d'une dizaine d'années et cinq adultes. Selon les adultes, c'est une déferlante qui a provoqué l'accident.

« Nous pénétrons dans le chenal de l'Ile Vierge afin de trouver un endroit plus calme pour embarquer toutes ces personnes. Nous approchons des rochers, nous mouillons le grappin par l'arrière, et par l'avant nous passons un bout qui est maintenu ferme par les adultes. Les enfants s'agrippent au bout et sont accompagnés par un plongeur jusqu'au canot pneumatique.

« Fin de l'opération à 20 heures. »

Les sociétés de remorquage, avec des capitaux importants, sont spécialisées dans le sauvetage en haute mer de tous bâtiments, supertankers de 200 000 tonnes, porte-containers géants, cargos de toutes sortes... Leurs équipages ne manquent pas non plus de courage ni de métier marin, c'est évident. Un film de la grande époque du cinéma français, *Remorques*, avec Jean Gabin, d'après le livre de Roger Vercel, a illustré leur rude métier dans les tons noirs. Un bon auteur, Hamon, a raconté leurs vies aujourd'hui. Ces sociétés travaillent sous contrat. Le droit maritime donne en effet à tout bâtiment qui en sauve un autre une partie de sa valeur et de sa cargaison. Cette part en pourcentage varie suivant l'état de la mer, l'abandon du navire en détresse, la perte de contrôle, l'évolution de la météo. Tout peut être pris en considération par les tribunaux : est-ce que la remorque est celle envoyée par le navire sauvé, ou par le navire sauveteur ? L'équipage du navire sauvé était-il toujours manœuvrant ? Le capitaine a-t-il quitté son bord ? Etc. La règle absolue étant *« no cure no pay »*, « pas de sauvetage pas de paiement », il faut que le bateau sauvé soit amené réellement à l'abri pour que la valeur de prise soit calculée et versée. On mettait quelques hommes à bord du navire sauvé pour s'assurer qu'en vue du port personne ne ferait sauter l'aussière... Passer l'aussière est un exploit. L'empêcher de casser dans les mouvements violents et différents des deux bateaux par une mer déchaînée, un autre.

Histoire d'un pari. Le président d'une société française de remorquage laisse l'entreprise à son fils. Le fils est un jeune homme, et tous les vieux durs de la maison trouvent qu'il manque un peu d'expérience et d'autorité. Le jeune homme va jouer sa carrière sur un coup de dés. Une plate-forme pétrolière s'est cassée en deux dans la tempête. Une moitié dérive au ras des vagues. La mer est monstrueuse. Toutes les sociétés de sauvetage les plus célèbres et les mieux placées ont renoncé devant le défi. Une moitié de plate-forme pétrolière à demi coulée ! Le jeune président réunit ses hommes et dit : « Nous, nous relevons le défi. » Il va gagner, la plate-forme et le respect de tous. Quand la victoire est enfin assurée, il lance le cri : *« Une heure de quartier libre ! »* C'est le vieux cri des corsaires, flibustiers et pirates. En plus du butin commun, il autorisait chaque marin à prendre sur le bateau conquis, à titre individuel, *« tout ce qu'il peut porter lui-même »*. Une heure de quartier libre...

Scaphandre, etc.

Pour un marin, être dans l'eau n'est pas bon signe. Sous l'eau, encore moins. L'idée de descendre au fond de la mer pour voir et connaître cet autre monde lui est donc étrangère. La première expérience prouvée a pour acteur le plus célèbre des grands capitaines, comme conseiller le plus célèbre des philosophes. Alexandre le Grand et Aristote. L'amiral d'Alexandre, Néarque, est obligé de participer à la plongée à son corps défendant. Il en remontera quasi mort. Le mystère au-dessous de la mer, ce n'est pas son domaine.

Certes, des Phéniciens prisonniers se seraient évadés en 840 avant Jésus-Christ en nageant sous l'eau avec un roseau pour respirer. Des nageurs grecs, encore avec un roseau et le nez fermé par une pince, au ve siècle avant notre ère auraient coupé les câbles de la flotte de Xerxès et assuré sa destruction. Alexandre et Aristote font construire un grand coffre en bois bitumé, une sorte de vaste tonneau de 3,70 mètres de long sur 2 mètres de haut, avec hublot en verre transparent, qui fut baptisé *scaphè-andros*, ce qui veut dire *barque-homme*. Le nom n'a pas changé depuis plus de deux mille ans. On le charge de victuailles (on a encore le menu : cuisse de bœuf rôti, pain, concombre frais, une jarre de vin). Lampes à huile dont la lumière permet de tester si l'air est vicié ou non. Et, à 10 heures du matin, on descend le tonneau et son équipage par 26 mètres de fond. Un plongeur de perles indien fait la liaison. Des messages écrits peuvent être remontés. L'amiral tient la journée. Au soir il est évanoui, et Alexandre qui voulait passer la nuit au fond de la mer doit remonter avec lui. Il raconta avoir vu des serpents de mer à huit têtes, des hydres écailleuses, d'horribles démons aux ailes noires... La peur de ce qui est sous la mer est d'abord la peur des monstres.

Il faudra attendre des siècles pour que le « scaphandre » soit utilisé de nouveau par les croisés devant Saint-Jean-d'Acre, Philippe Auguste aux Andelys sur la Seine, des Vénitiens en 1552... On partait toujours d'une sorte de cloche. Léonard de Vinci dessine ce qui peut être vu comme un sous-marin. Au XVIe siècle, l'archevêque d'Upsal, Olaus Magnus (le spécialiste des monstres marins déjà cité), décrit les nacelles qui vont sous l'eau et dont se servent les corsaires scandinaves. Peu à peu des mathématiciens, des savants, des médecins, en travaillant sur le principe d'Archimède, en étudiant la circulation sanguine et la respiration, en découvrant la nature de l'air, le rôle de l'oxygène puis celui de l'azote, vont par bouts et morceaux arriver à la triple invention : le scaphandre individuel autonome, le bathyscaphe pour les grandes profondeurs, et le sous-marin qui peut naviguer. William Bouzue le premier a eu l'idée des ballasts pour monter ou descendre. Un bourgeois de Paris, Fréminet, en 1773, ajoute un petit soufflet de forge pour redonner de l'air... Et Bushnell, et Fulton et tous les autres. On a inventé aussi la propulsion à rames par manchons étanches. La cloche est devenue un bateau. Les marines de guerre mettent au point les sous-marins qui seront une arme terrible contre le commerce allié pendant les deux guerres et restent l'instrument principal de la dissuasion nucléaire. Pour la barque-homme ou l'homme-barque, le commandant Le Prieur, puis Cousteau et Gagnan, apporteront une révolution dans la plongée individuelle. Les scientifiques avec les bathyscaphes, le merveilleux professeur Piccard de Bruxelles (le modèle du professeur Tournesol), ont pris aussi le relais en descendant à 10 000 mètres. On découvre dans les grands fonds des espèces inconnues, des richesses minérales. Le monde du silence est né. La France (IFREMER, COMEX...) ouvre l'ère des robots sous-marins. La conquête de l'espace, elle est aussi en dessous de nous.

Scorbut

Du hollandais *scuerbuyck*. Maladie de la carence en vitamine C, caractérisée par fièvre, hémorragie, dysenterie, déformation des lèvres, des visages, des mains, mort. A tué beaucoup plus de marins que la mer, la tempête, les écueils. Vasco de Gama perdit par scorbut plus de cent hommes sur cent soixante. Jacques Cartier sauva trois hommes sur cent dix. Sir Hawkins dit que durant ses vingt ans de navigation il a vu mourir plus de dix mille marins. A cause du scorbut, la Marine française est incapable de reprendre Louisbourg, clé du Canada. Le médecin de marine, Chardon de Courcelles, décrit l'équipage : *« Ils n'avaient que la peau collée sur les os et ressemblaient plutôt à des spectres qu'à des hommes... Leur corps était un tissu d'ulcérations et de corruption. On ne pouvait les remuer qu'avec d'infinies précautions à cause des syncopes fréquentes dans lesquelles ils tombaient. Ils finissaient toujours par des flux de sang et mouraient, dans leurs déjections et leurs vomissements. »* Le scorbut nous fit aussi perdre Madras et les Indes. Comment un fléau aussi épouvantable est-il resté si longtemps inexpliqué et sans traitement sérieux ?

La mer est un monde à part. Elle a sa « peste », qui est comme une malédiction. La vie de marin, son statut, son rôle dans la société, sont méprisés. La viande salée et l'eau putride dans les miasmes des entrepôts sont leur lot. Remède ? Le fameux quart de vin... Les médecins de marine – qui dans la Navy sont tous écossais – sont les premiers en 1744 à donner la clé du scorbut : la nourriture à bord. Mais ils sont écossais et les autorités médicales de Londres ne veulent pas les écouter. Cook, le grand capitaine Cook, cache ses morts par scorbut parce que la Royal Society lui a conseillé le malt de bière et la choucroute et qu'il ne veut pas être mal vu des autorités. Il faut attendre 1795 pour qu'enfin les vertus du jus de citron soient reconnues. En le mélangeant avec de l'alcool comme l'exigeaient les marins, on assurait la survie de la vitamine C. Mais cela, on ne le sut que bien après. En France, jusqu'en 1860, la marine est encore dévastée par la « peste de mer ». Les voiliers au long cours paraissent épargnés : la nourriture du matelot breton est à base de pomme de terre qui, on ne s'en doute pas, sont riches en vitamine C. Faut-il les cuire, ou les manger crues ? La fatalité maritime est vaincue.

Scorpion

L'une des plus belles constellations du ciel, celle d'Antarès, constellation des nuits d'été comme Orion est celle des nuits d'hiver. La tête du Scorpion est en éventail. Nous y voyons un parapluie retourné, les Arabes un palmier. A connaissance scientifique égale, on peut juger de la différence de qualité poétique.

Dans ses pinces, les plateaux de la Balance. L'étoile bêta de la Balance est Kiffa boréal, de couleur vert émeraude. A gauche du Scorpion, le Sagittaire. C'est en traversant le Scorpion et le Sagittaire que la voie lactée est la plus dense en étoiles et la plus lumineuse.

Sel

« Si le sel s'affadit, qui lui rendra sa saveur », a dit l'Ecriture. Il n'y a pas d'élément naturel plus chargé de sens que le sel. C'est l'élément de la mer.

Il est dans toutes les croyances populaires, les textes juifs, la liturgie chrétienne, indispensable à la cuisine, à la survie (les naufragés meurent d'abord par manque de sel), aux travaux des alchimistes. Il est le symbole de malédiction et de stérilité : la femme de Loth transformée en statue de sel, le sel semé sur le sol dans le grand anathème – mais aussi d'alliance et de fidélité. Le prêtre, au baptême, dépose du sel sur la langue du nouveau-né. Dans *La Cène*, Léonard de Vinci a peint devant Judas une salière renversée : l'alliance entre l'homme et Dieu est rompue.

Les rites de nos campagnes d'autrefois à base de sel sont innombrables. Il fallait un grain de sel dans le premier lait d'une vache. Une pincée de sel dans l'âtre quand la chouette criait. Partager le sel (et le pain) est le gage de l'amitié. Les recettes culinaires recommandent « saupoudrez », ce qui veut dire exactement poudrer de sel. Quant aux marins, le sel de mer est leur seul moyen de se nourrir dans les longs voyages d'exploration : biscuits salés, viandes salées. L'Europe sera sauvée des ravages de la guerre et de la peste à la fin du terrible XIVe siècle, par le poisson salé, qui se garde. La « traite des nègres » pendant deux siècles se fonde sur le troc entre tribus côtières et tribus de l'intérieur qui manquent de sel. Priver de sel, c'est tuer. La route du sel est plus importante que celles de l'or et de la soie.

La baie de Bourgneuf, grâce à ses marais salants, va connaître à la fin du Moyen Age une prospérité inouïe. Ce chef-lieu de canton de la Loire-Atlantique, arrondissement de Saint-Nazaire, était le port du sel où se côtoyaient Anglais, Ecossais, Flamands, Hollandais, Danois, Suédois et les si puissants commerçants de la Hanse. Toutes les langues, toutes les monnaies, toutes les marchandises. En 1474, sur quatre cent trois bateaux qui entrent dans le port de Dantzig, loin dans la Baltique, il y en a soixante et onze qui viennent de « la Baie », c'est-à-dire Bourgneuf. En 1542, il y avait à Bourgneuf plus de deux cents navires, hollandais, allemands, etc., mouillés qui devaient attendre des semaines leur chargement de sel. Greniers du sel, inventions du sel (mélange, lavage, séchage). Fortunes du sel. Le célèbre chroniqueur Philippe de Commynes s'était si enrichi avec son exploitation de sel de Brouage que le roi Louis XI lui confisqua ses biens. En 1565, en visitant les salins de Bayonne, Catherine de Médicis dit à son fils le roi Charles IX : *« Voici vos mines d'or. »*

La pêche à la morue, pendant trois siècles, relaie celle du hareng. Dunkerque, Granville, Saint-Malo reçurent leurs entrepôts de sel. Les « peseurs-jurés » étaient traditionnellement des femmes. A bord des terre-neuvas, le personnage le plus important après le capitaine était le saleur. Une morue mal salée ne vaut rien. Sur l'*Heureuse Marie*, de Granville, en 1772, 117 hommes d'équipage, 117 tonneaux de sel. A la fin de la campagne (quand il n'y avait plus de sel), le saleur était couronné dans une vaste fête où tout le monde se devait d'être ivre.

C'est du sel marin dont je parle, bien sûr. Le sel de terre n'a jamais eu les mêmes vertus.

Sémaphore

Mât sur un cap ou à l'entrée d'un port qui sert à communiquer par signaux avec la mer. Les tours de sémaphore ont un rôle de surveillance et peuvent

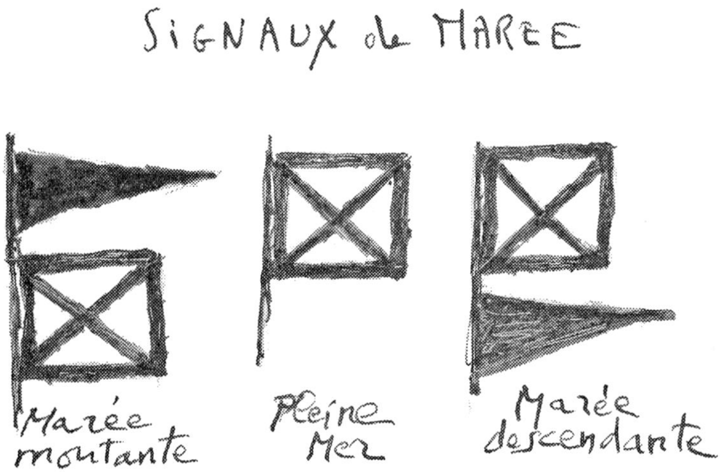

alerter en cas de navires en difficultés. Le sémaphore est aussi un langage par signaux à bras qui était utilisé de bateau à bateau. On l'apprenait aux scouts. Il permet encore, dans les livres en couleur, de jolis petits dessins de matelots brandissant des pavillons.

Quand j'étais jeune, chacun savait lire de mer les messages des sémaphores : un cône noir pointe en haut, coup de vent probable entre le nord et l'ouest. Deux cônes noirs pointe en haut, entre le nord et l'est. Un cône noir pointe en bas, entre le sud et l'ouest. Deux cônes noirs pointe en bas, entre le sud et l'est. Un cône noir pointe en haut et un cône noir pointe en bas, tempête. Un pavillon rectangulaire, attention, le baromètre baisse. Une flamme triangulaire, le baromètre monte, meilleur temps. Un pavillon rectangulaire au-dessus d'un pavillon à deux pointes : l'entrée du port devient mauvaise.

J'aime les langages de la mer. Au mât de sémaphore une flamme au-dessus d'un pavillon carré à croix de Saint-André signifie : marée montante. Pour marée descendante, le pavillon à croix de Saint-André au-dessus de la flamme. Qui, dans notre temps, nous rendra les signes ?

Serpent

Le Grand Serpent de Mer. Monstre légendaire aperçu périodiquement. Les témoignages ne manquent pas, dont celui d'un amiral et de son état-major en mer de Chine... En 1966, deux officiers des commandos anglais, Ridway et Blith, traversent l'Atlantique à l'aviron. Ils le voient. On comprend qu'avec la pollution marine actuelle le monstre préfère le plus souvent rester chez lui dans les profondeurs.

A ne pas confondre avec les baleines énormes type Jonas et autres Léviathans ou les poulpes géants, appelés Kraken par les Nordiques, révélés pour la première fois par l'évêque suédois Olaüs Magnus en 1555. En 1750, deux siècles plus tard, Erick Ludvigren Pontoppidan, un évêque norvégien cette fois, confirmera. C'est l'adversaire de Gilliat dans *Les Travailleurs de la mer* de Victor Hugo en 1866. Qu'on l'appelle poulpe ou calmar, il a la vie dure.

Sextant

Inventé par le Britannique Hadley en 1760. Instrument essentiel à la navigation qui permet de mesurer la hauteur du soleil ou des étoiles au-dessus de l'horizon. Il est monté sur un arc de cercle gradué en métal de 60°, le sixième de la circonférence, d'où son nom. A sa face un miroir. Une alidade portant également un miroir s'articule sur le limbe (le limbe est le bord extérieur d'un astre ou celui d'un cercle gradué). C'est beau, délicat, mystérieux. Indispensable au capitaine comme le stéthoscope au médecin-chef. Il est utile et entretient le respect de ceux qui ne savent pas s'en servir. C'est parce que les matelots ne savaient pas s'en servir, je l'ai déjà dit, qu'il n'y a pas eu plus de mutineries à bord.

Seychelles

Le nom de ces îles de l'océan Indien leur fut donné en 1756 en l'honneur de l'intendant Jean Moreau de Seychelles. Elles furent perdues en 1810, Napoléon et la France étant occupés ailleurs. Trois langues officielles, le créole, l'anglais, le français. En dehors de l'île principale, Mahé, usine à touristes, le reste de l'archipel a gardé un charme délicieux, rustique et maritime. Il se défend déjà grâce au nombre des îles, 32 granitiques aux rochers spectaculaires et 83 coralliennes, cocotiers penchés sur sable blanc. La navigation n'est pas toujours facile mais permet des mouillages de rêve avec précautions.

Je n'oublierai pas ma première visite officielle pour établir la coopération entre les Seychelles et la France. Avec le chef du gouvernement seychellois, nous avons passé la soirée à chanter tout le répertoire français, de Charles Trenet aux chansons de marins, y compris le *31 du mois d'août* ! A minuit, pour clôturer la fête, le Premier ministre s'est quand même levé pour entonner le *God Save the Queen.*

Shangaier

Du nom du grand port chinois. Le recrutement des équipages a été pendant des siècles un problème pour la marine. Les volontaire étant rares pour cette vie terrible, l'Etat n'y allait pas de main morte : les juges condamnaient aux galères, la maréchaussée cernait les bas quartiers et ramassait de force les ivrognes, les mendiants, les vagabonds, les tire-laine. Ils se retrouvaient à bord bien obligés de faire le marin. Cela s'appelait *« la presse »*. Les juges anglais condamnaient aussi à servir sur les bâtiments de Sa Gracieuse Majesté. Les Anglais ayant toujours écarté la prison comme moyen de punition (coûteuse et peu efficace), l'échelle des peines était : le fouet, marin, la déportation en Australie, la corde.

Pour la marine marchande et la grande pêche, pas de juges ni de polices. Jusqu'au début du XXe siècle, des « marchands d'hommes » saoulaient des compagnons de beuverie, leur faisaient signer un contrat, parfois un coup de gourdin, et hop, réveil en mer. Revolver au poing, le capitaine envoyait au travail. Mais cela ne suffisait pas toujours. Le marin était parfois simplement enlevé. On retrouvait à bord des ouvriers agricoles, des bergers, un bedeau de paroisse ! Cela s'appelait « shangaier ».

Shipchandler

Mot anglais utilisé en français pour désigner un fournisseur de tout ce dont peut avoir besoin un bateau. Un bon magasin de shipchandler, cuivres, cordages, ancres, feux, etc., est un des plaisirs du port.

SHOM

Service Hydrographique et Océanographique de la Marine. Ses dirigeants devraient être peintres de la marine d'honneur. Une carte marine est non seulement le résultat d'un travail scientifique particulièrement minutieux, mais aussi une sorte d'œuvre d'art. Nature des fonds, ligne des côtes, amers, ici une maison blanche à étages, ailleurs une tour ruinée, des paysages qui ont un sens. On discutera toujours les mérites et beautés respectifs du noir et blanc et de la couleur. C'est comme au cinéma.

Des petites flèches indiquent le courant. Des dessins les épaves. D'autres les écueils. D'autres les feux. Autrefois on pouvait lire « aiguade » pour les points d'eau. La passe est signalée par le cap, vrai. Les interdictions de mouillage, de pêche. Tous ces signes sont autant de messages. J'ai appris en lisant la brochure de l'ingénieur général N. Pasquay, *L'Hydrographie, les documents nautiques, leurs imperfections et leur bon usage*, comment s'établissent les documents et notamment la description du fond de la mer, par sondage vertical, dragage hydrographique, etc. Mais les sondages ne sont pas des photographies, pas plus que ceux d'opinion publique. Il y a une marge d'erreurs. Des blancs de la carte. Attention.

Attention à la façon de prendre un relèvement et de tracer sa route. Les brochures du SHOM donnent des exemples concrets de hauts fonds oubliés, « sautés » malgré toutes les garanties scientifiques. Aux approches du cap de Bonne-Espérance, chez nous celles des îles de Glénan. Attention à l'utilisation des cartes électroniques, du GPS et des systèmes géodésiques. Attention à la façon de prendre un relèvement et de tracer sa route. Pourquoi le naufrage du paquebot *Antilles* à l'île Moustique dans la Caraïbe, l'accident du *Golden Robin* au Canada, le talonnage du *Lynx* en baie de Morlaix, l'échouement du *Potomac* devant le port de Casablanca en 1972 et celui du pétrolier soviétique *Tsesis* en Suède en 1977.

Toutes ces leçons maritimes données par des scientifiques sur la relativité de la science finissent par deux conseils absolus :

– *Le pied de pilote*, garantie supplémentaire à ajouter au tirant d'eau officiel du navire, a intérêt souvent à être doublé, voire triplé. Le zéro des cartes est seulement le zéro astronomique. Pas météorologique : courants et vents peuvent le modifier en bien comme en mal. Et le fond de la mer change...

– *La règle du pouce*. Quand on trace sa route, la tracer systématiquement à la largeur du pouce du danger à éviter, écueil, épave ou autre. Quelle que soit l'échelle de la carte. Oui, la largeur du pouce à grande comme à petite échelle. Je ne vais pas ergoter sur la largeur d'un pouce masculin ou féminin. Le plus étonnant est cette constance humaine indépendante de l'échelle. (Mais on peut faire remarquer que la marge d'erreur d'un tracé de route est d'autant plus faible que l'échelle est grande.)

La largeur de la main, la hauteur du pouce avaient été les premières à servir aux navigateurs pour calculer la latitude par hauteur de la Polaire au-dessus de l'horizon. Qu'après les fantastiques progrès de la navigation par satellites la main de l'homme ait encore, si on peut dire, le dernier mot, me paraît un autre signe.

Signature

Même si longtemps une excellente vue a été exigée de tout marin (avec prime aux yeux bleus), j'ai toujours pensé que l'oreille en mer était aussi importante que la vue. Dans les marines de guerre actuelles, la qualité de l'ouïe humaine est devenue affaire de spécialistes : on les appelle les *oreilles d'or*.

Un navire en mer se reconnaît à l'ensemble des bruits qu'il émet, bruits des hélices, des machines, de la vague d'étrave et du sillage, variables suivant le temps et la vitesse, et tout ce qu'il peut exister d'autres sonorités à bord, traduits en une résonance unique. A bord des sous-marins notamment, elle est captée et l'oreille d'or du bord peut dire : croiseur soviétique de la classe Kirov à tant de nœuds par tant de milles. Chaque bateau a ainsi en mer ce que l'on appelle *sa signature*. Comme un grand violon, ou un grand peintre.

Sirène

Animal maritime légendaire, à figure de femme, queue de poisson et à la voix captivante. Le roman d'un écrivain tchèque, un drame d'un écrivain espagnol, un nocturne de Debussy portent ce titre ; mais il faut quand même attendre le milieu du XIXe siècle et Andersen pour que la sirène devienne – surtout si elle est petite – si attachante et émouvante, et le symbole de la ville de Copenhague.

Pendant des siècles, la sirène est l'ennemie du marin. Elle est d'abord non pas une femme-poisson, mais un oiseau à tête de femme ; dans les fresques égyptiennes où elles signifient la mort, comme dans Homère. Ce sont des oiseaux à tête de femme qui tentent dans l'*Odyssée* de séduire Ulysse et ses matelots pour les précipiter sur les écueils et les noyer. Ulysse se fait attacher à son mât, bouche avec de la cire les oreilles de son équipage et ne tombe pas dans

le piège de leurs chansons. Jason affrontera le même péril de ces oiseaux à visage féminin qui veulent la mort des marins sur le navire *Argo* à la conquête de la Toison d'Or. Mais Jason a le plus formidable équipage de tous les temps : rien que des princesses, des héros, des demi-dieux. Il envoie chanter à l'avant le plus grand de tous les musiciens, Orphée lui-même. Il accorde sa lyre. Sa voix surpasse en beauté toutes les autres. Orphée domine le chant des sirènes, le navire *Argo* évite les écueils mortels et peut continuer sa course au Trésor.

C'est l'art roman – et les légendes nordiques – qui introduisent chez nous la sirène à queue de poisson après celle à queue de serpent. Satan, mais le démon fait femme. On la voit sur les vieux portulans peuplant les océans avec son mâle le triton barbu, peignant ses longs cheveux en se regardant dans un miroir. La femme aime d'abord elle-même avant autrui. Les animaux dugongs et lamentins, classe des cétacés, genre des siréniens, n'ont jamais peigné leurs longs cheveux en se regardant dans un miroir. Mais on ne voit que ce qu'on a envie de voir, on n'entend que ce qu'on a envie d'entendre. Les séductrices à la voix d'or : nos marins des Grandes Découvertes qui affronteront tous les mystères de la mer jureront les avoir vues et entendues. Les chroniqueurs prennent note. Des bonimenteurs de foire montrent des sirènes en bocal fabriquées avec le haut du corps d'un grand singe femelle auquel un artisan chinois a cousu une queue de gros poisson.

Ce qui reste pour moi un mystère, c'est pourquoi on appelle aujourd'hui sirène un signal d'alerte particulièrement peu mélodieux.

Sirius

Etoile alpha du Grand Chien, la plus brillante de tout le ciel, blanche. Ascension droite 06 h 43 mn. Déclinaison 16°6 sud. Sirius est facile à repérer (alignement Pléiades – Aldébaran – les Mages – Sirius) et très utile de nuit pour la navigation.

Skipper

Nom hollandais et anglais du capitaine d'un bateau de plaisance ou de compétition.

Slocum (Joshua)

Américain de la côte Est (1844-1909). L'un des plus grands marins de tous les temps, premier solitaire à la voile autour du monde, sur un cotre de 11,20 mètres qu'il a fabriqué lui-même et qu'il transformera tout seul en yawl. A l'époque sans GPS, sans pilote automatique, sans winch électrique, sans enrouleur de voile. En plus il écrit merveilleusement et son récit est un chef-d'œuvre de technique et d'humour, comme lui-même est un mélange d'audace et de bon sens, un modèle d'aventure en un mot. Tout propriétaire de bateau doit avoir Slocum à bord.

Son idée est de faire le tour du monde en passant par la Méditerranée pour ensuite prendre le cap Horn dans le bon sens. Il raconte comment il a failli être capturé par un pirate marocain dans le détroit de Gibraltar. Oui, en 1895, il y a encore des pirates barbaresques. Slocum raisonne : avec son gréement à antenne, le Marocain remonte moins bien au vent que lui. Il change de bord, lof pour lof, et repart dans l'Atlantique avant la nuit, au près serré, sème son poursuivant. Puis, tant qu'à faire, puisqu'il est déjà assez loin au large, décide de continuer dans l'Océan. C'est là que se place un épisode mémorable.

Il a embarqué des fruits. Peut-être certains ne supportent-ils pas la mer et sont pourris. Slocum tombe malade et se couche avec une forte fièvre. Le vent se lève, les voiles battent, le bateau gémit. Slocum se réveille et se dit qu'il doit absolument aller voir ce qui se passe dehors et régler le bateau. Mais en haut de la descente, il voit à la barre un homme en costume espagnol de la fin du XVe siècle. Mimique étonnée de Slocum. Geste rassurant du barreur. Slocum retourne s'affaler sur sa couchette et est repris par la fièvre. La tempête se déchaîne. Les mouvements violents, le fracas des vagues, les craquements de la coque réveillent de nouveau Slocum. Il se force à se relever et à monter dans le cockpit. L'inconnu en costume espagnol de la fin du XVe siècle est toujours là. Courtois, il se présente.

« Je suis Pinzon, le capitaine de la *Pinta* qui accompagnait Christophe Colomb comme pilote. Je circulais dans la région, que je connais un peu, je n'ai plus grand-chose à faire, je vois ce petit voilier en difficulté, bon, je me dis : rends-toi utile. Barrons. » Et Slocum retourne, l'âme en paix, s'effondrer sur sa couchette. C'est le beau temps qui le réveillera.

De la façon dont il raconte, on ne peut pas savoir quelle est son explication. Intervention mystérieuse ?

Ou cauchemar très coloré comme en donnent les intoxications alimentaires ? Les deux sont possibles. Je ne connais pas de solitaire qui n'ait eu une fois au moins l'impression d'une présence à bord. Parfois on s'entend appeler par son prénom. Parfois c'est comme si un autre donnait le coup de barre à votre place. Un autre vous-même qui aurait déjà vécu ce moment, le connaîtrait mieux que vous, et vous aiderait.

Solitaire

Première traversée de l'Atlantique en solitaire à la voile par un Français, puis tour du monde, par Alain Gerbault en 1930. Alain Gerbault était déjà une personnalité très connue de la vie parisienne. Courageux aviateur pendant la guerre de 14-18, grand champion de tennis, modèle du « sportsman » comme on le concevait dans les années 20... Sa décision de traverser l'Atlantique en solitaire – alors qu'il n'est pas marin et que les bateaux n'ont aucune des aides à la navigation que nous connaissons – est un défi qui a eu une énorme publicité. Il devient un héros national. Le récit sera un grand succès de librairie. Je me souviens, à Granville, dans la collection des disques préférés, du « pot-pourri d'Alain Gerbault ». Des bouts de chansons à la mode composaient un personnage de gentleman de l'aventure qui avait dit « non » à la société.

Trahison et marchandages
combinaisons, tripotages...
Pendant c'temps là j'pêche la moru-u-e

En 1942, tour du monde à la voile en solitaire par un fermier argentin, Vito Dumas, le maître de la navigation par gros temps. 272 jours de mer et trois escales. Par Francis Chichester (depuis sir Francis), en 1966, en neuf mois, une seule escale à Sidney. En 1968, les Anglais lancent le Golden Globe, première course autour du monde en solitaire sans escale. Robin Knox-Johnston gagnera sur son ketch de 32 pieds en 313 jours et 30 123 milles nautiques. Bernard Moitessier, qui était en tête, a décidé après le cap Horn de rentrer directement à Tahiti.

Il y a deux écoles, deux types de navigateur et de navigation : Tabarly et Moitessier. La compétition, sans mépriser la plaisance ; ou une façon de vivre, sans ignorer la compétition. Alain Gerbault peut être considéré comme du côté Moitessier, et même un fondateur de la lignée. Avec pour rêve le Pacifique, après Gauguin, Loti, Segalen, Stevenson, London, Conrad, et avant Brel. Il disparaîtra assez mystérieusement pendant la guerre dans une obscure île indonésienne.

La première épreuve sportive pour solitaires a été la Transat anglaise. C'est une idée de Blondie Hasler, colonel *(retired)*, et qui s'était rendu célèbre pendant la guerre par une attaque en kayak contre la marine allemande à Bordeaux, attaque qui devait tourner assez mal. Un « sportsman » lui aussi. Il est l'auteur du plus beau règlement de course nautique — et le plus court : *« Celui qui veut prend son bateau à voile de ce côté-ci de l'Atlantique, et le premier arrivé de l'autre côté a gagné. »* Le vainqueur, Francis Chichester, fut anobli par la reine. Le colonel, toujours pittoresque, s'était passionné pour le gréement jonque. Mais on ne gagne pas avec une jonque.

La course en solitaire, Route du Rhum, Vendée Globe, est devenue presque une spécialité française, avec la variante en double, Québec-Saint-Malo, etc. L'école reste le *Figaro* en solitaire, moins spectaculaire parce qu'elle ne traverse pas un océan, mais techniquement sans doute la plus difficile. Je l'ai faite deux fois en chien de garde sur *Iroise II*. Celui qui gagnait était celui qui dormait le moins. Parmi les moyens de se tenir éveillé, les improvisations poétiques ou chantées de nuit à la VHF. Olivier Moussy, qui a disparu en mer, y était une merveille comme en toutes choses. Le solitaire est un art.

Sombrer

Couler. Littré hésite sur l'étymologie. Il pense qu'en coulant, un navire « rejoint l'obscur ».

SOS

Signal de détresse adopté pour sa simplicité d'émission et de réception : trois points, trois traits, trois points. L'interprétation *« Save Our Souls »* est totalement fantaisiste.

Spinnaker

Comme la voile invente ! Ce super-foc envoyé à l'avant pour équilibrer la poussée de la grand-voile est né au XXe siècle dans les compétitions. Au début, pour le vent arrière seulement. Aujourd'hui il est la toile qui gagne aussi au près.

Subrécargue

Terme marin pour désigner la personne chargée, en tant que représentant de l'armateur, de veiller au chargement et déchargement du navire comme à l'approvisionnement en général. Dans le roman de Conrad, *Nostromo*, le subrécargue chilien a le rôle essentiel.

Suez (canal de)

Le plus long du monde sans écluse et qui a une histoire encore plus longue. Le premier canal est creusé en 2000 avant Jésus-Christ, par le pharaon Senuset III. Réouvert après ensablement par Ramsès II, Néchao, Darius. Elargi par Ptolémée II et les empereurs romains Hadrien et Tajan. Rétabli par le khalife Omar. Bouché par le khalife Abou-Jafar. Un savant français en 1798 le croit impossible parce que la mer Rouge serait plus haute de 10 mètres. En 1854, une concession est accordée à Ferdinand de

Lesseps (1805-1894), qui a été vice-consul à Alexandrie. Le firman de 1856 pose le principe du libre passage. Les bénéfices iront 75 % à la Compagnie, 15 % à l'Egypte, 10 % au fondateur. Pour quatre-vingt-dix-neuf ans. Le gouvernement anglais qui s'était farouchement opposé à la construction, jusqu'à la faire interdire par le sultan, achète 177 642 actions quand le khédive vend ses parts. A la veille de la nationalisation par le colonel Nasser, le conseil comprend seize Français, neuf Britanniques, cinq Egyptiens, un Néerlandais, un Américain. Péripéties : expéditions franco-anglaises de Suez, occupation israélienne.

Le canal raccourcit le trajet entre l'Europe et l'Asie jusqu'à 60 % de la distance. On ne cesse de l'élargir, de l'agrandir, de l'approfondir pour permettre le passage de pétroliers toujours plus gros : en 1986, l'*Hellasfos* de 550 000 tonnes (à vide) ! Entre cinquante et cent bateaux par jours. Pilotage obligatoire. Le spectacle des mâts, passerelles, châteaux arrière pardessus les remblais de sable en plein désert est impressionnant. Il n'est pas interdit de placer un dromadaire en premier plan.

Le Scorpion

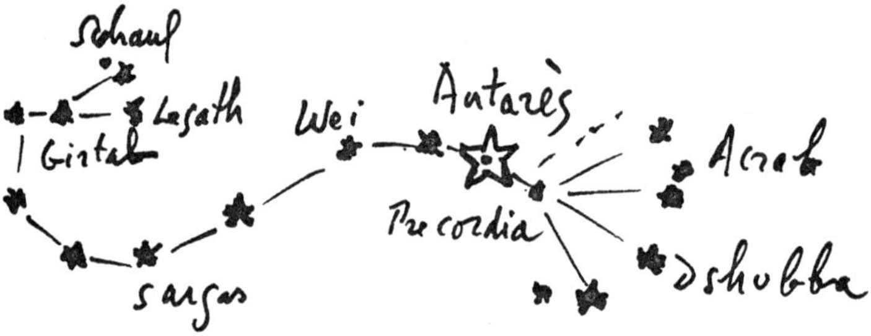

Constellation des nuits d'été

t

T

Vingtième lettre du code international des signaux. Vocal : Tango. Ex-Thérèse. En morse : un trait. Envoyé seul : *« Ne me gênez pas, je fais du chalutage à deux bateaux. »* Chez moi on disait « aux bœufs ».

Tabarly Eric (1931 — disparu en mer le 13 juin 1998)

Le meilleur marin français du XXe siècle. A propos de la série de ses bateaux, les *Pen Duick*, j'ai évoqué la liste impressionnante de ses victoires. Moins connue est la diversité de ses talents, en équipage comme en solitaire, dans l'action et dans la réflexion. Eric est un homme de courage mais aussi d'étude. Chaque bateau est *nouveau.*

Il n'a jamais cessé de rechercher la forme, le gréement, le matériau optimums. L'amour des vieux gréements s'allie avec la passion de l'innovation. Le ballast, le foil, l'hydroptère... Aujourd'hui encore, les idées d'Eric Tabarly volent sur l'eau.

A six ans, il voulait être bûcheron « pour le grand air ». A tous ceux qui ont navigué et régaté avec lui, il laisse un souvenir inoubliable, une façon d'être, de faire, de montrer, de se taire. Il y a une école Tabarly. Un président de société qui n'avait rien à voir avec le nautisme me disait : *« Si je vois dans un C.V.* "a été équipier de Tabarly", *cela me suffit, j'embauche. »* L'école de l'expérience et de l'audace. Pas du discours. Un soir, à la télévision, un journaliste l'interviewe.

Le journaliste : *« Eric Tabarly, vous venez encore de gagner une compétition de voile. A travers l'Atlantique. Non. Le Pacifique ? Bon, une transocéanique. Qu'est-ce que c'est la victoire, pour vous ? Et la course ? Et la solitude ? Et l'esprit d'équipe ? Et l'aventure ? Est-ce par refus de la société qui est la nôtre ? Qui voulez-vous battre ? Les autres ? Votre père ? Ou vous-même ? Et la mer dans tout ça ? Un complexe d'enfance ? »*

Eric Tabarly : *« Non. »*

Et il n'y aura pas un mot de plus d'Eric Tabarly. Grand moment sur petit écran.

Eric a écrit plusieurs livres dont ses Mémoires. Jacqueline, son épouse, a recueilli dans un très bel album des témoignages émouvants. J'ai eu l'occasion à plusieurs reprises de faire son éloge, notamment quand je lui ai succédé à l'Académie de marine. La première fois en 1976 (j'étais en Espagne pour un championnat de course au large), totalement impromptu, à la demande du journal *Le Point* pour la victoire dans la Transat anglaise.

« Ce n'est pas parce que dans une compétition internationale parmi les plus spectaculaires un Français a gagné. Ce n'est pas parce que celui qui, le premier, est sorti du brouillard était celui qu'on n'attendait plus. Ce n'est pas parce que l'océan, cette année, passant de la tempête répétée à la brume et au calme plat, semble avoir voulu déchaîner toutes ses forces et tous ses pièges contre les hommes et les femmes qui l'affrontaient en solitaire. Ce n'est pas parce que vaincre dans ces conditions suppose un courage moral, une résistance physique, une connaissance de la mer hors du commun et une alliance encore plus rare de qualités complémentaires, c'est-à-dire contradictoires : la science et l'intuition, la patience et l'audace, la force et la réflexion, le calcul et la chance, l'expérience et la passion. Tout cela est vrai, a été dit et bien dit. Ce n'est pas, ou pas seulement pour cela qu'il faut saluer Tabarly : il faut le saluer parce qu'il a été heureux.

« Il y a des grands mots qui sont comme des gros mots et que la pudeur conduit à ne pas employer. Bonheur est sans doute de ceux-là. Pourtant je crois qu'on peut dire que Tabarly, malgré le temps contraire et le pilote automatique perdu, a eu du bonheur en mer. Celui d'arriver premier, certes ; mais aussi celui de partir, qui est peut-être le moment le plus émouvant quand glisse le dernier tour mort de la dernière amarre à quai ; et celui de naviguer. Choisir sa route, envoyer de la toile, la réduire, estimer le temps, calculer sa position, changer sa route, renvoyer de la toile. Dormir. Ne pas dormir. Manger. Réparer une écoute. Avoir les mains brûlées, les

lèvres et les yeux salés, sentir la sueur et le suint. Voir la mer monter contre soi et entendre le vent forcir jusqu'à ce que l'univers ne soit plus que vacarme dément. Se mettre à la cape et aller dormir. Une nuit, une aube, un jour, un soir. Vingt-quatre fois. Calculer, estimer la mer et le ciel, et continuer. Se réjouir discrètement de ce que la brise adonne, le baromètre fait mouvement dans le bon sens, l'horizon là-bas s'éclaire. Entendre le bruit de l'eau contre la coque quand le bateau travaille au mieux de ses formes et que les voiles sont comme elles doivent être. Faire naturellement, jour après jour, tous ces gestes qui s'énoncent en un mot : largue, affale, embarque, étarque, borde, choque, lofe, abat, envoie... qui sont les gestes de la vie et parfois de la survie en mer. Etre seul.

« Si aujourd'hui la course en haute mer fascine de plus en plus, ce n'est pas seulement parce qu'il s'agit d'un exploit sportif à la dimension d'un océan. C'est aussi parce que, dans notre monde aux combats douteux, vivre et gagner en mer à la fois contre les éléments et grâce à eux, apporte ce qui nous manque à tous : des mystères simples. »

A douze ans, Eric bricolait une périssoire avec un copain pour y ajouter deux bouts de voile et des dérives latérales. Il réussit quelques années plus tard à embarquer comme matelot sur un thonier d'Etel. A l'Ecole navale il fut inscrit pour les activités sportives dans la course à pied ! Peu importe. Il faisait le mur pour aller régater. L'homme qu'il admirait le plus pour son courage : Blackburn, un matelot isolé par la brume et la tempête de son terre-neuvas, qui laissera geler ses mains sur les avirons pour mieux continuer à ramer. Il n'est pas un solitaire de vocation : il a toujours aimé la compagnie, et, s'il ne parlait pas trop, il chantait très volontiers. Il a toujours payé lui-même la construction de ses bateaux. Et il n'aimait pas du tout les records... Il reste le meilleur.

Tadjoura

La mystérieuse. Port du golfe de Tadjoura entre Djibouti et Obock, où Rimbaud a habité près d'un an quand il organisait sa grande caravane d'armes vers l'Ethiopie.

Tahio

Vent spécial à l'île de Nossi Bé (Madagascar). On ne sait jamais : vous en aurez peut-être besoin un jour.

Teck

Bois tropical ayant les vertus du chêne en moins lourd, qui s'harmonise très bien avec l'acajou dans les bateaux de qualité.

Tempête

Pour un marin, le mot n'est utilisé que pour la catégorie 10 de l'échelle de Beaufort : « Arbres déracinés, très grosses lames, la mer est blanche, de 9 à 12 mètres de creux, vent de 48 à 55 nœuds, soit de 89 à 102 kilomètres/heure, avec une distance de 100 kilomètres ou moins entre deux isobares. » C'est précis.

Terre-neuvas

A la fin du xve siècle, deux mondes différents vont se rencontrer : celui des aventuriers chercheurs de terres nouvelles et d'or, celui des pêcheurs qui gardent jalousement les secrets de leurs bancs. Pour les premiers, les Espagnols et les Portugais. Pour les seconds, les Basques, les Malouins, les Normands. En automne 1501, deux caravelles entrent dans le port de Lisbonne. Partis à la recherche du passage vers la Chine par le nord, elles n'ont découvert ni or, ni épices, ni bois précieux, mais d'immenses bancs de morue « qu'on peut ramasser avec un seau ». C'est aussi la fortune. L'Europe catholique respecte carême et maigre 153 jours par an ! Le poisson des rivières et des côtes ne suffit pas. La morue est un trésor. A l'assaut de « Terre-Neuve » partent les pêcheurs du Grand Métier, cinquante ports français arment, d'Etretat à Paimpol, et jusqu'aux plus petits mouillages, l'anse de Régnéville ou Agon dans le Cotentin, Binic ou Erquy en Bretagne. J'ai encore vu, enfant, les derniers de cette si longue histoire : deux trois-mâts toutes voiles dehors quitter Granville pour les bancs. Cinquante jours de traversée, et ils mouilleront par 60 mètres de fond, deux hommes par doris, des centaines d'hameçons par ligne. Les ennemis s'appellent le froid et la brume.

La grande pêche s'établit avec un système de répartition des profits – un tiers pour l'armateur, un tiers pour l'équipage, un tiers pour l'avitailleur – qui va durer des siècles. Il n'y a pas de scorbut à bord. Mais les ennemis ne sont pas seulement le froid et la brume : dès que se répand la rumeur que Jacques Cartier a trouvé de l'or au Canada, ce sont les corsaires espagnols qui se lancent à l'assaut de la route Saint-Malo/Terre-Neuve, comme les Français sur celle des galions au retour de la Caraïbe. Puis la lutte entre la France et l'Angleterre ne cessera pas. Elle ne prendra fin qu'en 1904, la France dans l'euphorie de « l'entente cordiale » (et contre la liberté d'action au Maroc) accepte d'abandonner tous les droits sur le « French Shore » qu'elle tenait de l'article XIII du traité d'Utrecht. Il reste Saint-Pierre-et-Miquelon. On s'aperçoit de nouveau aujourd'hui que l'accès au poisson est une mine d'or.

Tiens bon

Une expression marine qui a traversé les siècles et qu'on entend toujours. Veut dire : tu continues pour le moment à faire comme tu fais. Tiens bon l'écoute, tu continues à tenir l'écoute. Tiens bon la soupe, tu gardes la soupe au chaud. Devrait pouvoir s'appliquer à de nombreux domaines : tiens bon la vie, tiens bon l'amour.

Tortue (la)

Petite île de 300 kilomètres carrés au nord d'Haïti. Une de ses montagnes ressemblerait au dos d'une tortue. En dehors d'un peu de bois de brasil et de quelques plants de tabac, elle n'a aucune richesse particulière. Et pourtant, c'est sans doute le nom le plus mythique de toute l'histoire de la Caraïbe !

Dès 1630, des « marginaux » français, anglais, hollandais et de toutes nationalités y trouvent un abri qui est aussi un lieu d'échanges avec les boucaniers de Saint-Domingue. Tripots, bouges, vente d'esclaves, partage des butins, règlements de comptes. Les flibustiers français appellent à l'aide, contre les Anglais, le gouverneur de Saint-Christophe qui envoie Le Vasseur (protestant et normand), chef de guerre redouté et administrateur de choc. Le « règne » de Le Vasseur va durer douze ans, une dictature personnelle et religieuse. Sa réputation de cruauté est vite établie : on appelle sa forteresse « le purgatoire » et ses prisons « l'enfer ». Il délivre des commissions de course contre les Espagnols. Il taxe tout, le tabac, les cuirs, les prises. Trop. Il sera assassiné, pour une histoire d'amour et de jalousie, par un de ses neveux associé à l'un de ses adjoints. La France reprendra possession de cette île devenue aussi riche que sanglante. Les combats dureront contre les Espagnols. Les Anglais ont désormais établi la base de leur puissance à la Jamaïque : riche, et bien mieux située. Mansfeld, « l'amiral de la Flibuste », le personnage le plus mystérieux de la Caraïbe, peut fonder son empire des mers. Le « roi » Le Vasseur est oublié.

Traditions

Qui a dit : « Je ne suis pas superstitieux, ça porte malheur. » Il y avait des interdits à bord (il en existe toujours). Je n'en parle pas. Mais j'ai quand même vu des patrons vérifier à l'embarquement la nature de la doublure animale des vestes de quart... On n'a pas

le droit de dire le nom de la bête qui porte malheur : je ne vais pas l'écrire. Je peux seulement indiquer qu'elle a de longues oreilles. Il y avait aussi des bateaux qui *n'avaient pas de chance*. Le plus célèbre est le *Great Eastern*, orgueil de la marine marchande britannique. Le plus grand paquebot du XIXe siècle. Lancé en 1853 devant une foule de personnalités. 210 mètres de long. Environ 19 000 tonnes. Plus de mille passagers. Pour la ligne à prestige de l'Atlantique (il transporte Jules Verne notamment). Mais lors du lancement, deux ouvriers sont tués. La malchance est sur le bateau. Il ira d'incidents en avaries. Assez vite, sa mauvaise réputation sera telle qu'il ne servira plus de paquebot, seulement de mouilleur de câble, et finira dans une ruine discrète en 1888.

On ne lançait jamais un navire un vendredi. En 1942, au pire moment de la guerre sous-marine, les Américains, pour ne pas rompre la chaîne de lancement des *liberty ships*, enfreindront la règle. Mais en cachant soigneusement quel jour de la semaine le bateau a été mis à l'eau...

Tramail

Faisons confiance au Gruss : « Grand filet maillant qui se compose de trois nappes superposées. Les deux nappes extérieures, à larges mailles carrées, s'appellent aumées. La nappe intérieure, à mailles beaucoup plus petites, s'appelle flue. Le poisson, après avoir franchi la première nappe, pousse la flue dans une maille de l'aumée opposée, ce qui forme une sorte de bourse dans laquelle il reste empêtré. »

Trélingage

Araignée ou bridure en filin employée pour rapprocher les haubans de bas-mât afin d'en faire disparaître le mou. C'est riche, le vocabulaire marin.

Trésor

La mer est le plus grand coffre-fort du monde. Les lingots de métal précieux et les doublons des caravelles espagnoles retour d'Amérique, les émeraudes, les rubis, les perles, et jusqu'à la vaisselle de porcelaine chinoise des navires portugais retour des Indes orientales, l'accumulation de richesses perdues dans les naufrages sur toutes les côtes de la planète est absolument fabuleuse. Et la liste ne s'arrête pas : les cargos qui transportaient la paye des soldats anglais, l'or des chercheurs de Californie, du Klondyke ou de l'Australie. Les dépôts des riches voyageurs du *Titanic* et de tant d'autres. Les navires chargés de métaux rares (tungstène, etc.) qui valent aussi leur poids d'or coulés par les sous-marins pendant les guerres de 1914-1918 et 1940-1945. Et le trésor de « Rommel », des centaines de millions mouillés par 55 mètres de fond devant Bastia, qui déchaîne les passions depuis près de soixante ans dont j'ai raconté l'histoire (*L'Ile Madame*). Et tous les jours un nouveau naufrage. La liste des trésors inventoriés et dont on connaît à peu près l'emplacement dépasse aujourd'hui huit cents !

Des compagnies par action se créent pour les chercher. Des spécialistes utilisent chaque jour un matériel plus sophistiqué. Mais la mer se défend. Il faut lire Stenuit, grand plongeur, et aussi Surcouf et Bex, excellents conteurs. Je leur laisse la plume.

En 1687, l'Anglais William Phipp, avec des plongeurs indiens nus, récupère 26 tonnes de métaux précieux, or et argent, sur l'épave du galion *Nostra Señora de la Concepcion* coulé en 1641 dans le canal entre Bahamas et Saint-Domingue. C'est le père de tous les chercheurs de trésor. Les méthodes ont changé : scaphandre, grues géantes, robots, explosifs... Le plus gros trésor jamais repêché est sur le *Laurentic*, paquebot coulé par une mine en 1917 au large des côtes irlandaises : sept ans de travail, cinq mille plongées, 43 tonnes d'or récupérées. Il reste 25 barres d'or. En 1934, nouvel essai, 5 barres de plus. Il en reste 20. Nouvel essai, raté, en 1967. A bord du *General Grant*, le plus important trésor est toujours à prendre. Pas facile.

Le 4 mai 1866, le *General Grant*, un trois-mâts américain de 55 mètres de long, quitte Melbourne, en Australie. A son bord, des familles de prospecteurs qui rentrent en Angleterre, fortune faite, avec leur or. On sait que déjà deux caisses renforcées adressées à la Banque d'Angleterre renferment 73 kilos d'or. Tout porte à croire que les 9 tonnes de minerai de zinc qui constituaient à l'aller le lest du navire ont été remplacées par de l'or.

Depuis le 11 mai, le ciel s'est assombri et une épaisse brume cache l'horizon. Le 13 mai, la brume se dissipe et une énorme falaise haute de 120 mètres apparaît soudain devant le navire. Le vent est tombé mais le navire continue à dériver inexorablement vers cette terre qui semble l'attirer tel un aimant. Courant sur son erre, le navire se rapproche peu à peu de la falaise et, le 14 mai, à 1 heure du matin, le *General Grant* vient s'encastrer dans une caverne rocheuse, semi-immergée, ouverte dans le bas de la falaise. Des grappes de personnes sont jetées à la mer où elles sont rapidement englouties dans l'eau noire et glacée. Des passagers, alourdis par leurs ceintures et leurs poches bourrées d'or, coulent à pic. Trois canots sont mis promptement à la mer, mais l'un d'entre eux se retourne quelques instants plus tard, et trois passagers parviennent seuls à nager et à s'accrocher à l'un des deux autres canots. Juste avant l'aube, le navire sombre, et quinze personnes (quatorze hommes et une femme) sur les vingt-cinq hommes d'équipage et les cinquante-sept passagers ont réussi à réchapper du naufrage. Après avoir ramé durant deux jours et deux nuits, les rescapés, installés dans les deux canots, finissent par atteindre les îles Auckland où ils débarquent et établissent un camp.

James Teer, un solide pionnier irlandais, est le seul des rescapés à avoir dans sa poche quelques allumettes humides. Le sort et la vie de tous repose en cet instant sur lui. Avec les cinq dernières allumettes qui lui restent, il réussit à allumer un feu qui va être entretenu pieusement pendant un an et demi !

Seuls et abandonnés au bout du monde, les naufragés commencent à désespérer. La décision de partir chercher des secours est finalement prise, et un groupe de quatre hommes est désigné pour tenter leur chance à bord d'un canot avec trois semaines de vivres. Nul ne les reverra jamais.

Les survivants sont au bord du désespoir lorsque, soudain, le 21 novembre 1867, une voile à l'horizon. Sauvés.

Plusieurs tenteront de récupérer le trésor en or du

General Grant, en revenant sur les lieux du drame. Pas moins de trois tentatives ont lieu entre 1870 et 1876, mais sans succès, la dernière expédition ayant fait trois victimes. Durant des années, d'autres expéditions se montreront, mais toutes vouées à l'échec, et elles entraîneront mort d'hommes. La « malédiction du *General Grant* »...

En 1912, l'or du *General Grant* est estimé à 500 000 livres.

En 1916, une expédition entre dans une caverne qui est prise pour celle dans laquelle s'était incrustée l'épave, mais ni épave ni or ne sont trouvés. Une autre tentative a encore lieu en 1969, toujours sans succès. Jusqu'en 1975, où une équipe néo-zélandaise réussit à localiser et identifier l'épave du *General Grant*, après avoir fouillé quatre-vingts grottes sous-marines dans la falaise ! Mais, depuis plus d'un siècle, des pans entiers de la falaise se sont écroulés, modifiant considérablement l'aspect de la paroi, et d'énormes rochers, pesant parfois plusieurs tonnes, recouvrent les vestiges de l'épave. Ils doivent renoncer.

Reste le rêve.

La plus belle histoire de trésor – toujours d'actualité – est peut être celle de La Buse, le plus grand pirate français de l'océan Indien, originaire de Calais et de son vrai nom Le Vasseur, complice et ami de deux autres grands pirates, Taylor et England. Capturé à Madagascar en 1730, alors qu'il n'a plus de navire, il vit de petits boulots et cherche à négocier son amnistie avec le gouverneur. Il est jeté en prison à La Réunion qui s'appelle encore l'Ile-Bourbon. Son trésor est énorme, fabuleux (la Buse dit qu'il pourrait

« acheter toute l'île »), celui de la *Vierge du Cap* qui transportait la « sainte croix de Goa » en or incrustée de diamants, rubis et émeraudes. Il faut trois hommes pour la soulever ! Il a pris aussi à l'abordage en 1720, la *Ville d'Ostende* chargée de diamants. Mais la Buse fait l'erreur de ne pas s'attaquer seulement aux Portugais et aux Flamands, il prend aussi un vaisseau français, *La Duchesse de Noailles*. Son amnistie se présente mal. Le gouverneur peut le faire torturer pour savoir où est le trésor, et le faire pendre ensuite. La Buse préfère se taire jusqu'au bout croyant ainsi assurer son salut. Autre erreur. C'est en marchant à l'échafaud qu'il lance dans la foule un message caché dans sa main : « *Mon trésor à celui qui sera capable de le lire.* » Ce cryptogramme, mélangeant plusieurs codes, le voici (page suivante).

Le grand historien La Roncière s'est employé à le déchiffrer en utilisant un livre ésotérique fameux : *Les Clavicules de Salomon*. La chasse au trésor a un côté volontiers mystique, une quête du Graal obscure. Les rituels franc-maçons s'imposent comme le souvenir des Templiers, ancêtres des flibustiers et Frères de la Côte à qui ils ont légué le matelotage, lien absolu entre deux hommes, et les couleurs noir et blanc de leur drapeau.

Un Réunionnais va trouver une stèle qui a des rapports avec le cryptogramme. Est-ce une clé ? Mais la pierre avait été déplacée. Comment interpréter les signes, comment tracer des bissectrices ? Toujours la même question : à quel lieu appliquer la grille du cryptogramme... Déjà des officiers britanniques à la retraite ont perdu leurs économies en fouillant avec acharnement sur les plages à Mahé dans les Sey-

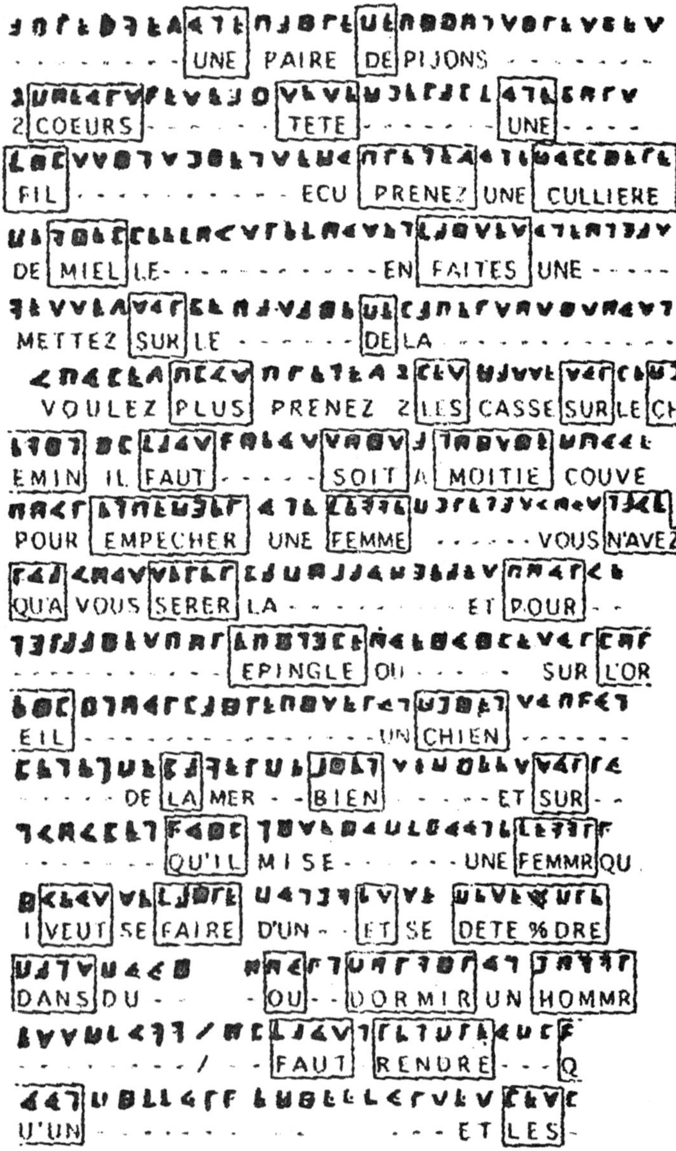
- - - - - - - - - UNE PAIRE DE PIJONS - - - - - - -
2 COEURS - - - - - TETE - - - - - - - UNE - - - -
FIL - - - - - - - - - - - ECU PRENEZ UNE CULLIERE
DE MIEL LE- - - - - - - - - - - EN FAITES UNE - - - - -
METTEZ SUR LE - - - - - - DE LA - - - - - - - - -
VOULEZ PLUS PRENEZ 2 LES CASSE SUR LE CH
EMIN IL FAUT - - - - - SOIT A MOITIE COUVE
POUR EMPECHER UNE FEMME - - - - - - VOUS N'AVEZ
QU'A VOUS SERER LA - - - - - - - ET POUR - -
- - - - - - - - - - - EPINGLE OU - - - - SUR L'OR
EIL - - - - - - - - - - - - - - UN CHIEN - - - - - -
- - - - - DE LA MER - - BIEN - - - - ET SUR - -
- - - - - - - QU'IL MISE - - - - - UNE FEMMR QU
I VEUT SE FAIRE D'UN - - ET SE DETE %DRE
DANS DU - - - OU - - DORMIR UN HOMMR
- - - - - - - - / - - FAUT RENDRE - - - Q
U'UN - - - - - - - - - - - - ET LES -

chelles et à l'île Maurice. Mauvaises pistes. Pourquoi la Buse aurait-il été enterrer son trésor si loin ? La bonne adresse est sans doute La Réunion, et à La Réunion, un lieu au nom lui aussi « chargé », *La Ravine à Malheur*. La chasse au trésor continue. Bonne chance.

Trombe

La colère du ciel... L'air est aspiré en colonne tournoyante jusqu'à former un nuage qui crève en pluie furieuse. Lors d'une compétition, par temps lourd, la goélette qui était devant moi n'avait pas eu le temps de serrer de la toile : la trombe était sur elle. Voiles déchirées, fauteuils de pont, espars, tout ce qui n'était pas solidement amarré montait brutalement, voltigeait dans les airs, retombait. C'était d'autant plus impressionnant que la mer était plate comme la main. Un spectacle à voir, si possible, d'un peu loin.

Turlutte

« Plomb portant une couronne d'hameçons. Il est employé à bord des terre-neuvas pour prendre les encornets qui serviront à boetter les lignes. Est aussi une sorte de tige à pointe servant à prendre les maquereaux par le ventre. »

Pourquoi ce mot ici ? Deux raisons :

— Il montre l'extraordinaire richesse du vocabulaire de la pêche.

— Ce n'est pas si souvent que j'aurai l'occasion de placer Turlutte.

Typhon

Nom donné aux cyclones des mers de Chine. Est le titre d'un grand livre de Conrad sur le déchaînement des éléments, certes. Mais surtout sur le comportement des hommes face à ces éléments. Ne se résume pas : à lire.

U

U

Vingt et unième lettre du code international des signaux. Vocal : Uniform. Ex-Ursule. En morse : deux points, un trait. Envoyé seul : *« Vous courez vers un danger. »*

Ubu Roi

Pièce drolatique d'Alfred Jarry qui naguère enchantait les lycéens et les surréalistes. Retour en mer à la voile :

« Le Commandant : – N'arrivez pas, serrez près et plein !

« Père Ubu : – Si ! Si ! Arrivez. Je suis pressé, moi ! Arrivez, entendez-vous ! C'est ta faute, brute de capitaine, si nous n'arrivons pas. Nous devrions être

arrivés. Oh oh, mais je vais commander, moi, alors ! Pare à virer ! A Dieu vat. Mouillez, virez vent devant, virez vent arrière. Hissez les voiles, serrez les voiles, la barre dessus, la barre dessous, la barre à côté. Vous voyez, ça va très bien. Venez en travers à la lame et alors ce sera parfait. »

Tous se tordent, la brise fraîchit.

« Le Commandant : – Amenez le grand foc, prenez un ris aux huniers !

« Père Ubu : – Ceci n'est pas mal, c'est même bon ! Entendez-vous, monsieur l'Equipage ? amenez le grand coq et allez faire un tour dans les pruniers. »

Plusieurs agonisent de rire. Une lame embarque.

Ulysse

Vrai roi et grand marin.

Héros de l'*Odyssée*, première épopée de notre littérature à la gloire des coureurs des mers, vieille d'environ 3 000 ans et toujours aussi jeune. Alors que l'*Iliade* est un chant terrestre et Achille un fantassin (ou cavalier), Ulysse est un marin, un grand. Chacun incarne une forme de courage. Achille, l'audace et la valeur combative ; Ulysse l'intelligence, l'expérience, la volonté. Des érudits considèrent que l'*Odyssée* est un Atlas maritime à l'usage des navigateurs initiés de l'époque ; les vents, les routes, les dangers, les abris, tout y est, mais codé. Certains identifient l'île des Phéaciens ou celle du Cyclope, Chypre à l'est, Gibraltar à l'ouest, au sud l'île du Soleil, au nord le pays des Cimmériens où on ne voit pas le soleil. Peu

ULYSSE et les sirènes

importe la grille de lecture de ce SHOM des temps homériques. Le texte a gardé tout son charme, et Ulysse est aussi vivant qu'un personnage de notre temps. Certes, dix ans pour aller de la mer Egée à Ithaque est un peu long, mais il ne navigue qu'au portant. Remonter au vent est interdit par les dieux. Et le goût traditionnel des escales prolongées n'a pas disparu...

Comment choisir dans l'*Odyssée* entre tant d'épisodes célèbres, les sirènes, Circé, Nausicaa, le Cyclope... Pour le plaisir, un passage comme un journal de bord, de vrai naviguateur.

« Et le divin Ulysse, joyeux, déploya ses voiles au vent propice ; et, s'étant assis à la barre, il gouvernait habilement, sans que le sommeil fermât ses paupières. Et il contemplait les Pléiades, et le Bouvier qui se couchait, et l'Ourse qu'on nomme le Chariot,

et qui tourne sur place en regardant Orion, et, seule, ne touche point les eaux de l'Océan. Calypso lui avait ordonné de naviguer en la laissant toujours à gauche. Et, pendant dix-sept jours, il fit route sur la mer, et, le dix-huitième, apparurent les monts boisés de la terre des Phéaciens. Et cette terre était proche, et elle lui apparaissait comme un bouclier sur la mer sombre. »

V

V

Vingt-deuxième lettre du code international des signaux. Vocal : Victor. Ex-Victor. En morse, trois points, un trait. Envoyé seul : *« Je demande assistance. »*

Vague

De façon peut-être surprenante pour un non-marin, c'est un terme peu usité dans le vocabulaire maritime. Un mot pour baigneurs, aurait-on dit dans ma jeunesse. En revanche, le mécanisme des vagues a fait l'objet d'études scientifiques très poussées. « Onde mécanique se propageant à la surface de contact entre deux fluides, en l'occurrence l'eau et l'air. » Quand vous en prenez une par le travers qui vous inonde de la tête au pieds, dites-vous qu'il s'agit seulement d'une « onde mécanique... », voir ci-dessus. Ce sera au moins une satisfaction intellectuelle.

Quelques précisions :

— Plus la longueur d'onde d'une vague est importante, plus sa célérité est grande. Exemple : la vitesse d'un *tsunami*, vague de raz de marée provoquée par un tremblement de terre sous-marin, peut avoir une longueur d'onde de 240 kilomètres et atteindre une vitesse de 725 kilomètres/heure, si rapide qu'elle passe inaperçue sous la quille d'un navire !

— La grosseur des vagues dépend de la force des vents mais également de la surface plus ou moins grande sur laquelle il souffle, qu'on appelle le *fetch*.

— Quand la profondeur de la mer devient inférieure à la moitié de la longueur d'onde, la houle est brutalement ralentie et il se produit un basculement de la crête vers l'avant : la vague *déferle*.

L'échelle des vagues s'appelle échelle de Douglas (creux en mètres).

0	calme, sans rides	
1	calme, ridée	0 à 0,1
2	belle (vaguelettes)	0,1 à 0,5
3	peu agitée	0,5 à 1,25
4	agitée	1,25 à 2,5
5	forte	2,5 à 4
6	très forte	4 à 6
7	grosse	6 à 9
8	très grosse	9 à 14
9	énorme	plus de 14 mètres de creux

Si on préfère la littérature, elle ne manque pas non plus. *Les Vagues de la mer et de l'amour*, drame en cinq actes de Hanz Grillpazer, 1791-1872. *Une vague de rêve*, de Louis Aragon, roman surréaliste de 1924 qui se termine par cette injonction péremptoire : *« Faites entrer l'infini. »* Et surtout l'immortel *Les Vagues* de Virginia Woolf, publié en 1931.

Valparaiso

Un des noms les plus enchanteurs de la carte du monde. Quel est le marin d'autrefois qui ne l'a pas chanté au refrain en virant l'ancre ?

Et nous irons à Valparaiso
Goodbye farewell (bis)
Si la mer ne nous prend pas nos os...

Après le cap Horn, contre la mer et le vent, le premier abri tant espéré, rêvé même, était Valparaiso.

En fait, si le nom sonne haut et clair, c'est un des ports les plus sinistres des sept mers. Ciel bas, clôtures grises, docks lugubres, industries mécaniques et pétrolières, l'anti-rêve. Cela n'interdit pas de chanter.

Vancouver

Autre nom qui fait rêver. Le poète a écrit *Toi qui pâlis au nom de Vancouver...*

Joli site vert, beau fjord, climat très doux. Au fond de la baie, Tacoma. Fin du voyage. Une autre chanson à virer promettait :

On se reposera
Quand on arrivera
Dans le port de Tacoma.

Varangue

Terme de la construction navale qui a aussi franchi les siècles. « Pièce en forme de fourche plus ou moins ouverte d'un couple, placée à cheval sur la quille et symétrique par rapport à l'axe du bâtiment. » Ce sont comme les côtes du thorax du navire (la colonne vertébrale étant la quille). Autrefois elles étaient en chêne, et Colbert faisait planter les arbres sur des pentes montagneuses pour qu'ils aient déjà la courbure nécessaire. Aujourd'hui elles sont en acier, en alu, en carbone, etc., mais s'appellent toujours varangues.

Le vocabulaire maritime a parfois de lointains et émouvants échos. A l'île Maurice, les vérandas des maisons traditionnelles en bois s'appellent aussi varangues. A la fois véranda, terrasse, perron, salon de thé, pont de navire et jardin d'hiver. On y dîne, on prend le frais, on cause. Les volets, s'il y en a, s'appellent d'ailleurs des voiles...

Varech

Algue marine, image – et odeur – de nos plages de la Manche et de l'Atlantique. On l'appelle aussi goémon. La France étant gouvernée par une administration ayant la passion de la classification, on distingue :

— le goémon de fonds, qui ne peut être récolté que par les inscrits maritimes ;

— le goémon côtier, exploité par les communes riveraines après autorisation de l'Etat ;

— le goémon-épave, dont la récolte est libre.

Mais dans tous, iode et autres richesses pour médicaments, engrais, aliments. En dépit d'Homère qui ne connaissait pas les marées et chantait *« la mer sans moisson »*, la moisson de la mer.

Vendée Globe

Les records succèdent aux records. Les bateaux progressent techniquement, les hommes gèrent de mieux en mieux la préparation des bateaux et deviennent de véritables spécialistes de la météo. En 1970, l'Anglais Chay Blyth réussit un tour du monde sans escale d'est en ouest, « dans le mauvais sens » (contre les vents). Puis, c'est au tour du regretté Alain Colas d'être le premier navigateur à boucler son tour du monde, en 1973, sur son multicoque *Manureva*, dans un temps record de 169 jours et une escale à Sydney.

En 1985, l'Américain Dodge Morgan descend la barre du record sans escale à 150 jours. Philippe Monnet, sur son trimaran *Kriter*, pulvérise le temps de référence Brest-Brest, toujours en solitaire, en 129 jours, malgré des escales techniques.

En 1989, Olivier de Kersauson, après bien des péripéties, améliore à son tour le record pour le porter à

125 jours avec un tour du monde en trois escales sur son trimaran *Un autre regard.*

Organisé par la « British Oxygen Corporation », le BOC est une nouvelle course en solitaire disputée sur des monocoques, avec quatre escales : Newport, Le Cap, Sydney, Rio, Newport.

Philippe Jeantot, jeune inconnu tout droit sorti de la Comex où il travaille en tant que plongeur professionnel, réalise le sans-faute en remportant les quatre étapes en 159 jours 2 heures 26 minutes pour 27 500 milles avec 11 jours d'avance sur son plus proche adversaire.

En 1986, lors de la seconde édition du BOC Challenge, Philippe Jeantot réitère son exploit.

Le Vendée Globe va être lancé. Seulement treize marins réussissent à surmonter toutes les difficultés pour aligner un bateau sur la ligne de départ aux Sables-d'Olonne le 26 novembre 1989. Plus d'assistance prévue, plus d'escale. La solitude absolue. Et le Grand Sud.

Malgré la beauté du départ et le froid glacial qui règne ce jour-là, tout le monde est silencieux et ému.

Je n'oublie pas. L'un des concurrents, un ami, bricolait les derniers ajustements. Il m'avait demandé de rester à quai pour les adieux. « Si tu montes à bord, ce sera trop dur quand tu quitteras le bateau. »

Titouan Lamazou s'imposera après une course en tout point remarquable en 109 jours.

En 1992, le Vendée Globe sera dominé de bout en bout par Alain Gautier en bouclant sa course en 110 jours. *« Le Vendée Globe n'est pas une course de plus, mais une course à laquelle un marin rêvera toujours de participer... »*

En 1996, démâtages, avaries, naufrages, sauvetages. Isabelle Autissier, Dinelli, la marine australienne font la une des journaux. La course n'est-elle pas trop dure ? Pas d'escale, pas d'assistance, répond Jeantot. Sinon, c'est la fortune des sponsors qui tranchera. Le Vendée Globe ne sera pas le Paris-Dakar.

En 2000, le vainqueur Michel Desjoyeaux et Ellen Mac Arthur, deuxième, sont accueillis aux Sables-d'Olonne en triomphateurs. Mais aussi Philippe Parlier, héros de l'entêtement et du courage, à bout de bateau, à bout de vivres, qui aurait dû être à bout d'espoir. Non. Il arrivera aussi, plus tard, mais il arrivera.

Vent

Mouvement de l'air provoqué par les différences de pression atmosphérique, qu'on appelle gradiant. Eole est le fils du dieu des dieux, Zeus lui-même. Se servir du vent exige respect religieux. Parler du vent, de baisser la voix. Connaître les vents, de laisser sa part au mystère. La météorologie, pas plus que les autres sciences, n'est exacte. Elle le reconnaît et assortit ses prévisions d'un indice de confiance, de 1 à 5 : précaution juridique, certes, mais en même temps enseignement de modestie. Le vent est de nature à ne pas se réduire à nos seuls calculs. La transposition à quelques autres sciences, dont la politique, peut s'imposer.

Comme souvent les observateurs exagèrent (j'ai déjà stigmatisé l'abus du mot tempête), voici intégralement l'échelle officielle. On peut aussi, à la VHF, appeler le plus proche sémaphore. Je l'ai fait récemment dans les bouches de Bonifacio pour être sûr qu'il s'agissait bien de force 10.

Echelle de l'amiral sir Francis Beaufort (1774-1857).

Force	Effet sur terre	Effet sur mer	Appellation – sur terre – sur mer	Hauteur des vagues (m)	Vitesse du vent (nœuds)	Vitesse du vent (km/h)	Distance entre 2 isobares (5mb)
0	La fumée des cheminées s'élève verticalement	La mer est comme un miroir	Vent calme Mer calme	0	0-1	0-1	
1	La fumée donne la direction du vent mais pas les girouettes	Rides comme des écailles de poisson	Très légère brise Mer ridée	0,1	1-3	1-5	
2	Les girouettes tournent, sensation de vent sur le visage	Vagues courtes qui ne déferlent pas	Légère brise Mer ridée	0,2-0,3	4-6	6-11	600 km
3	Les feuilles sont constamment agitées, les drapeaux légers sont déployés	Très petites vagues	Petite brise Mer belle	0,6-1,0	7-10	12-19	
4	Le vent soulève la poussière, les petites branches sont agitées	Petites vagues, les moutons sont nombreux	Jolie brise Mer peu agitée	1,0-1,5	11-16	2-28	500 km
5	Les arbustes en feuilles commencent à se balancer	Vagues modérées, nombreux moutons, petites vagues sur les eaux intérieures	Bonne brise Mer agitée	2,0-2,5	17-21	29-38	400 km
6	Les grandes branches sont	Des lames commencent à se former,	Vent frais Mer forte	3,0-4,0	22-27	39-49	300 km

	agitées, les fils électriques sifflent, l'utilisation du parapluie est difficile	les crêtes d'écume blanche sont plus étendues					
7	Les arbres en entier sont agités, marcher contre le vent devient difficile	L'écume blanche provenant des lames déferlantes commence à être soufflée en traînées	Grand frais Mer très forte	4,0-5,5	28-33	50-61	200 km
8	Le vent casse les petites branches, marcher contre le vent est pénible	Tourbillons d'embruns qui se détachent des crêtes des lames	Coup de vent Mer très forte	5,5-7,5	34-40	62-74	
9	Le vent fait de légers dommages aux habitations	Grosses lames, épaisses traînées d'écume, visibilité réduite par les embruns	Fort coup de vent Mer grosse	7,0-10,0	41-47	75-88	100 km
10	Arbres déracinés, dommages importants aux habitations	Très grosses lames, la mer est blanche, visibilité réduite	Tempête Mer très grosse	9,0-12,5	48-55	89-102	
11	Dommages très étendus	Lames exception-nellement hautes, visibilité très réduite	Violente tempête Mer très grosse	11,5-16,0	56-63	102-117	
12	Dévasta-tion	L'air est plein d'écume et d'embruns, la visibilité est nulle	Ouragan Mer énorme	+14	+64	+118	

Les vents, comme les divinités ou les héros, ont toujours eu des noms. Pour les Grecs, le vent du nord est l'Aquilon ou Borée. Le vent du nord-est, l'Euros. Le vent du sud, Auster ou Notos. Zéphyr est celui de l'ouest. Les navigateurs d'autrefois s'orientaient par rapport au vent dominant selon la saison. Ce qui est le plus instable, inconsistant, insaisissable, le vent, est en fait un des points de repère les plus sûrs de l'homme. *« Vanité des vanités, dit l'Ecriture, et poursuite du vent. »* J'aime la poursuite du vent.

Petit tour du monde.

Anoraru, sud-est, octobre à avril, île de Pâques. Anbolikos, octobre à avril, est, Méditerranée orientale. Auton blanc et noir, entre mer et massif central, une sorte de mousson d'été et d'hiver. Le Barber, vent violent du Canada apportant de l'air extrêmement froid et humide, gelant tout ce qu'il touche, incluant les chevaux et la barbe. Le belats en Arabie, le bentu de Soli en Sardaigne, le bhoot soufflant en Inde, le bora en Adriatique et mer Noire. Le canterbury northwester en Nouvelle-Zélande, le chergui au Maroc, le chocolatero, chargé de sable, dans le golfe du Mexique. Le freemantle doctor, soufflant de la mer vers Perth, capitale de l'ouest de l'Australie. Le galerne, du nord-ouest, frais, violent, dans tout l'ouest de la France. Gregale ou grigale, vent froid et fort du nord-est soufflant sur la Méditerranée centrale. L'harmattan, très sec, en Afrique. Hurricane, cyclone de la mer des Antilles dont nous avons fait *ouragan*. Khamsin, vent de sable en mer Rouge. Le levant, d'est en Méditerranée. Le libeccio, d'ouest et sud-ouest en Corse, violent. Le meltem, vent du nord violent qui souffle l'été sur la mer Egée. Le mistral, du nord, en Provence. Le muwuku, aux îles

Hawaï. Le paaske osten, est, froid, dans la Baltique. Le pampero, vent froid et violent de la pampa. Le papagayo, au Costa Rica. Le shamal dans le golfe Persique. Le simoun et le sirocco, Afrique et Méditerranée. Le suroît, vent soufflant du sud-ouest qui a donné son nom à un ciré antipluie. Par mauvais temps le suroît « hâle » le noroît. La tramontane en Languedoc. Le vendavales dans le golfe de Cadix. Le willi wan le long de l'Alaska... Les habitués reconnaîtront.

Le vent a longtemps commandé à nos explorateurs et géographes, comme il commande à bord ne serait-ce que par la distinction fondamentale : *au vent*, et *sous le vent*. Le côté d'où vient le vent, contre le vent, et celui où va le vent et protégé du vent. Pour la cartographie, haut et bas. Ainsi s'explique pour les non-initiés qu'à la Guadeloupe la partie très montagneuse de l'île s'appelle Basse-Terre. Elle est sous le vent, côté bas. C'est le vent qui compte.

Dans le langage terrien courant, « du vent » veut dire rien. Le langage courant peut se tromper.

Vert (le rayon)

En cinquante ans de navigation, je l'ai vu deux fois, une dans la Caraïbe, une de la terrasse de l'hôtel Beaufort à Saint-Malo ! Le rayon vert est un phénomène optique qu'on peut admirer en mer au coucher du soleil par temps parfaitement dégagé. Le dernier rai de lumière, jaune, à l'horizontale s'unit au bleu de la mer qui doit être sans ride. Pour un instant, un rayon vert émeraude émouvant de beauté. Il y a bien sûr un livre de Jules Verne qui s'appelle *Le Rayon vert*.

Vindemiatrix

Etoile epsilon de la Vierge, qu'on appelle aussi la *Vendangeuse*. Son voisin Arcturus, très utile pour la navigation et qu'on trouve en prolongeant comme un jet de pierre le timon de la Grande Ourse, l'encadre avec l'Epi et Danebola. Vindemiatrix effleure ce nuage d'étoiles qui porte un si touchant nom, l'un des plus beaux de la voûte nocturne : la *Chevelure de Bérénice*.

Virer

Virer l'ancre, pour partir, était émouvant comme tout départ en mer. Autrefois, à la main, c'était aussi physiquement un effort énorme. Pour toutes ces raisons, il fallait chanter.

Des innombrables chansons à virer, celle-ci est une chanson de baleinier.

ROTTERDAM

Avez-vous vu dans Rotterdam ?
Ecoutez bien c'que je vais vous dire :
La belle Annie qui fut ma femme,
Et m'a damné par son sourire.
Embarque le mou du garant,
Car la barque roule au vent.

Quand j'ai connu tous ses amants,
Vous savez c'que je vais vous dire,
Je les ai plongés vivants

Dedans les chaudrons du navire.
Vire à nouveau maintenant
Pour mettre la pièce en dedans.

De leurs anneaux d'or conservés,
Retenez bien c'que j'vais vous dire,
Et avec leurs cheveux tressés
Durant tous les quarts du navire,
Vire toujours doucement
Le lard vient tranquillement.

J'ai fait un collier, vrai bijou,
Je n'invente pas c'que j'vais vous dire,
Je l'ai rivé dessus son cou,
Elle s'est arrêtée de sourire.
Arrache la couenne hardiment
Au second tour maintenant.

Elle est tombée à mes genoux,
Pas un mot n'ai voulu dire,
Elle a reconnu les bijoux,
C'était à mon tour de sourire.
Vire à nouveau maintenant
C'est le tour du lieutenant.

Et maintenant qu'elle est démente,
Je n'ai plus grand-chose à vous dire,
Tout à la fois morte et vivante
Et sa folie éclate en rire.
La baleine est sur le flanc,
Tiens bon viré maintenant.

Voile

Sur un trois-mâts barque, le nombre des voiles différentes avec chacune son nom propre était de 22, sans compter les bonnettes et les voiles de beaupré comme la civadière. Le nombre des mâts et espars de 15. Le nombre des éléments du gréement, dormant et courant, de 57 ! Il n'y avait pas intérêt à confondre l'étai de perroquet de fougue et le galhauban de petit cacatois. Naviguer c'est nommer. Comme créer.

Voyage

Le propre de l'homme. Les Pères anciens écrivaient : *homo viator*. A ne pas confondre avec tourisme, la meilleure définition du touriste restant « habitant d'une tour ». A prescrire absolument l'horrible expression « cet été nous avons *fait* les îles Vierges ». Voyager n'est pas faire, mais être.

Je viens à toi, mon lit, galère aux voiles rouges,
Comme le matelot las de courir les bouges
Qui regagne un navire au port ;
Je m'embarque ce soir sur l'océan immense
Des rêves, du sommeil et du vaste silence,
En éteignant mes fanaux d'or.

Léo Larguier (1878-1950).

Vrac

Un mot marin de plus qui vient du vieux nordique et du hollandais. Il signifie à l'origine : ce qui est rejeté par la mer, épave (anglais, *wreck*). C'est le même nom que varech. Ensuite, a voulu dire ce qui est sans ordre, sans emballage. Sans être amarré directement dans les cales. On charge le blé, en vrac, le charbon, en vrac. Et on arrive au *vraquier* moderne, cargo spécialisé dans ce type de chargement.

Vrai

Dans le langage maritime a un sens très précis, qui va plus loin que le vocabulaire habituel. Se dit du cap géographique par rapport au cap magnétique. Le cap au compas doit être corrigé de la variation, suivant les azimuts, mais surtout de la déclinaison en fonction des lents mouvements du pôle magnétique, différent suivant les années et les lieux. En traversant l'Atlantique, l'écart entre pôle « vrai » et pôle du compas peut aller de plus de 15 degrés à quasiment nul. Il faut additionner ou soustraire, ouest ou est, en passant de la carte au compas et du compas à la carte. C'est pourquoi, dans toute conversation entre navigateur et barreur, doit intervenir la précision : cap compas, ou *cap vrai*. Belle expression.

L'autre précaution étant bien sûr de ne pas laisser la caisse à outils sous le compas.

W

W

Vingt-troisième lettre du code international des signaux. Vocal : Whisky. Ex-William. En morse : un point, deux traits. Envoyé seul : *« J'ai besoin d'assistance médicale. »*

Wak-Wak (îles)

Nom d'un archipel fabuleux que les navigateurs arabes situent dans l'océan Indien ou même en mer de Chine, habité par des monstres très méchants *qui ont l'air d'être humains.*

Wharf

Les ports d'Afrique avant les ports. Une longue estacade en bois permettait de franchir la barre aux barges avec les marchandises et aux canots avec les passagers. Photos d'époque.

Williwaus

Vent très violent du détroit de Magellan qui tombe en rafale des montagnes.

Winch

Petit treuil marin pour border, embraquer, raidir les manœuvres à bord. Un concours a essayé de définir un terme français pour le remplacer. Bonne chance.

X

X

Vingt-quatrième lettre du code international des signaux. Vocal : X-ray. Ex-Xavier. En morse : un trait, deux points, un trait. Envoyé seul : *« Arrêtez vos manœuvres et veillez mes signaux. »*

Y

Y

Vingt-cinquième lettre du code international des signaux. Vocal : Yankee. Ex-Yvonne. En morse : un trait, un point, deux traits. Envoyé seul : *« Mon ancre chasse. »*

Yacht, Yachting

Mot d'origine hollandaise qu'il n'est pas obligatoire de prononcer à l'anglaise. Aujourd'hui, le terme plaisance est d'avantage utilisé. Il est d'une acception beaucoup plus large. Et puis, les mots en *ance*, enfance, souvenance... sont si jolis.

La première société française de régates est celle du Havre, fondée en 1838. Le Yacht Club de France est de 1867. Un certain Chanteau, poissonnier, avait déjà organisé une compétition de voile sur la Seine en l'an 1613, avec les esquifs utilisés par les lamaneurs de Caudebec, pour la distraction des dames de la Cour... Toutes les inventions ont de nombreux pères. Mais il s'agissait d'eau douce !

Le premier récit de croisière – de plaisance – date de 1869 : celui de *La Fauvette*, d'Eugène Pérignon, qui fut le premier navire à franchir le canal de Suez le jour de l'inauguration ! En 1879, premier tour du monde d'*Henriette*, le yacht du très riche « sucrier » Henry Say. Et puis, longue liste où il faut relever les noms d'Alexandre Dumas, Jules Verne, Charcot le « gentleman polaire », Virginie Hériot, le peintre et collectionneur Gustave Caillebotte, Eric de Bishop, Marin-Marie... Et beaucoup d'autres. Oui, on peut aller en mer, près ou loin, seul ou avec d'autres, pour son plaisir. Les amateurs existent.

Pour amateurs : *Rôle de plaisance*, de Jacques Perret, un classique indispensable.

Yawl

Gréement à deux mâts dont le plus petit est à l'arrière, derrière la barre. Le personnage principal de *La mer est ronde* est un yawl de 1949, teck et acajou, architecte Arthur Robb, basé désormais à Granville, et qui a entre autres charmes le don de prendre la cape tout seul.

Z

Z

Vingt-sixième lettre du code international des signaux. Vocal : Zulu. Ex-Zéphirin. En morse : deux traits, deux points. Envoyé seul : *« J'ai besoin d'un remorqueur. »*

Zanzibar

Autre nom enchanteur des cartes marines. Les connaisseurs diront : « N'est plus ce qu'il était. » Mais j'entends cette remarque depuis quarante ans à peu près pour toute escale en ce monde, Papeete, la côte sud de Turquie, les Grenadines... Il reste des merveilles à voir dans l'archipel. Je le crois, puisque je n'y suis jamais allé.

Zef

En argot familier maritime, le vent. « Pas un poil de zef », par exemple.

Zéro

Le zéro des cartes marines, tel qu'il peut être établi scientifiquement, est une constatation astronomique sur l'effet de la lune et du soleil, autrement dit des marées. Ce niveau des plus basses mers est différent de la base de calcul des altitudes terrestres. Le zéro hydrographique peut être lui-même différent du niveau de la plus basse mer dans la mesure où il ne tient pas compte des vents et des courants. Des progrès techniques incessants corrigent les chiffres et les unifient dans un système global. De toute façon, ne pas oublier que le « pied de pilote » a souvent intérêt à être de plusieurs pieds...

Zodiaque

Zone de la sphère céleste étendue de 8°5 de part et d'autre de l'écliptique où paraissent se mouvoir le soleil et les planètes. Elle est divisée en 12 parties de 30° chacune. Leurs noms proviennent des constellations avec lesquelles elles coïncidaient il y a deux mille ans (pour les amateurs, la précession des équinoxes rétrograde le point vernal de 30° en 2 150 ans). Que les planètes et étoiles rythment nos jours et nos nuits depuis des millénaires, cela est connu aussi depuis des millénaires et fait partie de notre héritage.

Petit mystère : pourquoi une marque célèbre de canots pneumatiques porte-t-elle ce nom abrégé ? Parce qu'il s'agit d'une entreprise qui était il y a cent ans spécialisée, dirigeables et ballons, dans la conquête du *ciel*.

Zoulou

Le message par lequel les autorités de la Marine nationale après manœuvres, exercices, opérations, font savoir « terminé, félicitations » est : Bravo Zoulou. On peut finir plus mal.

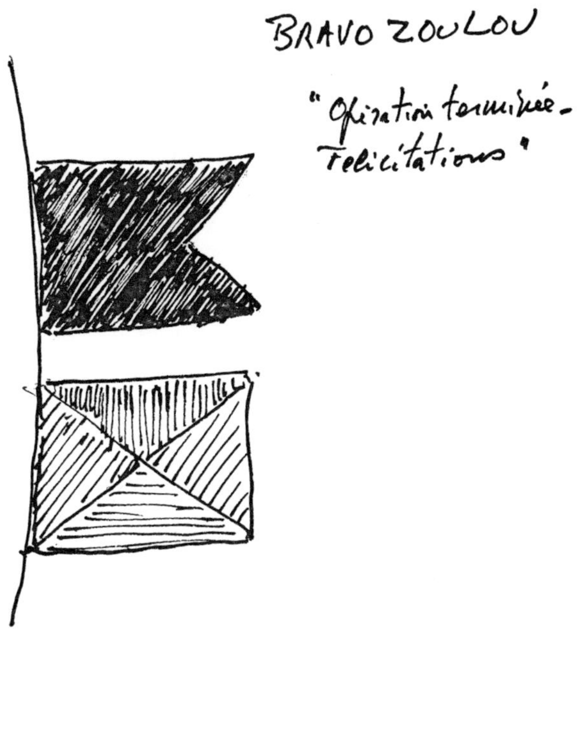

Sources principales

A

p. 7. SHOM, Instructions nautiques.

p. 15 et suiv. Pierre Legrand : voir DE LA CROIX (Robert), *Histoire de la piraterie*, Saint-Malo, Editions l'Ancre de Marine-Bertrand de Quénetain, 1995, p. 30-36.

p. 23. CURRY (Manfred), *L'Aérodynamique de la Voile et l'art de gagner les régates*, Paris, Chiron, coll. Bibliovoile, réédition de 1925, 1995.

p. 51. Voir PLATON, *Critias*, 120a-120c.

p. 64. MARCHANT (Leslie R.), *France Australe*, Perth, Editions France-Empire, Artlook Books, 1982.

p. 74 et suiv. Avery : voir DE LA CROIX (Robert), *Histoire de la piraterie*, Saint-Malo, Edition l'Ancre de Marine-Bertrand de Quénetain, 1995, p. 87-101.

B

p. 82 et suiv. Baleine : voir DU PASQUIER (Thierry), *Les Baleiniers français de Louis XVI à Napoléon*, Paris, Henri Veyrier, coll. Kronos, 1990, 228 p.

p. 89. RABELAIS (François), *Quart-Livre*, chap. XXXIV, « Comment par Pantagruel feut deffaict le monstrueux Physetère ».

p. 91 et suiv. Barbe-Noire : voir DE LA CROIX (Robert), *Histoire de la piraterie*, Saint-Malo, Editions l'Ancre de Marine-Bertrand de Quénetain, 1995, p. 74-85.

p. 97 et suiv. Triangle des Bermudes : voir DE LA CROIX (Robert), *Histoire secrète des Océans*, Saint-Malo, Editions l'Ancre de Marine-Bertrand de Quénetain, 1998, p. 279-296.

p. 102 et suiv. Boucaniers : voir OEXMELIN (Alexandre), chirurgien des aventuriers de 1666 à 1672, *Les Aventuriers et les Boucaniers d'Amérique*, Paris, Editions du Carrefour, coll. Voyages et Découvertes, 1930, 370 p.

p. 111 et suiv. Bougainville : voir :
TAILLEMITE (Etienne), *Il y a 200 ans, de Bougainville 1768-1968*, Papeete, Office du tourisme de la Polynésie française, 1968, 23 p.
TAILLEMITE (Etienne), *Bougainville et ses compagnons autour du monde 1766-1769*, Paris, Imprimerie nationale, 1977, 2 vol.
La Navigation de Bougainville, in *Journal de la Société des Océanistes*, 1968, tome XXIV.

C

p. 127 et suiv. Canada : voir TAILLEMITE (Etienne), *Marins français à la découverte du monde. De Jacques Cartier à Dumont d'Urville*, Paris, Fayard, 1999, p. 27-31.
p. 133. Le poète : CAMOENS (Luis de), *Les Lusiades*, 1572.
p. 135 et suiv. JOLY (Olivier), *L'Epopée des Cap-Horniers*, Paris, Editions Fontaine, 1994, 93 p.
p. 163 et suiv. Cook : voir BELLEC (François), *Le Livre de l'Aventure maritime*, Paris, Editions du Félin, 1995, 313 p.

D

p. 198 et suiv. Derelicts : voir DE LA CROIX (Robert), *Vaisseaux fantômes*, Saint-Malo, Editions l'Ancre de Marine-Bertrand de Quénetain, 1999, p. 108-109, p. 171-181.

F

p. 228 et suiv. Le Hollandais volant : voir *Légendes traditionnelles de la mer, coutumes, croyances, superstitions*, Saint-Malo, Editions l'Ancre de Marine-Bertrand de Quénetain, 1998, p. 114-117.
p. 233 et suiv. Femmes : voir DE LA CROIX (Robert), *Histoire de la piraterie*, Saint-Malo, Editions l'Ancre de Marine-Bertrand de Quénetain, 1995, p. 183-196.

G

p. 260 et suiv. Grand géant Grand-Sourcil : voir *Légendes traditionnelles de la mer, coutumes, croyances, superstitions*, Saint-Malo, Editions l'Ancre de Marine-Bertrand de Quénetain, 1998, p. 203-208.

I

p. 293 et suiv. Iles : voir DE LA CROIX (Robert), *Mystères des Iles*, Saint-Malo, Editions l'Ancre de Marine-Bertrand de Quénetain, 2000, p. 97-105, p. 212-230.

L

p. 319 et suiv. Littérature : voir JACQ (Vincent), *Odeur d'encre, odeurs d'îles*, Paris, Julliard, 1991, 187 p.

N

p. 364 et suiv. Naufrage : voir DE LA CROIX (Robert), *Histoire secrète des Océans*, Saint-Malo, Editions l'Ancre de Marine-Bertrand de Quénetain, 1998, p. 161-177.

O

p. 377 et suiv. Océanographie : voir GOY (Jacqueline), *Quand Jules Verne raconte la mer*, in *Cols Bleus*, juin 2001, n° 2575, p. 22-26.

P

p. 394 et suiv. Barents : voir DE CASTRO (Xavier), *Prisonniers des Glaces. Les expéditions de Willem Barentsz (1594-1597)*, Paris, Unesco/Chandeigne, 1996, 253 p.

T

Tabarly. Voir :

CHARLES (Daniel), *Tabarly*, Arthaud, Paris, 2001, 252 p.

DURIEUX (Gilles), *Tabarly, un marin pour l'éternité*, Editions du Rocher, 1998.

TABARLY (Eric), *De Pen Duick en Pen Duick*, Arthaud, 270 p.

Trésor. Voir :

SURCOUF (Erick), BEX (Christian), *L'Or de la mer. Epaves et trésors engloutis*, Le Cherche-Midi, Paris, 2001, 207 p.

Index

Dans la même collection

Dominique Venner
Dictionnaire amoureux de la chasse

Jacques Lacarrière
Dictionnaire amoureux de la Grèce

Jean-Claude Carrière
Dictionnaire amoureux de l'Inde

Robert Solé
Dictionnaire amoureux de l'Égypte

A paraître

Yves Berger
Dictionnaire amoureux de l'Amérique

Alain Ducasse
Dictionnaire amoureux de la cuisine

Yann Queffélec
Dictionnaire amoureux de la Bretagne

Maurice Béjart
Dictionnaire amoureux de la danse

Michel del Castillo
Dictionnaire amoureux de l'Espagne

Dominique Fernandez
Dictionnaire amoureux de la Grande Russie

Ce volume a été composé
par Nord Compo
et achevé d'imprimer sur presse Cameron
par **Bussière Camedan Imprimeries**
à Saint-Amand-Montrond (Cher)
le 26 février 2002

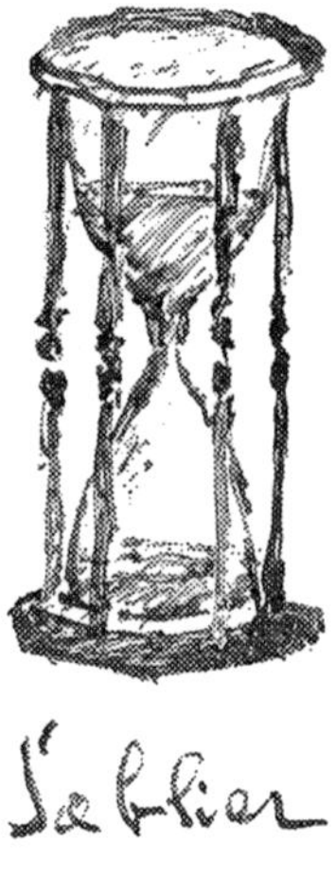

N° d'Édition : 13474. N° d'Impression : 021024/4.
Dépôt légal : mars 2002.

Imprimé en France